3 传记卷

叶至善集

叶至善 著

叶小沫 叶永和 编

开明出版社

图书在版编目（CIP）数据

叶至善集．传记卷／叶至善著；叶小沫，叶永和编．—北京：开明出版社，2014.7
ISBN 978—7—5131—1670—1

Ⅰ.①叶…　Ⅱ.①叶…②叶…③叶…　Ⅲ.①叶至善（1918～2006）—选集②传记文学—中国—当代　Ⅳ.①C52②I25

中国版本图书馆CIP数据核字（2014）第093163号

叶至善集

叶至善　著　叶小沫　叶永和　编

出 版 人：陈滨滨
责任编辑：支　颖

开明出版社出版发行
地　址：北京西三环北路25号
邮　编：100089
电　话：88817647（总编室）　88817489（发行部）
网　址：www.kaimingpress.com
高教社（天津）印务有限公司印刷
全国新华书店发行
版　次：2014年12月第1版
印　次：2014年12月第1次印刷
开　本：787毫米×1092毫米　1/16
印　张：25.25
字　数：430千
定　价：70.00元

叶至善（1918—2006）

目　录

父亲长长的一生

《叶圣陶集》头一版共二十五卷，如今添上《传记和索引》一卷，成了二十六卷。主意是江苏教育出版社出的。他们说，如此规模的一部个人专集，该有一篇比较全面而且简要的作者传记，让读者阅读某一文篇的时候，能多少了解些作者在写作当时的生活、工作、感触、思绪，岂不是好？又说索引更不可少，某一文篇在哪一卷里，没有索引，叫读者往哪儿去找？第一版的缺漏，如今知道了，就应该一一补上，这才是为读者负责。缪咏禾同志不惮其烦，已经把索引编得了，还不许我谢，说本是责任编辑的分内事。可是该我分内的传记才写到辛亥革命那一年，离完工还远着呐。

传记想尽可能配合前边的二十五卷往下写。有些人和事，在某篇中已经由作者交代明白，我就写得概括些，甚至只略提一下，请读者参看某些文篇就算了。有些人和事，作者未曾提起过，料想读者希望知道，恰好在我的记忆中还有印象，我就适当写上一些。或详或略，说说容易，实做起来分寸很难掌握。专为了练这一手，我两年多来写了不少篇回忆文字，长的五六千，短的两三百，最短的数各卷中的部分插页说明；看来成绩平平，进步不大。可是时不我待，传记等着发排，我只好再贾余勇，投入对我来说肯定是规模空前，而且必然绝后的一次大练笔了。

饭要一口一口吃。这篇传记还得分成好多段，一段一段地往下写。给插页写说明的时候，我绷着一副编者的面孔，实在太吃力。现在写传记，请允许我回到做儿子的位置上，把父亲唤作“父亲”，把父亲的朋友唤作“先生”……所有的称谓都复了原，下笔的时候可以省却一些徒劳的思虑。篇名就用《父亲长长的一生》。父亲活到九十四岁，临终前，头脑尚不糊涂，这一生真活得够长的。

这七百来字，就算作序。

二〇〇三年一月五日

一

父亲的一生虽然那么长，但是传记还得从他出生写起，而且得把家门交代清楚。想起中学时代看过不少西欧的长篇小说，主角出场之前，作者不厌其烦，把他父系母系祖宗三代，一一交代明白，好像特意给当时新兴的遗传学研究提供实证似的。细细读来固然颇有趣味，过于啰嗦的也只得草草翻过。我如今做的，不也是这件营生吗？幸而我们这一支没留下可查的家谱，不必从尽人皆知的那位好龙的叶公写起；人口又不繁孳，也啰嗦不到哪儿去，能写多少就写多少吧。

记得小时候听祖母讲过一回家史。她说："你们叶家祖上才叫阔，齐门外头半条街都是你们叶家的。上代头开了爿生猪行，两百来斤重的肥猪，出出进进，哪一天不是好几十，你说罪过勿罪过。结果倒好，长毛来了，一把火烧个精光，齐门外成了一片白地，你们叶家本来也人丁兴旺，一下里都逃散了。回来的只有你阿爹和他堂弟两个；别的人都死在外头了，尸骨无存。"祖母说到叶家，头里总得加个"你们"，这是她母亲的口吻，这位朱老太太大概认为她女儿不太能干，甚至太不能干，先是舍不得女儿出嫁，等到年龄过了头，非出嫁不可了，做母亲的更放心不下，跟到了叶家来帮女儿——就是我的祖母——料理家务，直到八十六岁过世。那时我已经五岁，还记得穿上白布大褂，跟在也穿白布大褂的父亲后头，把老太太的灵椁送到朱家来接的船上。

祖母说的堂兄弟俩，哥哥就是我祖父。老人家名仲济，字仁伯，一直在大儒巷吴宅当账房先生，主要管收田租。父亲是甲午战争那一年——一八九四年十月廿八生的；祖父已四十七岁，都说是老来得子；祖母也年将三十，她是我祖父的第二个续弦。前头那两位，一位不知死于什么病，一位是难产，把肚子里的孩子一同带走了。因为有这么个不知是哥哥还是姐姐，我父亲排行第二，小名"二官"。后来他刻过一个小小的便章，阴文“叶二之章”四个篆字。生了我父亲之后，祖母又生了两个女儿。大的在十三岁上死于暴病，好端端的，忽然肚子痛得在床上打滚，没挨到天亮就断了气——这也是祖母告诉我的。因而我只有一位姑母。父亲在过世前五年写的《略述我的健康情况》，有一段列举年逾古稀的长辈，父系的母系的都说到了：寿最长的数我的祖母，九十六岁；居第二的是我祖母的母亲，八十六；我祖父和他的母亲并列第三，都是七十二。最后特地附一笔，提到自己的妹妹——我的姑母。父亲说：“她小我八岁，健康情况比我差，可是饮食起居还如常。”姑母一九八五年就亡故了；临终前，父亲让我陪着去医院探望，她面容非常消瘦，神志已经不清了。父亲那篇“略述”是一九八三年底前写的。他说：父系母系中高寿的人数如此之多，可能是他们兄妹俩都年逾八十的因素之一。我看不仅“可能”，而且“必然”。所以我很不注意锻炼和保养，把宝全押在了这个不可捉摸的遗传因子上。

祖母讲家史，明明说我祖父有个堂弟，父亲这篇“略述”却半句也没提到，大概因为对祖父和父亲这一房来说，他的老叔和婶母已是旁系，他们俩都在六十前后过世了。这位老叔是教书先生，名朝缙，字绶卿。婶母不能生育，肚子里长了个瘤子；为了有人服侍，领养了一个女儿，我父亲才有了一位堂姐；在民国初年的日记上，还记着堂姐出嫁那天，由他跟着花轿送她去男家的情景。过了不久，老叔的东家迁居上海，也许做了官，也许为了经商，总算把老叔带了去；书用不着他教了，子弟们都进了洋学堂，专让他书写各方面的应酬信牍；把个病恹恹的老伴撇在苏州家里，叫他怎么能安得下心来。父亲在上海尚公学校的日子里，隔两三个星期去看老叔一趟；那东家很阔绰，底下人也不少，却从没有人打过招呼，倒出一盅茶来。叔侄俩谈些什么，还得找附近的茶馆或小酒店。父亲哪能不体会老叔心头所受到的压抑，他已经成了个书办，不再是什么西席了。东家的姓氏，父亲在日记上从没提过，我想不是偶然的。

对祖父的东家，父亲也没留下什么好印象。祖父在大儒巷吴宅当账房，到吴保初手里至少是第二代了。抠门是一般地主的共性。听人家说我父亲印章刻得不错，他拿了块石头来到账房里，对我祖父说：“烦令郎有空，随便刻个姓字章吧。”父亲初当小学教员，像孩子似的也盼着放暑假，好自由自在地读几本想读的书。没料到又让这位东家早给安排妥了，他对我祖父说："令郎暑假里没有什么事，陪我那小的温温功课吧。趁中午前凉快，每天温两个钟头。闲着不也是闲着。"我祖父哪能不答应。吴宅的田产想来不少，每年秋收之前，我祖父得把收租的单据准备舒齐。我见过那玩意的复制件，记得叫"由单"，项目繁琐之极。佃户姓名，地块位置、大小和等级，必须填写清楚；然后按本年水旱丰歉，由官府核准的成数，算出每一块地该交纳多少稻谷，再按粮业同行公议的谷价，折合成银两，各一式三份。如此年复一年，我祖父的精神渐渐不济了，吴保初似乎没想到给账房添人手。老人家只得把自已弄舒齐的一份带回家，让我父亲下了课替他誊写另外的两份。下乡收租倒不劳账房先生，自有村镇上一些叫做"催甲"的地头蛇包揽了，于是佃农又被加上了一层中间剥削。

那些年，四乡农民抗租的风潮已时有发生。有些地主变卖了祖产，成了新兴工商业的老板。吴保初另有一功，他擅长谋干，当上了锦州电报局局长，临动身前听说我父亲在小学里受到排挤，丢了饭碗，对我祖父说他先去锦州看看情形，好歹给弄个差使。我父亲很不愿意进电报这一行，又想借此出关去见见世面也不坏。正在犹豫，吴保初托便人带口信回来了，说关外冷得能冻掉鼻子，没长毛大氅狼皮褥子休想过冬，等明春再说吧。到得第二年春天，他调到了哈尔滨，那就更甭说了。谁知不然，他写信回来说不久就调回苏州；不知他使的什么神通，还真个回来了。于是宾客盈门，恳求援手提携的不断，我祖父就不去凑这个热闹了。

二

父亲早年出版的如《隔膜》《稻草人》等，封面上都印着"叶绍钧著"。"绍钧"是父亲的名，大概在出生时他老叔给取的，家里认真读过"子曰"的只有这位老人家。还有个字"秉臣"，可能十一岁上为报名应考童生，也是请他老叔给取的。旧社会里就有那些啰嗦的规矩。孩子出世了起个名，当然是必要的。男的将近成年，准备跨入社会了，必得起个"字"，也叫做"号"。长辈仍旧直呼其名，朋友之间非相互称号不可，直呼其名是很不礼貌的，更甭说对长辈了。而自己称名，则表示谦虚。号取多少个都成，可以自己取，可以请别人取，其实还包括众人硬给起的绰号，如“周扒皮”，如“孔乙己”。

有人说辛亥革命了，我父亲嫌“秉臣”太封建，自己改字“圣陶”。这是想当然，事实并非如此。证据之一，辛亥前一年，我父亲开始作日记，日记本封面就写的“圣陶日记”；证据之二，后来在报刊上发表的短文，还颇有一些署名“秉臣”的。“圣陶”这个号是草桥中学的沈老先生给取的。那一天同学们起哄，都开了自己的姓名请沈先生取号。老先生古书念得又多又熟，很愿意露一手似的，当场给我父亲写了“圣陶”两个字，后头用小字注明“圣人钧陶万物”。“圣陶”这个号，当时就在同学中叫开了。父亲说，他到老也没找着这句话的出处；只知道“陶”就是烧制瓦罐的黏土，把黏土团旋成坯的那个转盘，叫做“钧”。“圣陶”两字，无非是用“圣人之道”来陶冶自己、教化后进的意思。如此说来，给我父亲起名的老叔当时年纪还轻，塾师还没当够，还希望侄儿长大后继承自己的事业。沈老先生没给我父亲上过课，单凭“绍钧”这个名，批上了不着边际的赞语“圣陶”。父亲后来把许多心血花在教育事业上，我看并非由于受到了自己的名和号的激励。

父亲是两房合一子，全家长辈都把他看作掌上明珠，自幼受宠爱是必然的了；要是在如今，还不成了要什么就给什么的小皇帝？亏得我们家的经济情况一年紧似一年，祖父又很看不起那些不自振作的纨绔子弟。例子就在眼前：当时我们家租住在潘姓祠堂的后花园里，那潘家不就是这样败落的吗？要不然，怎么会把祖宗手里建造起来的家祠，卖豆腐似的分租给小户人家呢？那后花园，想来跟鲁迅先生笔下的百草园差不多少。我父亲也自小喜欢野花闲草，却从没写到过在那个荒园里度过的愉快自在的童年，我如今也没法凭空虚构。

如今兴的是望子成龙，儿女还没进幼儿园，做父母的就忙不迭教孩子识字认数。据父亲说，他进私塾前已认得三千来字，是我祖父亲手写了方块字，一个一个教他念的。我有点儿为祖母抱不平，怎么把她的功劳全给抹杀了呢？记得我牙牙学语的时候，祖母，还有太外祖母，常把我抱在膝盖上，按节拍摇着我，教我跟着念民歌和童谣。歌谣可不是单个的方块字，是字组成的词，是词连成的句子，活泼有趣、声调悠扬的句子，没有教训，念着不感到压力，我学了一支又一支，少说也有上百支；八十多年过去了，我还能完整地背诵出十几支来。其实父亲也不曾忘记他幼时从母亲和外祖母那儿，最早受到的语言教育和文学启蒙。在他编写的小学国语课本中，就有好几支经他加工的苏州童谣；有一回向中学生作广播演讲，还引用过一支《咿呀咿呀踏水车》，因为太长，记录上把后半截换成了删节号。我想有些报刊常命题征询知名人士："对您一生最有影响的是哪一本书？"从没见过答案是《小学语文课本第一册》的。父亲屡次谈自己的文学历程，都忘了提到自己的母亲，也没有什么是可奇怪的了。

上个世纪的第一个春天，祖父把我父亲送进同巷的陆姓家塾附读。我父亲才六岁，只记得塾师姓黄，先教念《三字经》《千字文》。课堂是花园中的一座大厅，挂着块"报春草堂"四个字的匾。园里有亭有轩，种了几十棵梅树，还有李树杏树，想来跟《红楼梦》中贾府的家塾也差不多少。可惜才念了一年，陆家的各房闹分家，硬把一座大好宅院，分片卖了，家塾只好关门大吉。有一房迁到了萧家巷。父亲的日记中记着，他在中学时代常去萧家巷找陆家四兄弟闲聊；待他们一一成了家，也各奔东西，不知哪儿去了。一九五九年过苏州，父亲特地打听过，已经很少有人知道悬桥巷曾经有过这么一座清丽的花园了。

离开了报春草堂，父亲被送进了张元翀老师自设的书塾。有一件事非提前记下一笔不可；顾颉刚先生和我父亲在那儿开始成为同学，成为亲密交往八十年的老朋友。悬桥巷东西向，南边靠河；潘家祠堂对面有座小桥，过了桥右首边就是顾先生的家。一九七五年我和妹妹弟弟陪父亲去过，仍旧叫作顾家花园。其实在顾先生出生以前，花园已经废了，租给了一家制线香的作坊。父亲说他下了学，跟随顾先生来这儿看水牛。香作里有头大水牛，老戴着眼罩，拉着石磙转圈子，把木屑香料碾成粉末。两人都不敢走近，至多蹬着小脚向它吆喝两声，或者拿根长竹竿在它屁股上点这么几下。大水牛并不理会，仍旧不紧不慢踱它的方步。七十多年过去了，香作早已不存在，老房子倒留着一些。看门的把我们领进顾先生旧时的书房，找了把椅子让父亲消停片刻。

三

张元翀老先生想来中过举，没这点儿名望，人家怎肯把子弟交给他教？又特严厉，顾先生说他“待童子若囚犯”，戒尺不离手。塾中的书房可不是如今的教室，一间大厅里七八个学生，年龄和程度都参差不齐，读的也不是一本书，这个念《论语》那个念《孟子》；老师只好一个个轮番教，给这个教几行，给那个教一段；先管识字断句，等学生背熟了，回过头来逐字逐句讲解。老师今天教的，学生第二天得照原样向老师还一遍；要是背不出答不上，就摊开手心挨戒尺吧。顾先生说他常常挂着眼泪回家；他父亲看他手掌肿得像半个馒头，连连说“怎么能这样呢”，第二年就不让他念书塾，留在家里自己教。我父亲倒从没尝过戒尺的滋味。同学中数他年纪最小，也许占了些便宜。而我祖父，自己也舍不得打的，怎能让娇儿受这样的苦楚；自己又教不了，只好作出规矩，要我父亲念熟了老师教的，方准许吃夜饭。

顾先生还说，当时和我父亲虽然同窗接席，却连谈话的机会也极少。小时候我听父亲说，只等老师出门拜客，同学们就闹翻了天，在书房隔壁的那张炕床上扮演《武松打虎》。甚至也敢把辫子上扯下来的长发连结成“电线”搞起了“秘密通信”。一九六五年动员老作家给孩子们写文学作品。父亲连续写了五篇，总名《一个少年的笔记》，想给高小学生自己寻找作文题材作些个榜样。在小标题《你们幸福了》那一篇中，这位少年记下了晚间乘凉，听老爷爷讲幼时念书塾的趣事。不用说，这位老爷爷就是我父亲；除了末尾上房顶一段，讲的是后来在小学里龚赓禹先生的故事，其余的全发生在张元翀老师设的书塾里。

在严师和慈父异曲同工的关怀下，父亲总算念完了当时士子必读的“四书”，还有“诗”“易”“左传”。在八九岁上老师说他可以开笔了，就是对圣人的训词有了些儿初步的理解，可以开始学作文章——代圣人立言了。出的题目《登高必自卑》，还关照他应当写到“为学”方面去。父亲依照他的吩咐写了八十多字，结尾是“登高尚尔，而况于学乎”。老师看得摇头晃脑的，提起朱笔，在“而”和“乎”字旁都加了双圈。想来父亲在当时是颇为得意的，回家给祖父看了，祖父一定像接到了儿子中举的报条一般高兴。一九四〇年年底前，父亲写《论写作教学》，用这件亲身经历开的头。我想读者定能理解，我父亲绝非夸耀自己自小聪慧，而是为了批判那束缚思想的应试教育，把它捡来作引子。

平心而论，张老先生可以算紧跟时代了。一九〇一年，清政府宣布废除八股，以策论取士；他出的确是策论题，可是指导学生走的仍是老路，也可见教学改革之难。废科举办学校的言论常见于报刊，念了书塾不应试，叫孩子往何处去呢？我祖父一定被这个问题困扰过。乙巳（一九〇五）年，秋闱照常举办，看来科举一时还废不了，祖父决定让父亲去试试，不在乎中不中，让他先历练历练，免得以后怯场。父亲借此撒娇要挟，说得让他带两个马铃瓜去，夜里好解渴。原来点名进场在半夜以后，等到天蒙蒙亮，才有人抬着白纸糊的大灯笼，在考棚的巷子里绕一周，考生们急忙抄下灯笼上的考题，各自回考棚对着蜡烛苦思冥想，只要凑成三百字以上的一篇文章，就可以交卷出场。祖父微笑着，答应并兑现了父亲的合理要求。由于此，过了整整十八年，父亲才有可能依据那一夜的见闻，写成了他那一万多字的短篇《马铃瓜》。

我把编在第二卷中的《马铃瓜》翻出来重温了一遍，又触发了不少回忆。小说是随笔式的，有一段提到做舅父的三项义务。我岳父到绍兴府考举人，也是舅父送去的，据说那位舅父喝多了酒睡着了，竟耽误了他听点名入考场的时辰。到我小时候，教育制度已大大改变，当舅父就省事多了，只剩下外甥头一回剃发，还得请舅父抱着。小说中也有一些是我先前没注意到的：当时苏州已经有了中学校，大概是庚子之后教会办的，否则哪敢跟科举考试对着干，牌示学生如有改名冒试，查出立即除名。至于那位号称“天王”的衙内是否是被派来捣乱的，小说没加暗示。还有件事有点奇怪，小说有几处提到上回赶考怎样怎样，可是父亲明明对我说过，他只参加过这最后一次科举考试。虽说小说可以虚构，作这样的虚构有什么必要呢？是否为了暗示科举制度已气数将尽，到了回光返照的地步呢？谁都知道，杜绝夹带是历来任何考试的规矩，应试必须经过严格搜身，才能领考卷跨进贡院的高门槛。这一回“大放送”，什么书都可以带，从《五经备旨》到《应试指南》，都是石印小字本。还有那人手一本的《圣谕广训》，更非带不可了；老师一向不教，学生从未念过，可是应考必须恭默皇上的“圣谕”两三百字，跟卷子一并上交。

阅卷的师爷照例不看。大家都知道不过虚应故事而已，就是“赵钱孙李”默上两遍也成；这一回可以公然抄录，岂不更加省心。父亲是当作笑话跟我讲的，小说只提到书名，没写上这一段说明。

果不其然，才过不久，清政府就颁发上谕：丙午年（1906）罢科举，办学校；又传出小学毕业相当童生，中学毕业相当举人的话来；好像为了安定民心，却又遮掩不住无可奈何的心态。茶馆里渐渐传开，这一下动真格的了，苏州府属的长（长州）元（元和）吴三县合在一起，一口气合办四十所小学，开春全部上课。我祖父想，既然念完四年就是个童生，让我父亲去试试吧。又听我父亲说，颉刚这孩子得到了他父亲的准许，已决定去考夏侯桥的那一所。我祖父思忖：顾老挑中的一定错不了，可是路实在远，少说也有八九里吧，上下午两个来回，叫个实足年龄才十一岁的孩子怎么受得了呢？祖父下了狠心，把家搬到了离夏侯桥才半里多路的濂溪坊。

公立小学开学那一天，顾先生早早地来到濂溪坊，跟我父亲俩手拉着手跨进夏侯桥小学的大门。教室是才刷新的大厅，明亮的玻璃窗上挂着五色纸环联成的彩带。课桌的桌面是可以掀起来的，坐的也是洋式的带矮靠背的椅子，都排得齐齐崭崭。墙上挂着乌油油的黑板，听说老师用的粉笔还是从日本带回来的，当时苏州还没有粉笔作坊。尤其那具精致的风琴，真叫人忍不住要伸个指头在哪个键上轻轻按它一下。甭忙，耽会儿就上音乐课了，课程表上写着呐。除了国文，还有算数、历史、地理、博物、音乐、美术、手工、体操。哪儿来的这许多名目？其实一点也不奇怪，都是老师从日本带回来的。

请别把这一班可敬的先驱者当成了掮客。经过庚子（一九〇〇）年义和团和八国联军，这一番无论从哪个方面说都不相匹配的较量，更使他们看清楚，大好中华被列强瓜分的那一天已经不太远了。清政府镇压变法，不自振作，只得由他；办学校启发民智，激励知耻力行，总是利国利民的事。他们自愿去日本受短期的师资培训，主要学的是科目的设置和教学方法。苏州有了这样一班不求名利的实干家，才有了中国人自己办的第一所作为样板的新式学校。

那个小学的教员似乎个个是通才，什么课都能教，而且特别注重孩子的品德教育。我父亲那时身材矮小，正经跳绳踢毽子都不会，偏学会了爬竹竿。夏天院子里搭了凉篷，他顺着粗竹竿爬上房顶，坐在屋脊上逗底下的同学。正好龚赓禹老师进来，抬头看见学生上了房，连连说："你好……好好地……快下……下来。"我父亲就双腿夹住竹子溜到了地面上。龚老师瞧他没伤着什么，也没责备。我父亲到老也没忘记这位好老师。有一回上博物课，他挟了一棵蚕豆一棵油菜来到课堂，跟学生讲这是蝶形花冠，这是十字形花冠，还掰开花瓣，教学生识别雌蕊雄蕊。一朵花会有这许多讲究，我父亲从来没想到过。栽培花木，观察它们的生长，逐渐成了他毕生的爱好，在他的诗词、歌谣、散文，以及晚年写给俞平伯、贾祖璋等先生的信中，有不少有趣细致的记载。

音乐课也从没见过，老师一边教学生唱，一边还比划着教学生表演；有时让学生像兵士那样排着队，一边走一边唱行军歌。也非常注重体操，除了徒手操"立正""开步走"，还有哑铃、棍棒等器械操。爱国主义教育从不间断，大都用老师们自己编写的教材。一九〇六年冬，为抗议美国政府驱逐华工，在历史课上，朱遂颖老师宣讲美国修建横贯东西海岸的大铁路，蒙骗了成千上万华工背井离乡，漂洋过海，生活困苦又受尽虐待，被称作"猪仔"；现在铁路修通了，却下令把一无所有的华工尽行驱逐。朱老师讲得声泪俱下，孩子们都感同身受，要求列队上街游行，高呼对美国政府抗议的口号，宣传抵制美国货，挨家挨户劝说莫用美孚油。那时苏州还没有电灯，晚上大多用煤油灯；而美孚牌煤油是美国货，这是谁都知道的。在苏州城里，反帝群众运动，可以说是从这一次开的头。

老师经常跟孩子们说，爱国要从热爱自己的乡土做起。沧浪亭西南角上有座五百名贤祠，既小又偏僻，似乎一向很少人知道。一九六二年年初，我跟父亲去苏州，说好久没去沧浪亭了，这一回发个心去看看吧。拣背静的地方走，无意中绕到了这座小祠堂前面。父亲有点儿累了，说进去歇歇脚吧。祠堂只像一条比较开阔的走廊，朝南的一边是门窗，五扇北墙上都横五竖四，齐齐崭崭嵌着二十块长方形的碑，不知是水磨青砖还是青石板，共一百块，每块碑上刻着五位名贤的半身像和传略。字实在太小，尤其是高处的，我踮起脚跟也很难看清楚。父亲说："不用看了，打头的那位是吴泰伯，孔子的学生言游也在内。总之都是对苏州有过贡献的乡贤。我念小学的时候，章伯寅先生常带我们来这里讲墙上的名贤；特地指着顾亭林的像，要我们牢牢记住他说的'天下兴亡，匹夫有责’。还跟我们说：‘五百名贤还没满额，后边还留着地位等你们呐。’”果然后边四五块碑还空着。用心如此，真可以说良苦了。

我没见过章老先生，是从父亲在抗战期间写的《我们的骄傲》中认识他的。我知道这篇小说的主人公黄老师，原型就是章老先生。苏州沦陷后，汉奸维持会胁迫他出山，要他作教育界归顺敌人的带头羊。为保持民族气节，他孤身一人，历尽艰辛来到重庆。当年在夏侯桥的四个学生打听得他暂住川东师范，约定了日子一同去探望他慰问他。在小说中，“我”的原型不用说就是我父亲自己；戈君，是顾颉刚先生；孙君，是周勖成先生；邹君，是章元善先生。黄老师见是他们，说的第一句话是：“啊，你们四位，准时刻来了。”守约遵时的好习惯，正是三十二年前，章老先生以身作则的教育成果。又说：“你们四位，往常也难得见面吧。”正是如此，除了周先生为了创办巴蜀学校，到重庆已多年，其余三位都是暂时歇脚的过客，不久就劳燕分飞了。多么难得的人生瞬间，四个幼年时代的同学，居然能围坐在老师膝前，细细地听他讲自己的生活故事，浸透着不屈的人格的故事。从父亲写给留守在上海的朋友的信中，可以查到这次可纪念的会面，是在一九三八年十月七日。

四

父亲在夏侯桥公立小学耽了一年。一九〇七年年初，草桥苏州公立中学头一次招生，父亲就近去报了个名。考生大约只五六十人，可能全录取了。榜上分做两个年级；父亲和章君畴先生等二三十人在一年级；王伯祥、吴宾若先生等二三十人在二年级。顾先生在夏侯桥多念了一年，是第二年进草桥的插班生，大约入学考试得分可观，插进了王先生的一级。高一年级，按通例该早一年毕业，可是不然。“中学的毕业文凭抵得上一个举人哩。不说十年寒窗，读满五年是不能再少的了！”校方分明是商店老板的心态。买客们一估摸，自己已经占了个绝大便宜，还要杀价也太不体面了。这么一来，开头那两个年级实际上给扯平了，跟以后的各级相比，同学之间自然更加亲密，难舍难分。转眼就是五年，经过辛亥革命，大家把辫子都剪去了，还有谁惦记着举人头衔这劳什子呢？一九一二年一月廿八，公立中学的开头两班同时毕业，领到了中华民国的毕业文凭。

苏州公立中学从创办到现在，将近一百年了。校址在皇废基北头，玉带河草桥南堍路东。河和桥大概不复存在了，“草桥”作为地名，也许还得保留若干年。在这将近一百年中，校名换了多少回，招牌换了多少块，恐怕没人能说清楚。如今挂着的一块，是我父亲在上个世纪八十年代写的：“苏州第一中学”。先前，苏州人似乎不管校门上挂的什么牌子，总管这里的学校叫作“草桥中学”，甚至简称“草桥”，看来绝非贪懒图省事，而是包含有历史渊源的亲昵。

一九七五年五月，我和妹妹弟弟三个，陪八十又半的父亲回故乡苏州怀旧，“草桥”自然是个重中之重的怀旧点。我们特地挑的星期天。推进那虚掩着的面向西南的木板大门，见前面有石阶的四扇二门还在，门上镶着的刻花厚玻璃居然也完好如初。走进二门，四四方方一大圈平房，当年的礼堂教室等等，也还是老样子。被圈在中间的操场空空荡荡，一个人也没有。顺着走廊来到东北角，看到藏在后面的那座小洋楼，当年作为图书馆的，也还在。有位女同志看见了，招待我们上楼休息。至美至诚从未来过，父亲和我熟悉而又陌生，一时想不出有什么可谈的。坐了一小会儿，下楼走原路出来。回到走廊上，那位女同志总算想出一句话来了，兴奋地对我们说：“隔两年请再来看看，平房就全都改建成一排排三四层的新教室了。”父亲赶忙说：“不要挨得太紧，各排之间要种些花木才好。”说着就到了二门口，父亲问：“这座二门呢？”“当然也得拆掉。”她笑着回答。父亲默不作声了。民国元年，他的全班同学簇拥着可敬可爱的监督（就是现在的校长）袁俶畲先生，来到这座二门前，分排站在台阶上，摄过一张毕业留别照片。六十三年前的那很可回味的一咔嚓，这位年轻的女同志当然不可能知道。

民国元年就是一九一二年，那年一月一日，中华民国临时政府在南京宣布成立，孙中山先生就任临时大总统。袁俶畲先生是参事，又是江苏省代表，当然非参加不可。八日下午，有同学听说袁监督才回来，就要走的；政府尚需议订宪法，他正忙着呐。第二天一清早，同学一齐赶来了，都说要跟袁监督留影纪念。有同学说：而今已是民国了，还按逊清定下的满洲规矩，穿着长袍马褂，到底算哪一出呢？大家说这话不错，一致同意统统换上西服革履，却忘了先作个统计，全班二十个同学，有几位已经置备了这全套外国行头。大家赶出赶进，像一群掐了脑袋的苍蝇，结果还是借了大围巾和长大衣来充数的居多，十一点钟二十人按时集齐，照相馆已把照相机扛来。趁日头正好，让西装革履的几位站在前排，陪着唇上留髭的西装革履的袁监督。我父亲是围巾大衣派，站在后排，照片右边的犄角上。

袁俶畲先生名希洛，去日本留学时加入的同盟会，回国前已剪去了辫子。一九一〇年年初，他接替蒋韶九先生任“草桥”的监督，暗地里仍从事革命活动。在“草桥”，他除了向同学宣传孙中山恢复中华，建立民国等主张，还特别注意军事训练。顾颉刚先生曾在文篇中回忆说：“先生欲以我辈为革命干部，假提倡体育为名，向抚署（苏州巡抚衙门）请领枪支实习；程抚德全允之，遂排队至军械局，领前膛枪约百支。学生数目倍于枪，一枪二人共之。”父亲在《掮枪的生活》中叙述了同学们全副武装，兴高采烈行军打野外，掮的却是可以连发五响的后膛枪，不是淘汰下来的老式前膛枪，也许是袁监督设法弄来的另外一批了。不管前膛后膛，操练就为的献身革命。武昌起义看看已成气候，西南诸省已纷纷响应。同学们天天看报天天着急；我们这里怎么还不见风吹草动呢？没想到“一夜城头旗尽白”，苏州的革命就来得如此神速，同胞尚在梦里，巡抚程德全连座位也没移，在左右的拥戴下公然改称都督，还觍着脸说自己早怀此心。人们说，苏州到底是天堂，一滴血没流革命就成功了，真是老百姓的福气。又有人说：学生嘛，开庆祝会列队入场喊喊口号就可以了，何必风吹日晒练什么兵操？读书要紧。青年们谁不想在革命中一显身手呢？听着心里都凉了。尤其着急的是眼看就快毕业了又无力量升学的那几位，只得伺机缠住袁监督坦诚诉说。袁先生回答说：“政界不是你们去的地方，还是教育界吧，要紧的是培养国民意识。”他设法把十来个有就业要求的学生，分别安排在城里和四乡的小学校里。我父亲就是其中之一，被安排在言子庙小学。

五

一九一二年一月廿八，草桥中学举行毕业典礼。我父亲说是十八岁，实数只是十七岁三个月整。那时中学生年龄一般偏高，大都在毕业前就结婚了。一同毕业的同学中，顾颉刚先生比我父亲大一岁，这一天正巧是新婚一周年纪念。王伯祥和吴宾若两位都大四岁，同学们都等着吃他们子女的汤饼宴了。父亲真个落后了，在这一年四月十八的日记上挂了一笔，“又：今日为余订婚之期，坤宅为浙江胡氏，由颉刚、伯祥、彦龙、烈裔、张昌熙等作伐者。”没记我母亲的名号，尤其前头那个“又”，显得根本没当回事，不过备忘而已，实在叫我感到奇怪。在给顾先生的信函中，我也只找到一处，是订婚的第二天夜里写的：“臻郊已晤，朕爻姻事大致成功，唯请勿在外声扬，恐其索糖索糕，多一宗烦恼也。”“臻郊”是王伯祥先生的号，“其”指得到消息的朋友们。顾先生跟王先生同是媒人，又经常碰头，有什么特地通知的必要呢？如果说有必要，肯定在后半句，不管怎么说，要是让替我母亲做主的二姑母看见了，心里一定会很不痛快的。

我母亲姓胡，名墨林，字翰仙；生在杭州，跟着祖母和两位姑母，迁居苏州已经十来年了，当时是大同女学毕业班的学生。我父亲已经进言子庙小学当了教员。两人从未见面，只经媒人的手，交换了一张照片。这两张照片倒一直保存着。我母亲脸圆圆的，发式梳得有点儿像日本女人；站着照的全身，短褂和裙子都太肥，显得身材有点儿矮，有点儿胖。父亲的是穿长衫的半身照，面容瘦了些儿，胡子茬好像没刮干净，短发也乱蓬蓬的；才十七岁半，不免显得有些苍老。不知母亲当时看了作怎么想。就礼貌说，拍照之前也该把尊容稍加修饰呀！

母亲的祖上在杭州开的古董店，太平军时期可发了。在战乱中，一批人家败落了，要是有古董，一定先卖既不能吃又不能穿的古董；一批人家成了新贵，房屋家具都齐了，元宝还滚滚而来，买几件古董字画作摆设吧，既阔气，又风雅。古董店压价收进，抬价售出，哪有不兴隆发达的。就我母亲的祖父有点特别，他不愿意让后辈再干那欺蒙拐骗的营生，过世之前，把古董店交给两个徒弟去经营，让儿子，就是我的外公去读书，指望他改换门庭，光明正大走科举的道路。没料这位宝贝儿子书没念多少，就想做流芳百世的风流才子，天天三朋四友，在西湖边上饮酒赋诗。家里人没见过他做的诗，只知道他酒量天天见涨。据说有一夜轿子抬回家来，撩起轿帘却不见了少爷，原来他钻在轿座底下醉成了一团。外祖母只生了我母亲一个就过世了，外祖父续了弦。这位后母进门来第一件德政，就是给我母亲裹足。她二姑母听得我母亲痛得直喊，赶过来把缠脚布扯了个粉碎。后母说：“这双大脚将来嫁不出去，谁养她一辈子!”二姑母说:“你不养我养!”转身把我母亲拽到自己房里,从此不让这位后母再碰我母亲。

我母亲有三位姑母,嫁的都是读书人。大姑夫是苏州的举人章钰,可称了母亲的祖父的心;后来进京赶考中了进士,可惜老人家来不及见着。这位章老先生在史学和文字学方面都颇有成就,又写得一手好字,抗战前开明版《二十五史》的题签,就是他的手笔。这样的人才一般该进翰林院当编修的,不知怎的被分配到了刑部衙门。章老先生连杀鸡都不敢看,哪能受得了天天审批案卷,处决囚犯呢?幸而遇上废科举办学校这股风,他以奉养老母为由,请调回乡办学。到了苏州,他巡视了一批书院私塾,选定四十所稍为像样的,小加调整,分别挂出高等或初等小学的招牌,先行开学,待以后逐个整饬。把夏侯桥的一所作为实验学校,教员齐整,设备上乘,以取得办新式学校的经验。老先生把自己的儿子送进了夏侯桥公高。那是一九〇六年,章元善先生成了我父亲的同学。没想到过了六年又成了亲戚。章先生那时已去太平洋彼岸留学了。

母亲的二姑夫姓甚名谁,中过举没有,从未听谁说起过,好像地球上不曾有过这么个人似的。母亲也只知道二姑母嫁过人,说那男人疯疯癫癫的,没法相处,就一个人跑回家来了,不知办妥了离婚手续没有。可能向她父亲,就是我母亲的祖父要了笔钱,一个人去日本留学了,“铮子”这个号可能是那时候她自己取的。母亲其实也是听人说的,算来她那时才两三岁。那个时代冲出家庭樊笼,争取人格独立的女子决不止秋瑾一个。结局自然各不相同。母亲的二姑母从日本回来,一直在女学校教国文;偶尔也在报刊上发表些诗,当然是旧体。父亲给顾颉刚的信中曾提起过,在苏州的女诗人中,只她的几首还像个样。还有个特别处,按苏州习俗,我该唤她“婆婆”,她却定要我唤“公公”,在称谓上,也非得跟男子平起平坐不可。

母亲的三姑夫是个寒士,姓计字硕民,家里地无一垅,房无一间,也没有一个旁人。从我母亲的婚事足以推断,把三姑母嫁给他,也是二姑母的主意。先是大姑母听得杭州娘家经常吵吵闹闹,就派船接多病的老母到苏州将息,求个耳根清静。老太太索性把女儿孙女都带了去,免得两地牵挂,就住在阊门外章宅。二姑母仍旧在大同女学教书,我母亲由她自己教,稍大些跟在她身边上学。在教育界,二姑母见过的人不少,有位姓计的中学国文教员，人品学识都不错，只是落落寡合；因为家无长物，年过三十还是单身一人。穷也有穷的好处，可以省掉许多繁文缛节；家里又没有长辈要侍奉，正适合三姑母孤僻懦弱的生性。婚事居然撮合成了，在卫前街租了五大间的一个庭院。老太太带着二女儿大孙女，也搬过去住了。我在小学时代，几乎每年暑假都去苏州卫前街过。他们都喜欢我，尤其是母亲的三姑夫。他留着一小把疏疏朗朗的胡须。我叫他长胡子公公，父亲和伯祥先生则称他为“计髯”。

伯祥先生跟计髯是好朋友，相差十五岁，真个是忘年交。还有位王彦龙先生，年纪跟我父亲相仿，也是计髯的吃茶朋友；可能跟胡家沾点儿亲，我母亲的二姑母偶尔也去他家走动。他是伯祥先生的朋友，跟颉刚先生和我父亲都认识，民国元年——一九一二年正月，四个人一同参加过社会党。二月初，他下帖子请吃喜酒。“秀才人情纸半张”，颉刚先生集宋明词句，作了副长联；我父亲照例，填了首《贺新郎》。两人各花了六七毛钱，去裱糊店挑了装裱现成的一个立轴一副对联，顾先生用楷书写上我父亲作的词，我父亲用小篆写上顾先生集的长联，两人亲自送到了他铁瓶巷府上。二月九日吃喜酒，朋友们都去了，母亲的二姑母也去了。她走进新房，见了挂在粉墙上的立轴和对联，激赏不已，问站在一旁的伯祥先生：“你这两位同窗都有了家室吗？”伯祥先生回答：“颉刚去年小年夜娶的亲，还没听说叶家有什么动静，只知道圣陶就要去言子庙上课了。计老先生在茶馆里都是常见面的。”才过了两天，王先生顾先生就来跟我祖父议亲了，说女方由姑母做主，什么财礼都不用；又说这位姑母待侄女在大同毕了业，就带她去北京念女子师范，婚事以后再谈。父亲这两位同窗都是我祖父祖母信得过的；问我父亲，父亲说但凭二老做主。换过庚帖，我母亲跟着她二姑母去北京了。父亲没把这件事放在心上，一点儿力气也没有花，像日后他自己在《过去随谈》的第四节中说的那样：无意中中了个头彩。

六

言夫子言游，名偃，是孔圣人的得意门生，七十二贤人中的一个。说是文学家，可没见过他的署名作品；有提倡礼乐的记载，似乎还兼做教育工作。庙在干将坊，规模跟他的声望太不相称。大概章钰老先生当初开办四十座小学，大概就有它，也挂上了公立初等小学的牌子。经过改朝换代，变化不大，全校只有三个课堂，三班学生，连我父亲一共三位教职员，其中一位兼校长；后来添了一个课堂、一班学生、一位教员：跟夏侯桥公高不可同日而语。那座公高在四年前已迁进新建校舍，成了草桥中学的紧邻，不但声誉日隆，也为督视者和参观者提供了方便。一九七五年陪父亲回苏州怀旧，出于意外，言子庙小学仍在，据父亲说，从外表看不出什么改动，只是课堂内增添了一些桌椅，显得更挤了。那时候有些小学课堂不够用，实行了半日制，这儿是否也这样呢？因为是星期天，找不到可问的人；更没有人跟我们说以后的发展规划。想来改革以来大大变样，或者跟旁的什么小学合并了。

父亲写《圣陶日记》始于一九一〇年秋天。我摘取日记中五个长短不等的片断，编进了第十九卷，五个中的“之二”“之三”“之四”，我以为颇可一看。片断之二正是辛亥革命前后的一年，也正是我父亲中学生活阶段的最后一年，可以约略窥见三吴少年，当时指点江山激扬文字的书生意气。片断之三，只摘录了日记一个月，已经可以以偏概全，反映我父亲在言子庙两年半的小学教师生涯，尤其对于基础教育的职业感情。这种忽冷忽热的情绪，初当小学教员的年轻人恐怕很难避免，但是在我父亲身上，似乎持续得特别长久；而且跟后来在用直第五公高相比，反差又显得特别突出。原因到底在哪儿呢？我想查找一下可能有些儿好处。片断之四是我父亲被炒了鱿鱼，从日记上看，可以肯定非关成绩，也不由于情绪，用不着我替父亲洗刷。至于为什么，待说完了这两年半再试作说明。

言子庙在干将坊，过草桥向西走一百多步就到了。父亲在日记上记着，开学之前约半个月，两位老教师约他一同去点数桌椅。从行文的语气看，他从前未曾瞻仰过这座圣殿，对课堂的湫隘和设备的简陋却在意料之中，因而只记了一句话：“唯光线不甚畅亮也。”初小四个年级，课堂只三间，注定了一二两个年级非合用一个课堂不可。这叫做复式教授，老师特别费劲，还得有一套特殊的教学方法。他们竟把这件棘手的事，推给了我父亲这个毫无经验的新手。我看到这儿真想替父亲挡一挡，父亲却若无其事地一口承诺了。功课只有三门：国文、算术、修身。修身只凭德目演讲，算术无非出些题目作加减乘除的练习，只国文有课本，大概是新出版的“人、手、足、刀、尺……”有时觉得孩子都自有可爱之处，苦于想不出办法来维护和引导，有时连课堂秩序也难以整饬，但愿早日离去这阿鼻地狱。一个月二十块大洋薪水，拿在手里，心上总不舒服！“我给了孩子些什么呀，值二十块大洋吗？”可是同学中间，也有几位当小学教员当得很带劲的。城里章君畴尤秩臣两位带头办的那一所，乡下朱映娄蒋企巩两位带头办的那一所，都有声有色，受到了学生们家长的感谢。我父亲在言子庙别说改进些什么了，连聊得上天的，也只有一位喜欢种植果树的中年人。大家相安无事，到时候领自己一份薪金就是了。

是职业呢，还是事业呢？两者似乎不可兼得，而职业又非常现实。伯祥先生为老太爷丧葬，落下了一屁股债，一家七八口，新近又添了位千金，都是要吃的。伯祥先生就是找不着一个职业，把家里可卖的几乎卖完了。许多天不见面了，去茶馆找找吧，却碰到了母亲的三姑夫计髯。两人都为伯祥先生唏嘘了好一阵。计髯最后告诉我父亲说：“墨林跟她姑母住进了学校：宣武门内石驸马大街北京女子师范。”我父亲想，计髯把地址交代得这般清楚，分明让他写封信去问候。写信容易，称呼可就难了：称“先生”，似乎冷冰冰的；称“姑母”，婚还没结又过于亲热。好在计髯不过暗示而已，只装作少不更事也就罢了。

我父亲正在犹豫，绿衣人送到章元善先生从美国写来的信，抽出信笺一看，是“蟹行”——英文写的。我父亲倒没被难住！开头第一句是“咱们俩现在是至亲了”，接着说他进的是纽约州的康奈尔大学，读的是化学系卫生化学专业；又说大学建筑恢弘，设备先进，院系众多。他希望表妹夫早点儿去，两人再一次成为同窗。父亲回信只能用汉文：祝贺他有出洋留学的福气，感谢他的热心邀约，说自己从未有过这样的非分之想；当小学教员也不坏，一个月有二十块钱的酬金哩。隔了两个来月，章先生又来函了，说可以先进清华学堂的预科补习班，在补习班里考试及格，就可以再读一年预科，然后留美；他和许多同学都走的这条路；从进补习班之日起，就用不着花家里一文钱。父亲回信说：要是进不了清华的那个补习班呢？要是补习了一年考不及格呢？这两百四十块大洋的进账，也不能不算一算。经过三四个回合，章先生在信上就不再提这回事了；寄给我父亲一张六吋的大照片，他一个人西装笔挺的，站在一座挂满了爬山虎的洋楼门前。

北京那边，铮子姑母也托便人用建议的方式，施加过一些压力。每逢暑期，北京各大学都在上海招生，她劝我父亲就近去投考。父亲在给颉刚先生的信上，几次托他如有机会碰着铮子先生，代向她解释一下，叶某不是不想上进，因为父老家贫，只能暂且这样过着。后来我父亲在言子庙受排挤失了业，用笔名在报刊上发表了一些言论和小说，想来顾先生如果有便，不会不向铮子先生通报的；虽则我父亲从来不曾拜托过他。

片断之四记的是一九一四年暑假，苏州“六腊斗争”中一个不起眼的浪花。“六”指的六月，“腊”指的腊月，按阴历算，这两个月都是学期结束的日子。一个学期好歹又敷衍过去了，下个学期的聘书可还悬着呢！尤其塾师出身的老教员，眼看着新式中学的毕业生一批又一批涌进小学，心里不由得不打颤。于是老的少的各显神通，暗的不知道，明的就把战场摆在茶馆里。我抗战后期才混入教育界，以为这是世风日下闹的。看了父亲的日记，才知道公立学校自开办之日起，就种下了“六腊斗争”的根苗。在苏州，一九一四年暑假并非头一次，而波及的范围，比以前几次都大。父亲却似从未知道有这样的事。头一次听校长说下学期有的小学可能换人，他还在日记上发表了一大段宏论，说教师不宜频频更换，全没觉察校长这是特地向他吹风。果然第二天在茶馆里就有他校的同行相告：言子庙将裁去一个课堂，而裁去的教员正是“吾兄”，请“吾兄”趁早想办法。我父亲当然得感谢说“承蒙关照”，至于想办法走门路，挤掉别个的饭碗，那是做不出来的。第三天，我父亲得便，把这件事跟那位喜欢种果树的钱君说了。他不说不知道，也不说已经听说；却不着边际地叹了一番苦经，说与同事相处也实在难。我父亲本来想待放了假就写辞呈，如今落了个“被裁”的名声总不太好听，又想反正是同一回事，何必计较那些，于是定下心来，判完学生的试卷。似乎应该跟孩子们告个别，可是说些什么好呢？难道再补上一课修身？父亲站起身来，走出了言子庙的门，身上好像轻松了许多。

然而事情还未了结。第二天，父亲领取了最后一个月的薪金，去茶馆闲坐，听人说某校被裁的某君已诉诸上峰。上峰叱学务委员荒谬，于是有学务委员辞职，被裁的教员将尽行复职之说。自己把握不了命运，将希望托之于包拯，亦复可笑可怜；父亲不遑再听，索性跟着颉刚先生又去杭州游湖，沪上听戏。浪游归来，爱种果树的钱君已候我父亲多日，一见面就说：言子庙的课堂今决定不裁，他受校长之托特来相告，只需学款董事或学务委员说一句话，就可以蝉联。父亲再一次感谢多蒙关照，推说“容再思之，当有善计。”第三天下午，我父亲又在茶馆中遇见钱君。校长不久也来了，走进了别一间茶室。钱君看校长坐定了，也跟了过去；并回头向我父亲示意，好像颇有把握相助似的。我父亲料到他至多去探探口气而已，没拉住他。果然他话没说上十句，看情景已碰了壁，懊恼地踅回来说，“只迟一步，他们已聘定人了。”我父亲还是谢了他，心里却不平静起来；这批家伙如此作弄人，真想写封信去狠狠地骂他们一顿。回信是肯定不会有的，他们或一笑了之，或装作根本没瞧见，岂不自找没趣，甚至反而被人看轻了，如此一想，不如作罢。我写到这里，片断之四还只说了一半；事件再简单不过，主要人物不满五个，都各有个性，各有想法；如果敷衍成小说，颇有点儿像果戈理的幽默短篇。请读者诸君看看，我这个主意有没有点儿可行性。

七

片断之四的后半，几乎一半的记载离不开孙家的伯南先生树人先生。弟兄俩是我父亲的表兄，都古道热肠，为了替我父亲找个饭碗，不知花了多少邮票，磨了多少嘴皮子，结果却弗讨俏。说成功的也有一处，就是那个耗子夹似的农业学校，一踩上机关几乎脱不了身。我父亲当时很不愉快，表现很有些儿浮躁。结果让树人先生作难，系铃解铃，费尽了心思。原来教育界也是无奇不有的。

孙伯南先生是我父亲念草桥时的国文老师，据说在考据学和文字学方面，都有点功底；我父亲学写篆字的兴致，就是他给引起的。他同郭绍虞先生的老太爷是好朋友。我父亲念私塾的时候，常被他牵着去郭家，他跟鹭庼老先生谈天，我父亲就跟比他稍大的绍虞先生在庭院里玩，真个成了总角交。在家乡的老朋友中，没同过学的就郭绍虞先生一个人。

伯南先生是个老实人。他给父亲说了个在杭州的东家，当家庭教师讲国文。问他酬金多少，他回答“眉数”，眉就是八，一月八块大洋。父亲说：“为了这几个钱作客他乡，不合算。”伯南先生想倒也是，就说：“可以叫他加上英文算术，合在一起可以得‘弱冠’了。”弱冠是二十，一个月二十块大洋。我父亲说：“人家恐怕不肯吧?”伯南先生想了半天，说：“姑且去说说看。”不知他真个去说了没有，下文自然不会有了。

父亲还跟我讲过一段伯南先生的趣事。草桥中学南边是实验小学，小学南边有个属于草桥中学的球场。球场东边是座衙门，辛亥革命前，是长洲县的衙门。衙门正中间的大厅上，供着光绪皇帝慈禧太后两座牌位。一九〇八年十一月，太后皇帝相继驾崩，灵堂就设在这里。每天限时限刻，老师要带着学生去哭拜，排着队面对牌位跪下，叩了头还得哭出声来，掉不掉眼泪随便，“嗄嗄嗄”的哭声可一定得有，时间好像不短，反正听从赞礼的。有个顽皮的同学正好排在伯南先生后边，闲得没事干，悄悄地把他的两只鞋抽脱了，还轻轻地搔他的脚底。伯南先生没处躲，只得提高嗓门“嗄嗄嗄”。回到学校，伯南先生把那同学叫到房里，好像脚底还在痒痒，扑哧一声笑了出来。“你呀，”他说，“连轻重也勿得知。我那时不死劲忍住，你的小命也得陪上。不要在同学中逞能了，欺侮老实人不是什么光彩的事儿。走吧。”

孙家两位老伯很可能把我父亲看作阿斗：大家替他着急，他自己倒全不在意。他们可能忘了，我父亲也会加减乘除的。当时有几种刊物愿意登载我父亲的小说，一般千字两元。如那篇《穷愁》，就得稿酬“眉数”。十天写一篇，腾出时间来正好自学。我父亲早就写信给正在念北大的颉刚先生，请他代订一个自学计划。在我的印象中（当然是后来的，那时我还没有出世），顾先生喜欢给人出主意，订的计划必然庞大。如今在父亲的日记和书信中，又证实了他年轻时候就如此，计划分经史子集，都选出若干必读的本子，甚至把哪一天，在什么时候，读哪一本的某些篇章，都规定好了。父亲在日记上也记下他的执行情况，头几天果然一点儿不落，渐渐地就保不住了；除了责备自己，还加上些客观原因。客观原因总是层出不穷，责备自己的话翻来覆去地却也厌烦了。只好把计划搁在一边，自己想读什么就读什么吧。可惜了顾先生的一番苦心和好意。

我父亲开始写文言小说，就在离开言子庙的前后，一连写了二十多篇。我在一九八六年开始编《叶圣陶集》第一卷才读第一遍，好像看到父亲一边在模仿，一边在试探。有模仿《聊斋志异》的，林琴南译述的欧美短篇的，苏曼殊的《断鸿零雁记》的，也有模仿当时所谓社会新闻的；试探着摸清各种刊物之不同要求：看样子都颇为自得。后来看了父亲的日记，才知道他内心的矛盾。在一九一四年九月十四的日记中说："晨起绝早，餐已，握管作小说，以之售去亦可以得微资。文而至于卖，格卑已极。矧今之稗官，类皆浅陋荒唐之作。吾亦追随其后径相效颦，真无赖之尤哉。"第二天又说："既而续撰昨之小说，信口开河，唯意所之。村头巷角，有手击小竹自为节拍而口唱歌词以娱人者，其词皆临时杂凑，初无丘壑，余之小说乃仿佛类之，亦可笑也。"在十一月十三日给颉刚先生的信中，他说："吾今弄些零用，还必勉强写几句。然我却也自定宗旨：不作言情体，不打诳语……总之，吾有一言誓之君前曰，我决非愿为文丐者也。"难怪他一进尚公即戛然而止，不再写文言小说了。

郭绍虞先生给我父亲介绍过两回教席，这是头一回。他在尚公学校教高小语文，进步书局请他去当总编辑。他跟尚公的校长说，他的课得由叶某接下去教，才能让他放心离去。校长居然答应了，那是一九一五年四月初的事。尚公学校是商务印书馆办的实验小学，就在商务的印刷厂东南角上，操场课堂都很宽畅，尤其难得的，凡是商务出版的书籍挂图，制造的标本仪器，尚公都有一份。所谓实验大致有两层意思，一是试用本馆的各种教学用品，最主要的是教科书。王云五的四角号码检字法，正式使用之前也在尚公试验过。二是实验国外传进来的教学主张和方法，如远足参观旅行，举办游艺会、恳亲会和成绩展览，让学生自己管理图书馆以及商店银行。还出版一种不定期刊物《尚公记》，让教职员交流经验和心得。我父亲在尚公不足一年，好像为以后在甪直五高开展教学改革作了准备。

八

《倪焕之》是小说，决非我父亲的自传，只举一例就足以证明：倪焕之和金佩璋是先恋爱后结婚的，我父亲和母亲正好跟他们俩相反。小说开头一章，小船在吴淞江上逆风晚航，却极像我父亲头一次到甪直的情景。可是来接的既非伯祥先生，又非宾若先生，而是一位虚拟的小乡绅金树伯；他的谈吐又颇似伯祥先生，尤其是评蒋校长的那两段，还说得极准。蒋校长是由前后两位校长拼凑起来的。不拼凑也不成呀，谁叫前一位不幸遇上车祸死了呢？小说中没提这件事，可能因为动手写《倪焕之》的两年前，已经写过一篇《好友宾若君》了。

宾若先生和伯祥先生一般年纪；一九一二年，和我父亲同在草桥毕业，他在虎丘丁公祠初级小学当校长。不问暑天腊月，刮风下雨，他上班下班，总是分秒不差，山塘街上的居民都称他为“自鸣钟”。这个亲昵的绰号，无意中表现了对他的敬业精神的钦佩。两年之后他害了一场病，在家休养了一年半。吴县第五高等小学在甪直筹建，又把他请了去，他拉上伯祥先生。一九一六年初，他们俩在《尚公记》上看到了《国文教授之商榷》，是陈文仲先生和我父亲合写的，都说“怎么把圣陶给忘了呢？”立刻写了封信给我父亲，讲了许多改革小学教学的设想。我父亲怎么会拒绝好朋友的邀请呢？立刻回信应诺。可惜的是我们没法看到这两封信了，连日记也在半年前中断了。想来都是抗战时期，留在青石弄的那所房子里丢失了；除了一九一五年四月以后的所有日记，至少还丢失了两册自存的印蜕，两册自录的诗词稿。

父亲在《好友宾若君》中自己说：“当了几年教师，只感到这一途的滋味是淡的，有时甚至是苦的；但自到甪直以后，乃恍然有悟，原来这里头也有甜津津的味道。”刹那之间，前后的反差竟如此之大。在有些场合他甚至说：“我的教学生涯，实际上是从甪直开的头。”可不可以这样理解，到了甪直五高，他才摆正了职业和事业的位置。教育本身需要不断革新，做一日和尚撞一日钟，决非小学教员应持的态度。既然吃了这碗饭，就应该对孩子们的成长负全面的责任。可惜离开了夏侯桥公高，再没见过这样的老师了。可是话也不能说绝，君畴兄他们几位接的是旧学校，不也办得有声有色吗？看起来头一件要同事精诚团结，有点儿事业上的自主权；第二件是学校最好是新办的，少点儿必须清除的陈年垃圾；当然还有第三第四。如今的五高正是新创办的，校长又是宾若兄，还有好朋友伯祥兄，最主要的有利因素不就全了？到第一学期结束，我父亲的信心已经初见颜色。学校放假，一些琐事请住在镇上的同事照看，三位好朋友就一同乘船回城各自回家了。

第二天吃过早餐，我父亲穿上夏布大褂，打算去两家熟悉的茶馆走一遭，找找老朋友；没想到伯祥先生比他还早，已经找上门来了，见了面就问："你知道不知道，你的那位就要回苏州了？"我父亲一时接不上茬，伯祥先生已经不耐烦了，说我父亲也做不了主，他有要紧事跟我祖父祖母说。原来他昨天下午就见到了计髯。计髯告诉他说，我母亲已在北京女子师范毕业，同铮子先生都接受了南通女子师范的聘书，过几天就回苏州；铮子先生的意思，不如在暑假中先把婚事办了。计髯托他先来探个信。他是打定主意，送佛送上西天了，所以一早就赶了来。祖父祖母自然高兴，可是又有点儿为难。伯祥先生说："铮子先生是个爽快人，自己选中的侄女婿，决不会过分挑剔的，完全可以放心。"父亲没作一声，在一旁听着。他可能想，女大当嫁，男大当婚，是躲不过的；自己曾经主张过的"无金钱、无家庭、无政府"的"三无世界"，简直是痴人说梦。

为了让我母亲过了在娘家的最后一个生日，好日子定在阴历七月十四，换算成阳历，是一九一六年八月十二。别看这个简单的数目字，在《万年历》上，我还核对了好几遍呐。在濂溪坊举行的婚礼，新房就是我父亲原来的卧室，那间带个小天井的厢房，这些都可以想见。用的什么仪式，请了几桌酒席，找不到文字记载，也没听谁说起过。宴席上闹酒是免不了的；新官人大概没被灌醉，还能看清新娘子丰腴的脸庞上，那缕掩盖不住的又喜又怯的微笑。可惜那时还不兴拍婚纱照，来客中也没有谁带着照相机的。

第一张合影从身上穿着看，是那年寒假里拍摄的。四个人站在照相馆绘制的大幅布景前面，新婚夫妇站在两旁，中间站着我的铮子公公，相间各一米许，公公牵着个五六岁的女孩，是我的阿姨，长胡子公公的女儿。父亲在十四年后写的《过去随谈》上说："结婚以后两情颇投合，那时大家当教员，分散在两地，一来一往的信在半途中碰头，写信等信成为盘踞心窝的两件头等大事。"一年中两度分离，新婚加上小别，也不必再为从未写过情书而抱憾了，汩汩如溪流，一封又一封，真有说不完的话。到第二年暑假，他们俩还把蜜月旅行给补上了。

父亲和母亲一同出门旅行，头一回去的杭州。一九五七年三月二日，母亲患癌症亡故，父亲彻夜未眠，促成了已构思多日的一支《扬州慢》，还把此时此刻的心情注在后头："略述偕墨同游踪迹，伤怀曷已。"《扬州慢》开头就是："山翠联肩，湖光并影，游踪初印杭州。"既然到了杭州，母亲一定领新姑爷去拜见了她的后母，去老坟上祭奠了她的父亲母亲，此外也没有别的应酬了。大概乘划子游湖的日子多，不知去了多少名胜古迹。只有一处，他们肯定去过，就是白云庵右首边的月下老人祠。这是母亲亲口跟我说的；还说求了张签，签条上写的"维熊维罴，男子之祥"，第二年果真生下了我。母亲还讲了那副名联："愿天下有情人，都成了眷属；是前世注定事，莫错过姻缘。"一年来，新夫妇的相互感觉如此良好，真该去谢谢这位在冥冥之中替他们着力的月老。

父亲那支《扬州慢》，接下去是"怅江声岸火，惜别通州"。原来游罢杭州，新夫妇没折回苏州，而是在上海登上江轮，我父亲把我母亲一直送到了通州。当时的"江声岸火"，父亲从未忘怀。一九三一年暑假里，父亲带着我游罢普陀，乘小火轮到宁波。船晚点了，掉头往回开，天已经断黑。我白天玩累了，一进房舱就睡着了。忽听得一阵喧哗，"沈家门到了!"我跟父亲出舱门去看，只见海面上一片灯笼。轮船放慢了，可是并不下锚，仍向前开。许多小划子争先恐后地围上来，用头上装着铁搭钩的长篙，钩住甲板的栏杆。划子随着浪头颠簸，灯笼随着划子摇晃，客人提着掮着行李，低头看清脚底，在颠簸摇晃之中上上下下。父亲对我说："你看看，当年我送你母亲到南通天生港，就是这个情景。真个是'风灯零乱，……'"后头那四个字没听清楚，又来不及问。直到近年来读周美成的词，才知道父亲那时说的，是周词《锁寒窗》的结尾两句："风灯零乱，少年羁旅。"因为他当夜把我母亲送到了学校，独自回到码头上，在小客栈里等到天明，好搭头班渡轮过长江，赶上回甪直的内河航船。

山翠湖光，常现脑际。湖光在甪直随处可见，只可惜山太远了，远在太湖西畔。在给母亲的信中，父亲一定都提到过；说不定还连带提到唐明皇在《小宴》中，对着杨贵妃唱的那一句："只待借小饮对眉山。"母亲的兴致却没有这么高。她信上说近来感到秋乏；从来没有过的疲倦，吃什么都变了味。父亲看了她的信，先还将信将疑：真会这么巧？可是事实就有这么巧。父亲在信上跟母亲说：看来只好这样了；勉强支持到寒假，辞去明年的教职；挺着个大肚子怎么走上讲坛呢？在家里好好休息吧。铮子姑母一定会同意的，好让大家都放心。一九一八年四月廿四，我出生在苏州城里一家私营的产科医院里，医生叫冯哲文。母亲后来告诉我说，我是个难产，脑袋太大。那位留日的女医生直叫她憋住气，她全身力气都使完了，我就是不肯出来。后来动用了钳子，才把我硬拔了出来。她乏得一闭上眼就着了，好像不多一会儿才想起，似乎有过这么回事，迷迷糊糊睁开眼，护士已经把我的小脸，贴在她的脸庞上。母亲一定轻轻地吻了我，可她没说，也没介绍还有谁站在床边上。

好像谁都喜欢我。父亲给我取了个小名，叫“小墨”，因为大家都说；我长相像母亲。最见于形色的莫过于祖父，有亲戚朋友来，就把我抱出来给他们看，还一边说，“你是知道的，我四十七才生的儿子，没指望还能抱上孙子。”祖父虚岁已过七十，牙齿掉的差不多了，晚上常用蒸猪脑下酒。我还没断奶，祖父就吩咐说：“买猪脑就带条脊筋，一起蒸了喂给小墨吃。”脊筋就是脊髓，一条才一个铜板。晚上，祖父让我坐在他左膝盖上，左臂搂住我，右手拿筷子把脊筋掐成小段，耐着性子喂我，把手边的酒都放凉了。我一周岁，母亲抱我去照相馆拍了张全身照，穿的袍子，双手捧着只小白兔，模样儿颇像如今过年贴在门上的那个男孩。祖父看了，高兴得胡子笑开了花，带着我的照片上茶馆向朋友们显宝去了。

九

王湜华兄有一幅《甪直词吟图》，是一九七七年，请园林建筑艺术家陈从周先生画的，题材是他和我两个的父亲同在五高的课余生活。快六十年以前的事了，从周先生虽有耳闻，并非亲历，只能用笔寄意，挥写点染，这个办法在中国画中本来是通行的，用不着太拘谨。没隔多久，湜华兄就夹了画卷，兴冲冲来到我家，求我父亲写篇“题记”。伯祥先生是一九七五年年底过世的，父亲还没有专为他写纪念文章，这不是正好吗？那些日子除了经常去八宝山参加追悼会，多数是为“文革”中过去的朋友补开的追悼会，没有别的什么要紧事，父亲就想一会儿写一会儿；颇有点儿年老话多了，条理可还清清楚楚的，一个星期写了四千几百字：从接到两位好朋友的邀请信开头，先写水乡甪直的风光和五高的校舍，接下去几乎全写当年的课余生活。教育改革一句也没提，可能是受囿于图名中的“闲吟”两个字，也可能因为在谈论教育的文篇中讲得太多了，连《倪焕之》的前半部中也有不少。

“题记”中说：“值月朗风清”，“偶亦沽酒共酌”，“饮自必清谈”，这不是“把酒非谋醉”倒过来的说法吗？伯祥先生用扬州话唱《渔樵耕读》四则道情，我听过；宾若先生善唱，父亲在《好友宾若君》中描写得更为细致，我没能听到，真是可惜了的。他的逝世年份，父亲在“题记”中记错了，提早了一年；邀我母亲到五高任教的是吴校长，并非继任的沈校长。父亲记自己刻印章的一段错漏也稍多。在草桥，父亲给同学刻颗便章是小事一桩，可已经声名在外。从日记上看，常有不相识的谁某托人相求，父亲如日后应付信函一般，来者不拒，有叩必应。用铁笔在石面上篆刻，可不像用毛锥在纸面上挥洒，用力何止千倍；有时在灯下刻了半宿，只一刀很不落位，越看越难看，不得不磨去了明晚重刻。父亲在抗战前，用的一直是比铅笔杆稍细的一把日本刻字刀，是同学吴湖帆先生送的，很锋利，从没见父亲磨过；抗战中带到乐山，毁于敌机轰炸；伴着它毁了的，有湖帆先生在草桥时送的一幅绢本的《天女散花图》。父亲伤心透了，此后印刻得极少，古稀前后给小沫兆言都刻了一颗阳文的篆字章，笔画尚纤细匀称，用的平头刻刀，却是当时才几分钱的小学生文具。有一回我看他刻着刻着，刀口崩了，就用自己装订杂志文件的锥子来代替。当时他只要说一声，我会立刻骑上自行车，到八条西口对面的百货商店把刀子买来。

接下去一大段，父亲讲他离开了甪直五十五年，重回水乡参观的情景。对保圣寺残存宋塑罗汉的保护措施，记得特别详尽。可见在他离开的当年，学者名流们抢救呼声最高的这件工程，还八字未见一撇呢。后面还有三小段：一段概括伯祥先生跟自己一生的交情，一段单表对伯祥先生替自己做媒的感激。最后一小段记这幅《甪直闲吟图》的由来：是湜华为追念伯翁请从周先生绘的。“湜华广征题咏。余与伯翁交至深，义不容辞，乃回忆往事作此杂记。文殊拙率，莫能达友情之真，不胜愧恧矣。”这些话都是作纪念性的“题记”必须说的。最后连因为眼睛有病，不能写小字，只得请陈次园先生代抄，也坦白交待了。

在教育改革方面，他们这几年做了些什么呢？顾颉刚先生为《隔膜》写序时曾说我父亲“胸中充满了希望，常常很快活地告诉我，他们学校里的改革情形。他们学校里立农场、开商店、建戏台、设博物馆，有几课不用书本，用语体文教授，……”读到这里，我不由得哑然失笑；在我进小学之前，老师讲课用的还是“之乎者也”，所以父亲他们还得把“用语体文教授”，列为改革的具体措施之一。读过《倪焕之》的人都不会忘记，学校平荒坟，辟农场，在古镇上惹起轩然大波，刹时间竟成了众矢之的。也不会忘记他们全心全意地投入“五·四”，跟附近的两个小学联名在报刊上发表宣言，表明自已跟北京的大学生行动在一起；还在学校前面的广场上，举行过救国演讲会。这样强劲的风，总该把沉睡了千余年的古镇给吹醒了吧。

前面说过，关于教育改革的实践，反映较集中的是《倪焕之》的前半部。短篇小说中也有不少，大多采取对话的形式，人物一般两个，至多三个；讨论的问题以一个居多。可以当作改革实践的记录来看，只是稍经充实和整理，使人物略具性格，对话趋于自然。主人公的对话往往适可而止，把作结论的权力让给读者，是我父亲惯用的手法。还有些篇论说文，其实跟小说差不多，只是不用人物，省了对话，由我父亲一个人把问题的来龙去脉交代清楚，以及发展的条件和可能；结论还是留给读者去做的多。还有几首新诗，我以后会提到的，可不该忽略。至于全面论述小学教学改革的，我只找到一篇，一万多字，题目就是《小学教育的改造》，完篇于一九一九年他廿五岁生日后十天。到五高参加教育改革将满四年，是该作个总结了。

八十几年前的一篇总结，现在读起来是有点吃力的，因为所谈论的事，有的起了变化，有的不再存在，也有的已经换了个说法。如开头说老师的职务分三类：训导相当于思想品德教育，教授相当于各科课程教育，管理就相当于现在班主任的工作。八十几年来，语体文也在不断变化，念起来，那时的不如现代的顺溜。有的问题是根本性的，意见提得十分尖锐，如对于题目的提出：“我见到许多进过小学的儿童，觉得他们并没有从受教育上得到什么幸福。……从社会的整体来观察，也看不出从小学教育上得到了什么进步。”如分析他们的改革所以无效：“儿童不好学，或者由于他们不懂得功课的效益的缘故，于是细细地给他们讲这科有什么效益，那科有什么用处。又怕他们虽然很愿意得到这等效益，而没有途径，目的难以达到，于是学这科学那科的方法一一给他们讲个明白。这样试验了 番，哪里知道并没有好结果，他们的不好学依然如故。其实，这样的推想本身有两层谬误。第一，以为我们对于一件事物所以能达到‘好之’的地步，一定因为羡慕它的效益，贪图它的好处；却不曾想到其中还有解决疑难和应付环境等种种兴趣。第二，以为儿童的心理和习性和深谋远虑的成人是没有区别的，成人对于事物力求精研，往往有为着未来的功利目的，便以为儿童的心理和习性大约也是如此。”

上一节写到祖父带着我的照片，去茶馆向朋友显宝去了。老人家没把我抱去，我趁此掉转笔头，把父亲在甪直头四年的生活作了概括的交代。我周岁后的整十天，“五·四”运动在北京爆发了；父亲他们在甪直，大概七日晚，才看到上海报上刊登的消息。大家激愤异常，直怪自己把全部心力放在了这个小小的学校之内，却把国家的生死存亡全部推给了别人。只懊悔是无补于事的，得赶快商量，赶快行动起来。正在这时候，父亲接到电报：“家父病危速归墨。”父亲赶回家，祖父下半身都肿了，是肾脏病，中医西医请了好几位，都不见效，于五月廿七亡故。我到底还小，丧事是怎么办的，一点儿印象也没留下来，只记得父亲不久就又去甪直了；临走之前对我说过，他到甪直安排好了就来接我们。

原来宾若先生已跟我父亲说定，暑假后聘我母亲任五高女子部的教员，兼预备班的主任。可见当时的乡村小学，是男女分班的；预备班相当于现在的幼儿园，还不用管什么男女之大防。五高教学改革没把取消男女分班制列为一条，恐怕不是没想到，而是暂且不去捅这个马蜂窝。草桥开办时就不收女生，连教职员工也没有女的，好像没瞅见头上还有那半边。一九三一年，我在草桥念过一个学期，还是老样子。是哪一年受了什么冲击才男女都一样的呢？修校史很值得带上一笔。我老怕年轻人没见过那些旧事物，不免岔出几句废话来。原先只想说：一九一九年暑假，我们全家带上全部动用家具，雇一条大船迁到甪直。伯祥先生把他租的那所楼房分了一半给我们，我们住楼下，他们住楼上。房主姓陈，这座楼也叫“怀仁堂”。

秋季才开学，五高就发生了那件莫大的不幸事件。我不忍复述，请读者诸君翻看第五卷中，我父亲的《记好友宾若君》吧。那篇回忆写在七年之后，又都是亲历，有的细节读者都不大知道。回忆中着重写了宾若先生的二哥致觉先生，他正是我父亲一九二六年写的中篇《英文教授》中的那位教授的原型。既然如此，小说中为什么不写上这一段呢？这问题提得未免有点儿蠢。蠢在哪儿呢？让我想一想。——写到这儿，我不知怎的走了神，又回到二十几年前陪父亲喝酒的状态中去了。

十

一九一九年年初，还有件事得提一下：北京《新潮》月刊创刊，我父亲看到上边发表白话小说，就写了篇《这也是一个人》投去，被发表在第三期上。鲁迅先生当时在北京，注意到了《新潮》上的小说，四月十六，他在写给傅斯年先生的信上说："《新潮》里的《雪夜》、《这也是一个人》、《是爱情还是痛苦》（起首有点儿小毛病），都是好的。上海的小说界梦里也没有想到过。这样下去，创作很有点希望。"这里的"上海的小说界"，指鸳鸯蝴蝶派。

《这也是一个人》，说的农村里竟有这样的妇女，从出生到死亡，像一头牲口似的走完了她的一生；吃多大的辛苦都还在其次，她自己简直没意识到她也是一个人，也没有谁把她当作一个人。封建的传统的意识，客观的，主观的，死死地把她捆住了。父亲在编第一个集子《隔膜》时，把这一篇的题目改成了《一生》。六十多年后我们开始编《叶圣陶集》第一卷，还来得及跟父亲商量，认为这一篇的题目还是改回来的好。《这也是一个人》，加上问号，则催人思索；加上叹号，则令人惋惜。老人家后来不主张这两个标点并用，那就索性不加标点吧。父亲沉思了一会儿，同意就这么办。

一九二〇年春天，五高成立四周年，开了个盛大的庆祝会。母亲抱了我去，让我看表演，结果反被人家看了去。我穿的是才从观前买回来的海军装，方楞出角的大翻领拖到了肩头后边，没遮阳的平顶帽子后头却拖着两小段黑缎带，这身奇装异服倒引起了轰动。许多人逗着我玩儿，逗得我憋了满肚子气。章君畴先生从苏州带了一小队童子军来演示。他腰间挎着个小照相机，给我和母亲连拍了两张照片，从照片上可以看到我满脸的不高兴，还有母亲脑后的发髻。

章先生还给我父亲母亲拍了张肩并肩的半身相，格局颇像结婚照。母亲团团的脸庞像用圆规画的，微微笑着；眉毛稀稀朗朗，正是父亲经常丌玩笑说的，"淡淡春山有若无"。父亲也微微笑着，眉毛墨黑，头发也墨黑，又留得长了些儿，嘴唇上髭也墨黑。苏州那时有个规矩，也许别处也如此，男子死了父母，一年之内不得理发刮胡子。往往里边老人家快断气了，外边已经手忙脚乱，还得差人赶忙去唤剃头匠。拍这张相片的时候，我祖父过世还没满一年，父亲只好把唇髭留着。母亲当然穿的素，在黑白照片上不怎么显眼。

“游踪初印杭州”，没留下照片；“惜别通州”，更不必说了。在甪直，倒留下这么一张，可是跟《扬州慢》中的三句又不十分匹配。《扬州慢》说得是：“惯来去淞波卅六，篷窗双倚，甫里苏州。”“甫里”是甪直的别名。“淞波”指吴淞江上的波浪。这吴淞江从苏州到甪直，水程三十六里；再往东并入苏州河，流进上海的黄浦江。我家迁居甪直以后，父亲母亲经常一同进城访亲办事，所以说“惯来去”。乘小汽轮拖带的航船，得花五六个小时；两人闷在舱里遥望着窗外，只盼着能早点儿见到那三棵老银杏的树尖。要是身边带着我，要是我胸前又挂着个小“傻瓜”，只消咔嚓一下，不就把这个可纪念的场面锁定了，如今也后悔莫及。可是也不打紧，只要细细找，在我父亲的文篇中，类似这样的镜头还不少。如一九二〇年八月十二他写的那个短篇《伊和他》里就有。

短篇只写了两个人：“伊”是我母亲，“他”就是我，还不足两岁四个月。那天吃过晚饭，母亲抱着我在窗口数天上的星星，忽然飞来一只蜻蜓。我拿握在手中的玻璃镇纸扔出去打蜻蜓。蜻蜓当然没打着，那沉重的玻璃球落下来，打在我母亲的左眼角上。母亲痛得流泪了，把脸埋在我胸前。我吓傻了，双手捧起母亲的脸，看到母亲的眼角又肿又紫，忍不住哇的一声大哭起来，满脸蒙着泪水。母亲吻着我的额角，脸上现出满足的微笑。故事到这儿就完了。也算是小说？这个我答不上来。只知道这篇《伊和他》曾经常被选进国文课本。

还有《地动》，那篇小说的小主人公，父亲也是比照着我写的，说我才两岁半，每天吃过晚饭就缠着他讲故事。他随口编，我都当成真的，听得津津有味。有一天，故事才开了头，地忽然震动起来，把故事打断了。第二天晚上，我照例摇着父亲的膝盖，央他“再讲一个”。他说：“好，今天就讲地动：有个地方有一座高塔，高得能碰着云。有一天地动了，动得比昨天厉害多了。高塔不停摇晃，倒下来摔成了六段，有个匠人走过看见了，觉得挺可惜，提来了一大桶糨糊，把塔一段接一段粘起来。太阳落山，那座高塔又站在老地方了。”我听得出了神，可是不满足，还要父亲“再讲一个”。母亲向着我，也说：“再讲一个吧，就讲地动时候的一个小孩。”题目都有了，父亲只好再讲一个。这个故事把我惹哭了，哭得伤心透了。

父亲说：有一天地动，也比昨天厉害，屋里的东西全在地上打起滚来。有个孩子在场上玩，也身不由主打起滚来。他滚过了昆山，滚过了上海，再滚过去就是大海了。海面又平又滑，他滚得格外快了。滚过了大海，滚到了外国，才让一座高墙挡住。这时候来了一个人，看到他躺在墙边，拾起来放在上衣口袋里。那个人回到家里，吃了晚饭，看他的报，写他的信，读他的书，后来解开上衣要睡了。孩子在口袋里大声喊，那个人才想起口袋里还有个拾来的孩子，把他取了出来，问他喊个什么。孩子说：“我还没吃饭，我要我的母亲，……”听到这儿，我已经受不住了，眼眶里含满了泪水。父亲还接着往下讲：那个人对孩子说：“你的家远着呐。饭，我给你吃；母亲呢，隔几天再回家去看吧。”

我“哇”的一声哭了出来，退到了母亲身边。孩子见不着母亲，这样可怕的事儿，我从来没想到过。母亲抱起我，亲着我说：“你的母亲在这里呢。”祖母也安慰我说：“你的母亲在这里呢！”都没有用，我哭得气都喘不过来了。父亲的故事不得不草草收场。他说：那个人对孩子说：“你要马上回去也可以，先唱支歌谢谢我。”孩子唱了一支《种田牛》，唱得真好听。那个人拿一张邮票贴在孩子的额角上，带他到邮局去一寄，邮差当天夜里就把他送到了家。母亲站在大门口等着他哩，把他搂在怀里，娘儿俩都快活得要酥了。

娘儿俩快活得酥了，我可抽抽噎噎，还哭个没完。可是尽管我伤心成这样，尽管我的脑袋又大，对那个晚上也没留下一丝儿印象；真亏得父亲写下这篇《地动》。倒是那孩子唱的《种田牛》，我至今还记得：“一只种田牛，站在田横头，拉起犁头，‘咯吱咯吱’走。”“咯吱咯吱”是牛蹄子踩在水田里的声音。母亲唱着，父亲弯着腰，两条胳膊背在身后，拉住我的双手，按着拍子，一步一摆朝前走；我这个犁头就一步一摆跟在后头，跟着母亲唱。在甪直，母亲教我唱会了多少支歌呀，至今还能唱全的，数来不满五支了。

十一

写满十段，已过了“五·四”，文学研究会即将成立。我回转头去检查了一遍，最放心不下的是“时间差”，或者升格称作“世纪差”。事情发生在多少年前，用一个数字就足以交代清楚，可是那时人物的装束、谈吐，以及所处的环境，经过这许多年已经发生了多少变化，光从一个数字是看不出来的。譬如我母亲到甪直是五四之后，她不可能穿旗袍，也不可能穿对襟短袄，斜襟衫上的纽扣一颗颗都得扣上；这是时尚，不这样做别人就看不惯。

我不过举个例子而已，如无必要，这些过了时的规矩当然用不着再啰嗦。可是没给皇废基加上句必要的说明，我总觉得有点儿对不起读者。如今在苏州的老城圈里，皇废基也是个数得上的热闹繁华去处。年轻的读者恐怕很难想象，我父亲上草桥的时候，那儿却是一片荒凉，不见一处人家，甚至难得有人走过。那时候城里非常之静，太阳当头，隐隐听得“蓬蓬蓬”三声炮响，连老太太都知道那是皇废基放“午时炮”；皇废基究竟在哪儿，恐怕她一生也不会知道。“午时炮”是便民的报时举措，炮架在一座小山似的瓦砾堆上。这样的高墩在皇废基有好几座，可以说是朱元璋打垮张士诚，最后夺取天下所树的丰碑。高墩上流下来的雨水，汇成长满菰蒲的野塘。此外就是又高又大，长条拂地的老柳树。景色四季转换，朝晚更迭，父亲在日记中星星点点，记下了不少，还有专写同学们在这儿作野外战斗演习的。父亲把这儿唤作“亲爱的皇废基”，说跟同学们在校门口迎风站一会儿，也觉得心头无比舒畅。谁要是绘辛亥前后草桥学生的群像，可不能忘记把当时的皇废基作为背景。

父亲进了草桥，也逐渐沾染上了当时苏州文人的习气。在日记中最显眼的，无过于泡茶馆，几乎无日不去，也有一天去几回的。苏州的茶馆规模都很大，门面格局，跟话剧《茶馆》第一幕的布置略相仿，只是沿街有个特大的铜壶，几口大水缸。大铜壶的中心其实是炉子，最上层的水老开着。铜壶盖上有个漏斗，漏斗管直通壶底。冲茶的伙计右手舀一勺凉水倒进漏斗，上层的开水就从壶嘴溢出来，灌进伙计左手提着的铜壶。这种设计巧妙的大铜壶是在沦陷期间消失的，被日寇征去铸成了炮弹壳。进门的大厅是专招待短打帮的，里头有几间大小不等的雅座，才是穿长衫的吃茶处所。我父亲把常去的几家称作“我们的俱乐部”。虽然海阔天空恣意放谈，各张桌子似乎会自然形成主题，大家相互诘难，唯求其真。也有些桌言不及义的，别走近去就是了。有人反对泡茶馆，以为这样荒时废日，只会造成怠惰。这么说未免有点儿偏激了。

父亲在《略述我的健康情况》中记着，他才六岁就跟我祖父学会了喝酒；每晚一斤绍兴，祖父喝十二两，他喝四两；不到两年父子俩就成了平手，祖父渐渐不能喝了，父亲只好小口抿着。进了草桥，他才有机会跟同学放开量喝，还以酒量自夸，经常喝醉；自己取了别号叫“泥醉子”，刻了颗石章，三个字歪歪斜斜，就像个踉踉跄跄的醉人。醉酒在醉的当时是乘兴，过后则非常难受，脑袋又胀又重，吃什么都不是味道。父亲就有了戒心，深知最好的境界是微醺，可是兴致一上来，又忘其所以。父亲的酒史也很长，以后还有谈的机会。

跟喝酒并列的是吟诗，两者似乎并无必然的联系，颉刚先生为《隔膜》作的序中说：“当时同学里差不多没有一个会做诗的，他（指我父亲）屡屡教导我们（指顾先生、王先生、吴先生几位好朋友），于是中学里就结合了一个诗会，叫做‘放社’。”不会做诗没有什么奇怪的，因为同学们都是读经书出身。我父亲幼时经常跟我祖父去茶馆听评弹，平仄声韵，在耳朵里已经有了些儿底子；搬家时又从旧书堆里找到了一本《唐诗三百首》，一本《白香词谱》，正是做诗填词的启蒙读物。不管懂得不懂得，念起来顺溜的，我父亲都喜欢，也容易记住。自己试试，好像还成个样儿，这就算会做了。看放社先对对子、嵌字、联句，然后做咏物诗，分明是启蒙的路数。当时取名“放社”，用意在放浪形骸，直抒胸臆；又有辛亥以前各种革命思潮的激励，大家的进境一定都不慢。可惜除了父亲的少作，我只读到过顾先生的少数几首。顾先生在《隔膜》的序中接着说：“但别的人想象表出，总不能像他（指我父亲）那般的深细，做出来的东西总是直率得很，所以我们甘心推他做盟主。”我一向以为顾先生所说的推我父亲做盟主，只是表示佩服他，愿意让他评改而已。最近才知道，一九〇九年，柳亚子、高旭、金山、陈去病等大名家，在苏州虎丘开南社成立大会，据说有千余人参加。草桥的同学受了这件新鲜事的冲击，纷纷想效学，于是要求加入放社。第二年春天，放社也开了个成立大会，推出干事二十来人，看来全校两百多同学都参加了，真个推举我父亲当了“盟主”。父亲从没跟我说起过这件事，《圣陶日记》是那年秋末才开始写的，当然不必追记，可是以后的日记，并没提到这个放社有过什么活动。

第二十四卷的《给颉刚看》中，一九一二年九月初的几封信说起的是另一个“放社”。那一年八月初，苏州有人办《大声报》，请顾先生和我父亲担任副刊性质的《杂录部》主编。他们两位在辛亥革命期间就想自己办报，如今有人上门来请，哪有不答应的，伯祥先生等也愿意相助。第一期的稿件版样都送去了，十六日《大声报》创刊，《杂录部》次序混乱，还抽换了文篇，插进了好些恶俗的笑料。顾先生和我父亲立时在茶馆里写了封信托人送去，大骂了一通，辞去了职务；另外发表宣言，以复兴放社的名义，拟出版《放社丛刊》（似为综合性学术月刊）。不知为什么，他们又请那位给同学们取号的沈先生给写了篇满纸古语，艰涩难懂又空洞无物的宣言。赞成两人主张的朋友不少，可很少交入社金的，连面额一元的股票也很难推销。顾先生热心于社会党的工作，跟陈翼龙先生上北京去了，急得我父亲团团转，一会儿想与南社合并，一会儿想请商务代出丛刊，一会儿想找个大大的知名人士作靠山，……结果一事无成，这另一个“放社”就这样夭折了。

中国社会党一九一二年年初到苏州发展组织，我父亲和同学颉刚先生伯祥先生，还有彦龙先生，一同加入了。这段期间社会党在苏州的活动，父亲在日记上记得比较周详且有声色。据我猜测，很可能由于他十分敬佩支部组织者之一陈翼龙先生。读者诸君如有兴趣，可以看第十九卷，《圣陶日记》片断之二的最后两个月，可以约略知道翼龙先生是怎样一位胆识俱全、果敢豪爽的先行者。一九一三年，他竭力揭露袁世凯卖国称帝的阴谋，七月廿八，在北京以“倒袁罪”被拘，八月六日，被枪毙于宣武门外荒地。我父亲闻耗，设想临穴哭奠，作了一首七律：

元龙豪气今黄土，菜市相过倘不欢。
鲁连已遥秦欲帝，得臣犹在鬼奚安？
托心明月孤怀净，纵目清秋大象寒。
此意亦知真妙境，河山奈总泪痕看。

听父亲跟朋友们说过，诗词中用的典故好像密电码，知道的一看就懂，不知道的只好胡猜。这首诗的前四句就有这个毛病：我父亲是写给颉刚先生看的，并没想到九十年后还会公之于众。其实还不止用典故，《叶圣陶集》中的日记和部分书信的行文，如今念起来也觉得不太顺畅，间或还有不太好理解的，因为跟第一卷的《穷愁》一样，是文言文。我父亲绝非跟读者故意为难，而是他从小念的就是文言文。国文课本中的选文自不待说，全是文言。所有其他课本，包括数理化，都是文言编写的，老师教课，等于当国文教员。允许学生看的书报刊物，上面全是文言文。学校出的公告跟官府的告示一个样，也是文言的。学生成年累月浸泡在文言的染缸里，写出来的自然带些文言。

“五四”之前就有人提出来了，写在纸上的话脱离了嘴上说的话，大大阻碍了文化的普及和思想的交流，应该使写的尽快跟说的靠拢，写白话文，做白话诗。我父亲认为这些先行者说得对，就跟着宣传提倡，从我做起，身体力行，写小说，写诗歌，并尖锐地抨击那些看不起白话文的顽固派。毫无疑问，胜利属于提倡白话的一派，因为他们代表了绝大多数人民的利益。对其中的大多数来说，胜利的取得并不容易，已经沾染上的灰尘，并非是一朝一夕掸得干净的。这些灰尘除了不可能被白话文吸收的文言词汇和句法，有的还来自冷僻的方言，生硬的译文，以及没有根据的杜撰。所以父亲很不愿意重行发表他早年的作品。如果定要发表，他非得仔细修改一遍不可。这样的工作，一直持续到八十五岁前后。

十二

一九二一年一月四日，文学研究会在北京中山公园来今雨轩开成立大会，到会廿一人。我父亲是十二个发起人之一，他没到会，躲在用直一门心思作新诗。其中一首是受了我的触发，我认为是他最好的一首教育诗，题曰是《成功的喜悦》：

儿欲爬上凳子，
玩弄桌上摆着的
　积木、摇鼓、小锡船，耍孩儿。
他右膝支着凳面，笨身偻偻，

可是力量不济，
不能成就他的尝试。

老太太看见了，
把他抱起来，让他坐上凳子。
伊的动作十分轻易。
但是，这使他十分失意，
啼声乍发，身子一溜，
两脚又站在地。

为什么啼泣？
要发展你独创的天才？
要锻炼你奋发的潜力？
要祈求你意志的自由？
要享受你成功的喜悦？

他不作什么说明，
只是继续他的尝试。
忽然身子一耸，两脚离地，
他又坐上了凳子。
玩具在他的手里，
笑容浮上他的两颐。

诗中的“儿”就是我，那时才两岁九个月。要爬上凳子，不是件容易的事。老太太可能是我的祖母，也可能是我祖母的母亲。新诗当时还在草创阶段，父亲用了不少文言字眼，技巧也不成熟，这都不用我说。第三节有两个词得作个注：“天才”相当于“本能”，前边的“独创”只是自个儿去闯的意思，并非夸我有什么过人的才干。父亲母亲都说，我从小又憨又笨，脾气又犟。老太太为了满足我的心愿，把我抱上凳子，我却放声大哭，身子一扭，溜下了凳子。这股犟劲儿，引起了父亲的思索，就是第三节的一连五句提问。“为什么啼哭？”我当时没作说明，直到如今也想不明白。紧接着的四个问题更不是一个不满三岁的孩子所能回答的。父亲显然不是问我，而是他自己在思索。思索的结果如何，问题本身已经表达明白了：应该让孩子发展自己去闯的本能，应该让孩子锻炼奋发的潜力，不要阻挠孩子祈求意志的自由，不要剥夺孩子享受成功的喜悦。我知道，父亲是不主张把我抱上凳子的。

父亲没去北京参加文学研究会的成立会，想来还有个原因：同列为发起人的十一位先生，只郭绍虞一位是他的总角之交，其余的都没见过面，近年来通信的也只四五位，在会上叫他说些什么好呢？他觉得很为难，最好路上有个伴。写信到上海问沈雁冰先生，回说编《小说月报》正忙着，抽不出工夫，邀我父亲去上海见面。那是三月初的一天，我父亲在二十四年后写的《略谈雁冰兄文学工作》中清楚地记着："到了上海，就到他鸿兴坊的寓所去访问他。第一个印象是他精密和广博，我自己与他比，太粗略了，太狭窄了。……还遇见他的弟弟泽民，一位强毅英挺的青年。振铎兄已经从北京到上海来了。"第二天，"我们同游半淞园，照了相片。后来商量印行《文学研究会丛书》，拟订译本的目录，各国的文学名著由他们几位提出来，这也要翻，那也要翻，我才知道那些名著的名称。"看父亲的记载，这不是一次扎实的工作会议吗？振铎先生和我父亲，和雁冰先生兄弟俩，真个一见如故。

振铎先生在北京，念的是铁路管理学校。一条钢铁铸就的锦绣前程，平展展地伸展在他面前，他硬是不肯走，定要献身于文学事业。在《新潮》月刊上看到了我父亲的小说，两人就成了亲密的通信朋友。雁冰先生革新《小说月报》，振铎先生尽心竭力相助，单说革新号的创作部分，推出的七个短篇全都是他组织来的。我父亲还说："文学研究会的成立，可以说主要是振铎兄的功绩。我参加文学研究会，为发起人之一，完全是受他的鼓动，好几位其他成员也跟我相同。有时候我曾经这样想，如果没有振铎兄这样一个核心人物，这一批只会动笔而不善处事的青年中年人，未必能结合成这个文学团体。"这一回振铎先生到上海，是在铁路管理学校毕了业，被派到上海西站当实习员的。他似乎没去报到，五月初就进商务当了编辑。

我父亲泛论"文艺为人生"的《文艺谈》，这时候正好在北京的《晨报·副刊》上开始连载。我想，半淞园的那次集会，即使没作为专题提出来讨论，也大大激励了我父亲放胆写下去的勇气，并迫使他比较全面地考虑了还有哪些关目非谈不可。《晨报·副刊》的主编孙伏园先生，也列名为《文学研究会》的发起人。他约我父亲每天供给他千把字的一段稿子，采取杂感的形式，阐发“文学是人生的表现和批评”的主张，兼及作品的功能和创作的要素；尽可能想到哪里就写到哪里，别拘谨。如此约稿算得宽松了，千把字也不算多，只须第二天上午小火轮起锚之前付邮。父亲白天得上课，吃过晚饭才能动笔，夜工常常赶到十二点过后。我母亲只担心他身体吃不住，没想她自己倒担心出一场病来。父亲后来改头换面，把这件事写成了小说，题目就叫《小病》。

四十则《文艺谈》共五万多字，没出过单行本。在《晨报·副刊》上发表时候，我还不识字。直到一九八〇年，欧阳文彬兄受上海文艺出版社委托，选编《叶圣陶论文艺》，我才有机会看到抄件。不知道为什么，父亲不同意把他的《文艺谈》收进“论创作”。说实话，差不多半个世纪之前写的四十则杂感，我父亲哪能记得清他当时都写了些什么。我于是仔细读了一遍，发觉这四十则杂感中有许多话，我父亲还在说，还在写。使我感到奇怪的是，有些话题，父亲怎么在五十年前就提出来了呢？只可惜那时的白话文念起来颇吃力，不如我父亲后来写的顺畅明白。在陪父亲喝酒的时候，我只当作聊天，作了《文艺谈》的审读报告，当然是零零碎碎的。记得从“生活是创作的源泉”开的头。因为父亲前两天正好跟我讲过陆放翁，说他做诗做到八十四岁，才悟到“功夫在诗外”，主要不在于词藻和技巧。

在《文艺谈》中，父亲说诗不是做出来的，而是写出来的，所谓“写出来”，指的是记录了人生的真际。我问父亲是否还记得，抗战前他评曹禺先生的《日出》，用的题目本来是《成功的群像》，后来改成了《其实也是诗》，不正是因为这出戏记录了人生的真际吗？《文艺谈》中还有这样的话：充实的生活就是诗。谁的生活充实，谁就是诗人，至于写不写出来，看他本人的兴致了，当然应该怂恿他写出来。我说，我很喜欢这一段话，给诗下这样的定义，不知先前有谁提过没有。《文艺谈》说作品的功能，在于增进人和人之间的理解，唤起人们同情。我看也没有什么错。说作者都聚集在城市里不是件好事情，当时恐怕没有多少人赞同吧？像猎人搜寻野物一般，偶尔到乡村里走一遭，找了些零星材料就回家闭门创作，难道这种创作方法那时候已经开了端？……说着说着，杯里的酒就干了。父亲对我说："要是你不提，我真还记不起来了。《文艺谈》用不用，让欧阳去决定吧。"

《文艺谈》真个是杂感式的，四十则的主题没有逻辑的排列次序，我父亲好像哪一壶开了就提哪一壶，很自然地把心里想到的全写了出来。除了几段例文，没有引谁谁谁的话；这是我父亲作文的习惯，也可以说是脾气。那么我父亲的这么些想法，是从哪儿来的呢？如果分门别类，有的话题来自书本，有的话题来自社会或自然界，也有来自城市或乡间的，也有就来自课堂的，恐怕最多的，得数跟好朋友聊天聊出来的。受到了点儿什么触发，他就追根究底想个没完，还要找好朋友聊聊，这也是我父亲的习惯。在《文艺谈》中，他说小说不该这样写，不该那样写，其实大半是他自己的失败经验总结；也是他戛然而止，不再写文言小说的原因。他不愿意读者去撞他自己撞过的壁，所以把这些也都写上。

十三

伯祥先生去厦门集美大学教书了。他好像动了什么气，连夜雇了条船，一清早就把家搬回苏州安置。在码头上跟我父亲告别时，他只说两句话：一句是这样的结局，他早已料到；一句是怀仁堂二楼全让给我们家，他反正不会来了。船离了岸，隐进了薄雾中，我父亲才想起王先生是说过，沈校长留住他们俩，就为他自己的宝贝儿子。如今两个儿子先后毕了业，进城念中学去了，他老人家就把什么教育改革抛到了九霄云外。老板不放在心上，叫我们这些梆梆匠能有什么作为呢？

父亲深深地叹了口气，越想越觉得不是味：沈校长的两个儿子，毕业的时候都不算错，进了中学以后怎样呢？谁也不能下保票，但愿他们自己熬好了。最可能的是他们进的那所中学，教学的方法和要求跟五高不同，使他们无所适从。老沈能跟着他们呵护他们一辈子吗？再想想别的孩子，在五高毕业了就各奔东西，能升学的占一小半。眼下的名牌中学大多只能算大专院校的预科，不是让孩子们回到死读书，训练攫取高分的老路上去吗？不能升学的，大抵是镇上小地主小业主的孩子，他们无非子承父业，早晚盘算着如何就本生息，将来好把一份体面的家产交给自己的儿子。这样周而复始，想想也可怕。可是要说改革基础教育的想法错了，几年的心血全归白费，我父亲是决不甘心的。只是太少的同情，太少的理解，实在出乎他当初的意料。独幕剧《恳亲会》的创作构思，也许就在那个时候渐趋成熟的。

诗人徐玉诺先生从河南来信，跟我父亲说他将要去浙江教书，六月初的某一天动身，算来火车将在某一天过苏州，他打算下车耽搁几天，到甪直跟通信已久的好朋友见上一面，问我父亲是否方便。王先生走后，住所扩大了一倍，还有什么不方便的。父亲立刻给玉诺先生回信说非常欢迎，到时候一定亲自在码头上接；叫他到了苏州住一宿，第二天一清早在齐门外的某个码头，乘上哪一班小火轮就成了。赶到邮政代办所发了信，我父亲找出徐先生的照片给我母亲看：一张全身的，穿的夏布长衫，踞坐在三块大石头之间；一张半身的，双目注视着环握在胸前的两只手；脸上都洋溢着虔诚的愉悦。父亲说："来的客人就是这一位，河南人，想来是吃葱蒜的，还喝不惯黄酒。"甪直蒜头才上市，葱只有小葱，母亲去万盛酱园买了包糖蒜，打了一斤糟烧。到码头上迎接的情形，请看《记徐玉诺》，父亲自己写的，一定比我转述亲切。两位通信朋友现在面对面了，谈话还得借助于纸笔，都听不懂对方的话。还有一篇《悲哀的重载》，记的陪玉诺先生搭乘小火轮同游水乡的见闻。两位朋友没法聊天，同载的乘客虽然萍水相逢，却捉着对儿谈起家常来。父亲从旁听着，只觉得农村到了这个地步是非垮不可的了。亏得玉诺先生一句话也听不懂，他不断地嘘嘘作声，陶醉于江南水乡静谧的景色中。

学期快要结束，父亲突然接到中国公学中学部的聘书，请他去教国文，聘书是代理校长张东荪和中学部主任舒新城联署的。母亲看了问我父亲跟哪一位熟。父亲说："都只闻名，也无人介绍。这是近来的风气，以为在报刊上经常发表文章的人一定会教国文，就把聘书寄来了。这中国公学在吴淞口，可以听海潮。你说我应不应呢？"母亲笑着说："看着听海潮的面子，你就复信应聘吧！"父亲说："也得先跟老沈打个招呼。"母亲忍不住大笑起来。"你呀，"她说，"跟伯祥真个难兄难弟。伯祥接到集美的聘书，也诚心诚意先去找老沈商量。老沈连虚留的话也没有一句，倒说他早料到了，庙小留不住真神，还带上一句，圣陶早晚也得走。"父亲急忙问："这话当真？"母亲说："可不是我编出来的。我看伯祥那天气冲冲跑回家，吩咐'赶快收拾，明天一早就搬回苏州'，不知他发的什么火。趁灶间里没有旁人，问了王师母才明白。王师母叫我先别说，将来总有说的时候。我的意思是你别去自讨没趣。”父亲想了想，说：“就偷偷地溜了？”母亲说：“就算溜吧。你八月底边往上海一溜，耽他半个月别回来。老沈来问，我只说给几个老朋友拖住了，脱不了身。这点儿小事难不倒老沈，他随便找个谁填补上就是。到那个时候你再回来，见了面道声歉就是了。他能把你怎么样？我还在女子部卖力气干，决不让人从鸡蛋里挑出骨头来。”父亲掂量了好一会儿，才说：“就这么办。只得让你再委屈一学期了。”

在吴县五高，我父亲总共耽了九个学期，实足四个半年头。没想到在中国公学中学部，一个月课也没上满，就闹起风潮来了，部分学生反对新任命的校长和主任，兼及他们聘请来的所有新教员。据胡适先生的调查报告说，此次风潮“内容复杂，而旧人把持学校，攻击新人，自是一个重要原因。”在这场旷日持久的风潮中，我父亲结识了生物学家陈兼善、物理学家吴有训先生，画家许敦谷先生；还有两位热心作新诗的朋友，刘延陵先生和朱自清先生。父亲受了他们两个的影响，在这段时间内，新诗写得最勤。三位诗友还写信跟俞平伯先生商量，要创办一种专门发表新诗及其评论的刊物。经过艰难的游说，中华书局居然答应接受；条件可十分苛刻，书局不付编辑费，也不付稿费，只每期赠送百来册，由编辑者分发给作者和读者；写封套，贴邮票，包括一切杂务，当然全由编辑者无偿承包。如今谁能想到，我国的头一种新诗刊物《诗》，竟会在这样的栽培条件下萌发。风潮的结束看来还遥遥无期。十月廿一，中学的八位教员由我父亲领衔，在《时事新报》上发表了一则澄清事实的声明，大家走散了事。朱自清先生是从杭州浙江第一师范来的，仍旧回到杭州去了。

我父亲暂时留在上海，和刘延陵先生商量给《诗》的创刊造些声势。父亲用笔名在《文学旬刊》上，一连发表了四篇短论。《就是这样了么?》，说新文化运动不该像潮水似的出现低潮，不该才出了一两种杂志就感到满足。《盼望》，说在报纸上看到《诗》将创刊，盼望这个刊物能向人们解释清楚，什么是诗，能唤起许多新诗人，来供给人们精神上的必需品。《骸骨的迷恋》，据理驳斥了东南大学《南高月刊诗学研究号》对新诗的挑衅性攻击，他们反对博采新鲜的口语和自由的形式，认为只有搬弄旧词藻，遵守老格律，拼凑出来的才可以称作诗。《对鹦鹉的箴言》，希望写诗的人，能唱出自己心底的真切呼声，不要跟着已经成名的少数新诗人鹦鹉学舌。四篇之中，以第三篇的火气最盛，犹如写《文艺谈》时驳斥《礼拜六》。

父亲回到甪直。我母亲告诉他说，四年前的秋乏又犯了，教完了这个学期，看来又只好辞职了。明年还是迁回苏州去吧……正商量间，绿衣人送来了朱自清先生的信，信上说第一师范还缺一位国文教师，请我父亲务必去帮两个月忙。又说在吴淞初见面，觉得有的是空闲，许多话尽可以在海滨散步的时候细细地谈，不想这场可恶的风潮来得这么猛，把兴致全刮跑了，说不定这一回能在西湖边上拣些回来，可惜天已经凉了，乘划子恐怕不十分相宜了。父亲看完递给了我母亲。母亲一边看，一边笑着说："怪不得是诗人，写的信都有点儿像情书。你倒是去不去呢？"父亲说："去。西湖我还没有游畅。记得第一回是辛亥年春天，学校组织的，说是五天，截头去尾才三天。乘小火轮到嘉兴，接上去杭州的火车……"母亲打断父亲的话说："别打这几块钱火车票的小算盘了。想去就快去，人家等着你的回音哩。"父亲结果连信都没有回，第二天搭快船去苏州赶火车了。

我父亲自己说，他喜欢跟朱自清闲聊，并不因为那些话非谈不可，也不在于达到什么预期的结论，而在"抒发的随意如野云之自在，印证的密合如呼吸之相通。……不比议事开会，即使没法解决，也总要强作个结论；又不比登台讲说，虽明知牵强附会，也总要勉强把它编成章节。"浙江一师的老规矩是一位教师一间宿舍，备课、作文、做学问、接待来访以及睡觉都在一处。为了在这两个月里，随兴之所至，海阔天空聊个畅快，我父亲和朱先生并了家，把两张床搬在一间里，另一间作为工作室。除夕那晚，两位都躺下了，还聊个没有完。桌子上点着一对洋烛。朱先生忽然看了看表，说作成了一首小诗，念道：

除夕的两支摇摇的白蜡烛光里
我眼睁睁瞅着
一九二一年轻轻地踅过去了。

这三行长短不齐又不押韵的小诗，绘出了时代的风貌，又表现了诗人的心境。这一年又轻轻地踅过去了，没什么可肯定的，更别说充分肯定了。诗人在一旁眼睁睁地瞅着，想着力也找不到着手之处。新的一年呢，在摇摇曳曳的烛光中看不十分清楚。父亲说过：“当景恰情诗便好。”怪不得他到老也忘不了朱先生的这首小诗。

父亲写童话，就在杭州一师开的头。郑振铎先生在商务创办的《儿童世界》是周刊，催稿很急。我父亲出手快，常常一天就是一篇。朱先生看了十分诧异。他不知道这几年来，我父亲在学校里常常被学生缠着要讲故事，在家里还有个我逼着，口头创作的机会可不少，脑袋里积攒下许多构思，只要挑一些写出来就是了。朱先生是写惯学术文章的，语言看来稀松平常，这稀松平常却花尽了他全身的气力。

十四

父亲去了杭州，我天天缠在母亲身边念叨：“父亲还不回来！父亲还不回来……”念到学校放寒假了，母亲和祖母把过年的粽子都裹得了，父亲终于回来，带回来的大包小包堆了一桌子：沙核桃、香榧、九制橄榄、绍兴烧饼、家乡肉、金华火腿……还有刊物，《诗》创刊号是母亲的，几本《儿童世界》是我的。母亲却看出破绽来了，“铺盖呢?”她问。父亲说：“留在上海了，过了正月十五，就要动身去北京。”母亲显然生气了，反身走上楼梯，嘴里嘀咕说：“那你还回来干什么!”父亲急忙跟了上去，把门拉上了。我靠在祖母身边，不知怎么好。祖母左胳膊搂住了我，似乎不让我在这样的时候离开她。

静了好一会儿场，听得楼上的门开了。母亲说：“你自己去向老人家说说清楚。”父亲应了声，“现在就说。”下楼来对我祖母说：“颉刚和伯祥都长远勿见哉，两个人都在北京。恰巧北京有个学校给我寄来聘书，要我去教书，我想借此去看看两个老朋友。”祖母说：“好倒蛮好，可惜路忒远，听说乘火车亦要三日三夜。你又勿曾去过。”父亲说：“本来我亦想作罢算哉。恰好有个朋友要送一个外国瞎子到北京去，我已经说好哉，搭俚氐结伴。”祖母说：“记得开春以后，墨林就要做产哉，我一个人是弄勿落的。”父亲笑着说：“方才和墨林说定，在她做产以前一个月，我一定赶回来。从此不再出远门哉。”到这时候，祖母搂着我的左胳膊才松开。

父亲每次离开家，心里总是充满了矛盾。二月十八，很可能是离开甪直的前夜，他在短诗《想》中说："想到渐渐地接近离别，心便怅惘了。"廿二日又写了《津浦中的晚上》，他大概才过长江，可惜只为了消解离愁，别的什么也没有讲。要是把他们俩和盲诗人爱罗先珂在旅途中的对话，随便记下几段该多好呀！可是没有，我找遍了，一句也没有。这样的事，父亲是不会不记的，因而我更相信，父亲还有许多本日记，在苏州沦陷期间散失了。

父亲受北大的聘，教预科的作文；住在大石作胡同。胡同的南口斜对着故宫的西北角楼，一个小四合院，房客一色是苏州人；我父亲和伯祥先生居一间，同睡一个大砖炕；颉刚先生和新相识的潘介泉先生各居一间；只有吴辑熙先生带着家眷，大家的伙食由他照应。那时故宫和皇家园林都不开放。穷文人们常去外城西南角的陶然亭，欣赏那一片荒凉，也算做到了天人合一。喜欢热闹的可以去百戏杂陈的天桥。前门外的戏园子都是原汁原味的，鲁迅先生已作过出色的描写。几座佛寺道观，各有特色。读书人还不能不去琉璃厂看看字画翻翻书。每天课余有三位好朋友轮流陪伴，我父亲才一个月就把该去的处所都跑遍了，还跟伯祥先生靠着大酒缸，喝过几回烫得飞热的莲花白。看看快到三月底边了，我父亲把讲义大纲和学生作业整理停当，全都交给伯祥先生请他代理。对学校只说家里有要事，不得不赶回苏州处理。

父亲早跟母亲说定了，四月初到甪直；母亲把婴儿的衣服也做舒齐了。父亲回来的第三天，他们俩动身去苏州。我硬要送他们上码头，硬要他们带回来一个小弟弟。巴望了一个来月，他们乘一条快船回来了，带回来的却是个小妹妹。奇怪的是她整整小我四年，也生在四月廿四；可不像我那样淘气，母亲没花多大力气，她就来到世界上了。接生的仍旧是女医生冯哲文。

晚上无事，妹妹睡着了，祖母问我母亲："倷二姑母长远勿见哉，身体还硬朗？"母亲说："一点也勿曾变，还勒大同里教书。新年头上收了个寄囡，姓吴，勒大同里教体操，教跳舞。爷娘侪过世哉。相貌还端正，脾气特别好，就是呣没人家来说亲。年纪大起来哉，同事转弯抹角打听俚格心事，问俚属啥。俚总回答说凿门槛，凿扁担。大家晓得俚是勿想出嫁哉。二姑母说：'别人勿要，我要。'就认俚做干囡。亲热得来，胜过自家养格。一见我就叫阿姐，叫圣陶‘陶兄’。小把戏生下来了，她天天做了鲜鲫鱼汤，亲自送到产房里来，还抢着给小把戏换尿布。二姑母有她在身边，倒叫我放心了一大半。”父亲接茬说：“这话不假。我只是不明白，吴小姐为什么打定主意不嫁人。如果抱独身主义还犹可。我就见过一位宣称抱独身主义的小姐，无巧不巧，碰上了一位也抱独身主义的先生，真个志同道合，不出半个月就团结在一起了。”母亲笑着说：“油腔滑调，是《礼拜六》上看来的吧？”父亲说：“你不必当真，吴小姐没宣称信奉什么主义，我倒要研究研究她到底是什么缘故了。”经过十年的研究，也可以说酝酿吧。父亲才写成了以她的生活为原型的短篇小说——《秋》。

父亲在《儿童世界》上陆续刊出童话；半年多来将近二十篇了，很受教育界和文艺界的注意。有几位朋友发表了善意的批评，说我父亲把现实生活中的痛苦和悲哀，过多地写进了童话，会损伤了孩子们天真和稚弱的心。我父亲写信给振铎先生，说开始未曾意识到，现在觉得非这样写不可了，怎么办好。振铎先生的回答很干脆：不去管他，这样写没有错。这桩公案，我进了小学就约略听说了；直到一九八二年前后，我帮父亲逐篇整理《稻草人》中二十三篇童话，才发觉父亲写那篇《快乐的人》，就为了正面答复朋友们的善意批评。父亲说世界上有过一个快乐的人，他生来就包裹在一层幕里。这层幕轻到没有重量，薄到没有质地，密到没有空隙，明到没有障蔽。他在幕里生活，只觉得事事快乐，时时快乐，处处快乐，样样快乐，自己快乐了还不算，还要作歌颂快乐的诗。养蚕的姑娘几夜没睡觉，脸色发灰，眼珠上网满血丝，还要背着箩筐去桑林采桑叶。快活的人把她们当作仙人，把桑林当作一片绿云，做了一首颂歌。纺纱女工在昏暗的灯光下，一刻不得休息，让自己孩子躺在嘈杂的机器旁边哭。快活的人又做了一首诗，歌颂纱厂真个是天堂，能让妇女们也参加神圣的劳动。后来呢，有个恶神不愿意天下有快乐的人，发现还有一个他，拿根针轻轻刺破了裹在他的身上的幕，他就死了。我回过来看振铎先生写的序，原来他早就指出来了，因为这一篇正好表现了我父亲那时写童话的态度：世界上就有这么些痛苦和悲哀，要瞒是瞒不住的，不如适当地讲一点儿给孩子听。

后边的一篇是《小黄猫的恋爱故事》。父亲有点儿犹豫，说跟孩子们讲恋爱故事，会不会有提倡早恋的嫌疑。我说没关系，只有说不明白的爱才是真挚的爱；如今才交朋友就算计对方的条件，决不会有好结果。父亲想了想说："那也算思想工作从娃娃抓起?"我想他一定也想到了，有我们父子两代的经验可以印证。最有意思的是最后那篇《稻草人》。我硬拖着父亲去烟台出席科普童话座谈会。在火车上，父亲就考虑，在会上总得讲些什么呀。在招待所住了一夜，父亲突然跟我说："那个稻草人其实就是一个富有同情心，却没有办法和力量，能够改变环境帮助别人的知识分子。"我听了心头一跳，"父亲呀，你自己怎么才知道呀!"可是我脸上没有表达出来，只淡淡地说："是呀，我也这样想。"那是一九八二年五月廿九的早晨。

话又得往回说了。妹妹至美不费力气跨进这个世界，她哪里知道，母亲和父亲先后为她扔掉了职业。谢六逸先生给我父亲来信，说待秋季开学，让他去上海爱国女学教国文。父亲和母亲商量，仍决定不妨去试一个学期再说；这个家，没有留在甪直的必要了，可也不能贸然搬往上海，不如先在苏州租几间房子住下，父亲每星期六回家就方便多了。商量停当，父亲去了苏州两天，回来说租定了钱保琮先生家的一排四间后屋，在大太平巷五十号，离卫前街不远。反正不急，慢慢地收拾起来，等稍稍凉快些儿再搬家。

徐玉诺先生在上一年初夏来的甪直，骤然间从家乡的黄土原野来到江南水乡，似乎觉得田畴云物，竹林茅屋，无一不是特地为他准备着的；他常常赤着脚独自在田塍上来来去去，敞开胸怀尽情领略。他小心地踩进插上秧没几天的齐膝深的稻田，有时偃卧在开着小花的坟头上，玩累了坐在门前小石桥的栏杆上还舍不得进屋。今年春间，他寄给我父亲一部新诗稿，题目叫做《将来的花园》。父亲说他写得不错，抒发了他对于将来的热望。可惜这部诗出版的时候我太小，还看不懂。又是去年的那个时节，玉诺先生从上海来信，说他切盼见我父亲，第二天傍晚就到甪直。我父亲按时去码头接，握手的时候，觉得他的手很冷，脸色干枯而黝黑，上下唇的胡子长到两三分，大有苍老之气。他从我父亲手里接过我的妹妹，大手抚摩着她胎发稀疏的头顶："这就是你们的小姑娘!"他认识了想望中的我的妹妹。

我如今实际上在当文抄公，前面这一段中所有的句子，几乎全是变着法儿从父亲的散文《记徐玉诺》、短篇《火灾》中摘出来的，小说中的“言信君”，一望而知就是玉诺先生。第二回到甪直跟第一回很不相同，他不停地说话，向我父亲和母亲诉说他的好似陷在漫天大火中的故乡和乡亲，诉说他如何牵挂年老的母亲。我不忍再往下抄了，读者诸君如果想知道，请读我父亲的那篇《火灾》吧。他急于要赶回豫西去到他母亲身边，这一回只住了两夜。早晨正下着急雨，父亲母亲都留他。他说：“雨河上也新鲜，不如走吧。要见面是容易的。”一连三年，又是这个时节，玉诺先生又来看我父亲，我们家已搬到上海了。记得父亲去上班了，他就带我去骑自行车。车是从铺子里租来的。他让我侧身坐在车梁上，翻身跨上车，背着城市，向东北方田野里的小路乱闯，在大太阳下，好像一匹脱缰的马，有无形的鞭子在背后抽着赶着。

十五

一九二二年仲夏接连下了两三天雨，天就凉了，父亲雇了一条大船，把家搬进了苏州城。那大太平巷如今成了友谊路的西段，路北的大宅都拆去了靠街面的一排屋子，已不是旧时模样。五十号后进我家住过的一排四间平房，大约为了疏浚河道也改动过了。记不清岁头还是年尾，苏州下了一场大雪，院子里积了两寸来厚，父亲拿了个大木盘，杵了一大盘回屋里，塑成了一个雪弥陀，带着我唱：

雪花堆个雪弥陀，
坦着肚皮上座，
你在哪里想什么？
为何向我笑呵呵？
我来对你唱个喏，
南无阿弥陀佛。

雪弥陀坦着个大肚子，对我咧着嘴笑，他在想些什么呢？我不明白，父亲也不明白。雪弥陀只是笑，不作声。他到底受不了屋里的热，胸口痒痒得支不住脑袋了。

都说我父亲是一九二三年三月进的商务，《小说月报》第十四卷第二号、三号的《卷头语》都是我父亲写的，想来他是正月里进的商务，否则就帮不上这个忙了。王伯祥先生在半年前已经到了商务，两位老朋友又把家搬到了一处，是离北火车站不远的永兴坊永兴里。这是一位姓倪的营造厂老板给自己造的，大概用的就是弄堂式房子的标准图纸，只是尺寸都放大了二成。五开间一排，好气派，左右两幢都带厢房。造完了一看，老夫妻和两房儿子媳妇，哪里住得了这许多。就改变原议，自家住楼下，二楼出租，房客一律后门进出。伯祥先生家和我们家各租带厢房的左右楼。其余的房客似乎都是熟人，有杨贤江先生、俞平伯先生，别的几位我叫不出来了。过了夏天，伯祥先生家和我们家一同搬到了宝山路顺泰里一号。因为永兴坊离商务实在太远，那时宝山路还没有公交车，上班下班太不方便。

顺泰里一号是文学研究会的会所，门上钉着一块蓝底白字的搪瓷牌子，可除了看门的福建老头儿郑庸，没有一个脱产的专职事务员。振铎先生想房子空着不好，也不能随便招徕几个不相干的房客来住，于是把右边的楼房带假三层的分租给了我父亲，左边的带厢房的楼房分租给了伯祥先生，楼下的厢房租给了傅东华先生。客厅空着供开会用，桌子椅子都是全的，可我从没看到在这里开过什么会。文学研究会的几位热心兼核心的人物，都是商务的编辑，要商量什么有的是时间。以住家而论是比较局促一些，祖母和我只好睡假三层，吃饭又得到后门厨房对面的小间里。

半年里头一连搬了两回家，我只记了个大概，已经有点儿累了，想来读者诸君看得也挺累。真亏我母亲牵一个抱一个的，竟连续调度了这样两次大迁移。身子还没坐定，父亲又要出门了。郭绍虞先生突然从福州来信，说协和大学请我父亲教新文学，他已经代我父亲答应了，九月下旬必须赶到。父亲跟母亲说："绍虞就是这样个老实人，他在报刊上看到我一会儿吴淞，一会儿杭州，一会儿北京，一会儿苏州，像个流浪汉似的，以为我又失业了。要不然，不会没商量一声，就贸贸然代我出主意作决定的。"母亲说："换了我，也会这样想的。去还是不去，总只有两门。不去呢？辜负了郭先生夫妇俩的一片好意。去呢？商务的事怎么交代？"父亲说："商务倒是有规矩可循的，允许留职停薪，请假半年。只是才来半年就请假，好像脚踏两只船似的。"母亲说："你又不是卖给人家了。那边果真好，下学期我就跟你去。人家郭师母不就去了么？"父亲说："那就再好也没有了。现在先去办请假手续；还得去跟振铎说一声，他的婚礼，我是赶不回来了。"

商务照章程办事，准了四个月的假。母亲又忙了起来，买了新布，跟祖母一起制了一副新铺盖；一叠替换衣服，整理得了放在床头上。父亲看了这些只是皱眉头叹气；桌上的书籍稿件也懒得整理，只一遍一遍的叮咛母亲说："信要勤写，写得越长越好。"母亲笑着说："有了两个孩子，还忙得过来吗？已经年把没写信了，只怕笔也提不起来了。"父亲动身那天，我闹着要跟去看大轮船。父亲硬是不许，跟母亲雇了两辆黄包车，一个带上藤箱，一个带上铺盖卷就走了，还说水果到码头上再买吧。我赌气坐在后门口等了老半天，母亲才回来了，给了我两只香蕉，说是父亲给的。"轮船开了吗？"我问。母亲没听见，急急忙忙上楼去照看妹妹了。

好像没隔多少天，我闯了个祸。妹妹才会格格格笑出声，我老爱逗她。那一天下楼吃晚饭，母亲抱着她走在前面，小脑袋搁在母亲的肩头上；我紧跟在后头，高她们一个阶级，伸手恰好拨着她的下巴，拨得她笑个没有完。没想到脚下一步踏空，一骨碌滚向楼底，左额角直砸在梆硬的水泥地上。我眼前一阵黑，什么也不知道了。等到听得母亲连连唤我小墨，我才感到脑袋涔涔地痛。昏黄的灯光下，桌上一大堆沾血的棉花。血还出得不少哩，看来止住了，包扎的纱布只隐隐地渗出些儿红色。王先生帮我母亲把我搀上了楼，王师母送来了一碗藕粉。都说明天得上医院去，请医生消消毒，看看有没有伤着骨头。去哪个医院呢？最近的那所东方医院，三层楼洋房，看样子不错。明天一早就去挂个号吧！他们的谈话越来越轻，原来我又睡着了。半夜里醒来，灯还亮着，母亲给父亲的信还没写完哩。后来我每一回看到丰子恺先生的漫画《第三张信笺》，总会联想起母亲伏在桌上的那个寂静的夜。

第二天，母亲带我先寄了信，才去东方医院。医生用药水洗了伤口，说没问题，脑壳没开花，疤拉就留着吧，果然留到了如今。他当时在伤口上盖了涂满黄色油膏的一方纱布，又给我缠了一头纱布条，把我打扮得像个印度巡捕。回到家里，郑振铎先生正从王先生家出来，见了我一把拉住："小墨，你成了红头阿三了。"我说："不对，我是白头阿三。"母亲说："郑先生的喜事，只好不带他去了。"振铎先生说："去，去，所有的小囡统统去。小墨，到时候我要点名的：白头阿三来了没有？你就大声喊：到!”郑先生原来是亲自上门邀请吃喜酒的；星期天，他就要和高阿姨结婚了。母亲想了好一会儿，去百货商店买回来一团红毛线，比着头寸，给我打了顶红帽子。我戴上了还真像个印度巡捕。可惜那天婚宴上客人太多，新郎官郑先生被拥过来拥过去的，没顾得上把孩子们聚集在一起点名，也没瞅见我这个红头阿三。

十二月初，父亲从福州回来了。看他带着藤箱和铺盖卷，我才定下心来，知道他在信上给我母亲的承诺是当真的。父亲轻轻地抚着我包着纱布的脑袋，问还痛不痛。母亲说：“痛倒不痛了，伤得实在太深，还有指甲大的一块没结拢。”父亲笑着说：“亏得骨头硬，没砸破。”一连几个晚上，我又靠在父亲膝盖上听他讲崭新的经历。他说闽江水也好山也好，就可惜听不懂闽南话。郭师母不得不跟当地人打交道，倒学会了，说得很流利。偶尔进一次城，三个人连成一串，只怕丢失了一个。他说在学校也语言不通，教师除了他和郭先生，一色都是美国人。又说他也讲过《圣经》。每星期天做礼拜，指定一段请一位教师讲。他只得像上国文似的讲了，全场除了郭先生，恐怕没有哪一位听得懂的。校舍全是木结构，在闽江北岸的魁岐，福州到马尾之间。江面弯曲，山头白云缭绕，四季草木葱茏。白天跟夜晚一样静，浮动着晚香玉的清香，只听得潮涨潮落。偶尔有小火轮经过，一声汽笛在山谷之间回荡，惊起了一丛水鸟。真个跟天方夜谭似的，我一直记在心里。十多年前去福建出差，汽车驶进闽江北岸的公路上。我请司机同志过魁岐停一下，在江边的沙滩上坐了一会儿，回头看山上，有几栋石建的洋房。我问司机那些洋房原来可是木建的，回说他从来没见过木屋。真个是“舟人指点到今疑”了。

那一年冬天，我们一家老小又回了一次苏州，住的护龙街天来福旅馆。姑母叶绍铭在南通女子师范才毕业，男家就来催了。姑夫叫江红蕉。这门婚事是我祖父在的时候做主定下的。姑母要出嫁，祖母自然舍不得，可也无可如何。我左额上的伤那时还没全收口，戴着那只红帽子在人丛中钻出钻进，不知道大家在忙些什么，只记得得了许多盒喜果，许多盒蜜糕，包装都非常讲究。

十六

商务的工厂在宝山路路南，大门向北。中午和傍晚放工，好几千人一齐涌出来，真个浩浩荡荡。编辑每天只上六个小时的班，比工人迟一小时上班，早一小时下班，还来得及赶一场电影再回家吃晚饭。不知中华、世界等家那时是否也有这样的优待。商务编辑部有三百来人，好几十位是出了名的大学者大教授，也有不少学历很低甚至没有学历，进了商务几乎从头学起，在实干中锻炼出来的，我知道的就有沈雁冰、杨贤江、胡愈之、章雪村、徐调孚等几位先生，他们都是我父亲的好朋友。父亲进商务的时候，路北的东方图书馆还没落成，编辑部还在工厂的西南角，一座叫做“涵芬楼”的洋楼里。我放了学常去，等父亲下了班，带我去本来要走过的夏令配克看电影。国文部一共四个人。沈雁冰先生从《小说月报》调回来已经一年了，一位是苏州同乡丁晓先先生，还有一位记不清是谁了。四个人除了编辑教科书，还编《学生国学小丛书》，似乎各干各的，没见过他们商量什么。

香山路有条新落成的弄堂，叫仁馀里，房子都空着。伯祥先生和我父亲都决定再搬一次家，虽然离商务远了一倍，可以一家租一幢，独门独户，住得宽舒些。伯祥先生家人多，挑了第三弄中间带过街楼的一幢，把前楼布置成了像模像样的书房，靠墙是书架和书柜，大半是叠得齐齐崭崭的整部线装书。王先生的书是不准许孩子们碰的，他自己老拿着鸡毛帚，东掸掸，西掸掸。过街楼一分为二，朝北的半边作起居室，朝南的半边是王先生夫妇的卧室，夏天前后各开一扇窗，那穿堂风可凉快了。可就是这过街楼，把患失眠症的王先生害苦了，每天夜里有人在过道里乘凉打骨牌；有一种牌叫“挖花”，一边挖一边还要唱，悠扬婉转，不知唱些什么，总之是宁波口音，听不清越叫人提起精神听。我父亲特地写了篇《骨牌声》，刊登在《文学周报》上，替王先生讨饶。无奈那几位打牌的是什么报刊也不看的，加上了“文学”，他们还是个不看。

我们家住在仁馀里第四弄，靠近西边尽头，门牌廿八号。郑振铎先生早关照我父亲：“搬家不要忘记，把文学研究会的招牌带了去。”搬家那天清早，我父亲站在凳子上，亲自把这块监底白字的牌子撬了下来，到了仁余里，又站上凳子，亲自把牌子钉在廿八号的黑漆大门上。他怕别人不小心，崩掉了一小块搪瓷，或者把牌子钉得歪歪斜斜的。文学研究会的日常事务，本来谁有条件谁就抢先去办。单说《文学周报》吧，从撰稿、编辑、校对，到包装、邮寄等等，全由十来个人自己动手。胡愈之先生说："……我们总觉得非常骄傲。用了自己的纸墨，写出我们自己心里所要说的话，毫无顾忌的写出我们要说的话；用了我们自己的钱，印刷我们自己的出版物；又用了我们自己的劳力，包封寄发：总之是拿我们自己的心底的东西，由我们自己直接贡献给读者，这不该我们骄傲吗?"

郑振铎先生当时的忙碌，我父亲是十分清楚的，并感到惭愧和不安。《小说月报》社的编制跟一般的月刊一样，也是四个人，徐调孚先生的确是个可以依靠的得力助手，可是其余两位都不过充个数而已。他把文学研究会的搪瓷牌子叫我父亲带走，意思就是《文学周报》的事，今后请多关照。这样一句潜台词，我父亲还能听不懂。集稿、发排、校对的事，父亲早就承包了，如今还得按时分派大家写封套、贴邮票，通知大家去印刷厂把周报折叠好，装进封套，送到邮局。更麻烦而且琐屑的是世界文学家肖像明信片的函购工作。这种明信片先后印了六套，每套六张，售价两角。父亲把他的大书架腾了出来才好分套存放。拆信、登记、配货、分寄，好在都由我母亲这位私人书记担负了。不通汇兑的地方来函购，货款可以用四分以下的邮票替代。寄来的邮票有的在路上受了潮，互相粘成一张薄饼。母亲就得像洗手绢似的，把这样的薄饼浸在清水里，待邮票上的胶水化了，才轻轻地撕开，摊在毛边纸上阴干。我要帮忙还不让。

"仁馀里廿八号"可以说是文学研究会的代号，印在《诗》和《文学周报》的版权页上，都作为"社址"和"发行处"；印在《世界文学家肖像明信片》的广告上，作为函购处：从表面上看，是个租不起店面的小铺子。可是有两个特点，一是地点僻静，一是邮件多。沈雁冰先生于是征得我父亲同意，把仁馀里廿八号作为共产党的一个联络点。任务有两件：一是收到的信中，封面上写着"锺英先生启"的收藏在一边，由他派指定的人来取。二是某些晚上，要借我们家开会。哪天开会是先一天商量定的，看是否方便。人数至多十一二个，到时候先来一位跟我父亲相识的人，我们全家都回避到楼上，后门就由他管。人陆续到齐了开会，说话都很轻，楼上听不清。父亲母亲仍旧做自己的事。九点多钟，人陆续散去，那个先来的人轻轻上楼来道声谢，父亲就跟他下去闩上后门。

中国共产党成立之初，沈雁冰先生是上海党内的重要人物。他自己决不会说的，我父亲没有打听问讯的习惯，大概是看出来的。杨贤江先生是党员，我那时就知道，也知道不能说。一九四九年八月，看了父亲写的纪念杨先生的短文，才知道他发展过我父亲入党。短文中说："有一天，他叫我晚上就去行入党式，我没有答应他。""没有答应"并非"婉谢"，很可能因为骤然间没有心理准备。在革命胜利之日，父亲作文纪念已去世近二十年的好友，怎么能忘记他当年相知之深呢？还有瞿秋白先生，我也是看了父亲一九四九年六月写的纪念短文，才知道他当时也见过好几回面，在郑振铎先生家里。其实他就住在顺泰里，父亲只怕他有所不便，只去探望过他一回。以社交论，母亲她们跟父亲他们很不相同，至少在节拍的快慢上。我母亲初到上海，在永兴坊就结识了杨贤江的夫人姚韵漪；后来跟我父亲去鸿兴坊结识了沈雁冰先生的夫人孔德沚；不久又结识了瞿秋白先生的夫人杨之华。她们好像都参加上海市各界妇女联合会。于是我母亲就常出去开会，先是个把星期一回，接近"五·卅"会就越来越多了。母亲还担负些文书事务，吃过午饭出去直到吃晚饭才回来。好在祖母身体硬朗，还能做些家务，妹妹至美也自己会玩儿了。

记得丰子恺先生有篇散文《逃难》，是这样开的头：他问孩子最喜欢的是什么，得到的回答竟是"逃难"。平时天天一样过，有点儿厌烦了。逃难可变化无常，搬来躲去，有什么吃什么，听不相识的人讲从未听过的话，比听公主妖怪有趣多了。可是我遇到的头一次逃难不大够劲，江浙战争突然爆发，头一晚还有点儿意思，母亲带我们住在西藏路的一个小客栈楼上，窗口可以望见马宝山饼干公司招牌上围着的红绿灯不停打转。可是第二天早上，王伯祥先生找来了，说在爱文义路租了个楼面，他家人多住前楼，我家住后楼。二房东敲竹杠也只得由他，总比住客栈便宜，让我们收拾了跟他去。还是弄堂房子，过铁栅栏就是北火车站，这难还不如不逃呢。

这一回军阀争夺地盘就是江浙战争，火线却在上海以北的黄渡浏河一带，往北的火车不通了。过了两天，父亲才绕道走水路从苏州回的上海。母亲怪他说："风声这样紧了，你为这点小事还非得赶回苏州去。害得大家担心了好几天。"父亲没作声，要不是惦记着一家老小，说不定还得耽搁几天才回来呢。战事停后，他和伯祥先生等商务的几位同事，租了一辆卡车去浏河凭吊战场，写了一首长诗。《潘先生在难中》的构思，不用说就是在这场战争中形成的。

父亲没加入共产党。不久国共宣布合作，他和母亲，还有伯祥先生受某位党员同志的怂恿，加入了国民党，说这样做有利于加强国民党中的左派力量。一九二五年三月十二，孙中山先生逝世，三月廿三，上海市民在老西门体育场开追悼大会。那天清晨，父亲母亲就出去了，吩咐我赶早吃午饭，跟着伯祥先生去参加。我左手举着小旗，右手紧拉住王先生的手，胸前别着一块比银元还大的洋瓷像章。一路快跑到了北火车站，乘电车直达老西门。体育场里已经人山人海，讲话的用个铁皮卷成的喇叭拢在嘴上，声嘶力竭，站远点儿的还是听不清楚。望见主席台的大照片下也站满了人，认得的只有振铎先生一个，他个子高。我紧攥着王先生不放手，散会时街灯都亮了。走到老西门正好碰着我父亲。电车挤不上，父亲说站了老半天，找个地方歇歇脚吧，走过个小酒铺，就进去找张桌子坐下。两位老人家一人要了壶绍兴，买了几碟小菜，叫我吃着。王先生问："专刊有下文吗？"父亲说："几个方面碰过头了，说商务要出，就让给商务吧。可是人多口杂，最快也得到年底才能见书。"他们谈的原来是那本《纪念孙中山》特刊，他们没想到过了两年半，这本特刊才得以出版。这也不能全怪商务拖沓，中间隔着个"四·一二"呐。我父亲早就写给特刊的那篇《赤着的脚》，是以一九二四年五月一日，孙中山先生出席广东全省第一次农民代表大会为背景的，真个是大失时效了。

十七

"五·卅"运动，我才过七周岁，许多见闻，至今谈起来还感到兴奋。那些日子，无论走到哪儿，都能呼吸到强烈的爱国反帝的空气，使我觉得这场运动也有我的一份。每天上学和回家，我得走宝山路，打商务的门前经过。那儿沸沸扬扬，路边经常围着一圈一圈的人在听演讲。

墙上贴满标语和漫画。漫画有写实的，如日本工头挥着大棒打工人顾正洪，英国巡捕向演讲的学生开枪；有象征性的，如一只老鹰在啄人，老鹰身上插着米字旗，一只穿高齿木屐的大脚踩在工人身上。到处可以遇见扛着粗毛竹筒募捐的小分队，有的竹筒就用铁链锁在电线杆上。捐款是为了支持工人罢工。每天早上，我把母亲给的一把铜子儿扔进竹筒，听到一阵铿锵，好像完成了一件莫大的任务。那些日子母亲下午经常出门，我知道她是跟朋友们一起去到很远的地方，把竹筒里捐来的钱分发给罢工工人的。

再往东走，向南拐个弯就是宝兴西里，郑振铎先生住在九号。那些天铁栏杆和铁栅门上趴满了报童，闹嚷嚷的像蜜蜂闹分房似的。一会儿，一叠又一叠的报纸从报童头上递出来了。报童们分着了报纸就分头开跑。“《公理日报》，刚刚出版！”“《公理日报》，一只铜板！”好像满街都是他们的叫卖声。我羡慕极了。我知道租界上是不准卖《公理日报》的，谁要是带着一张跨过北火车站的铁栅栏，就可能被英国巡捕抓去蹲西牢。所以有些报童喊得特欢，直向北火车站跑；我真想跟着他们跑一趟，看看铁栅栏那一边的英国巡捕和水兵听着我们嚷嚷干瞪眼。我那时就知道，父亲常常整夜不回家，就是在郑先生家，跟商务的一些同事编《公理日报》。但是报纸上说些什么，为什么这样受市民欢迎，不是我这个七岁的孩子所能理解的。

直到一九八一年秋天，我和弟弟至诚收集整理父亲的散文，有位热心的朋友给我们弄来了一份珍贵的复印件，几乎无缺的《公理日报》，从那年六月二日创刊，到廿四日停刊。报头的四个大字报名一望而知是我父亲写的，下面排一行小字：“上海学术团体对外联合会主编”。所谓学术团体，文学研究会也是一个。开头十一个，后来增加到十二个。沈雁冰先生在回忆录中说，实际的编辑工作落在商务编辑所的文学研究会会员身上，这话是不错的。最核心的人物是郑振铎和胡愈之两位先生。十二个团体，政治倾向不可能完全一致，六月二日创刊号的宣言还非常激烈，说出了市民要说的，而上海各种大报不敢说的话。如对英国提出的六条要求中，第一条“收回全国英租界”，第四条“惩办肇事捕头及巡捕……一律抵偿生命”。六月七日，代表上海各界的工商学联合会提出的十七条要求中没有这两条。《公理日报》立即发表社论呼吁：《不要遗漏了“收回租界”》。

《公理日报》采取了读者办报的群众路线，想方设法鼓励读者供稿。有一个从来没见过的专栏，叫做《社会裁判所》，缘起两条，可能是愈之先生的手笔，写得十分别致。一条是：“我们为整齐步调，惩戒与人异趋的奸细起见，特辟这一栏。裁判官是全体同胞。读者诸君如有所闻见，希望提笔一判，寄给我们，在这里宣布。”另一条是：“但是被裁判的罪人有自己申辩的权利。在这里被提及的，如其不服裁判，尽可来函剖白。只要他有坚强的证据，正当的理由，我们很愿意给他平反。”六月初，总商会会长虞洽卿从北京赶回上海，声称他是来作“调人”的，劝说双方不要各走极端。我父亲就用笔名“秉丞”在《社会裁判所》中发表短文说：虞洽卿竟然要在我们和英国的交涉中间充当“调人”，不知他的国籍是什么。他认为我们已经走到了极端，言外之意要我们退让几百步。他的罪不可掩，请问大家要不要他当“调人”。这篇犀利的短文是六月六日刊出的，七日的《公理日报》上有条消息，说有人在虞洽卿家后门口扔了个炸弹，没有伤人，显然是警告性的。可能是凑巧，跟我父亲的短文并无直接联系。但是可以看出，《公理日报》确实表达了大多数市民的愤慨。

《公理日报》的本钱说是由各参加的单位负责，其实参加的单位也大多没钱，结果是参加工作的朋友临时凑集。售价一只铜板只合半分钱多一点儿，批给报童大概只收三厘半，跟纸张和印刷费相差太远，没有广告收入作补贴，眼看快没法支持了。于是又采取读者办报的方法，刊登启事，请求各界捐助。捐助人的姓名和捐款数目逐日发表，每隔几天把收支账目在报上向读者说明。捐助的人不少，大多一元两元；也有几笔上百元的，却不愿公布真实姓名；公开账目更增强了读者的信任。账面上清清楚楚，每一期的纸张印刷费八十余元，发行收入仅三十余元，经费问题就成了致命伤。没料到印刷也出了问题，《公理日报》在租界上是无法印的；在闸北区，每天能印两万份报的工厂只两三家；只有一家愿意冒险承印，后来连这一家也受不住官方的压力了。六月廿四，《公理日报》在停刊宣言上向读者说明了这两点，接着又说：“此外尚有几种别的关系，但不大重要，这里不必絮说。”我猜想“不必”其实是“不便”，参加“对外联合会”的十来个“学术团体”，政治态度本来不完全一致，哪能不磕磕碰碰的呢？一九六四年秋天，我跟父亲去福建参观，在福州，有位先生来探望我父亲。他走后，父亲对我说："这位先生是商务的朋友，从前是国家主义派，一同编过《公理日报》。我在一篇文章里用了一句'打倒帝国主义'。这位先生说这句共产党的口号，《公理日报》不该用，两个人还吵过几句。"我立刻想起，父亲在《英文教授》里，曾把这件事装在了教授董无垢身上。父亲说没有这回事，回北京后我翻出小说让父亲看了，他才承认自己记性差。为了刻画这位哲学博士的风华正茂，假借的事实何止这一件。

在看到《公理日报》的复印件之前，我以为父亲为"五·卅"，只写过一篇《五月三十一日急雨中》。这篇散文发表之后，就成了国文课本的保留篇目。写的都是真情实感，时间的跨度才一个来小时，有点儿意识流的味道。一口气念下去，当景洽情，很容易"进入状态"，尤其在惨案发生以后的那些天读。印进课本以后就差一点儿了，老师先得让同学们弄明白"五·卅"是怎么回事，再一句一句讲解，劲儿就松了；有些句子还不大容易讲明白。常常有老师写信来问：那三个影子是代表哪个阶级？我父亲只好老实回答："我那时还没有学阶级分析。说的是我所厌恶的三种人：站在一边旁观的人，袖手叽嘲的人，不敢斗争的人。"可是实际上，破坏这场轰轰烈烈的反帝爱国运动的，首先是买办资产阶级。写《虞洽卿是调人》的时候，父亲和他的朋友们已经看出来了。虽然并不算晚，但是已经晚了，已经不能用这个恶魔去替换那三个影子了。《公理日报》催迫那些资力深厚的大报，说不能只刊登些貌似客观的消息，要他们赶快站出来说中国人在此时此刻应该说的话：揭露银行界不但不公开宣告予敌人以经济制裁，反而在暗中接济敌人，帮助敌人渡过金融难关。还适时澄清了一些模糊看法。如支持罢工并非救济，爱国反帝不是排外。有些短文虽然署我父亲的笔名，我相信，意思都是大家商量过的。我还相信，父亲在这场跟朋友们一同参与的战斗中，精神上和认识上的收获，都是无从估算的。

"五·卅"反帝爱国运动，虽然由于权势者的出卖，以妥协而告终。这三个来月的斗争，也使革命队伍得到了扩大和磨炼，为上海的三次工人起义积聚了力量，做好了组织准备。反动军阀并非毫无察觉，奉直大军相继南下。宝山路上经常有执法队来往巡逻，手捧大令，背负明晃晃的大刀，说抓到"革命党"立刻就地正法。大家也见惯不怪，不理不睬。

有一天放学回家，宝山路上冷冷清清，有些儿不大对头。记起母亲吃过午饭就匆匆出去，只交代了一句：去青云路空场上开市民大会。我才到家，父亲就赶回来了，急冲冲地问："你母亲呢?"也不等我开口，冲上楼去看了一眼就下来了，才冲出门，又回头交代了一声："母亲回来了，叫她别再出去。"过了一会儿，母亲倒回来了。我告诉她，"父亲在着急哩!"母亲说："怎么能不着急！北兵放起枪来了，不知又打死了多少人。我听得枪声，急忙跳下台，有个人把我拉进青云里的一家人家，叫我装作客人。幸亏没挨家挨户搜查。听说空场的人散尽了，我才绕了个圈子回家。"于是被等的人成了我的父亲，直等到半夜里他才回来。他在外边打听到我母亲没有事，就在朋友家里趁热写了篇报道，题目是《"同胞"的枪弹》。这个"同胞"加上了引号，不仅指出这次惨案跟"五・卅"不同，还提醒人们可得加强警惕，向民众放枪的，正是打着"维持秩序"的幌子，排着队开进会场来的"同胞"。父亲赶到《时事新报》印刷厂，想用抽换稿件的办法，赶在明天出版的《文学周报》上刊出，让读者一清早就能看到。没料到这一期的"周报"已经提前印得，父亲的想法落了空；这时候他才想起，家里还有人在替他着急。那一天是一九二五年十二月六日。

十八

一九二五年过去了，不是轻轻地踅过去的。父亲怕我忘记，那年秋天牵着我到南京路老闸捕房门口，叫我记住惨案就发生在这里。还在捕房对面的水泥墙上，寻找当时留下的比我的食指还粗的弹孔。《公理日报》是被迫夭折了，我父亲和他的朋友们并不就此眼睁睁在一旁瞅着，他们都自觉地站在了恰当的岗位上，做这个时代需要他们做的事。十来个苏州同乡，我只记得丁晓先、王芝九两位先生了，跟我父亲商量出版一种鼓吹故乡改革的《苏州评论》。评论的对象，势所必然，得聚焦于少数把持乡里的绅士们的身上。创刊号于一月十五出版，稿子和本钱都是大家凑起来的。通讯处又是我们家：上海香山路仁馀里廿八号，并明文宣布欢迎来稿，欢迎索阅，征求经济援助。发行条例十分特别，说"本刊……虽在封面刊有定价，但实际并不注意此项收入……只消通知本刊通讯处，略附邮费，便可照寄……”绅士们身边的谋士可抓着把柄了，他们说天下哪有这样的赔本买卖，可不是受了广东方面的宣传津贴？还编的有眉有眼的，钱是谁某领的，两千多块哩。谁某不好意思独吞，分了点儿给几个摇笔杆子的同乡，印了这么一本白送也没人看的东西。我父亲听说气愤极了，在《苏州评论》第五、第六期上，连续了发表了两篇文章，对那些混淆是非的绅士，作了理正辞严的抨击。

我父亲为《苏州评论》写了发刊辞——《我们的意思》。他综合了各位朋友的想法，提醒读者不要再陶醉于那些自满的浮言。先民的创造已随着他们的盛年一同逝去，成为供人怀念的遗迹。只要看看市政的荒芜和公共设施的徒有其名，就可以了然骨子里的贫困和愁苦。可是那些掌握着一切权力的绅士还不让人们透一丝气，开一声口。勇敢地把这些见到的说出来，正因为对故乡不能忘情，愿意和在故乡的同志一起，努力使写在纸上的话成为现实。从创刊号起，我父亲还开始连载他特地写的新作《城中》。小说的主角青年丁雨生，回到故乡开办中学，引起了苏州绅士们的极大恐慌。他们造谣、窥探、诽谤、陷害、恫吓，无所不用其极。丁雨生思想敏锐，一一应付自如，或化险为夷，或反唇相讥，但是直到结束，仍让读者为他的安危留下了悬念。

《新女性》杂志也在这时候胜利诞生。为了支持几位好朋友造商务的反，我父亲特地写了篇小说《在民间》，发表在《新女性》的创刊号上。商务有一种《妇女杂志》，已出版十年了，在“五·四”新文化运动中受到严厉批评；罗家伦先生的一句话，可以说是无情的判词：“专说些叫女子当男子奴隶的话。”在这个风口上，商务当局不得不改弦更张，把《东方杂志》的编辑章雪村先生调去当主编，章先生又把周建人先生拉了去。一九二二年年初，《妇女杂志》开始改革，提倡妇女解放和婚姻自由，大受读者欢迎，发行量陡增五倍。一九二五年一月，章周两位先生又推出《新性道德专号》，讨论性道德，普及性知识。这一下不得了，捅了封建卫道者的马蜂窝，北京《现代评论》首先发起猛烈攻击，反驳那些封建陈词的报刊也有好几家。笔墨官司打了半年多，雪村先生越打越来劲。商务当局却受不住压力了，八月底，把雪村先生调到国文部，和我父亲一同坐冷板凳。读者是有眼力的，《妇女杂志》的编辑方针一复旧，销数也恢复到一九二二年以前。朋友们都为雪村先生抱不平，愈之先生出主意：不妨另办一个妇女杂志，跟商务唱对台戏。雪村先生生就不服输的脾气，说干就干。他把还没退掉的稿子理了理，已经约定的稿子催了催，再约了几篇较有把握的，前后花了三个来月，等于汇集三期的精华于一期。《真假李逵》是唱不得的，不如就叫《新女性》，突出个“新”字。出版单位就用新女性社的名义；征得了吴觉农先生的同意，请他出面当主编，通讯处也暂时虚设在他家里。创刊号一亮相，博得了社会上一片叫好。商务当局知道是谁找上门来了，请雪村先生另行高就。他们可没想到这一念之错，在出版界中又添了个新的竞争对手。

我父亲的《在民间》发表在《新女性》创刊号上，可以说“得其所哉”。小说写“五・卅”运动中，两位女知识分子头一回去到工厂区，向女工们进行宣传教育的故事。她们俩同乘一辆黄包车，从面容的描写看，靠左边姓姜的那位，原型是我母亲；靠右边姓庞的一位，原型是杨之华阿姨。为什么我会如此肯定呢？要是我母亲没有去，还有谁会把这个故事的原型说给我父亲听呢？而姓庞的是“齐耳的短发”，“五・卅”那时，直到北伐，妇女剪短发的还极少，母亲的朋友中间也只有杨之华阿姨一位。一九六一年，父亲写了首七绝《赠杨之华》，开头一句就是“短发春江意激扬”，三十六年前的印象还在目前，可见写小说时抓住的形象特点没有错。性格上的特点也抓住了，都是头一回去到民间，头一回与工人群众见面，两人所得到的印象却并不相同；可是看了女工朱家姐妹俩的待人处事，两人都觉得自己不能跟她们比，还得虚心向她们学。演讲没能按计划进行，正暴露了知识分子的弱点：自以为怀着一片好心，却没有摸清群众当前的迫切需要到底是什么。失败不要紧，有了这第一回，以后第二回第三回会逐渐改进的。我想，母亲把这段新鲜的经历讲给我父亲听的当时，应该会得到这样的鼓励。

雪村先生被商务辞退，他并不懊丧，因为正好借此顺理成章，来实现他久已藏在心间的志愿，自立门户创建一家书店。《新女性》一炮打响，他增强了自信，一连出版了好几种《妇女问题研究丛书》。他那宝山里六十号三开间的寓所，下层堆满了书，十多年来的积蓄和商务的退职金全压在里面了。他写信给在商务沈阳分店当会计的老二雪山先生，叫他自动辞职，带了所有的存款和退职金回到上海，两人办起了兄弟书店，但是资金的周转依旧困难重重。朋友劝他们兄弟俩不如改为股份有限公司，既便于跟金融界打交道，更便于吸收朋友们小额投资的支持。鼓点于是打起了《急急风》。店名经过商量，叫开明书店，意思是店铺虽小，却非顽固不化之辈。招牌也做得了。就在福州路中华书局斜对门的一个拐角上，租了个三角形的店面，经过装修，在七月里开张。陈列的出版物虽然既不大又不厚，内容和装帧却自有一股欣欣向上的朝气。

这年五月，中国济难会的两位先生来看我父亲，委托我父亲编济难会的宣传刊物——《光明》半月刊。我父亲知道济难会是共产党领导的组织，就一口答应了。两位走后，他立刻给朋友们写信约稿。在给孙伏园先生的信上，他对济难会作了这样的说明："该会新经决定，不谈政治，不参加政治活动，不带任何党派色彩，唯自人道主义的立足点，援助解放运动之被难者，完成一种社会上缺少的慈善事业。"还特地关照："《光明》立论，即据此议。""解放运动的被难者"，指被反动军阀公开或秘密逮捕及杀害的无数"革命党"，包括国民党、共产党和"赤色分子"。"社会上缺少的慈善事业"，指由于种种原因，许多烈士的遗族未受到抚恤和养育。"唯自人道主义为立足点"，等于说不用刺激性的语言，以利于济难运动的推进。这条"人道主义"的杠杠最难把握，自民国以来，哪位作者没有师生友好作了军阀屠刀下的枉死鬼的。我父亲就按捺不下这口气，总想曲里拐弯开销他几句。

《光明》半月刊第一期于六月五日出版，据雁冰先生说，就被反动当局指为"赤化……有特殊作用"。大概他们翻开目录，一看篇目和作者，就下定了这样的结论。我父亲在《编辑馀言》中有一段说："……一个具有良心的人，在这个时代该抱什么态度呢？具有良心的人的核心是'爱'，是'广大的爱'……唯其如此，具有良心的人又有'恨'，有'深切的恨'。他恨那些破坏了人间之爱的，他恨那些不自爱的又不爱人的。徒然恨又有什么用呢？因而要作种种努力……用来消释心头之恨。这个恨到什么时候才消失呢？杀尽了那些可恨的东西之后吧。不是的，要到他们也能完成了人间之爱，也能自爱而又爱人的时候，换句话说，要到他们恢复了丧失的良心，回归到具有良心的人的队伍里来的时候……"请允许我这个八十五岁的儿子，给父亲在三十二岁上写的文章批上批语："有点儿绕笔头，这层意思不能写进《光明》的编辑后记。"我和父亲都是编辑，谁都不会倚老卖老。我相信我的意见没有错。《光明》半月刊只出了六期就停了，听说是杨贤江先生的主意。

一九二六年，主要就说这些。还有两件事似乎得交代一下。第一件是八月廿七，我的弟弟诞生，是个小胖子，挺精神。不知怎么的，母亲在怀着他的日子里经常呕吐。有一回挺好的去看电影，被坐在前面的外国人吸的雪茄一熏，立即用大手帕按在嘴上冲出了场子。产后躺在床上的日子多，不怎么思饮食，说是犯了胃病。

第二件对我来说也很重要：夏丏尊先生和我父亲大概是这一年才见面的。虽然陈望道、朱自清、章雪村三位先生早是他们的共同朋友，可是以前夏先生很少到上海，一九二六年接触却特别多。为了创建开明书店，为了创建立达学园，两位老人家都有机会碰头。到底第一回见面是哪一天，那时的日记两位都没留下来，无从查起。倒是在鲁迅先生八月三十的日记上记着："下午得郑振铎柬招饮……晚至消闲别墅夜饭，座中有刘大白、夏丏尊、陈望道、沈雁冰、郑振铎、胡愈之、朱自清、叶圣陶、王伯祥、周予同、章雪村、刘薰宇、刘叔琴及三弟。"在这之前，夏先生和我父亲一定已经见过面了。

十九

一九二六年年底，从广州出发的国民革命军已经攻破了武昌；汉口和九江的工人武装先后起义，都乘胜收回了英租界。上海的小学生大都会唱"打倒列强除军阀"了，在暗地里轻轻地哼。我父亲晚上喝着鲜红的天津五加皮，常常跟我讲革命军打到哪里，就带领农民斗争土豪劣绅，把他们押到大祠堂门前的空场上，由农民揭发，罪大恶极的就当场枪毙。不知父亲是从哪里听来的。听来多少只能讲多少，逼他"再讲一个"是没有用的，这个我知道。

记得是个春天的上午，才上第三节课，伯祥先生突然到学校里来，把他的两个女儿和我都叫回家。母亲和祖母已经把包裹小提箱准备得了，站在门口见我一到，马上雇了两辆黄包车，母亲抱着至诚牵着至美乘一辆，祖母和我乘一辆。我问："上哪儿去？"祖母说："去你姑母家。"到了河南路菜场，换乘一辆出租马车，穿过公共租界，直奔法租界最南的边沿上，贝勒路天祥里的姑母家。姑母也站在后门口等着了，她把祖母扶上二楼坐定，才问我母亲："今天真要动手了？"母亲说："说是准十二点，商务一鸣汽笛，趁工人一齐涌出来吃饭的时候。"姑母看了一眼墙上的钟，说："那已经打起来了？"母亲说："是这么通知的，还说'你们香山路一带，还是避一避好'。我想老的老，小的小，避一避也好。"姑母说："阿哥呢？"母亲说："说手上还有点儿事，办完了就来。"听到这里，我完全明白了，又不断唠叨着"父亲还不回来"。傍晚时分，父亲终于兴冲冲回来了，他说商务几千工人涌出大门，就冲进了宝山路的警察局，夺过枪支围住了北火车站，跟铁路工人汇合，把据守沪宁沪杭交汇点的反动军队全部缴了械。

这一天是三月廿一。北伐军先头部队早已到达龙华，蒋介石只是按兵不动。到了第二天傍晚，上海牢牢掌握在起义工人的手中了，他才不费一枪一弹，把队伍开了进来，不知道是否举行了入城式。我跟着父亲回闸北去看北伐军，仁馀里的空房子里就驻着一队，正席地而坐，围成几个圈子吃饭，吃得认真极了，眼睛盯着鼻子前面的饭碗，就像四旁并无人围观似的。都是两广人的面型，晒得黑里透红，想来口音的障碍很难避免，单看纪律的整饬，那些满脸横肉的北佬儿绝非对手。围观的人看了一会儿也就散了。

似乎多数人喜欢把世上的事看得称心一些，简单一些，尤其在那种时候，很需要有个像《倪焕之》中王乐山那样的人物，经常在耳朵边上提个醒。奉直军阀的部队被摧枯拉朽似的赶过了长江，国民革命在江南不是差不多成功了么？已经说好了国共是合作的，国民党苏州市党部就委派叶圣陶、吴致觉、丁晓先、沈炳魁、王伯祥、计硕民、胡墨林七人组成接管委员会，接管市内的各级学校。父亲接到通知，就跟王先生一起动身了。我想他当时义无反顾的劲头，可能跟他笔下的丁雨生相差不远。我母亲病在床上，没法去苏州。丁晓先先生当上了上海市临时政府的教育局长，也没有去；奇怪的是他明知我母亲久病，还要委任我母亲当务本女学的校长。这可是上海最大的女子中学呀，我母亲也只好心领了。我们家本来打算搬回仁馀里，如今只好等父亲回来了再说。母亲在姑母家左邻租了个楼面，带着三个孩子住下，祖母仍住在姑母家。

一九五五年十一月，全国人大和全国政协一同组团分赴各省区视察，我和父亲都报名去江苏。到了南京，江苏省的部分省人大代表和省政协委员到车站来迎接，并一同参加视察。其中有位身材高大的老先生，双瞳蒙着不太厚的白内障，因而走路不便，需要搀扶。父亲轻轻对我说："那位老先生是蚕桑专家哩，大概二十年没见面了。"我以为父亲忘了他姓甚名谁，查了名单告诉父亲说："他叫郑辟疆。"父亲说："我没忘记他。"我又问："要不要过去握一握手。"父亲说："要是他没认出我来，就不必了。"回到卧室里休息的时候，父亲问我："还记得大革命那一年，我回苏州去接管学校吗？什么学校都要接管，就是先把印夺过来。蚕桑学校是我去的。大概先听得了风声，学校里没有旁人，只留下一位校长，就是那位郑先生。见了我这个接管大员，吓得话也说不清楚，问我要不要造册子。我说，只要把学校的大印交出来就完事。他抖抖索索地从内衣里摸出钥匙，好容易插进了右手边抽屉上的钥匙孔，拉开抽屉，取出了一块木头刻的四四方方的校印，拿块布擦了擦，双手送到我手里。我看字一个不错，说了声以后再等通知，站起身来就走。大印收了一大堆，也不知有什么用，那些校长倒来要钞票发薪水了。我们两手空空，怎么办呢？只好把一个个收来的大印都交到市党部。已经是'四·一二'以后了，市党部里的人也换了面孔。他们总算客气，大印收下了，没把我们几个人怎么的。"

念初中的时候，父亲让我读过一本薄薄的《巴士德传》，巴士德一生中发明不断，成了我心目中的英雄；有一项发明是抗击蚕的白僵病，挽救过法国的一场经济危机。回想我小时候喂蚕，最厌恶的就是白僵病。长胡子公公说，有苏州蚕桑学校的蚕种就好了，全都用国外引进的科学方法检验过的，保证孵出来的蚕没有一条会得白僵病。这么一联系就对了，他们用的定是巴士德发明的方法。后来又听父亲说，蚕桑学校的郑校长如何想尽方法，为蚕民们解决生产中的难题，制造蚕种扩大供应，培养抗击白僵病的专门人才。如果沧浪亭的五百名贤要补缺，我想父亲头一个会推荐他。谁能想见二十八年前，他们俩头一回会面，竟是这么个局面。郑老先生似乎隐隐约约也认出我父亲来了，不然他为什么老向人丛里缩，好像装作没瞧见呢？又过了十多年，各处"红卫兵"闹夺权，夺的也是大印。不知他们夺得了大印，后来是怎么处置的。

且说我父亲交掉了大印从苏州回到上海，就寻找四月十五的《商报》。读罢愈之先生他们七位公开发表的，那封强烈谴责蒋介石"四·一二”大屠杀的公开信，父亲带着我，去到宝山里六十号找章雪村先生。章先生果然在家里，见了我父亲就问：“苏州那个党部倒放你们回来了？”父亲说：“面子上还客客气气的。苏州什么事儿都慢，大概还没轮到我们这些人身上。再说，你不是也在家里坐着吗？”章先生说，“那好，我们先喝起来，耐着性子等。”我父亲问：“等谁呀？”章先生哈哈大笑：“等他们来抓呀！”说罢唤后边的章师母，说叶先生来了，弄两样配酒的出来，烫一大壶酒。我去厨房见了章师母，她一边炖酒弄菜，一边跟我说士敫上学去了，还没回来。才一会儿，一碟糟青鱼干，一碟油炸青蚕豆瓣，都齐了，叫我先端出去；她拿了两个小酒碗，提起那壶热气腾腾的竹叶青，跟在后头。

两个酒碗筛得满满的。章先生自己先呷了一口；放下酒碗，手掌朝桌上一摊，示意我父亲随便喝。他滔滔不绝地说：“好几位不见面了：躲起来了？去日本了？让抓进去了？将来总会明白的。夏先生是人家放炮仗都骇怕的，把复旦暨南都辞了，回白马湖当陶渊明去了。愈之也回上虞去了，说是得了伤寒症；不管怎样，他还是避一下的好：信是他起的稿，底稿又是他送到《商报》去的，《商报》要是吃不住压力呢。振铎还没拿定主意。他是个热心人，去年‘五·卅’以来，经常出头露面，尤其在工人大会上、民众大会上；姓名常见于新闻的，七个人中恐怕数他最多。国民党不会忘记这笔账的。振铎经济还宽裕，何不以游学为名，出国去消停个两三年呢？”父亲说：“可是振铎放不下文学研究会的一摊子事。”章先生说：“这又有什么放不下呢。就说这开明书店，我也总有一天要放下的。”他好像交代后事似的，跟我父亲说了一大堆开明发展的设想。我父亲最听得进的一条，大约是无论如何要把夏先生请出山来。

小报透露出消息，我母亲被通缉，无从核对真假。母亲说她躲在天祥里很安全，不急于搬回仁馀里。父亲为我写信向学校请了假，又托便人把我带到苏州卫前街，陪长胡子公公度过了一个长长的暑假。

二十

在那出活剧《夺印交印》中，长胡子公公客串过跟我父亲同样的角色。他听不惯闲言碎语，茶馆也不大去了。黄梅时节雨水多，出门也不方便。傍晚一声声鹧鸪唤雨，清晨又忽地鸟雀呼晴，整个宇宙像飘浮在云里雾里。雨大的时候，屋上的瓦沟似万壑奔腾，却也痛快淋漓。当年苏州空气清新，人们习惯于把天落水作为饮用的首选。让头一阵雨洗净了屋瓦上陈年的尘土和枯枝败叶，等水笕冲出来的水碧清了，才把它贮存在院子西南角的四个大水缸里。这火候，得公公自己来掌握他才放心。洋铁皮水笕灵活轻巧，一拨弄就可以改变水流的方向，接上半爿毛竹筒就可以让水流进哪个缸里。趁一个雨豁档，公公带我去大卫弄的金鱼池，买了十来尾四寸来长的草鱼，这是放进水缸，消灭孑孓之类的虫子用的，另挑了十来尾模样色彩新奇的，养在金鱼缸里供我观赏。我才算有了件正经活，掮着根带纱布口袋的竹竿去河滩头捞水蛆。公公不放心，老在后面跟着。

这一天，公公从外边回来，一本正经对我说："小墨，你回不去了。真凭实据都登在《申报》上了，共产党沈雁冰、丁晓先、王芝九，还有谁谁谁，去年夏天在仁馀里廿八号开过会。"我急忙问："有没有说要通缉我父亲？"公公说："倒还没有。不过，跑得了和尚跑不了庙，他们知道了仁馀里廿八号，还会不找你父亲？"——倒也是，我担起心来，闷闷不乐了十来天，就没想到庙也是可以跑的。那一天铮子公公对我说："你母亲来信说，新房子搬定了，叫我和你吴阿姨一同去住些天，顺便把你带了回去。尚公就要开学了。"——是呀，那天让王先生突然从课堂上唤出来，同学们都好奇地看着我。如今快半个年头，大伙儿也该见见面了。

回到上海，住进才搬定的新家，横浜东路景云里十一号，是新造的弄堂房子。横浜东路是新筑的越界筑路，从北四川路窦乐安路底"越"到宝山路东头。路是租界工部局修的，以便利交通为名就"越界"修进"华界"来了，明明是扩大地盘的蚕食政策。路面上的一切，包括巡警，都归租界。路的两旁仍是"华界"，只是向街的弄堂口和房屋向街的门，得钉上租界的门牌，照章纳税。鲁迅先生把越界筑路称作"半租界"，真个一点不错。我才住进景云里的那些天，白天能听到蝉噪，晚间能听到蛙鸣。这样清静的地方，在上海是很少有的。第二年第三年夏天，是否还听到呢？我记不起来了。

母亲休养了一年多，身体总算恢复了。她断断续续的告诉我："接管务本女学亏得没有去。胡庶五阿姨去了，真个被抓进了警备司令部，费了好大的周折才弄了出来。听说她要去日本了。”“当时是丁先生派我们去的。他听得风声就赶紧乘外国轮船去了汉口，连通知一声也来不及。丁师母不懂得汉口南京已经分了家，还在到处说丁先生在汉口做什么官了。”“前天沈师母来寻房子，说雁冰先生就要回来了。你可不准在外头胡说。本来可以两个人一起走的，沈师母挺了个大肚子，快要生了，只好提前回来。我介绍给她隔壁的十一号半。她说大门矮一截，漆的红颜色，不在意的人以为是汽车间，这样倒好，就付了定金，让我代她去写房契，用老太太的名字出面，过几天就搬过来住。”“振铎先生动身已经两个月了吧，你父亲现在就忙《小说月报》。”“至美五岁半了，想让她去养真幼稚园。每天你带她去，带她回来，好不好?”我答应说“好!”

振铎先生到底是哪天出国的，不知是母亲忘了说还是我没记住。忽然想起父亲有篇文章中引用过他的出国启事；终于在父亲八十八岁那年写的《记我编〈小说月报〉》上找到了。启事刊载在那一年六月号的《小说月报》上；振铎先生说：“我于五月二十一日乘 AthosⅡ赴马赛。此次欧行，为时至促，亲友处多未及通知告辞，万乞原谅！……关于《文学研究会丛书》事，以托胡愈之、徐调孚二君负责；关于《小说月报》事，乞直接与‘《小说月报》社’接洽；但我虽在请假期内，仍当视力所及为‘丛书’及‘月报’负一点责任。”启事中提到愈之和调孚，因为两位先生原是“丛刊”的负责编辑；而《小说月报》，想来直到振铎先生乘的法国邮轮起锚，商务当局还没拿定主意由谁来替代他。

那么这六月号上，怎么会有我父亲写的未署名的《最后半页》呢?按编辑工作的实际，我猜度这一期校样送到《小说月报》编辑部，我父亲终于由国文部调了过来。他循例把校样通读一过；看到了还空着半页，正好给下一期，七月的《创作号》将要刊出的作品，向读者作个预报。纸还有空，就捎带写了则补白：“……我们以为，这个时候，作家们还是在同一的地位，大家需要不断的修炼——修炼思想，修炼性情，修炼技术，以期将来的丰美收获。说‘什么进’‘什么进’只是狂妄与傲慢。”最后那一句，说的是文学界有极少数人自以为先进，而老谴责他人落后于时代。

在白色恐怖的重压之下，坚持“为人生”的原则，把《小说月报》继续编下去，这样的经验谁都没有。亏得振铎先生的得力助手徐调孚先生没调走，把七月号编成《创作号》，很可能是我父亲和他两个人商量定的一次试探，想看看反应如何。故而在六月号中介绍《创作号》的开头一段说，所以这样做是由于“近来收到好些可观的创作”，“偶然变改一点又何妨”；只要编者问心无愧，读者大致还认可。《创作号》当然不收译品，没有评论可不怎么好，我父亲一连写了四篇短评补缺，三篇论写作的态度需严谨，一篇是书评——《读〈柚子〉》。《柚子》是王鲁彦先生才出版不久的短篇集，《柚子》就是其中的一篇，讲看杀人的。鲁彦先生在结尾说：“仿佛记得许多书上，说从前杀头须等圣旨，现在县知事要杀人就杀人，大概是根据自由论吧。”我父亲在评论中接上一句，是问读者的：“作者这样说，你还是笑呢叹气呢？”为什么这样问？读者自然理解。是不是叹口气就算了？读者也会理解。

就是作者，他们对《创作号》怎么会还没有一点儿响应呢？写到《最后一页》的最后一段，我父亲可能再也憋不住了，把想跟作者说的话全倒了出来。他说：“颇有人这样说，生活的本身就是诗，就是艺术。现在这时代究竟是个什么时代，有胡适先生与几位外国朋友各表意见，尚无定论，但总之是个不寻常的时代，当无疑义。在这个不寻常的时代里生活，大概尤其是诗的艺术的吧。如果把它写下来，岂不是非常之好的东西。然而这类东西还少见。读者已经渴望好久了。因此在这里向作者们要求：提起你们的笔来，写这个不寻常的时代里的生活！”

二十一

孔德沚阿姨租定了景云里十一号半，不久就把家搬来了。那幢房子天井稍小，西南角缺一块，成了梯形；客堂的西南角也少了一扇窗的位置，在墙角下放张单人沙发，正好是主人的座位，可以纵览全室。沈老太太和气，健谈，母亲常去看她，尤其在上街之前，问她要不要带些什么。孔阿姨怀着孩子，不便多走动。老太太经常坐在东壁下的长沙发上，右首边正好望见有谁上下楼梯，有谁从后门进出。雇着个不声不响的年轻女佣，乌镇带出来的，叫梅姑娘。沈霞似乎小我三岁，沈桑更小两岁，我和妹妹至美常过去跟他们玩。老太太戴着白铜边老式眼镜，看着书给孩子们讲故事。书就这两本，都很旧了。一本是石印的《封神榜》，另一本很奇怪，里边都是美国电影的故事，形式像电影院里发的说明书，只是字数稍多，以把故事说清楚为度，老太太讲的时候还得加些补充。这样的书，我在别处都没见过。沈霞他们有个小娘舅，年纪还很轻；暑假里就住在他们家里，很能变着法子带孩子们玩儿。

有一天，梅姑娘慌慌张张跑过来唤我母亲，说少奶奶见红了。母亲叫她快去雇两辆黄包车，赶到隔壁跟老太太两个拎了个包袱，扶着孔阿姨等在后门口，黄包车一到，母亲和孔阿姨各乘一辆，去医院了。直到晚上，母亲才回来告诉老太太说："孩子流产了，是个女的。德沚血已经止住。福民医院是日本人开的，护理很细心，不会出什么事的。德沚请老太太放心。等一会叫梅姑娘弄些什么吃的送去。医院里全有，只怕德沚吃不惯。"老太太叹了口气说："满盘橘子红彤彤，不知哪个来做种。小孩留不住，也是命里如此。雁冰两三天里就要回来，行李已经先到了，一位小姐送来的。"母亲问那小姐是谁。老太太说她不便问。

父亲听母亲说沈先生要回来了，真个喜出望外，关照母亲对谁都别说。第三天父亲上班，刚出后门，瞧见个穿白纺绸长衫的背影向隔壁的后门里一闪，就回进来对我母亲说："雁冰才回来，先不去打扰他。抽空跟老太太说一声，我吃过晚饭去看他。"交代完照常去上班。等吃过晚饭，父亲带着本新出版的《小说月报》，就去隔壁了。母亲收拾好桌子才去，我紧跟在后边。他们一家子都在客厅里，除了还没有出院的孔阿姨。沈先生似乎更瘦了，他真个坐在西南角那只沙发上，得意地讲在镇江码头过检查站遇险的故事：那个兵看他这身打扮，手上却连小皮箱也没提一个，产生了怀疑，结果从身上搜出了党支部托他带的那张两千元的支票。沈先生对那个兵说："你想要，就拿去吧。"那个兵吃没了支票，真把沈先生放过了；他不知道这张支票没有担保是兑不成现金的。沈先生通知了党支部，又挂了失，就这样了了。大家掩住口笑了一阵。沈先生和我父亲谈起《小说月报》来，我母亲陪老太太谈家常，我的耳朵不知听哪一边好，打起盹来。

人们说，沈先生写小说是受了我父亲的鼓动。鼓励自然是有的，遇到了《小说月报》的前主编，遇到了各方面的条件这么好的作者，我父亲还能不鼓励几句？其实写小说的念头，在沈先生心里早就萌动过；"倒是写小说的材料"之类的话，常常出现在他的回忆录中；当时事务忙碌，哪有工夫构思。如今倒好，成了蒋介石的通缉犯，不得不躲藏起来，尽有时间把这些年的，就是“这个不寻常的时代里的生活”，一一写下来了。一开头他写《幻灭》，前半部才写得就给我父亲看。我父亲第二天早上就告诉他决定用，立刻发稿，赶在九月号刊出，催他快写后半部，好在十月号接上。沈先生给逼得没法，只好答应，自己起了个笔名“矛盾”。父亲说没有人姓矛的，给加了个草头。这个故事谁都知道。一九五七年，沈先生给新版的《蚀》写后记，对他当年为什么取名“矛盾”，作了三百来字的一段说明，最后的结论是：“大概是带点讽刺别人也嘲笑自己的文人积习吧，于是我取了‘矛盾’二字作为笔名。但后来还是带了草头出现，那是我所料不到的。”这样说来，那个尽人皆知的故事必须更正了。

《幻灭》写的是两位性格不同的女士，被卷进了革命浪潮的故事，读者的欢迎可想而知。有人说作者肯定是个老手，却猜不出“茅盾”到底是谁。徐志摩先生向我父亲探询说：“这一篇是你写的吧?”我父亲答了一句：“我哪里写得出来。”他心照不宣，不再问了。沈先生写完《幻灭》，正打算写下一篇《动摇》。我父亲跟他商量说：“《小说月报》缺少有分量的评论。你先前专写评论，是不是换个花样，先写篇作家专论。”沈先生考虑了一会儿就答应了。我父亲第二天上班，请调孚先生收集了近两年的文学报刊，晚间送了过去。沈先生先写了《王鲁彦论》；听建人先生说，鲁迅先生不打算在香港久住，就要到上海，他又赶写了一篇《鲁迅论》表示欢迎。我父亲当然接受了这个好建议，调了个次序，把《鲁迅论》刊在十月号的《小说月报》上。

沈先生一直躲在楼上写文章，从没见过他下楼来。父亲差不多天天晚上过去的，给沈先生送去书籍报刊和信件，偶尔谈到深夜才回来。难得有别的客人，总之我没见过。陈望道先生劝沈先生去日本，说老躲在楼上不是个事。那时去日本不必办签证，只要买船票就成。日元的兑换率又较低。小日本这样做，主要为了便于走私和窃取情报，并无优待观光的意思。因而去日本留学的青年特多，“四·一二”事变后又添上了许多“亡命者”。第二年七月初的一个晚上，我父亲母亲陪德沚阿姨，送沈先生上船。沈先生在上海十个来月，帮我父亲解决了不少编《小说月报》的大问题，临行前又答应有什么作品都寄给我父亲处理，包括稿费的领取和支配，简直成了个经纪人；又托我母亲多多关照老太太。

去年七月出版的《创作号》，渐渐显示出功效了，老作者又有几位寄作品来了，初次投稿的尤其多。生活在那个不寻常的时代里，憋在肚子里要写的东西实在多，在白色恐怖的重压下，大家未免要估摸一下分寸，看看别个是怎么写的。在这一年半中，我父亲总共代振铎先生编了十八期《小说月报》。丁玲阿姨回忆说：要是我父亲不发表她的第一篇小说《梦珂》，她今生走的可能是另一条路。我想："可能"并非"必然"。如果《梦珂》退回去了，她就此打消了创作的念头，当然得走另一条路了。这不符合她的性格。她或者把《梦珂》投到别家，或者锲而不舍，努力把《莎菲女士的日记》写得更好，结果还得走创作的道路。巴金先生也回忆说，我父亲是他第一编辑，这是实话实说，当然也怀着虔诚感激的心情。一九八二年年底，我父亲在《记我编〈小说月报〉》中说："他们(不只指这两位) 的名字能在读者的心里生根，由于他们开始就认真，以后不懈地努力，怎么能归功于我呢？我只是仔细阅读来稿，站在读者的立场上或取或舍而已。如果稿子可取，又感到有些可以弥补的不足之处，就坦率地提出来跟作者商量。这些是所有的编辑员都能做到的。"

二十二

"写这不寻常的时代里的生活"，这句话是建议，给作者提个醒而已；一个文艺刊物的主编，怎么能随便发号召呢？既然是建议，提出的人如果自己能动动笔，也该身体力行，不能光催促别个，坐等收成。九月六日，我父亲写了一首新诗《忆》，刊在《一般》上。诗分作九段，头三段写迎接"我们的"北伐军的欣喜："经年的相思头一回见，掩着眼泪儿出神地看。"接着三段写北伐军的军纪和军旗，可是奇怪，对群众的深情慰问，他们冷冰冰地不作反应。最后三段说到当时刊登在日报上的蒋介石的照片，"一匹白马驮着个小胡子，他清秀地向观众露着笑脸。……人间的奇迹分明现在眼前。"才过了半年，面对着一桩桩残酷的杀戮，那小胡子还在回头微笑哩。当时大约为了要蒙混过关，这首《忆》，我父亲写得很晦涩，还说了些反话。为了便利读者，我揣摩父亲那时的心情，作了些翻译，大概不至于译错吧。

十月四日，我父亲写了短篇《夜》，刊在《小说月报》十月号上。解放以后，这篇小说才被编进语文课本。于是有教员写信来问我父亲：两位青年烈士姓甚名谁，学生们都想知道。父亲回信总是说：当年有一对夫妇被捕了，男的姓陈，女的姓梁，后来又听说被枪毙了。他受到触发，写了这篇《夜》。跟大多数小说一个样，人物和情节也是虚构的。老师教学生读小说，主要让他们理会作者的文字，揣摩小说中各个人物在当时的心理活动；尤其在语文课上，应想方设法让学生们学会看小说的技能，进一步学会观察社会现象的本领。作者在小说中没有提到的，用不着让学生花工夫去求索。我父亲这样回答，可算得至矣尽矣。陈梁二位是雁冰先生在党内的助手，我父亲见过，他们的家庭情况，如有无老母有无儿子，却一点也不知道。小说中的人物和情节虽属虚构，却都取之于真实："四·一二"白色恐怖，多少有为青年被杀戮，多少幸福家庭遭破坏。一字不识的老太太，在极度的悲哀中，忽地理解烈士在遗书中写的对死"无所恨"，懂得了"善视大男"的意义有多深广。该引导学生们仔细体会的，主要在这些地方。

还在《夜》发表之前两个月，国民党召开二届五中全会，提出取消青年运动，解散学生组织。刊登在报纸上的提案和决议连篇累牍，无不强词夺理，申说他们如今屠杀青年学生有理有权。归纳起来无非说：青年学生更事不多，较易激动，懂得什么国家大事，天生是最便于被人利用的工具。先前举国大半在军阀手中，国民党为了积聚革命力量，不得不利用学生运动，虽然使青年暂时牺牲学业，从政治上来考虑尚属值得。如今国民革命已经成功，国民党已经坐定天下，青年应该赶快回到课堂去埋头念书，免得使学业再受损失。如果还要组织学生会，反对校长，反对教师，实质上宣传共产主义，理应立即取缔……看看那些国民党内的元老，为了替蒋介石杜撰杀人的理论，让先前为宣传打倒军阀而牺牲的烈士都陪上了。烈士们已经牺牲，没法申辩，只得由他们去胡说。如果真个精神不死呢？烈士们知道国民党中央正为杀戮青年制造舆论，那些冠冕堂皇的党国元老，居心竟如此之龌龊，他们将会怎样想呢？怎样做呢？我父亲揣摩又揣摩，在十二月初写了篇童话形式的小说《冥世别》；《大江》月刊要去了，发表在第二年一月的创刊号上。谁想读，请记住那五个鬼雄是被军阀杀头的，枪毙的，并非牺牲于"四·一二"事变之后。"一二·九"

运动中，父亲给我拨正了时间，我才看懂了这篇《冥世别》。

差不多跟《冥世别》同时写成的《两法师》，这篇散文自“走上功德林的扶梯”起，几乎全部记实，很像纪录片，至多在拍摄的角度和镜头的剪裁方面稍稍下了些功夫。对开头的六百字，我再作些说明。“功德林”是爿素菜馆。《太平洋报》是一九一二年出版的，每期有一张石印的艺术副刊；书画当然是影印的，所有的诗文也由李叔同先生亲手誊写后影印。我父亲特别喜欢他的字，有好几个月，每天写日记也效学他的笔意。虎跑寺当时分前后两院：前院供着济公活佛，香火很盛。后院却很清静，是他出家的地方，如今好像合而为一了。丰先生在文革前发起造在寺旁的弘一法师纪念塔还在。西泠印社“印藏”里的印章已取了出来，陈列在某展览馆里。席上的日本居士是内山完造先生。该注的地方，就我知道的都注上了。还有个“过午不食”，过了中午十二点就不吃东西，捱过夜，明天再进食。弘一法师换上大袖僧衣，屈膝拜伏，是执弟子礼。在佛门中，他的辈分比印光法师低。

夏丏尊先生给《子恺漫画》写的那篇序，很有点特别。开头一段说：“新近因了某种因缘，和方外友弘一和尚聚居了好几日。和尚未出家时，曾是国内艺术界的先辈，披鬀以后，专心念佛，见人也但劝念佛，不消说，艺术上的话是不谈起了的。可是我在这几日的观察中，却深深地受了艺术的刺激。”接下去就说几日来受到的刺激，时间长达几日，行文自然比我父亲的那篇更加简洁。举了不足十条例子，夏先生说：“在他，世间竟没有不好的东西。一切都好……甚么都有味，甚么都了不得。”“这是何等风光啊！宗教上的话且不说，琐屑的日常生活到此境界，不是所谓生活的艺术化了吗？……对于一切事物，不为因袭的成见所缚，都还他一个本来面目，如实观照领略，这才是真解脱，真享乐。”

夏先生说：“艺术的生活，原是关照享乐的生活。在这一点上，艺术和宗教实有同一的归趋。……真的艺术，不限在诗里，也不限在画里，到处都有，随时可得。能把他捕捉了用文字表现的是诗人，用形及色彩表现的是画家。不会做诗，不会作画，也不要紧，只要对于日常生活有观照玩味的能力……否则虽自号为诗人画家，仍是俗物。”夏先生为阐述生活的艺术见解，兜了个大圈子，才提到丰先生的《子恺漫画》，指出“其中含有两种性质：一是写古诗词名句的，一是写日常生活断片的。古诗词名句原是古人观照的结果，子恺不过再来用画表出一次，至于写日常生活的断片的部分，全是子恺自己观照的表现。前者是翻译，后者是创作了。”又说不能不羡于子恺对于生活有这样咀嚼玩味的能力。直到结尾，夏先生才交代：“子恺为和尚未出家时的弟子，我序子恺画集，恰因当前所感，并述及了和尚的近事。这是甚么不可思议的缘啊！南无阿弥陀佛！”

给《两法师》作的注，数这一条最长。我父亲正是读了夏先生这篇序中，朴质简要描述了弘一法师对待日常生活琐事的艺术态度，才“怀着似乎不曾有过的洁净的心情”，去会见弘一法师的。夏先生阐述生活与艺术的关系一段，我父亲完全信服，我摘录的时候仿佛又听到两位老人家把酒絮谈。至于《子恺漫画》的成书，我父亲也参与其事，所有的画幅，都是他和振铎先生愈之先生去子恺先生家里挑来的。夏先生把这些画幅分成翻译和创作两部分，这个比喻真是再恰当不过了。

夏丏尊先生那时好像在白马湖平屋重译《爱的教育》，听弘一法师到上海了，赶来相会；法师去厦门了，他也回白马湖了。雪村先生说他胆小，是真的；可是他用不着躲，国民党能把他怎么样呢？《大江》创刊号上有块小补白：“夏丏尊自撰一联，贴在门上，叫‘青山绕户，白眼当门’。何其‘狂’也！”看来倒有点像真的。一则，夏先生习惯撰小对联自嘲，如弃教授之职回白马湖时，曾作“宁愿早死，莫作先生”。二则，平屋绕屋皆山，本地风光；下联说不论谁来，他都白眼相对，未免过了头。阮籍能为青白眼：见凡俗之士，以白眼对之；嵇康赍酒挟琴造访，籍大悦，乃对以青眼。这点儿分寸，夏先生自然会掌握的。

一九二八年新年，平屋突然热闹起来，从上海来了一群人客：章雪村、周予同、钱君匋、贺昌群四位先生，加上我父亲。丏尊先生大悦，都以青眼相对，口称“难得”。还没坐定，丏尊先生把住在隔壁的胡愈之先生请了过来。七个人又出了院子，站在大门口拍了张照片。大门开着，好像没有贴对联，或许才撕去。望了一会儿雾蒙蒙的冬日的白马湖，大嫂嫂秋云姑娘在里边喊了：“各位先生先吃起酒来。”一桌丰盛的乡村筵席已经摆得了：带血的白斩阉鸡、鸡杂豆腐羹、鲞冻肉、清炖小蹄膀、清水煮河虾、新腌的芥菜心、豆腐干丝冬笋丝小炒、新霉干菜豆瓣汤、辣茄酱、霉千张，总得凑满十碗吧。夏先生自己先喊起来，“下饭嘎多，下饭嘎多”，右手按在酒壶盖上，叫大家坐下来。等大家酒才半醺，夏先生又按住酒壶说："大家用饭吧，酒有的是，留在晚上再吃。"三天以来顿顿如此。

上海朋友冒寒来到白马湖，主要为三件事。一是知道胡愈之先生去法国的旅费，以及生活工作学习都已经安排妥帖，在上海饯行熟人多，有点儿招摇，不如主就客便，悄悄地赶一趟白马湖。二是商量开明的前途。妇女问题丛书是搞不出什么新名堂了；翻译东欧的少数民族作品搞得很起劲，装帧也很讲究；还有五线谱的歌本，也受到好评；可是单靠这些零打碎敲的买卖，支撑不住一爿书店。老朋友们大多自学出身，又大多当过教员，知道当时学校症结之所在，一边慢慢吃起来，一边慢慢谈起来，渐渐地归结到一个中心：为什么不把开明就当作学校来办？读者群众本来以青年为最多，他们大部分失学，就是能进学校的一小部分，有谁来真个关心他们的成长呢？让他们来作开明的学生——书店的主要读者吧：让他们有自己能读得懂并能引发思考的新课本；为了排挤掉那些既无益又无聊的闲书，还得有门类众多又趣味盎然的读物供他们选择。三是应该给他们特地编一种刊物，就叫《中学生》吧。除了帮助他们联系实际学习各门课程，更得跟紧时代的步伐，给他们介绍各种新知识，跟他们讨论切身相关的新问题。大家说最理想的是请夏丏尊先生当开明的总编辑，兼《中学生》杂志社社长。夏先生似乎没有立刻答应，说到春暖以后去上海聆聆市面再说。

五位上海客人任务完成了，过曹娥江，雇了条乌篷船顺便游了兰亭和大禹陵两处古迹。也许有读者会问："你那时又未去白马湖，怎么说的跟真的似的？"我的确是姑妄言之。我非常熟悉夏家的筵席，这儿开的菜单就是冬日的。对岳父夏先生的语言举止，我知道得比较真切。而他们作什么重要决定，往往在喝酒聊天的时候，并经常有开明以外的朋友参加，如愈之先生。知道我是姑妄言之，就请各位姑妄听之吧。

二十三

一九二八年一月，愈之先生动身去欧洲，是悄悄地离开上海的。十月，振铎先生从欧洲回来，巧得很，乘的仍是 Athos Ⅱ 邮轮。为了让他稍事休整，我父亲在十一月编完了第十二期，才把《小说月报》交还给他。第二年一月的特大号，就是振铎先生主编的了。我父亲仍调回国文部，继续编《学生国学丛书》。好在“国学”博大精深，可以不要不紧地永远编下去；有空闲的人手，尽可以在国文部存放。其实我父亲并不空闲，李石岑、周予同两位先生约他写的长篇《倪焕之》已经上手了。《倪焕之》在《教育杂志》按月连载。《教育杂志》是商务的刊物，我父亲为《教育杂志》写稿只能算“业余”，不能占用上班的时间，只好天天赶夜工，只好把《文学周报》暂时推给朋友们了。

才开始写《倪焕之》的日子，父亲总算有了间书房。实在应该称作写作室的，那个年代还不时兴“写作室”这个说法。父亲也决不肯用这样带点儿自我标榜的名称，却请我的长胡子公公——计硕民老先生题了条横披，“未厌居”三个字。一九二八年初冬，把三楼亭子间粉刷一新，装上了一个皮球一般圆的蛋白罩挂灯，另外装了两个插头，接小台灯用的。一盏放在书桌上，另一盏放在书桌对面西窗下的茶几上，茶几两旁是我父亲自己设计的一对木制的沙发，厚厚的垫子是母亲自己缝的。书桌是中心，否则也不成其为书房了。书桌一头靠在北窗下，背后一张转椅，还有左边两具小书架，再往南就是门，南墙下是一张条凳。“未厌居”横幅横在两个小书架上方。西墙左边挂的是弘一法师新写的一副对联：“寒岩枯木原无想，野馆梅华别有春。”上下款都是长行小字，记得是“岁次大辰……结庐双髻山麓”，“……晚晴沙门月臂书”。“大辰”指一九二八年，夏先生为供奉法师，邀集朋友在白马湖修筑的晚晴山房，正是那一年落成的。上款上方有颗长方小印，刻着个佛坐在莲花上，下款底下有阳文阴文小印各一枚，一枚是“弘一”，另一枚记不得了。北墙窗西挂着一幅绢本的《天女散花图》，是同学吴湖帆先生在中学时代送给我父亲的，已满幅烟云，看不大清楚了。五年前有人特地写信来问：“未厌居”在哪里？我回答说，在当时的横浜东路景云里十一号三楼亭子间。书房太小，也没有什么藏书，我父亲似乎从未在这里读书，接待过客人。

问题倒在于我父亲怎么突然间想出了这“未厌”两个字来？好像还喜欢上了这两个字。答案在他的短篇小说集《未厌集》前头，在他写的一段很短的前言中。他说：“厌，厌足也。作小说虽不定是什么甚胜甚盛的事，也总得像个样儿。自家一篇一篇的作，作罢重复看过，往往不像个样儿。因此未能厌足。愿意以后多多修炼，万一有使自家尝味到厌足的喜悦的时候吧。又，厌，厌憎也。有人说我是厌世家，自家检察，似乎尚未厌世。不欲去自杀，这个世如何能厌？自家是作如是想的。几篇小说集拢来付刊，就用‘未厌’二字题之。”我父亲这则前言，显然是为了答复那位说他厌世的先生写的。好似意思集中在后段，其实前段的分量也不轻。把别人不懈努力的工作一笔抹杀，真个是四川人说的“说得轻巧，吃根灯草”；自己轻飘飘地，不知站到了哪个立场上去了！我看这本《未厌集》，就是为了答复这位先生而编的。因为篇数不够，本儿太薄，父亲还挤出时间加写了一篇，暴露土豪劣绅篡窃革命政权的《某城纪事》。

忽然想起，父亲被称为“厌世家”的同时，还有个“灰色作家”的称号。后来我长大了些儿才知道，雁冰先生在某个场合谈起我父亲的短篇，说写灰色的人物较多。雁冰先生没有说错。世界上到处是灰色人物，哪能不让他们闯进我父亲的作品呢？我父亲曾经说过，他教过几年书，对教育界的事情比较熟，看不顺眼的，就提起笔刺他几句。如今又活了几年，眼界宽了些儿，不顺眼的事也多了，带进作品的灰色人物自然更多了。原来那几位先生是不学几何的，推理的方法有点儿特别：写灰色必然是歌颂灰色，歌颂灰色一定是思想灰色，所以写灰色人物的必定是灰色作家无疑。倒也言之有理，只是不清楚他们持的什么故。

书桌是搬进亭子间去了，父亲晚上独自一个坐在那儿又觉得太冷清，非要我母亲带我们孩子去坐在边上，又不许出声。老实说，看着父亲抿嘴定睛深思，我也不敢作声。渐渐地，天冷下来了。父亲买了个日本式的小火缸回来，小钳小铲小水壶小三角架都是全的，亭子间里夜晚有这点儿火就暖和多了。父亲还没喝完酒，母亲就上去生了火，把水壶炖上了。等父亲吃完饭上去，水已经开了，正好沏上一杯茶，坐下来开始工作。母亲要把弟弟拍着了，用热水袋焐暖的棉被盖好，才带我和妹妹轻轻地去亭子间。她坐在父亲对面的沙发上打永远打不完的毛线。我就爬在火缸边上玩火，用小铲把灰抹平，又用小钳在灰上钻几个圆孔，让手指般的火焰从小孔里窜出来，没着没落地好像要钩住什么似的。妹妹的脸庞被烤得绯红了。忽地“嗤——”水开了，母亲站起身来，提壶给父亲的杯子里续上水。“檀香橄榄唻，卖橄榄！”一声悠长凄厉的叫卖划破了夜空。北窗外漆黑的，闪着几颗寒星，父亲写到哪儿了呢？他默不作声，也许正在回忆用直镇上灯会的情景吧。

《倪焕之》是从一九二七年十一月中旬开始写的，离小说结尾的情节才七个月，以构思来说，是簇新的。读者在第二年的《教育杂志》上，开始读那吴淞江的夜色，哪里会想到结尾竟是倪焕之的灵堂。在十二月号上读毕最后的三十章，再回头想：这一年一年，不就是这么过来的么？一九二九年九月底边，《倪焕之》单行本出版，前头有雁冰先生的《读〈倪焕之〉》(摘要)；丏尊先生的《关于〈倪焕之〉》，还有我父亲的《作者自记》。"自记"末尾第二段说："……第二十二章的上半，是采用了一位敬爱的朋友的文字。"二十二章上半，是根据《在五月三十一日急雨中》重写的，怎么会是朋友的文字呢？我老疑疑惑惑的。这一回仔细查对了一遍，总算发现重写的部分才完，紧接着写群众涌进神庙（当时叫天妃宫）逼迫商会宣布罢市那一节，确实采用了朋友的文字。父亲那位"敬爱的朋友"，原来就是雁冰先生，他是"身历这大事件"的。

"自记"又说明，雁冰先生的《读〈倪焕之〉》原刊在《文学周报》上，"陈说范围很广，差不多就是国内文坛概观。"现在作为单行本的序，删节了跟《倪焕之》无直接关系的部分，当然征得了雁冰先生的同意。以这样的分野取舍，我父亲没有删去赞语"'扛鼎'似的工作"，和"有意识地还做下去"的鼓励。《倪焕之》确实写得很费劲，也只是试一试罢了。在以后的日子里，我父亲短篇也写得不多，似乎未曾有过写长篇的构想。"五·卅"运动以后的那几年，我父亲把一切革新希望都寄托给了大革命，光明不仅在望，已经伸手可以触摸到。忽地天翻地覆，什么都落进了漆黑的无底深渊。长歌当哭，要不，写个长篇来试一试。我父亲有这么个脾气，什么都想试一试。连护士种牛痘也要试一试。有一回买来了牛痘苗和酒精药棉，左手抓住了我妹妹的小胳膊就要试。妹妹看他右手握着水果刀，一边躲闪一边哭。我父亲生气了，卷起自己左胳膊的袖子，拿水果刀在胳膊上划了个加号，把一支细玻璃管里的牛痘苗全吹在渗血的加号上。两三天后起了个大脓泡，父亲说牛痘苗用得太多，我说他忘了搽酒精。顾颉刚先生给《隔膜》写序，说我父亲自幼就什么都想试一试。我想他写《倪焕之》的时候，只想把自己那十年的思想感情如实地表达出来，压根儿没想到在哪儿露一手，排上个名次。

夏丏尊先生是位讲究文艺鉴赏的国文教员。他比我父亲长八岁，是我父亲内心折服的老师。《倪焕之》在连载的时候，他就像对待学生的习作一样，逐期提出修改意见；单行本的出版，也是受了他的鼓励。夏先生是怎样提意见的呢？他在《关于〈倪焕之〉》中又提了四条意见，褒和贬各两条，可以略见一二。"被褥新浆洗，带着太阳光的甘味"，记得我上中学时闻到过这种甘味，也因此想到了母亲。体物如此深细，是该打圈。至于倪焕之和王乐山在小酒店里相对执壶细谈一段，我读着曾引起过类似的想望，却从未体验过，原因是朋友们都忙。这是褒的两条。至于贬的两条：一条是"酒颂"，意思和行文都平常，可删去；一条是综述思想界大势的第二十章，文气既盛且顺。没有这一章，从前头一章没法过渡到后头一章。毛病在于行文的风格跟前头和后头都不连贯，要改是非常困难的，我猜想父亲也没作过尝试。如果改动了，夏先生在序文中的那条批评就没有了着落；那条批评所表现的敏锐的目光和耿直的脾气也随着泡了汤。父亲是不愿意这样做的，我想。

新中国成立后，《倪焕之》归人民文学出版社印行。版子换过十多次，变动最多的时候成章成章地删，我父亲全都同意，只怪当初自己多事。如今不一定买得到的最新版本是全裸型的，三十章本文倒是全的，前言后记一律剥光；说是对老作家的作品都这么办，我不便开口要求破例。一九七八年四月，我父亲为重印《倪焕之》写的最后一篇后记中的最后两句话大概没错。他说："现代的青年人决不会重复倪焕之那样的遭遇和苦恼。祝愿青年们万分珍惜自己的幸福，抛弃一切因袭，在解放全人类的大道上勇猛精进。"

二十四

一九三〇年七月，朱自清先生写了篇《我所见的叶圣陶》。文如其题，像录像带经过精选，辑成了我父亲和他相识十年以来一部简要的纪录，包括语言、动作、神态，以及内在的，他对我父亲的心理活动的揣摩。文章中没谈到作品。在末了一段，朱先生申明说："这个我要留在另一文中说。"这"另一文"就是《叶圣陶的短篇小说》，写作的日期好像是紧接着的，也不很长。朱先生为什么不合成一篇，定要分作两回写呢？这个问题容易回答：怀旧归怀旧，论文归论文，条理自然比较清晰。再仔细一想，我还是没理解透：前头的一篇与其说是怀旧，倒不如说是述旧。朱先生用前头所述的每一件旧事替我父亲辩护："圣陶是不会厌世的，我知道。"铁铮铮的语音，出诸对友情的坚信不渝。

可是朱先生在清华教书已经三年半了，不是么，连我父亲有了间书房，他还不知道哩。在辩护作结语之前，得把这一头先堵住。因而朱先生说："圣陶这几年里似乎到十字街头走过一趟，但现在怎样呢？我却不甚了然。""不甚了然"如何辩护呢？这倒用不着担心，登在报屁股上的流言实在太乏，说我父亲："近来不太能喝酒了，却学会了吹笛"，"他本来喜欢看看电影，现在又喜欢听听昆曲了"；诸如此类，跟"厌世"都不搭界。朱先生宣布了流言全部不能成立，斩钉截铁地说"圣陶是不会厌世的，我知道。"还加上一句："他虽会喝酒，加上吹笛，却不曾抽什么'上等纸烟'，也不曾住过什么'小小别墅'，如或人所想的，这个我也知道。"

上等香烟，小小别墅，本来用不着理睬的。朱先生就是这么一位热性子人，容不得那些隐姓埋名的"或人"朝他朋友身上泼脏水。这些年来，我们家的生活是比过去好一些，商务逐年加薪，我父亲又有稿费收入。一九二八年吃桂花栗子汤的时节，如今才悟到父亲母亲是为的结婚十二年纪念，带着全家老小六口去杭州作七日游，没住某庄某寺，在环湖旅社开了两间客房，也算得上豪举了。结果旅囊金尽，只得提前一日回上海。香烟还抽不上档次的联珠牌，因为我们孩子要积攒联珠牌香烟的画片，而且朋友之中，也很少抽"有关皆备，无丽不臻"的美丽牌的。父亲喜欢看电影，还经常带着我，买的虽是普通票，可比一般看客奢侈。那时电影院里都有托着盘子的 boy，专卖西式糖果和冷饮。每场电影演到一大半突然中断，银幕上闪过"休息五分钟"五个大字，立刻电灯通明。父亲就向 boy 一招手，美女牌纸杯冰淇淋各人一份，每份银元两角，那是必不可少的。

最早的有声片是用唱片配音的。一部片子，往往只在主角奏乐或唱歌的时候才有声。那时爵士音乐才为美国听众接受，于是出现了一位爵士歌王，好像叫乔治亚森，还拍了部带声的片子，叫《My Sunny Boy》。片子不久就到了上海。父亲要跟我们孩子一同看个新鲜，特地赶到福生路百星大戏院。乔治亚森本是白人，在电影里演一位白人歌星，可是在登台演唱的时候必须化装成黑人，脸漆黑锃亮，厚厚的嘴唇，因为爵士本是黑人的群众歌曲。他有个漂亮的太太，有个活泼的儿子。太太可能是个民族主义者吧，听了他的爵士越来越厌憎，尤其是那张黑脸，结果带着儿子跟情夫跑了。银幕上出现了一辆越开越快的敞篷小轿车，孩子爬在敞篷上，向车后挥着手使劲喊，虽然没有声，可是谁都知道他在喊爸爸。他爸爸在后头拼命追敞篷汽车，声嘶力竭，摔倒在马路边上。忽然有个童声出来配音了，哭得声嘶力竭。场子里嘘声四起，忽地灯光雪亮，“休息五分钟”只好提前，原来哭的是我妹妹。在众目睽睽之下，我父亲窘极了，连忙买了杯冰淇淋塞在我妹妹手里。妹妹一边抽搭一边吃，眼皮子渐渐在打架了。等到电灯熄灭继续往下演，她已经睡着了。后边的大半部，她全没看到；更可惜的是没听见那位演爸爸的爵士歌王，在他日夜想念的宝贝儿子夭折之后，唱的那曲我至今声犹在耳的《My Sunny Boy》。

至于昆曲，吹笛拍曲子，可不能小看，真喜欢上了，花销也不赀。出色的名票，唱着唱着，下海了，去京剧班子拿份子去了，还屡见不鲜。我们家喜欢昆曲的还不少。父亲在草桥就学会了吹笛，有两支曲笛。我也什么都要试试，先吹会了“小工调”，相当西乐的C调，《苏武牧羊》这样的长曲子也会吹了；昆曲，只会了《思凡》的引子：“昔日有个目莲僧……”才五句。母亲当年正帮开明校点《六十种曲》，六十部昆曲剧本，不标明工尺。商务正好出了部工楷誊录的影印本《集成曲谱》，父亲买了一部回来。母亲的二姑母铮子公公退休了，常带着吴阿姨在我们家住，母女俩也喜欢昆曲。公公还买了部扫叶山房的小字石印本《缀白裘》给我。人们都说昆曲词句难懂，看了才知道并不尽然。如《单刀会》，关公上场来唱的一段：“大江东去浪千叠，趁西风，驾着这小舟一叶。才离了九重龙凤阙，早来探千丈虎狼穴。大丈夫心烈，大丈夫心烈，觑着那单刀会，赛春社。”当时我只一个“觑”字不认得，“赛春社”三个字都认得，可不知道是什么意思。

父亲有一天在报纸上看到广告，说昆曲名生俞振飞新灌的唱片《长生殿·小宴》已上市，跟我母亲商量说：“去买台唱机吧，就可以在家里听俞振飞了。”母亲说：“好，要买就买一台贵点儿的。听昆曲就听个咬字清楚，唱机蹩脚，唱片再好也没有用。”父亲母亲就带我一同去先施公司，上了三楼到唱机部，我抢先说："买一台最贵的唱机!"站柜台的伙计脸上笑开了花，带我们去看四方形立柜式的一台；说芯子是德国进口的，外壳用的是菲律宾柚木；声音呒没话头，可以试试。他摇着手柄上了发条，就试俞振飞的那张新片子，开头笑着唤杨贵妃一句："吓，啊哟哟哟，妃子!"接着唱"不劳恁……"真个金声玉振，好像人就藏在柜子里似的。父亲说："就是它吧。多少钱?"我一听说一百八，心不由得一跳。父亲又叫他把所有的昆曲唱片各挑一张包上，一共不到二十张，又是三十好几。父亲付了款，在送货单上填上了地址。母亲还吩咐一句："不要碰坏了漆。"原来唱机已经是我们家的了。我们回到家里不久，唱机就送到了，送货的小心地帮我父亲搬进屋里。我把祖母扶了出来，把铮子公公和吴阿姨都请下楼来，全家人一起听俞振飞唱"不劳恁……"亏得没让那些"或人"听见，报屁股上没见出现这段"鲜为人知"的流言。

我母亲在这些年里学会了做菜。菜谁不会做呢，连我都会炒个鸡蛋；祖母做的我小时候喜欢吃的菜，都是在抗战中失传的。我说母亲学做的是菜馆里的全席：四冷盘四热炒四大菜，加上甜咸点心各一道，最后一品锅压阵；有两道还别出心裁，如红烧鲨鱼唇，奶油烩油菜心。会做了菜总得露一手，父亲说就请新认识的胡也频丁玲两位吧，别个一位也不请，免得张扬。到了约定的日子，两位客人按时到了。丁阿姨穿的湖色连衣裙，那时候是有点儿显眼，露着胳膊和小腿，更显得胖了。两个站在一起，胡叔叔瘦了些，他穿的细条子灰色西装。两位给我们孩子带来了礼物，两件很讲究的玩具，这又是西式规矩。母亲打过招呼，下厨房掌勺去了。陪客人用餐的，就我父亲跟我和至美两个。菜显然太多，客人没用多少，都称赞做得好。父亲听了自然高兴。一九七九年五月廿六下午，相别二十余年的丁玲阿姨突然来探望我父亲，恳谈了半日。我父亲填了支《六幺令》，近末尾的"景云投辖"，就指的是这一回邀宴。接下去以"当时儿女，今亦盈颠见华发"作结。可见父亲隔了半个世纪，仍相信丁阿姨一定不会忘记，当年在景云里见过的两个孩子。

二十五

在长长的一生中，父亲编过多少书，没有统计过，其中最别致的一本，得数《十三经索引》。在《自序》中，他说明这是本工具书，主要为编辑工作者编的；选题出于自己的工作经验：偶尔遇见一句引文找不到出处，往往会急得满头大汗，只想有这样一本索引，凡是出在《十三经》中的引文，一查就可以知道在哪一部书的哪一篇上，前文是什么，后文是什么。最好是所有的常用典籍都有索引，先编《十三经》的，因为它是儒家经典的总集，编辑有关所谓“国学”的书籍，碰到的机遇最高。如此而已，岂有他哉。

一九二九年秋天，弟弟三足岁了，主意已经挺大，常跟着他姐姐去邻居家找小朋友玩儿，不用母亲老照看。母亲空了下来，想找点儿事做，父亲就把编《十三经索引》的想法跟她说了。工作量是很大的，只要有耐心肯做，没有什么难处。有几道工序完全是机械的，连不识字的祖母也能做。母亲请来了她的铮子姑母，和我们的吴阿姨吴天然，王阿姨王濬华。(王阿姨是伯祥先生的长女，因为是长胡子公公的寄名女儿，也成了我们母亲的表妹。) 父亲带领的就是这样一个编辑班子，用的主要是剪刀糨糊。某先生见了说是“家庭手工业”，一点儿不错。

我那时已十一岁半，《十三经索引》的成书过程全看在眼里，到如今还没忘记。父亲先是编定《编目简称》。如“《毛诗》国风周南《关雎》”，简称“诗南关”三个字；“《孟子》梁惠王上”简称“孟梁上”三个字。父亲买来了一部版本较好的《十三经》，线装竹簾纸本，先断句，这是他的工作。以后的工作，别人都可以做了，就是剪成条，一句一条，转行的得用糨糊接上。剪完一篇，和简称的印章一起，用旧报纸包成一包，用墨笔大字标明简称。下一步是把剪成的纸条贴在卡片上，用红印泥在纸条下面盖上简称的章。卡片上有个圆孔，都穿在一根细麻线上，最后穿上写在旧报纸上的简称，麻线两头挽在一起打个结，就再也跑不掉了。再下一步，是给各条的头一个字批上四角号码，依号码的从小到大，把所有的字条顺一遍，头一个字相同的字条，也就归在一起了；再重新按头一个字笔画从少到多，把所有的字条排列成序。就用四角号码不是挺好的吗？干吗要拐这个弯呢？父亲在《自序》中说，怕会用四角号码的人不多，所以仍依笔画为序；其实不是这么回事。我听说在编《十三经索引》的当时，四角号码还是商务的专利，别家的出版物没得商务的许可，用四角号码来检字，是要打官司的。中华出《辞海》因而另外设计了一套检字法。《十三经索引》当时还没有主，看样子，父亲不愿意交给商务。

在工作中运用四角号码，商务是管不着的。那时除了祖母，包括我在内，眼睛一扫，四个数码就出来了。祖母只能贴纸条盖印章。我常伴着她，竟没见着有贴倒的和印章模糊的。第二年暑假，我经常给祖母扇背，只能轻轻地拂，怕微风吹过了肩头，把桌上的纸条吹飞了。所花的工本费省得不能再省。印章是从排字房借来的铅字，母亲按简称一一检好，用细洋线扎得一动也不能动。卡片是从装订作论斤买来的封面切边，宽窄不论，请他们切成三寸来长就成。糨糊的消费量特大。上海有家糨糊公司，专给写字间服务的，每张桌子一个星期换一瓶，收回来的剩糨糊三钱勿值俩，等于白送。唯一的机械设置是一台打孔机，归我保管使用，给卡片打孔。

字条的次序排定了，还得挨次贴在裁成长条的旧报纸上，全张的报纸摊开了横向裁成四长条。最后的一道工序又得父亲自己动手了，把贴满卡片的长条报纸装订成册，有一百来册吧；于是从头至尾，逐页逐条看一遍。字条相同的，只留第一条；其余的用墨笔涂去字条，留下后边的篇目简称；如果简称中的第一字也相同，只留下最先见的一条，后面各条的简称第一字也涂去。说起来啰嗦，其实也很机械；就是得聚精会神，一点马虎不得。父亲从杂货铺买来一口厚木板箱，原先是装成条的香烟用的，和我抬到了三层楼去晒台的楼梯底下；然后把父亲编的一百多本稿子，分批搬上三楼砌进木箱，盖上了木盖。正碰上国家多难的一九三一年，长江闹大洪水，东北闹“九·一八”。父亲好像把《十三经索引》出版的事全忘记了。

一九三二年“一·二八”之役，我们一家老小仓促避入租界，除了替换衣服，什么都没带。停战后回景云里一看，可能一颗小型炮弹正落在我们家天井里，从一层到三层，前窗都掀去了，房屋的前半一片狼藉可以想见，我就不多说了。楼梯还在，危危乎的。两个亭子间还在，二楼亭子间是祖母的卧室，已经过搜劫；三楼亭子间就是我父亲的书房，字画仍挂着，书籍散落在地上，好像没多大损失。我帮父亲取下墙上的字画，掸了掸干净卷了起来。这就是对“未厌居”的告别式了。走上三楼，看到了那口大木箱，才想起里边是《十三经索引》的原稿；扫去了落在木箱上的灰尘，掀起木盖的一个角，就看出稿件没人翻动过，连忙把木盖盖好。像怕它会逃跑似的，捡张破木凳压上，又撒了几捧灰土作掩护。待丧权辱国的停战协定签得了，向搬场公司雇了辆卡车，把这口木箱跟书籍，和勉强可用的家具一同运走。

那时候，父亲母亲同进开明将近一年半了，开明的几位先生听说《十三经索引》未受损失，劝我父亲就给了开明吧。开明当时只想挤进商务中华等大出版业的行列；而大出版业的发展，主要靠教科书和工具书两大项。教科书，从集稿、印制到发行，开明已经闯出了自己的路子；工具书却一部也没有，急切还搞不出名堂来。于是说妥了，排版、印刷、装帧，都交给了美成印刷厂。排版是非常麻烦的，许多古字没有现成的铅字，出现次数少的还可以手刻，次数多的得特铸铜模浇。要不是有特约关系的美成印刷厂，谁肯揽这样棘手的活？校对也挺麻烦，字条的本身，念起来往往是不成整句的话，跟在后头的篇目简称等等，简直像意义不明的咒语，除了逐个字死对，别无他法。由于这种种原因，《十三经索引》到一九三四年八月才见书：三十二开，字典纸印，扉页有弘一法师的题签，黑色皮面，书名烫金，印在书脊上，五个篆字是我父亲自己写的，形式如有边框的印玺。虽说同是工具书，销数可远远比不上人人用得着的《辞源》《辞海》；索引的要求，总不如求解来得普遍，相差很远很远。

新中国成立后，中华书局重印过两回《十三经索引》，用的开明的旧纸型；已经发现有个别错误，在纸型上作了挖补。一九八〇年，中华书局为了配合阮刻《十三经注疏》影印本的出版，又要重印《十三经索引》，可是纸型已经损坏，非重排不可了。他们可能想既然重排，何不再给读者一个方便：在每条字条后边，都注明在“注疏”影印本的哪一页哪一栏可以找到。真是个不会有人反对的好主意，他们就这么做了，对着“注疏”影印本，给“索引”的每一条加上页码和栏别。这样仔细一对，没想到推翻了读书界出于过分信任的夸张：“开明版的书连个标点也错不了。”他们发现原来的“索引”中有字条遗漏的，有断句错误的，有注文误入的，有文字讹脱的，加上校对错误，一边对，一边订正了共约一千处。在两百万字上下的一部工具书中，一千处错误可不是个小数。他们有理由在书名下加上“重订本”三个字。他们写了一篇《重订说明》，把这一回的重订工作向读者作全面的交代，包括那一千处错误的类别以及不同的改正办法。十二月四日，他们把这篇说明挂号寄给我父亲，征求他的意见。挂号信总比平信慢得多，投邮之前须作登记，很可能先耽搁了两天。我父亲是七日收到说明的打印稿的，遵嘱对文字作了三处修改，对补订工作的交代无所增损；八日复信，感激他们认真补订，仍用挂号付邮。这封信如今编在第二十四卷的末尾部分。信是一九八〇年十二月八日写的，父亲早过了八十六岁的生日，看来条理还很清楚。

如今编索引可以请电子计算机代劳，输入取出，又快又好。没别人用过的家庭手工业，我写了三天也没写清楚。却使我乘着回忆的翅膀飞了半个世纪，从一九二九年飞到了一九八〇年。让我赶快钻进科幻作家所设计的时间隧道，回到一九二九年的冬季去吧。

二十六

以一定年龄阶段的读者为主要服务对象的，开明是头一家。商务、中华、世界、大东等大出版业都是综合性的，什么书都出，由着年龄不同的读者来挑。开明可办不到，没有这么大的本钱。开明是在朋友的支持下办起来的。这群朋友对教育都有点儿兴趣和主张，大多在中学教过多年，或者还在大学任教，都比较熟悉青年学生目前的处境和要求。开明扬长避短，定下了以青年为主要读者对象的方针，又把夏丏尊先生请了出来担任总编辑。两年来，这一方针已初见成效。《开明活页文选》大受中学语文教员的欢迎。林语堂先生编写的《开明英文读本》，推倒了商务《英文模范读本》数十年的垄断，开明出版中学教本初战就登陆成功，正向纵深阵地发展。综合性的《开明青年丛书》，文学创作和译文，都能报出若干种青年们喜欢读的好书来。夏先生于是说：《中学生》杂志不能再拖了，蚀本也要出；最好赶在明年一月放寒假之前创刊。我直到后来自己当了杂志编辑，才逐渐明白过来，夏先生为什么把《中学生》看得如此之重。他要用《中学生》宣传开明的出版方针，表明开明的工作态度；团结作者，联系读者；积攒和征集书稿，推销开明的出版物。当时我父亲还是商务的职员，谈论开明的事，总在提篮桥人安里雪村先生家喝酒的时候。夏先生把家留在白马湖，一个人借住雪村先生家的前楼，一日三餐由章师母照料。

一天晚上，父亲从未厌居走下楼来，拿着篇稿子叫我马上看一遍。干吗这么急呢？打开一看，原来父亲新写了篇童话，题目是《古代英雄的石像》。八百字的大稿纸才四五页，钢笔字抄得清清楚楚，不多一会儿我就看完了。父亲问我："看懂了吗？"我说："有什么不好懂的。说石头被雕刻成石像，站在高高的台基上，看走过的人都向他鞠躬，自以为了不起，把砌成台基的小石块不放在眼里，还讽刺人。小石块们和他讲理，争吵了好几回。最后小石块说，石像你站在高头，没有意思；我们小石块垫在你下面，也没有意思。结果石像和台基一同倒了下来，砸成了一大堆碎石，分不清石像还是石块了。城里的人把碎石铺成了一条平坦的大路，走在上面都觉得很舒服。碎石在人们的脚底下说，我们的生活，如今才真正有了意思。"父亲听了我七差八落的略述，微笑着说了声"好"，拿着稿子就匆匆上楼去了；这个"好"字是夺口而出的，不是称赞我的声调。原来《古代英雄的石像》是为《中学生》创刊而写的：一个小学将要毕业的孩子能大致看懂，让中学生看，当然没有什么问题了。为《中学生》创刊，父亲还写了一篇《作自己要作的题目》，一看就知道是反对命题作文，鼓励中学生学会运用文字，来表达自己的所见所闻所感所思的。接下去又写了两篇，《"通"与"不通"》和《"好"与"不好"》，连载在《中学生》第二期、第三期上。

《中学生》杂志在抗战前不称作"月刊"，因为七月、八月休刊，一年只出十期。中国邮政自开办以来，书籍报刊的邮资特别低，可是邮局不代理发行业务。拿《中学生》来说吧，读者得直接向开明书店订阅；每一期出版后，由开明裹上牛皮纸卷成卷，贴上印有收件人地址姓名的纸条，送到邮局去一总付了邮费；邮局盖上"国内邮资已付"的印章，就往外寄递了。销数不太大的报刊，还得贴上邮票才能付邮。《中学生》的订户多数是住校的学生，免得在假期中因更改投寄地址出现差错，每年一月的第一期是倍大号，好让住校生在寒假里带回家去慢慢看；二月到五月，恢复原定篇幅；六月的又是倍大号，正好陪伴学生在家里度过长长的暑假——七、八两个月；九月，新的学年开始，《中学生》的厚薄又跟原定的一个样了，直到十二月，又是四期。刊物跟随学生一同放假，这才叫《中学生》。

社长夏丏尊先生发表在创刊号的卷头言，用苏格拉底的名言“你须知道自己”作题。他说：“就大体说，教育的等级是和财产的等级一致的，财产有富者、中产者与贫困者三个等差，教育有高等、中等、初等三个阶段。……教育的阶段宛如几面筛子，依了财产的筛孔，把青年大略筛成三等。……诸君是中学生，贫困者已于小学毕业时被第一道筛子从诸君的队里筛出了。诸君中混杂着富者与中产者的子弟，但富者究竟不多，诸君中十分之九以上都从中产家庭出来的吧。”——文章写在七十年前，说的当然是七十年前的事，到如今情况已大大改变，早对不上号了。我摘引了这三段话，只想请读者诸君看看，夏先生是怎样用巧妙的比喻，引导当时的中学生认识自己所处的经济地位的。

夏先生跟中学生读者说，中产家庭大多正在没落。说他自己做过二十几年的中学教师，在社会上还算是支撑中流的人物，可是对于自己的儿女，却无力令其受完全的中学教育。能在学校里当一名中学生的诸君还算是幸运的，但前途难免碰到种种的障碍：不能入大学，不能入高中，或者初中亦不能读到毕业。夏先生说，一般人以为在学校毕了业就可以得到一种资格，就可以靠文凭吃饭，是错误的，是承袭了封建思想的恶根性。他希望中学生读者觉悟到为培养实力而求学。当前的学校除了到期分发文凭外，能否给学生以全面的实力，他感到怀疑，希望跟读者一同探讨。他鼓励中学生读者，利用自己的青春去作将来应付新时代的预备，做一个立得住站得稳的人。——夏先生有许多话要跟中学生读者说，聊家常似的写了四千五百来字才结笔。我作的略述自知很不像样，连要点也没摘全。

让读者知道自己，其实同时让编者知道读者。《中学生》杂志一期一期往下编，按的就是夏先生发表在创刊号上的这篇卷头言所说的路数；所发表的文篇，既保持着各位作者自己的风格，又都体现了夏先生那样的，跟中学生读者平等相对的态度。沈雁冰先生在《中学生》创刊号发表了《关于高尔基》，无疑是很合适的。他还在日本，是我父亲写信去约的稿。一九三〇年四月五日，沈先生回国，他在回忆录中说那一天，“我回到上海，为了避人耳目，暂住法租界某路杨贤江家里。当天，我到景云里去看母亲德沚和孩子们”。这样说来，沈师母和我父亲都没去码头迎接。他将要回来，是不会不知道的，想来没弄清确切的轮船班次。一家人将近两年不见面了，自有许多话要说。直到晚饭过后，沈先生沈师母才一同来到隔壁，感谢我父亲母亲对老太太和孩子的照顾。沈先生的回忆录接下去说：“圣陶又陪我们到后弄堂去拜访了鲁迅。”鲁迅先生在同一天日记的末了一句是“夜，圣陶、沈余及其夫人来”，正好对上。但是有点儿小问题，沈先生把地点记错了，不是景云里的“后弄堂”，而是内山书店三楼。《鲁迅全集》所作的这一年三月十九的日记注说：“鲁迅因参加中国自由民主大同盟被国民党政府通缉，故避居内山书店楼上内山完造家。四月十九日返寓。”这条注如果没有错，四月五日夜里，鲁迅先生不在景云里十七号。沈先生和内山先生从未见过面，而我父亲，也是内山书店的常客，由他陪去当然妥当得多。

过了两个多月，沈师母看定了静安寺附近的一幢房子，把家搬走了。左隔壁的周建人先生一家搬了进去，成了我们的右邻。原来在十号，他们家只占低层和一个亭子间，实在太局促。鲁迅先生自一九二七年定居上海，先就住在景云里廿三号，向二房东转租的二层楼。住了一年，搬到十八号，是向大房东租的整幢了；没住满半年，又搬到了十七号。这三处都在我们家后门那条弄堂里，门牌号数也自东向西排列，十七号好像是第二幢。鲁迅先生最先住的廿三号二层楼，后来由柔石先生住了，快到这条弄堂的尽头了。到一九三〇年五月十二，鲁迅先生才迁出景云里，搬到北四川路底的拉摩斯公寓，那里比较隐蔽。从鲁迅先生的日记看，效果很显著，老人家迁居以后，来访的客人极少，不相干的信件也大大减少了。

二十七

一九三〇年五月，商务当局因《妇女杂志》的主编突然辞职，又从国文部抽人去暂时顶着，抽中的又是我的父亲。《妇女杂志》几年来似乎奄奄一息，非改革不可了。可是难呀，雪村先生五年前背水一战，已经成了历史陈迹；《新女性》红了一阵子，不早就停刊了吗？父亲没料到在这困难时刻，他会遇上一位志趣相投的好帮手金仲华先生。乐莫乐兮新相知，两人不声不响，从七月号起，《妇女杂志》的面貌就完全刷新了。金先生英语过得硬，他从英美报刊中，摘取世界各地妇女生活和妇女运动的新资料，作有意识的报道或评论。说的都是外国的事，或者约略点到国内，或者仅作暗示，总之免得惹麻烦。我父亲约老朋友写些小说、散文、诗歌；还用不断征文的形式，动员妇女读者自己写稿。征文题目有《我的配偶》、《女工的情况》、《小家庭生活的经验》等等。每一道题公布时，我父亲都写了鼓动性的说明。抄一则作例："小家庭，有人视为温柔甜美的窠巢，有人视为发展群性的障壁。对它的观念虽然不同，但是它带着必然性存立在现代社会里，而且有好多的人正在过小家庭的生活，却是事实。'满意'或'不满意'，这是太简单的表白。正在过小家庭生活的人未必只有这两语可说吧。该有细密的精要的意思，从生活中体会出来的，蕴藏在他们胸中。现在我们所要求的，就是请他们把这些意思写下来。"征文的说明这样写法，似乎不仅着眼于鼓励，因而我摘出了六则，编进了第十八卷的《编务丛抄》。

那时我小学快毕业了，父亲想起了我的升学问题，写了篇随笔《做了父亲》。他开头说，自信不至于把没有儿女看作人生的缺憾，可是真个没有的话，"也许会感到非常寂寞、非常惆怅吧。"不是一般的寂寞惆怅，而是非常的，可见父亲是非常爱我们儿女的。他接着说，做了父母，即使不是教育家，也得负起教育儿女的责任。可是自己还在学习试验之中，怎么能把立身处世的道理预先规定好了，教给子女呢？那么把子女交给学校去教育吧，可是像个模样的学校实在太少。自己没有什么可教给子女的，学校教育又未必有多大作用，看来只有让儿女凭自己的心思和能力，去应付一切了。做父母的至多只能诱导儿女，在他们所处的环境中，锻炼应付一切的心思和能力。可是怎样诱导呢？我父亲又感到茫然。说到这儿，他突然蹦出一句："对于儿女也有我的希望。""一句话而已，希望他们胜似我。"他还希望做父母的都跟他一样，为了社会的不断进步，都希望自己的子女胜过自己。他希望子女身体比他强壮，心灵比他明彻；最后一条，不要像他那样专干笔墨的事，至少能够站在人前宣告："凭我们的劳力，产生了切实有用的东西，这里就是！"

刊物的编辑者都是提前过日子的。一九三〇年十一月中旬发排明年《妇女杂志》第一期特大号。我父亲把才写得的《做了父亲》编了进去。对妇女读者来说，当然不及《做了母亲》来得亲切，然而题目改不得，因为是父亲自己和读者谈心。《妇女杂志》出版了十几年，主编换来换去都是男的，可以说是大大的失策，商务当局是不会考虑到这一层的，不知怎么放出风声来，说《妇女杂志》明年将由留美的某女博士主编。我父亲一打听，还真有其事，说已经启程返国。我父亲好人做到兜底，索性把明年的第二期也编得了；为了向读者交代，加上了一则"启事"，然后向商务辞职。用行动来表明，年底离开商务，是他早就打定的主意。

父亲自一九三一年一月起，和我母亲一同进开明，是跟夏先生、章先生商量妥的，包括薪俸。父亲说开明的标准低，他一个人不能特殊：我母亲在编辑部做些杂事，月薪五十元，跟发行部的店员一个样就足够了；他就拿一百五吧，加在一起二百元，跟他一个人在商务一个样，一点不吃亏。父亲说"开明老朋友多，共同做事，兴趣好些"；其实只说了一半。他还念念不忘十年以前，在甪直跟我母亲一同早出晚归的情趣。所不同的是得乘十来分钟公共汽车，因为开明的编辑部那时在兆丰路。晚上回来在北四川路底下车，还可以顺便买些糕饼糖果回家，至美至诚两个在门口等着呐。

父亲的事妥了，没想到就轮到我了。我小学就将毕业，得到父亲同意，和三四个小朋友去报考了中华职业学校。录取名单登在报纸上，我的名字还在头里。父亲说取了就好，要我好好考虑选读哪一科。铮子公公却不同意，说我在录取名单上名次这样高，可见学业是不错的，将来不读大学岂不可惜，主张让我去考以升学率高出了名的省立苏州中学。母亲望子成龙，同意她二姑母的主张。一票对两票，父亲没法坚持，只好默认。铮子公公也不等我参加毕业典礼，跟小朋友告个别，就把我带回苏州，亲自去草桥给我报名。准考证的编号已经八百出头了，铮子公公说最多取两百人吧，叫我好好准备。我可从没有临时抱过佛脚，心里想，考不中也好，赶快回上海，进中华职业学校还来得及。

初中入学考试那时只考国文算术两门。考试那天恰好下雪，作文考题是《初雪》，虽然不是我自己要做的题目，话可有得写的。我从"睁开眼睛，看到窗外大亮，直怪自己睡过了考试时间"开头，直写到"坐在考场里，还不时看看窗外，只盼望雪越下越大”结束，总共有近千字吧。过两天来看榜，我的名字居然在上头。也许是那篇作文考卷起了作用，恰巧碰上了喜欢散文的阅卷先生。铮子公公雇了两辆车，带着我的铺盖到草桥替我交了各种费用，我就成为寄宿生，须得在寒窗下过封闭的生活了。看老师们的脸，好像都不想和我亲近。好在星期六下午可以去卫前街铮子公公家，星期日吃完晚饭再没精打采地返校。

父亲三月底边写信给我说：学校四月一日起放春假，全国是一律的；本想让我回家，因为伯祥先生约他一同回苏州上坟，叫我四月一日下午在卫前街等他。信上虽然没说，我想母亲有妹妹弟弟拖累，不会同来的，果然不出我所料。在嘉善教书的长胡子公公先到，听说我父亲要来，立刻带着我上街去打好两斤绍酒。两位公公都喝不多，陪着我父亲喝到了深夜。父亲说上坟船已经由王先生托人雇定了，长胡子公公说愿意陪我们去看看石湖。第二天一早，老小三个一同出了胥门，望见王先生已经站在埠头上等着了。船家看客人进了舱都已坐定，解了缆，把船撑离了岸，挂起帆，趁着东风不到一个钟头就进了石湖。大家都说不亦快哉，船家说要是风不转向，怕今天回不到城里。船绕过上方山，拐进顺湾里，到叶家祖坟的埠头停住。船家已经把中午吃的菜做了几样，连同茶酒，供在坟前的石桌上，点上香烛，香烛纸锭都由船家代办。父亲带我磕过头，烧过纸锭，就完事了。供过的菜和茶酒，仍搬回船上。代我们照看祖坟的坟客是附近的一家农民，照例要来帮忙张罗，唠叨个没完；我父亲照例要送他二三十块钱。于是回到舱里，小方桌上已摆好了四碟办自城里几家老字号的名件；酒已烫得，那就喝起来吧，等着“船菜”在舱后做得一碗传出一碗来：平常材料，只求新鲜；家常做法，只求清淡鲜嫩。父亲他们边喝边谈，不觉船已到梅湾里停住。王先生家的祖坟离岸边有里把路，他让船家提了食篮，上岸去了，等了好一会儿才回来。于是开船往回走。过了石湖，东风可越刮越盛了，只好拉纤；我们都上了岸，帮船家拉。好容易拉到横塘，船家说真让他说着了，请客人在镇上找家旅馆住下，明天再看吧。长胡子公公说，“我们走。”老小四个就顶着风走回城里。

王先生虽然也筋疲力尽，兴致却极好，定要去护龙街，找念草桥时和我父亲常去的那家小酒店。小酒店居然还在，真小得可以，只三张桌子，厨房在后头，小院子里有瓜架豆棚，天黑了看不清楚。招呼我们的是个年轻人；问旧时的老板，他说老人家已经过世，场面由他撑着。王先生对他说："那一天老太爷盛红烧蹄髈，倷缠在脚跟头一定要吃。老太爷抠了块栗子肉塞在倷嘴里。我看见了，付账硬扣了他五分钱。倷阿有小囡勒？生意捺亨？"王先生说不完的老话，正好下酒，可惜我那时还不会喝。父亲对我说，明儿带我出去玩一天，问我想去哪儿。我说去邓尉看"清奇古怪"。父亲说可以，只是当天来不及赶回来，得在光福镇上住一夜。长胡子公公说他还没去茶馆看老朋友，明天不奉陪了。王先生自去他的亲戚家过夜，明天就回上海了。

第二天跟父亲出胥门，乘上了去光福的小火轮，大概中午时分到了这个靠着太湖的小镇。父亲好像熟门熟路，在镇上找了家旅馆开好了房间，带我转身出来去到一家面馆，一人吃了一大碗鳝糊面，就出了光福镇，沿着大路往邓尉山走去。父亲告诉我说，"清奇古怪"这四棵古柏在司徒庙里，名称是乾隆给起的；我们走的，就是为他下江南筑的御道。那种用青砖直砌的二丈来宽的大道，苏州西边的各座名山都有。司徒庙在山脚下，是座小庙，来的人就为了看四棵古柏。古柏按"清奇古怪"为序，挨挨挤挤排成一行。除了叫"清"的一棵枝干疏朗，那三棵确实长得奇怪，尤其叫"怪"的那棵，从树梢到树根，可能被雷劈成了两半，半棵笔直，半棵卧倒，还都活着，中间还连着木絲。父亲和我绕了两圈，抬头望不见树梢。父亲说："四棵古柏挤了两千多年，还能活得这样好，真不容易。最好在周围多留些退步，好让人看到全貌。"我说："挤的这么紧总不好看。两千年前的种树人，怎么没想到给它们留下发展的余地呢?"

出了司徒庙，父亲带着我还是顺御道走，说是去看太湖。路边有座松林，父亲说歇歇再走，找了块石头坐下。父亲问我："你听见了吗?"我说："只听见树梢有哗哗的微风。"父亲说："这就叫松涛，你再仔细听听，像不像海涛?"我说："是一阵一阵一阵的，可我没听见过海涛。"父亲说："好，放了暑假我带你去听。我们走吧。"越向前地势越低，望见太湖了，太湖岸边有座大牌楼。父亲说是圣恩天寿寺。真是座气派的大庙，父亲却说里边跟西园差不多，没有什么好看的，带着我沿着西墙朝山上走。路边有引水的竹笕，淙淙地响着，泉水的源头看来就在寺后。

上了个坡，路边有座两层的阁，叫还元阁。我跟着父亲上楼，突然眼前一亮！两大棵碧桃开着大朵红白相间的花，树顶正好铺满窗前，太湖好像就在盛开的碧桃前边，湖面上波光粼粼，白帆点点，隔几座不太高的山就是天空了，天空好像也不太高了。和尚端出两碗茶来；父亲和我真个口渴了，靠着窗槛一连喝了几开，就俯身细细观赏太湖。茶客还有三五个，在看什么佛牙和血经。

回到镇上已经上灯了，父亲把我带到一家菜馆，拣张靠墙的桌子坐下。伙计泡了壶茶来，问点什么菜。父亲问我，我说了个油爆虾，父亲要了一斤酒，加了一道红烧肚裆，原来单挑大青鱼肚皮底下那溜没有刺的肥肉。父亲慢慢地喝着，跟我讲他念草桥的时候，几个老同学曾游过东山西山，去无锡游过鼋头渚；对太湖来说，还只是东边一溜。菜真配胃口，分量又多，我和父亲都吃了一小盅饭。走出菜馆，向东不远出了光福镇，登上一条不太高的大石拱桥，桥的左首正对太湖。那天恰好是阴历十六，一轮明月已经升起，天上没有一片云，浩浩渺渺的太湖被照得上下通明。我跟父亲坐在石栏上看了许久，直到身上觉得凉了才回旅馆休息。那石拱桥叫做虎桥，说是吴王阖闾饲养老虎的地方。

第二天早上洗过脸就出了旅馆，仍旧去面馆吃了鳝糊面，到码头乘上了回城的小火轮；在卫前街吃的中午饭。铮子公公带着吴阿姨已经去上海我们家了，父亲跟长胡子公公两老夫妻告了别，带着我到观前街，买了不少糖果糕饼，当然少不了各色瓜子。最后父亲问我要些什么，我早想好了，说要脆松糖和枣桃糕。父亲买了同样的两份，叫我把一份送给长胡子公公。他提着一大串吃的，雇了辆黄包车出平门去赶火车了，我的快活的春假也就此结束了。

二十八

好容易挨到放暑假，我把铺盖寄存在卫前街，花五角五分买了张四等车票，站了五个小时才到上海。原来四等车就是慢车，非但开得慢，而且每一站都要停许久。挂的是一色没有座位的铁篷运货车厢，门虽然有，却没法关。乘客几乎全是农民，几乎都只搭四五站就下车；挑担子的多，大概是短途贩运。父亲听了我说的挺感兴趣；说他也在奇怪：车站上明明出售四等车票，列车上却没见过四等车厢，原来另有专列。母亲笑着说我父亲：“小墨越憨，就越中你的意。”

有一天，母亲从开明带回来一本英文杂志，后来我才知道是伊罗生编的《中国论坛》。母亲问我：“还记不记得胡也频?”我说：“不是大前年，和丁玲阿姨一同来吃过饭的那一位吗?”母亲边翻杂志边说：“给国民党枪毙了。丁玲那一天匆匆忙忙地来开明找你父亲，说胡也频给抓走了，还不止他一个，要你父亲想想办法。你父亲同大家凑了些钱，想走门路把他们赎出来；还同夏先生写了封信给邵力子，请他说句话：都毫无回音。先还传出信来，说关在龙华警备司令部；后来就音信全无，传说解到南京去了。后来在美国人编的这本杂志上看到这条过时的消息，说他们早被秘密枪毙了。”我接过杂志看那上边印着的半身相片，胡也频，我还认识；还有柔石，先前常见他瘦长的个子，在我们家后门口匆匆走过。母亲还指给我看冯铿的照片，说她曾来仁馀里开过会。我问“丁阿姨怎么样了?”母亲说：“后来没见过，只好东躲西藏吧。”

在文艺界的一些集会上，父亲还是有机会看到丁阿姨的。“左联”创办的大型月刊《北斗》让她任主编，她约了一部分非“左联”作者的稿子。我父亲支持她的做法，一连写了两篇散文给她，《速写》和《牵牛花》。她都用在了九月出版的创刊号上。也许为了赶写她的《母亲》吧，《北斗》出到第四期换了主编，又让国民党嗅出气味来了，总共出了七期被查封了。又过了一年多，一九三三年五月十四，国民党去丁阿姨家秘密抓人，抓走了她和潘梓年；应修人拒捕，跳楼牺牲。这一来就掩盖不住了，各报纸登出新闻来，但是都没说抓到哪里去了。文艺界发表了公开抗议，跟胡也频被抓去一个样，大家又凑钱写信白忙了一阵，不久听得确切传闻，说丁玲解到南京就被杀害了。大家都信了，都很伤心。鲁迅先生写了首七绝《悼丁君》，沈从文先生的《记丁玲》也出版了。到了抗战期间，才知道丁玲好好的在延安；我父亲跟她再见面，是在解放后的北平。

我父亲写的《牵牛花》，好像一向是语文课本的保留节目；那篇《速写》，写的是在普陀码头登轮船去宁波的一刹那。父亲说话真个算数，约了贺昌群先生，带我去普陀就为了听海涛；还一同去了奉化游了妙高台，看了千丈岩瀑布。我都只好一笔带过，不敢再用我拙劣的描述，让读者诸君枉费眼力了。五天旅行回来可了不得了，母亲很不高兴，原来草桥的成绩单刚寄到，上面批得明白，我四门功课不及格，留级。在小学里，我留级是常事，留过三回也许四回。请读者诸君不要替我过分着急。那时的中学小学除了秋季始业，也有春季始业的；还有秋季春季都始业的，那就一学年分成两级，半年一级，所谓“留级”，一次只是半年。我的留级次数固然多了一些，母亲因而说我如今进中学了，走起路来摇呀晃的，还不知道读书，不知道用点儿功，留级生准备做到哪一年算了结呢。父亲看着我的成绩单直皱眉头，当然不会称赞我留级留得好，可也得问问我这是怎么回事。我心中也不是没有数，国文英文考试碰到长段默写，我一律放弃；并非表示抗议，我平时连多念几遍也不肯，哪能记得清一笔一画，一个字母一个标点呢？不及格是该的。至于植物和生理，我自信答得不坏；老师不给分，可能因为我没照着课本默写。父亲想了想说：“那就换个学校吧？”我于是考上了江湾立达学园，也住校，星期六可以回家；还有个大好处，晚上十点才关校门，其余时间可以自由出入，下午赶到上海看场电影还来得及。

一九三一年秋天真是个多事之秋，长江的空前洪水还没退下去，九月十八夜，日本的满洲铁路守备队炮轰北大营，占领了沈阳。第二天的报纸上是标题字挺大，新闻翻来覆去只几条，事态的严重却已尽人皆知。父亲在编辑部和朋友们一商量，大家都说《中学生》在这个时候不能不作声。我父亲知道十天后见书的第十八期才上机器，马上通知印刷厂暂时停印，说有重要文章得抽换；可是又不能马上动笔，得看看国民党当局的动静。等到第三天上，日军已经强占了半个辽宁省，当局还在说要公告全世界，请国际联盟解决争端。看来再等也没有新花样了，我父亲把两天来朋友们的议论归纳在一起，写成了一篇《闻警》，去工厂亲自校对，看着抽换，直到机器转动，见了样张。《闻警》才一千来字，开头讲日本武装侵略我国的必然性。请读者必须记住“在现今的世界上，公理是拜伏在炮口之下的”，是信赖不得的。研究“帝国主义的素质、机构及其运用，将是我辈青年今后最切要的课题”。还要认识自己的力量；如有哪些不足得努力弥补，工作和事业就从认识开始。《闻警》共三大段，每段结尾都呼吁青年们不要忘记“九·一八”的奇耻大辱。十八期《中学生》仍于十月一日与读者见面。

开明创办以来，雪村先生眼睛老盯着商务。《辞源续篇》出版，头上的那篇“说例”又让他抓个正着，说天下竟有如此不通的文章，很可以在《中学生》上批它一批。夏先生和我父亲看了也说可以批，商量下来，决定辟个不定期的专栏，栏名就叫《文章病院》，还给病院定了六条规约，主要的意思有三层：一是病院只收治在社会上有影响的病患者——文章；二是病院只诊治文章的病症，绝无对作者和发表单位进行攻击的意思；三是病院所公布的文件，由“中学生杂志社”负全部责任。这第三层等于对权势者说：“你硬要找碴儿，查封《中学生》得了，碍不着开明书店的事。”不想想真到了这个分儿上，权势者听你的吗？这是后话。当时把给《辞源续篇说例》写“诊治方案”的任务推给了我父亲。我父亲正忙着呢，“九·一八”之后，读者来信已经多得应接不暇，他把这件不急之务暂时搁在一边了。

转眼到了十一月，大家商量明年一月《中学生》新年号的选题。我父亲说读者来信越来越多，有些还不大好答复。因而想请青年们尊重的长者帮个忙，请他们来回答。题目越笼统越好。有的长者，也许正有一肚子话要向青年学生说哩，会有回应的。集在一起发表在新年号上，读者会欢迎的。大家都说可以试试。父亲给长者们出的题目是：“假如先生面前站着一个中学生，处此内忧外患交迫的非常时代，将对他讲怎样的话，作努力的方针?”后头加上署名：“中学生杂志社”。排印的小信笺，由夏先生、雪村先生、均正先生和我父亲等，寄发给有交情而且信得过的朋友。我父亲给鲁迅先生也寄了，可能还添上了“许久不见先生的文字了，请务必多少写几句”之类的话。

鲁迅先生在十一月廿七的日记中记上了一笔：“答开明书店信”。看了《鲁迅全集》作的注；原来这封信就是《答中学生杂志问》，已编在《二心集》中了。鲁迅先生的回答是：“编辑先生：请先生也许我回问你一句，就是：我们现在有言论的自由么？假如先生说‘不’，那么我知道一定也不会怪我不作声的。假如先生竟以‘面前站着一个中学生’之名，一定要逼我说一点，那么，我说：第一步要努力争取言论的自由。”后面想来应该有署名，在编来编去的过程中丢失了。在十天之前，鲁迅先生在十一月十六的日记中有“晚得叶圣陶信”，推想所得的就是约稿信。我父亲在作文和讲话中，提到鲁迅先生曾以《毁灭》一本相赠，还附了封短信："聊印数书，以赠同气，可谓'相濡以沫'，殊可哀也。"看这封信的意思，好像跟《答中学生杂志问》相衔接，因而我想，这两封信和书可能是一同发出的；而且在前一天的日记上记着"《毁灭》制本成"，这"制本"就是鲁迅先生以"三闲书店"名义，自费印制的新版《毁灭》。十二月三日，鲁迅先生在日记上又记着："午后接叶圣陶信。"这一封想来是致谢信了，并代《中学生》的读者向鲁迅先生表示致谢。

岁尾年头，《文章病院》又收容了两个重病患者：第二号，《中国国民党第四届第一次中央执行委员会全体会议宣言》；第三号，《江苏省立中等学校校长劝告全省中等学校学生复课书》。"九·一八"事变已三个多月，东北三省已全部沦陷，南京的国民党中央才开了这么个会，十二月十九发表宣言说抗日是要抗的，"为国牺牲，为民前锋，乃本党之责任"；但是先得"切实认识最近的世界形势"，"以定救国之根本方针"，"以整齐全国一致的步骤"，"保障元首地位之稳定"：骨子里还是"攘外必先安内"的老调子。第三号病患者跟第二号呼应，发表于第二年一月十日，按说校长先生写信劝说他治下的学生，只要贴在校门内的布告栏上就得了，这样诏告全国，是想凭他们几张老脸，阻挡各地学生掀起的进京请愿和下乡宣传的浪潮；说的无非是国家大事自有政府做主，莘莘学子赶快回学校，别再荒废学业。两个病患者这样连哄带骗，话自然是说不圆的，遣词造句纰漏百出。我父亲和老朋友们又意见一致，都说批，还得快。第一号病患者的"诊治方案"，我父亲才写得，就接着写第二号的；第三号的由大家公推，请宋云彬先生执笔。三篇"诊治方案"和六条"病院规约"，打算在二月一日出版的第二十二期上一同发表。

这件事冒的风险实在太大了。尤其国民党中央执委会的兖兖诸公，看到《文章病院》把他们的宣言称作"病患者"，恐怕就暴跳如雷，把《中学生》撕个粉碎了。我父亲在二十二期的清样上签了字，我想他不会不考虑后果的。可是后果却出于大家的意料。二十二期《中学生》还在闸北的装订作里，就爆发了"一·二八"事件，在日军的炮火中烧成了灰。亏得纸型还在印刷厂，停战后重印了送到读者手里，已经三月底了，什么"宣言"，什么"劝告书"，都成了明日黄花。想来这一回十九路军违令抵抗，使国民党的处境更加尴尬；那几个省立中学，有的恐怕还没开学。三月底出版的第二十二期《中学生》，那些大人先生们即使看了也装作没瞅见，《文章病院》倒没有惹出祸来，可是错过了时机，也没有产生轰动效应。看来多数读者是老实人，都相信《文章病院》的“规约”：只是批改文章而已，岂有他哉。

二十九

关东军如此轻易侵占了东北三省，驻上海的日本海军陆战队也不安分起来，经常列队在北四川路一带示威，带斗的摩托车架着轻机枪，还有小型的坦克。日本浪人横行霸道制造事端，日军领事馆向上海市政府提出种种要挟。还有戴着黑纱帽，穿着白长袍的日本和尚，敲着单面蒙皮的大鼓，专拣冷僻的小巷转悠。闸北居民有个老习惯，一有风吹草动就往租界里搬，过几天没事了，又搬回来。这就叫“逃难”。我父亲和朋友们都说，别庸人自扰了，政府的既定方针就是不抵抗；可是心里总不踏实，阴历年越来越近，家里连年货还一点儿没有办哩。景云里好像搬空了，只剩下隔壁周建人先生家和我们家。那天三点过后，父亲想上街去看看，在门口正碰上周先生从外头回来，就问他有没有什么风声。周先生说：“听说会冲突起来的，还是避避的好。”父亲不再多问，对母亲说：“提前吃夜饭，吃完逃难。”都说苏州河以南哪会有房子空着等我们呢，先去提篮桥雪村先生家挤一夜再说；夏先生回白马湖过年去了，他的前楼总还空着。

一家老小六口七点过后就到了雪村先生家，已经有两家先到了。章师母先把我祖母安顿妥了。几位师母难得见面，都有说不完的话。雪村先生又拿出酒来跟酒友们喝。孩子自有孩子的圈子，困得撑不住了，靠在哪儿都能着。迷迷糊糊地听得有人喊，“打起来了！打起来了！”我一凛神跑上晒台：西边宝山路方向枪声一片，夹杂着小炮弹的爆炸声，火花纷飞像不停地放花炮。大人们也起来了，都很兴奋，可又都说这提篮桥虽是租界，却处在敌人的后方，还是得搬到苏州河南岸去。天才蒙蒙亮，十来架飞机，机翼上涂着红膏药的，掠过屋面飞向闸北，接着传来隆隆的炸弹声。我们的姑父打电话来，也说提篮桥住不得，他们一家暂时借住在某画家的别墅里，先一同挤挤再说。这一回真个住别墅了，是从后门进去的汽车间，水泥地，亏得姑母家带的被褥较多，夜晚还能勉强对付。姑父和我父亲第二天就出去找房子，没想到让我母亲先找到了。她在路上遇到一位带点儿亲的苏州同乡，说他们家早逃到上海来了，在法大马路多福里租了幢房子，可以让出一间后楼来。姑父本事大，在金神父路花园坊顶了幢房子。于是祖母跟着姑母去了，剩下的五个住进了多福里的后楼。

父亲有篇《战时琐记》，写在停战以后的七月初；那时前前后后发表了七八篇散文，题目不同，其实同是琐记。父亲记当时自己的生活和思想感情，自然比我现在所回忆的真切得多，读者诸君如果想多知道些，可以翻阅第五卷。有一件大事，给我的印象极深，父亲这几篇散文却漏记了。商务印书馆的工厂和东方图书馆那座高楼，第三天上就起火了；日本轰炸机轮番低空投弹，在苏州河南岸看得清清楚楚。文化机关成了攻击目标，白天黑烟滚滚，夜晚火光烛天。被西北风卷起的纸灰像黑色的雪片，飘得哪儿都是。有人捡起纸灰，细细辨认上面残句断辞的痕迹，说这是哪部善本，这是哪本名著，最后加上一声叹息。商务受的损失可大了，有形资产只剩下了河南路的一所发行所。停战以后，工厂和编辑所不得不重建；机器倒更新换代了，这么多的员工，仍旧是个大包袱。于是借共赴国难为名，大刀阔斧裁员。工厂的情形我不知道，各个编辑室有的合并，有的缩编；期刊好像减剩《东方杂志》一种，其余的连《小说月报》都停了，人员也解散了。雪村先生跟夏先生和我父亲商量，趁此机会，把老朋友伯祥先生、调孚先生、祖璋先生三位先请进了开明。

还有件事，父亲在《战时琐记》中也一句没提，只说“平时执笔做一些编录的工作，算是做事。至此才觉自己实无一事可做。”急待要做的事其实有的，就是没心情去做，当然离不了执笔的工作，如《开明国语课本》初小八册的课文，最后两册还没有编写出来，子恺先生等着稿子，好书写作画哩。这个点子是雪村先生去年夏天出的。他说各种科目的初中课本，开明都齐了，声誉还不错；如今不妨稍停，把小学课本也拿下来。先出国语课本，说让我父亲和子恺先生搭档，定能面目一新；最好赶在明年，就是一九三二年，秋季开学时供应市面。我父亲在甪直五高就编写过课文，当时为的抵制文言；初进商务时也编过国语课本，全用白话了。雪村先生这么一鼓动，他兴致就来了，答应先编写出初小的八册，高小的四册看看再说。停战之后，父亲坐定下来把最后两册补齐，六月底边就出书了；多少有点儿名人效应吧，在教育界和出版界颇轰动了一阵子。一九三四年六月，又出版了高小的四册。过了四十五年，我父亲受邀写了篇《我和儿童文学》。他说："我花了整整一年的时间，编写了一部《开明小学国语课本》……一共十二册，四百来篇课文。……形式和内容都很庞杂，大约有一半是创作，另外一半是有所根据的再创作，总之没有一篇是现成的，是抄来的。"

前头说过，景云里十一号在"一·二八"之役中挨了一发炮弹，我们家又搬不回去了。雪村先生分了个西厢房给我们家住。王伯祥先生家简直无处可归了：香山路一带全成了瓦砾场；从草桥时代就开始收集的藏书，连纸灰也被风吹散了，一切都得从新来过。人安里倒有了空房子了，他们家租了一幢，把三楼分租给了我们的吴阿姨。吴阿姨几经周折，总算在同德产科学校念到了毕业，拿着文凭去卫生局注了册，正要挂牌行医；铮子公公就来跟她一起住，好随时给她出主意。我父亲以吴阿姨为原型，写了个短篇《秋》，发表在《现代》上。小说没提她有一位比生身母亲还要亲的寄娘，因而更见得茕茕一身，形影相吊。我只怕吴阿姨看见，可是她偏偏看见了，笑着对我说："有你爹爹的，把我也写进了小说。"不知她背着人流过多少眼泪。更没想到第二年夏天，铮子公公染上了伤寒，自己觉着病的来势很猛，定要回苏州去。于是雇了一条小火轮，由我母亲和吴阿姨二人陪护。父亲和我送到苏州河边，望着轮船挤进桥洞就不见了。据说第二天抬到卫前街，铮子公公已经气息奄奄，第三天天亮就过世了。

一九三三年元旦，夏先生和我父亲合作的《文心》，在《中学生》新年号开始连载。就在这一天，夏先生、调孚先生和我父亲，一同租定了熙华德路汾安坊三号：我们一家住东厢房，徐先生一家，两夫妇和三个子女住前楼，两家先搬了进去。二楼的厢房和亭子间，归夏先生家住。夏先生回白马湖过完了阴历新年才把家搬出来，阳历已经是一月底边了。两老夫妇住厢房的前间，女儿吉子和满子住厢房的后间。满子的两位哥哥，都回乡去接他们了，大哥采文本来在钱庄工作，仍回钱庄去住。大嫂金秋云是个能干人，带着儿子弘宁弘奕留在白马湖看房子。二哥龙文在汽水厂工作，这一回把二嫂韩玉严也接了出来，两夫妻住在亭子间里。吉子的右腿从小有点儿瘸：是抱她的人没抱住，她向后一仰，只提住了她一条右腿；她只哭了一声，一哄就停住了；因而没发觉她的大腿骨给拉脱了臼没复原。她在白马湖春晖中学念高一，到了上海不想转学，想进开明一边工作一边学习。夏先生是什么都由着儿女的。我父亲看吉子的字写得跟夏先生简直一个模样，作文也清新，说就让她来吧，开明函授学校暑假里一开张，正需要人手。满子在弄堂小学念了四个月毕业了，跟她父亲说："我就进你当校长的那个函授学校吧，招生广告上登着教员名单，我大半认识。"夏先生真给她在开明函授学校报了名，交了费，领了讲义和作业本回来。

孩子们问我是怎么爱上他们的妈的。我说："你们去看看爷爷写的《儿子的订婚》吧。还有童话《小黄猫恋爱的故事》，也可以看看。真正的相爱恐怕是说不出缘故来的。就是双方在一起大家都快活，没有隔阂。"那年暑假，我和满子天天在一起谈笑嬉游。她是在白马湖长大的，上海的事儿都听说过，没亲历过。我带她去游公园，看电影，看话剧。父亲母亲带我们孩子去看电影，也总把她带上，纸杯冰淇淋她当然也有一份。满子就这样讨人喜欢，连年逾古稀的祖母也爱跟她谈笑逗乐。同住的徐师母大约看出她已经成了我们家的一员了，给满子的母亲和我的母亲提了建议，说顾均正师母愿意和她一同做媒人。事态发展之迅速出人意外，结局皆大欢喜，订婚的日期定在阴历新年的第二个星期天，两家联合大宴宾客。朱自清先生在五月中给《文心》写序，结尾说："本书写了三分之二的时候，丏尊、圣陶做了儿女亲家。他们决定将本书送给孩子们做礼物。丏尊的令媛满姑娘，圣陶的令郎小墨君，都和我相识；满更是亲眼看见长大的。孩子都是好孩子，这才配得上这件好礼物。我这篇序也就算两个小朋友的订婚纪念吧。"

《文心》的单行本在一九三四年六月由开明出版，到如今将七十年，还有出版社在印行。初版的封面上印着个副标题《读写的故事》，记不得哪一年取消了，可能因为谁都知道，这是一本用小说体裁讲阅读和写作的书。文学作品自古以形式分为诗歌、戏剧、散文、小说四大类。为什么以小说为形式写的《文心》，从没人说该归入小说一类呢？两位老人家当时在掌握时代背景和塑造人物方面，花的功夫可不少，甚至代女学生拟的那两首轻易不肯给人看的抒情诗，也是当时的调调。我不是要替两位老人家讨个什么说法。只是三十年代初那个非常时代，篇幅稍长的写初中学生的小说，恐怕只留下这么一本了。

顺便说一说那年七月发表在《文学》创刊号上的《多收了三五斗》。有人说，我父亲当时写这篇近似报告文学的小说，曾回甪直做过调查。这是想当然。那时还没有临到动笔，再去现场体验生活收集材料之一说；何况我父亲离开甪直五十五年之后才重游故地。父亲跟我说过，那时甪直镇上并无米行，只镇口有个万盛酱园，四个大字写在雪白的围墙上，天天看见，印象很深，在小说中“万盛”就成了米行的名字。我相信父亲的话：因为他写的不是甪直，也不是别的哪个乡镇，而是盛产稻米的整个江南农村，又处在没落中一个阶段的开始。我父亲那时没有离开上海，在报刊上他看到了关于“谷贱伤农”的种种议论，又看到地主、银行家、工厂老板，都说得头头是道，暗地里各有各的小算盘。那么些戴毡帽的朋友在这个当口将会怎么样呢？我父亲只能凭往日观察所得的积累作推想。这也叫“虚构”。

三十

一九三四年，商务、中华、世界等大出版业，又比着翻印各种大部头旧书；光说《二十四史》，就各家抢出不同的版本。开明别出心裁，给添上了一部取材广博严谨的，柯劭忞编撰的《新元史》，称作《二十五史》。把一百几十本精印的木刻本，九面拼成一面，缩小制成锌版，用字典纸印，成为皮面精装九厚册。计划是雪村、伯祥、调孚等诸位先生商量定的，“刊行缘起”却是我父亲写的。开头的两道工序由编辑部做，一是把木板印本拆散，剪去边框；二是挨次把每九面合在一起，裱得平平整整。这后一道请裱糊工匠来做，还得随时检查。前一道工序由各位先生闲在家里的女儿来做。满子也是一个，把函授学校的功课就此放在一边了。

父亲进开明之初，说好当夏先生的助手，主要处理《中学生》杂志的编务。天天和老朋友在一起，我父亲兴致很高；开明的业务发展如此之快，他也不能袖手旁观。开明的好几种丛书，如《青年丛书》《少年丛书》《文学新刊》，有不少是他发的稿；往往看毕清样，连封面字也写得了。活页文选选文，国文课本编纂，他都参与了。和夏先生合写《文心》

才开头，就插进了编写《小学国语课本》的这件大工程；还有店外朋友的约稿，小说、散文、议论、杂谈，都得一一认真应付。如果把这三年内编的写的列出一张清单，他自己看了也会吓一跳的。可能父亲确实有些疲倦了，他把金仲华先生拉进了开明，跟他一起同编《中学生》。

在头一年的《中学生》上，夏先生先后刊出了四篇讲话，除了前面谈到的《"你须知道自己"》，还有《受教育和受教材》、《关于职业》、《怎样对付教训》，都像促膝倾谈似的，很能启发读者对某一方面的问题，做比较全面的思考。我父亲很看重这四篇讲话，说夏先生提纲挈领地阐明了《中学生》的教育立场。这样的大文章应该有，可惜做不到期期有；建议每期发表三五篇短文，每篇谈读者当前迫切需要知道的某个问题；问题可大可小，写什么大家一起商量，可以吸收读者的意见；谁愿意动笔就谁写，放在头里好像社论，可不能像一般大报刊的社论那么严肃。朋友们都说这样办会使读者感到亲切，既然放在头里，就叫《卷头言》吧。这个栏目一直持续到开明书店公私合营的前一年。

父亲是非常爱《中学生》的，除了抗日战争中的《中学生战时半月刊》，凡开明出的各期，他几乎每篇文章都看过，是个忠实的第一读者。看过还不算，吃晚饭喝酒他还要跟我们孩子讲。西洋音乐家绘画家的许多故事，我是听父亲讲的，后来才知道故事就刊登在《中学生》上，是子恺先生的作品。早期的《中学生》刊登过几个关于天文的连载。父亲买来了冲皮制的活动星图，还托内山书店从日本买来了一架天文望远镜。后来连载高士其先生的《细菌与人》，又托贾祖璋先生觅来了一台显微镜。《中学生》介绍了马可尼，我说要自己装收音机，向父亲要钱买零件。父亲不但给了我钱，还给我找来了俞子夷先生编写的无线电收音机制作法。我从矿石机开始，装了拆，拆了装，挨次装到了直流三管机，我又拆了，想改装成用交流电的。看这一抽屉积攒起来的零件，前后已经花了一百好几，足够买一架有点儿登样的菲力浦了。我不好意思再跟父亲要钱，关上了抽屉。

一九三四年夏天，开明书店买下了梧州路的一座不中不西的大房子，把经理部、编辑部和练习生宿舍都搬在了一起，还有多余的房子租给了特约的美成印刷厂。大房子中央有座大厅，挂着块匾，是"齐辉堂"三个大字。开明这么一迁，好几位先生上班都不方便，只得跟着搬家。汾安坊的房价本来也太贵，满子家和我们家都住进了狄思威路的麦加里，夏家住十二号，我们家住三十一号。满子和我五年后在四川乐山结婚，夏先生写了四首七律，头一首说：“夏叶从来文字侣，三年僦屋隔楼居；两家儿女秾桃李，为系红丝顾与徐。”诗中说的“三年”大有虚头，得打个对折。再一想，这样说似乎也可以：前一年半是纵向隔楼而居，后一年半却是横向的，相隔的楼多达一十八座。加在一起整三年，一九三六年十月，我们家就搬回苏州了。

父亲为什么要把家搬回苏州呢？初搬到上海写的《没有秋虫的地方》已经透露出信息，他打心眼里不喜欢这样的大城市；但是朋友在这里，工作在这里，他都舍不得离开。进了开明尤其如此，好像有些工作，包括文艺界的教育界的，不得不勉力去做，也有兴致去做。像黄包车夫过四川路桥似的，一步一喘把车拉到桥顶，站住了歇口气，才敢挺起身来倒撑着车子向前冲。可不，朋友们都唤他“圣翁”了。他自己呢，为纪念四十初度去照相馆摄了张唇上留髭的半身像。母亲一同去拍了张全身的。她给我父亲当助手可不限于抄抄写写，忙得跟当年编《十三经索引》一个样。我父亲编写《开明国语课本》，课文有一半是有根据的再创作；他说了原来的文章大抵在哪儿，母亲就得把它找出来。每课课文的长短，出现的生字和新词有多少个，以及它们重复出现的次数，母亲都得列表统计。课文得服从语言教学的要求和进度，记录统计确实挺繁琐，却是编写课本不可或缺的依据。平日积攒的劳累，加上接踵而至的心理打击，战争中的损失还犹可，最是铮子公公的病逝，使我母亲想摆脱这“心为形役”的局面，搬回苏州去过几天清静日子。父亲出了个两全之计，在滚绣坊青石弄造了四间瓦房，想让母亲提前退休，把家搬回苏州；他自己上海苏州来回跑。好在那时已经有了飞快车，一小时二十分就到了，三等车票才一块二毛五。

吉子姐姐大满子五岁，就因为有这儿点残疾，事事要强而不免有点矜持。我在前面说过，她字写得好，开明版《稻草人》中各篇童话的题目，就是她用钢笔写的，飘逸大方，哪像女学生的手笔；散文也写得不错，笔调有点儿像子恺先生。她写了篇《到南京路去》，自己投给了《太白》半月刊，在一卷十一号上登了出来，大家才知道。她常跟我和满子一同谈笑，喜欢听我吹口琴，唱弘一法师出家前编配的歌。她跟满子说过：等年纪大了，满子有了子女，她来跟我们一起住。我想，她是暗示准备独身了，真个这样也没有什么不好，我父亲母亲本来就把她看作女儿。那年六月她正好二十岁，早早地跟她父亲母亲说，到时候去新雅好好吃一顿，单请叶先生叶师母一家。没料到六月初害上了伤寒，她就一句话也不说了。一家人加上好几家亲友夜以继日忙了个把星期，也没能把她拉回来。这一天正好是她的生日，在殡仪馆入殓完毕，朋友们请夏先生夏师母去功德林吃了素斋，又在新雅饭店开了间房间，让他们住一夜再回去。第二天满子整理遗物，发现她收集着父亲的一叠稿子。朋友们都怂恿夏先生付排，《平屋杂文》就在年底出版了。夏先生在《自序》末尾带了一笔："长女吉子，是平日关心我的文字的。她曾预备替我做收集工作，不幸今年夏天竟病亡，不及从她父亲的文集里再读她父亲的文字了。"

吉子突然病故，又给了我母亲很大的刺激，她好像怕见办公桌对面那把空着的椅子，竟向开明辞了职。精神这东西可后退不得，母亲闷在家里总觉得身子不舒服，胃里发胀，喉咙刺痛。内科医生检查不出什么名堂来，兴许找精神科医生谈上几回就痊愈了，可是那时还没听说这种疗法。父亲想换个环境，或许能让母亲增进健康；青石弄的房子早完工了，关着也是空关着，何不搬进去住呢？于是跟夏先生说定了，他每月下旬到上海来发《中学生》的稿子，处理些别的事务，和朋友们碰碰头，部分稿子信件可以带回家去处理。十月中旬，我们一家就搬回苏州青石弄了。只有我一个是立达的住校生，要放了寒假才能回苏州这个新家。父亲的信上说："至美进了乐益女中，至诚进了平直小学，离家都不远。"庭院房舍虽不大，母亲和祖母都觉得还宽舒，又说青石弄静极了，几乎听不见有人在墙外走过。

三十一

我父亲把家搬回苏州还真个搬着了。日本军国主义者又接二连三制造事端，上海又跟"一·二八"前夕一般，苏州河的各座大桥上又成了大卡车、塌车、黄包车组成的洪流，挨挨挤挤向南而去。四十来幢楼房的一条长弄堂麦加里，空荡荡的望不见人。夏先生破天荒给《中学生》

杂志写了篇即兴小说，题目是《整理好了的箱子》。我父亲把它编进了十二月初出版的《中学生》第六十期；又赶紧选它为例，对夏先生的写法和用意作了篇讲话，给了正在创刊的《新少年》，准备发表在明年一月下旬出版的一卷二期上。“一二·九”运动在北平爆发，我父亲在《申报》教育版连续发表了两篇评论：《学生运动之复兴》、《今日之教育界》。前一篇说北平学生提出的口号，“保障华北安全，维护国家权利”，已是低得不能再低的要求，呼吁应该尊重言论自由。后一篇批评某些教授未能正确对待学生运动，希望他们“与学生为一体”，“汇成巨大坚强之力量”。

十二月二十前后，我父亲按例到上海，发明年元旦出版的《中学生》。廿三日，北站一带戒严了，形势挺紧张，说是“劝阻”学生响应北平学生，去南京向政府当局请愿。学生们的行程可艰难了，冲进站台，涌上列车，已经费尽气力，站外的人只听到此落彼起的救国歌声。相持了许久，才听得一声汽笛，火车才以踱方步的节奏开出了北站。望着向上直喷的浓烟向前移去，有人说“一路顺风”，更有人说“一路平安”，却没人想到他们第四天才到达无锡，终于在宪兵“护送”之下，开回上海。旅程中的艰辛只是听说，京沪线中断了一个星期，这可瞒不了民众，第九期《大众生活》上，发表了俞庆棠女士《写给上海学生请愿团的一封公开信》。在这封长信中，她详细记叙了她那天在无锡的眼见耳闻，以及发生在当时的种种感想。我父亲摘录它的前两节为例，对俞女士的写作动机和感情表达作了篇讲话，给了《新少年》，用意显然是向读者宣传大哥哥大姐姐们的救国行动。父亲似乎意犹未尽，又写了篇童话《火车头的经历》，一同刊登在明年二月下旬出版的《新少年》一卷四期上。每一期《中学生》的《卷头言》都有我父亲站在学生一边的短论，如《再提学生运动》《“爱国”和“救国”》。到了七月里，父亲比较空闲，写了篇小说《寒假的一天》，就写“一二·九”运动中，上海学生进京请愿这回事。事情发生在阳历年前，离放寒假还远着哩。原来京沪线上各县的教育局都怕事，令中学提前放寒假，把学生都放掉了；小学乐得照此办理。

一九三六年十月十九上午，我父亲又按例到上海编发《中学生》的稿子。上了火车就听说：鲁迅先生已于这天清晨逝世；赶到开明，知道先生的遗体已护送到万国殡仪馆。治丧委员会民众自明天起吊唁三天，第三天下午入殓出殡。大家只感到星陨山颓，没法定下心来办事。二十上午，我父亲和夏先生雇了辆汽车，一同去殡仪馆瞻仰遗容，去了好久才回来。大家问他们，鲁迅先生怎样了。俩老说：更加瘦了，颜面骨更突出，眼睑自然下垂，显得肃穆慈祥。第三天下午，俩老又参加了出殡行列。好几种报刊来约稿。夏先生写了一篇《鲁迅翁杂忆》，主要讲前清末年，鲁迅先生和他一起在浙江两级师范任教的旧事，发表在《文学月刊》上。在送殡队伍中口号不断，挽歌四起，使我父亲大大激动，很可能掉了眼泪。他想起了鲁迅先生在给他那封短信上提到的“相濡以沫”，看来“同气”的“沫”积聚多了，也会汇成波涛汹涌的大海的。凭这点儿灵感，他写了一首七律和一篇短文，把七律《挽鲁迅先生》，给了《作家》月刊，短文《鲁迅先生的精神》给了《生活星期周刊》。《中学生》还没有呢，只好回苏州去写吧。他写了一篇《学习鲁迅先生的真诚态度》，说鲁迅先生逝世了，具有正义感的人都说大家应该学习他的精神，顺着他笔尖指向的民族解放的大道继续前进。“学习从哪里着手呢?”“……顶重要的一点，该是他具有的十分真诚的态度。……他对于中国民族的观察和认识所以能这样深刻，就由于他对中国民族有真诚的态度。他锲而不舍，爱憎分明……无一不是真诚态度的表现。这是从事于民族解放斗争的最高的态度。……大家应该学习鲁迅先生所具有的对任何事情都十分真诚的态度。”我父亲的这篇短论，编进了《中学生》第七十期的《卷头言》。

三十二

人们评论我父亲的童话创作，往往这样开头，“鲁迅先生说：‘叶绍钧先生的《稻草人》是给中国的童话开了一条自己创作的路的。’”一九三五年一月，鲁迅先生译完了苏联班台莱耶夫的《表》，写了《译者后记》；被大家引来引去的这一句话，就在这篇后记里。后记可以分为三个部分。头一部分，鲁迅先生介绍了《表》的作者班台莱耶夫，说见过作者三种作品的德译本；说明他这个译本是根据爱因斯坦女士的德译本重译的，参考了慎本楠郎的日译本。第二部分，鲁迅先生说他读了慎本楠郎写的日译本序，心中有所触动，于是他择要摘译如下：

“人说，点心和儿童书之多，有如日本的国度，世界上未必再有了。然而，多的是吓人的坏点心和小本子，至于富有滋养的，给人益处的，却实在少得很”，所以“一说起好点心，就想到西洋的点心，一说起好书，就想起外国的童话了”。“然而，日本现在所读的外国童话，几乎都是旧作品”，“大抵既没有新的美，也没有新的乐趣了”，“大抵是长大了的阿哥阿姊的儿童时代所看过的书，甚至于还是连父母也还没有生下来，七八十年前所作的，非常之旧的作品。”虽然不能说“看了就没有益，没有味”，但是“旧的作品中，就只有古时候的‘有益’，古时候的‘有味’”，“旧的作品中，虽有古时候的感觉、感情、情绪和生活，而像现代的新的孩子那样，以新的眼睛和新的耳朵，来观察动物、植物和人类的世界者，却是没有的。”“所以我想，为了新的孩子们，是一定要给他新作品，使他们向着变化不停的新世界，不断的发荣滋长的。”“我希望读者像游历异国一样，一面鉴赏着这特色，一面怀着涵养广博的智识，和高尚的情操的心情，来读这一本书。”……

鲁迅先生说，他把慎本楠郎的序言“译成中文时，自然也想到了中国”。当时中国儿童书的情况，鲁迅先生用两句话作了概括：“十来年前，叶绍钧先生的《稻草人》是给中国的童话开了一条自己创作的路的。不料此后不但并无蜕变，而且也没有人追踪，倒是拼命的在向后转。”这两句话，着重在后一句。前一句分明是跟日本作比较：日本“一说起好书，就想到外国的童话”，咱们中国还差强人意，十来年前出了一本我父亲的《稻草人》，“给中国的童话开了一条自己创作的路。”紧接着，“不料”……笔锋猛一转，说了三层意思：一、“此后不但并无蜕变”，指我父亲后来写的童话说的；二、“而且也没有人追踪”，指的著作界；三、“倒是拼命的在向后转”，指当时市面上的儿童书。鲁迅先生最痛心的，是出版界这股拼命向后转的复古风，所以他接着说：“看现在新印出来的儿童书，依然是司马温公敲水缸，依然是岳武穆王脊梁上刺字；甚而至于‘仙人下棋’，‘山中方七日，世上已千年’；还有《龙文鞭影》里的故事的白话译。这些故事的出世的时候，岂但儿童们的父母还没有出世呢，连高祖父母也没有出世，那么，那‘有益’和‘有味’之处，也就可想而知了。”

鲁迅先生说这番话，心情是沉重的，他跟慎本楠郎一个样，急于把《表》译成本国的文字出版。但是看了后记的第三部分，可以知道他的见解比慎本楠郎高出一筹，他所以这样做，主要为的“供孩子们的父母，师长，以及教育家，童话作家来参考。”他希望所有担负着教育孩子的责任的人看了《表》“这样的崭新的童话”，都能有所醒觉，大家一同来刹住儿童书拼命向后转的那股复古风。供给孩子们阅读虽然放在次要的地位，却也不放弃，“想不用什么难字，给十岁上下的孩子们也可以看”，这就增添了在翻译过程中遇到的困难。后记最后还对这本书童话的插图作了交代。

我的理解如果大致不错，那么“没有人追踪”的说法可能由于盼之切，所以责之深。《稻草人》问世之后，新出现的童话作者并不少；张天翼先生的《大林和小林》，这时候已经出版了五年了。至于我父亲，第二本童话集《古代英雄的石像》也已经出版五年了，跟《稻草人》相比较，我以为是有所进步的；但是主要内容还是对当时社会的揭露，离鲁迅先生期望的“蜕变”，还差得很远。

人们摘引鲁迅先生提到《稻草人》的这句话，为的充分肯定我父亲的童话创作，我是十分感激的。但是鲁迅先生的用意并不在这里，也是事实。“五·四”前后，“给中国的童话开一条自己创作的路”的，不是我父亲一个人，在我父亲的好朋友中间，就有沈雁冰先生和郑振铎先生；陈衡哲先生的《小雨点》，也比我父亲的第一篇童话《小白船》发表得早。只是别人都不如我父亲写得多，没有结集出版。鲁迅先生谈到中国的儿童书，把我父亲的《稻草人》提出来作例子，是极其自然的事。

三十三

《中国新文学大系》出版于一九三五年五月，是新文学运动“第一个十年（1917－1927）”的理论和作品选集，一共十卷；短篇小说占了三卷，分别称为《小说一集》《小说二集》《小说三集》，鲁迅先生选编的是《小说二集》。“一集”选文学研究会各位作者的作品，“三集”选创造社各位作者的作品，不属于这两个文学团体的选入“二集”，其实界线并不划得十分分明。我的父亲是文学研究会发起人之一，作品当然不属于

"二集"的范围。鲁迅先生在《序》(原来是称作《导言》的)中提到我父亲，只因为我父亲早先在《新潮》上已发表过几篇小说。

发表白话小说，是《新青年》和《新潮》开的端。鲁迅先生写"二集"的《序》，开头一节主要就谈这两种刊物，谈到《新潮》，他说："从一九一九年一月创刊，到次年主干者出洋而消灭的两个年中，小说作者就有汪敬熙，罗家伦，杨振声，俞平伯，欧阳予倩和叶绍钧。"接着对这几位作者发表在《新潮》上的小说作了总评，先指出技巧的幼稚，又说他们有一种"前进的趋向"，"没有一个以为小说是脱俗的文学，除了为艺术之外，一无所为的。他们每作一篇，都是'有所为'而发，是在用改革社会的器械……虽然也没有设定终极的目标。"这番评论是否切合别位先生，我不敢说；对我父亲早期的小说来说，我看是十分中肯的。

《小说二集》选了俞平伯、罗家伦、杨振声三位先生的作品各一篇，汪敬熙先生的作品两篇；都是发表在《新潮》上的。鲁迅先生在《序》中逐篇作了扼要的评介，又说他们"究竟因为是上层的智识者，所以笔墨总不免伸缩于描写身边琐事和小民生活之间。"接着说，"欧阳予倩致力于剧本去了，叶绍钧却有更远大的发展。"鲁迅先生没有选欧阳予倩先生的作品，因为在"第一个十年"中，他的主要作品是剧本；也没有选我父亲的作品，因为我父亲是文学研究会的发起人，理应归入"一集"，评论也应该让选编"一集"的茅盾先生去写。鲁迅先生在前边列举了在《新潮》上发表小说的六位作者，自然应该对每一位都作个交代，所以最后极其概括地提到了我的父亲。

"叶绍钧却有更远大的发展"，当然是赞誉，从上文连下来看，就可以知道是跟在《新潮》上发表小说的别的作者相比较而言的。俞平伯先生并未着意于写小说，选入"二集"的那篇《花匠》，说是散文，也没有什么不可以。罗家伦先生留学回来热衷于政治，不再写什么小说了。汪敬熙先生和杨振声先生，在"第一个十年"末期也停笔了。鲁迅先生在"二集"的《序》中，对他们两位稍后的转向是有所批评的。说汪先生"好像终于没有自觉，或者忘却了先前的奋斗，以为他自己的作品，是并无'什么批评人生的意义'了。"说杨先生正好跟汪先生相反，"他'要忠实于主观'，要用人工来制造理想的人物"，并以他的作品《玉君》为例，说他把玉君"创造出来了。然而是一定的：不过是一个傀儡，她的降生也就是死亡。”“欧阳予倩致力于剧本去了，”“第一个十年”后还在写小说的，只剩下我父亲一个了，还在“有所为”地把小说作为“改革社会的器械”。鲁迅先生说我父亲“有更远大的发展”，着眼点恐怕在这里。

鲁迅先生于一九三六年二月三日，给了增田涉一封信，主要答复这位日本友人来信中提出的问题。复信的第二段说：“《新文学大系》的事，已于年前问过，书店说从一册到九册均已寄出，未知确否？盼复，如不确，当再查询，第十册尚未出版。”第三段只有一句话，说是“叶的小说，有许多是所谓‘身边琐事’那样的东西，我不喜欢。”后边几段就说别的事了。增田涉是怎样问起我父亲的小说的，我手头没有可供查考的材料。从复信的第二段推想，他可能收到了《小说二集》，看到了鲁迅先生在《序》中提到我父亲的那句话，顺便问一声罢了；要不，鲁迅先生的答复决不会这样简单的。

鲁迅先生不喜欢“所谓‘身边琐事’那样的东西”，在《小说二集》的《序》中已经有所表示了。我父亲拘泥于写自己熟悉的事物，把身边的小事作为小说的材料，是不可避免的。但是小事不一定就是“琐事”，鲁迅先生自己，不也常常把身边的小事作为小说的材料吗？我看“小事”与“琐事”是有区别的，区别大概在于有没有普遍的社会意义，所以大家并不把鲁迅先生的《一件小事》看作“身边琐事”。鲁迅先生不喜欢的“身边琐事”到底指哪一些，倒是个值得研究的问题。对我父亲的小说，鲁迅先生虽然没作更多的评论，有他自己的译著在，有他对别人的作品的评论在，这个问题想来是不难弄清楚的。

有人觉得有点儿奇怪，在《小说二集》的《序》中，鲁迅先生才说过“叶绍钧有更远大的发展”，过了十个来月，怎么又不喜欢“叶的小说”了呢？有人说，鲁迅先生不喜欢的是“所谓‘身边琐事’那样的东西”，“叶的小说”虽然“有许多”，并非全部都是。也有人说这两句话说的是两码事，有没有发展是客观事实，喜欢不喜欢是个人爱好；意思是不能用后一句来否定前一句。两种解释都有替我父亲辩护的倾向，我当然也十分感激。如果问我怎么看，前一句，我已经说过，大概是在规定的范围内比较而言的；重要的倒是那篇《序》中的另一句，对“‘有所为’而发”和把小说作为“改革社会的器械”的肯定。至于后一句，可以作另一种解释：如果把“有许多是所谓‘身边琐事’那样的东西”看作“叶的小说”的补语，意思就不是指部分，而是全都不喜欢了。我想还不至于这样吧。

三十四

开明书店挂出招牌，到一九三六年已满十年，为感谢读者的支持，这一年还做了两件实事。一是请二十六位作家各写一篇短篇，编成了一部颇有分量的小说集，书名就叫《十年》。一是前边已经提到过几回的，专为初中学生创办一种更活泼浅显的《新少年》半月刊，成为《中学生》杂志的姐妹刊物。两件事都早就作好了计划，在年前就上马了。

夏先生在《十年》的序言中说：“开明自从创立的那一年起，就把刊行新体小说作为出版方针之一。到现在，大家都承认开明在这一类出版物中间，很有一些现代文学史上占有地位的佳作。”这是抹杀不了的，丁玲的《在黑暗中》，巴金的《灭亡》《新生》《家》，茅盾的《蚀》《子夜》《春蚕》，庐隐的《灵海潮汐》，王统照的《山雨》，还有我父亲的《倪焕之》《城中》等等，颇有几种是某作家的第一本集子，或竟是成名之作。当时新作家的作品也推出了不少，如张天翼的《追》，靳以的《残阳》，陈白尘的《茶叶棒子》，周文的《爱》，端木蕻良的《科尔沁旗草原》，师陀的《无望村馆主》等等。夏先生在序言中说：“约当代的作家替开明特写一篇新作，用来纪念开明，同时也给我国小说界留个鸟瞰的摄影。发育了将近二十年的新体小说成什么样子了……总可以从这里看出一大部分。”一九三六年以前的“将近二十年”，就是“五·四”运动前后，新文学运动是那时开的端。

按开明的惯例，我父亲被列为《新少年》的四位编辑之首。创刊号上那篇署名“编者”的《发刊辞》，却不像是我父亲写的。形式近乎散文诗，如第二段：“新少年又好像一条活动的小溪流，虽然狭窄得很，也许一步就可以跨过，但是流将出去，会遇见滔滔不绝的河伯伯，也会碰到汪洋无边的海公公。”既像编辑部的谦词，又像编辑部以外的朋友对《新少年》的祝颂。选词造句，都不符合我父亲往常的习惯。我父亲看了大概不大满意，在半个月后出版的一卷二期上，补了一篇《怎样才是“新少年”呢?》他说了最主要的三条：一是不死记书本，一是不怕劳动，一是不糊里糊涂过生活。他对少年读者说，要知道“自己所属的国家是被压迫的国家，目前所遇的年代是世界战祸即将爆发的一九三六年……唯有昂头挺胸，向前奋斗，才会战胜黑暗，望见光明……”我父亲每月下旬去上海；《新少年》却是十号和廿五号各出一期，两次发稿他都赶不上，只能在供稿方面多努一把力。一年半之内，他给《新少年》写了一篇小说，一篇散文，两篇童话，二十四则文章例话，还有五则对文艺欣赏方法的指导，还有几篇别的杂文。

夏先生和我父亲对当时的国文教育很不满意，认为教学目的玄妙笼统，教学方法因循保守：“至今还缺乏具体的科学性”，“往往只把选文讲读，不问每小时、每周的教学目标何在。”四年前给开明函授学校编写讲义的时候，两位老人家就偶尔谈起这些个想法。待一同写完《文心》，按教育部新颁的课程标准，重编《开明初中国文课本》，两位老人家越发觉得，他们抓住了国文教学劳而少功的症结所在；于是中止了手上那部换汤不换药的重编课本，要认真试一试从教材的编排和教法的改革入手，“给与国文科以科学性”。他们依据“往日教学的经验和个人的信念”，拟定了初中学生在国文课上应该受到的训练、应该得到的知识和应该掌握的技能，按自然的内在联系和循序前进的原则，把所有的教学内容排定了先后顺序。初中六个学期，每学期上课十八周，共一百零八周。他们把教学内容按着顺序分作一百零八课，使每一课有明确的教学目标，每一周上完一课。《国文百八课》这个书名就是这样来的；印在封面上还加了条注：“初中国文科教学自修用”。如果称为“课本”，需得呈教育部审定，而教育部肯定不会批准，理由堂而皇之，“不符合部颁课程标准”。个人自修，教育部管不着；教师愿意采用，教育部也管不了。在当时，中学国文教师自选课文自编讲义，是相当普遍的。

《国文百八课》头两册出版，颇受到好评，都说编排新颖，敢于打破传统，又擅长另辟蹊径。两位老人家兴致极好，我看了自然高兴，因而没注意写在《编辑大意》上的那一句“给与国文科以科学性”，评论家们是怎样说的。编一部课本来试试当然可以，要达到这个目的却不是一蹴而就的。我父亲以后没把这句话挂在嘴上，可是他老在试，课本编了一部又一部，似乎到了儿也不敢说，对语文教育的科学化取得了什么显著的进展。这是后话。《国文百八课》当时没能完成，才编完四册，抗日战争爆发了，我父亲带着一家老小进了四川，夏先生一家困守在上海。两位老人家在通信中屡屡提起，可总没能把余下的两册编完。父亲过世的前一年，人教社把前四册《国文百八课》捡出来重印，请吕叔湘先生作一篇“介绍”。吕先生说，这是一部“以作文为中心，按文体组成单元的试验课本”，又说“直到现在，还能对编中学语文课本的人有所启发。”

开明函授学校在前头也多次提到，有必要补充交代几句。“一·二八”战役后，江浙一带的失学青年越发增多。开明创办函授学校，目的在于帮助他们自学普通中学的全部课程，甚至包括体育以及一些常用的谋生技能，如珠算和应用文。先试办初中班，进度比中学快一倍；以半年为一学年，一年半结业，等于念到初中毕业。共收费十八元，相当于念公立中学一学期所交的学杂费。每月发给学员一册很厚的讲义，一册薄薄的作业本。讲义共十八册，一册的进度相当于中学的两个月，科目的先后排列也跟中学相同。各册相互衔接，开头都有一篇《讲坛》，像是师长讲话，如第一册就是《自学的精神》。作业本跟讲义密切配合，各科都有“练习”“笔记”“质疑”三个部分。学员如果要求批改，得交十八元批答费。两项费用都可以分期付款。为失学青年设想之周到，真可以说无以复加了。

开明函授学校由夏先生担任校长，编写各科讲义大多请的教育界文化界有名望的人。招收学员的广告一公布，报名的大大超出了预期的人数，而且多半要求批答作业本。他们着眼于质疑的答复，最好是编讲义的先生亲笔答复。作业本不断潮水般涌来，不要说编讲义的先生了，就是把编辑部的人员全体压上，也如何招架得住。只好一边请信得过的中学教师在课余帮忙，当然是有偿的；一边宣告暂时停收新学员。十八本讲义眼看快出齐了，大家商量以后怎么办。讨论自然而然集中到作业本的批答上。有的说设想是好的，为学员尽了心；开明没有这么大的力量，就把批答停了吧。有的说批答作业是开明的特色，停了批答，光发讲义，跟一般的函授就毫无区别了。商量到最后，都说只好迁就现实：第十八册讲义发出，同时宣告开明函授学校停办，并保证对已入学的学员做到善始善终。后来把讲义分科目出版，供自修用。《开明国文讲义》就是其中一种，讲义中的修辞部分是望道先生编写的，中国文学史部分是云彬先生编写的，课文的选编和读写常识的阐述，由夏先生和我父亲担任。

一九三七年元月十五，开明创刊了那时尚未见过的一种大型综合性文摘月刊《月报》。主意是开明的老朋友胡愈之先生提出的，月刊的规模恢弘，设想周密，开明的几位先生都认为读者必然欢迎，值得一做。愈之先生邀请夏先生当社长，夏先生首肯了。《月报》分为政治、经济、社会、学术、文学五栏，他请我父亲当文学栏的主编。我父亲也爽快地答应了；因为理解他的用意，他需要有个没介入过“两个口号”之争的人。《月报》的编辑工作全部由愈之先生承包和负责，人员由他邀约，总编辑由他自己当。各位先生全盘同意，他们都深知愈之先生的魄力才干和敏捷，和他那一向不怕事的实干精神。《月报》每一期的头里有一篇《这一月》，相当编者写的序言。在创刊号的《这一月》里，愈之先生说，办这本大型文摘刊物，旨在汲取最近出版的国内所有报刊的精华，刊载各方面各种不同的意见和主张，唯独不许《月报》有自己的意见和主张，发表自己组织来的稿件。“唯独不许”是认真的，却能掩人耳目。愈之先生在选编的实践中游刃有余，使出各种令人叫绝的妙招，宣传了中共的抗日民族统一战线。可惜才出了七期，《月报》不得不停刊了。“八·一三”，抗日战争全面爆发，本该在十五日出版的第八期没来得及跟读者见面，就跟承印的美成印刷厂一同毁于炮火。

三十五

一九三七年六月初，我在立达通过了毕业考试。这不能算数，还得等到七月初参加教育部举办的全国会考，会考及格才能领取中学毕业文凭，获得报考大学的资格。在这个节骨眼上，我传染上了猩红热。记得那一天是端午节，上午我从上海回到苏州家里，吃过中午饭就发高烧，脸涨得通红。父亲说看症候可能不轻，马上送我去医院。医生看了我的舌苔，断定是猩红热，给我注射了用马血制的猩红热血清，把我留下了，说非隔离不可。第二天早上，父亲给满子打了个电报，傍晚满子就到医院来看我了，脸上戴了个大口罩，对我说她和母亲分了工，上午母亲来看护我，下午她来看护我。其实医院的护士都是经过严格训练的，那是另一回事。第三天上，满子接到他父亲的快信，说她的二哥龙文和在白马湖的大嫂也都染上了猩红热；一家人心烦意乱，不可终日。母亲当晚对满子说："你快回上海吧。两位老人家有你在身旁，好多个人商量。"第二天上午，来医院的是满子。她把她父亲的信也给我看了。说看我脸色已恢复正常，她可以放心了，下午她就赶回上海，我父亲定要送她上火车。我说父亲要送，就让他送吧，我只担心白马湖弄不到血清。大概是猩红热的流行年吧，至诚后来也染上了，兄弟俩就住一间病房，他的病情轻，到六月底一同出院。医生交代不许到处乱跑，因为全身还要脱一层皮，带着病原的皮屑在空气中飘浮，谁吸入了就可能得病。总之会考我是赶不上了，看来只好暂且休养以待来年。

接着就来了"七·七"卢沟桥事变，日军又无理挑衅，北平又告急。国民党当局依然"牺牲不到最后关头，决不轻言牺牲"。老百姓唱着歌耳提面命："向前走，别后退，牺牲已到最后关头。同胞被屠杀，土地被强占，我们再也不能忍受，我们再也不能忍受。亡国的条件，决不能接受。锦绣河山，一寸也不能失守。"七月底边，北平天津相继失守，还不见中央当局有什么实际行动。父亲酒也不喝了，只是等听广播，等看报纸，听着了看着了又只是摇头。有一天他填了首《鹧鸪天》：

> 不定阴晴落叶飞，小红花自媚疏篱。颇惊
> 宿鸟依枝久，亦讶行云出岫迟。吟止酒，
> 写新词，寻消问息费然疑。同仇敌忾非身
> 外，莫道书生无所施。

父亲这首词的头一句，说的是那些政府官员今天这样说，明天那样说，今天硬一点儿，明天软一点儿，好像飘忽不定的落叶，这个我懂。第二句说的是绕在疏篱上的茑萝开得正盛，他也没心思欣赏，以及词的后半段，我也都懂。只是第三、四两句的"宿鸟"和"行云"，我猜不透指的什么。读者诸君可能也猜不透。我卖个关子：请各位自己去检阅第六卷中的《抗战周年随笔》吧。在这篇随笔中，我父亲谈到他在过去的一年中作的，足以表现他的心情的两首诗和三首词。

比起日本军国主义来，猩红热算不得一回事。"九·一八"，日本陆军在东北得了手；"一·二八"，海军陆战队就进攻上海；这一回"七·七"事变，陆军又在平津得了手，看来上海是逃不过一场战祸了。满子的大嫂和二哥已先后痊愈，她只怕京沪线一断就见不着我了，跟她父亲

母亲说，想再到苏州住几天。两位老人家理会女儿的心情，虽然不太愿意，然而竟同意了。那些天火车已经很挤，车票是托开明的跑街去买的。夏先生傍晚回家，从口袋里摸出车票，郑重其事地交到满子手里，对满子说："票是买到了，我看是会打起来的。"满子对她父亲的这一句话，以及当时的神态，都印象极深；第二天到了青石弄，先对我说了一遍，又跟我父亲母亲复述了一遍。她说这一回至多住一个星期，得赶回上海逃难。父亲问她："箱子整理好了？房子有眉目了？"满子说："刘叔琴师母来说可以分两间给我们家，在法租界霞飞坊。箱子嚜，父亲说身外之物，由它去。"

那几天，只听得相门外才修得的苏嘉路日夜军车不断。苏州城里也开始逃难了，少数逃往上海租界，多数逃往僻远乡镇。就在"八·一三"那天中午，我去观前看看情形，正好报馆里冲出一群人来，高喊"号外，号外"，沿路分发，原来上海已在拂晓开火，中国军队冲到了北四川路。我接过一张号外就往家里跑，扬眉吐气的一天终于来到，一家老小兴奋得不知怎样才好，嫌号外上只有一条新闻，短短的才四五百字。下午五点来钟，五架日本小飞机来到葑门外运河对岸上空，像练习似的一架接一架俯冲投弹；第四架也许被步枪击中，坠毁了。吃过晚饭天才断黑，日本轰炸机报复来了，似乎只有两架，在城圈上低空掠过，声震屋瓦，扔下了几颗炸弹，留下了几个弹坑，从效果看是恫吓性的。苏州人本来胆小，当夜就掀起了逃难浪潮，听说把几座水城门都堵住了。可不，第二天各条河里，竟见不着一条船。

上海到苏州的火车是不通了，邮政却一直没有断，上海的报纸还天天看到，只比平时晚了半天，来往的信件也如此。报纸上天天有鼓舞人心的消息，我军不但坚守阵地，还时时出击，深入敌后，牺牲是空前的。父亲当时填了支《长亭怨慢》歌颂前线的将士艰苦卓绝，非同寻常；歌颂他们宁愿牺牲自己，用鲜血来保卫中华领土，维护正义的尊严。填完之后，他又在标题《颂抗战将士》后头添上了"言不尽怀"四个字，埋怨这阕九十七字的长调，没能让他痛快淋漓地把话说完。父亲又写信给上海福州路开明发行所，问候各位先生可好，住在苏州河北的，一一列上姓名，还加了一句，满子特别牵挂她的父亲母亲。先收到的是伯祥先生、调孚先生的信。他们首先报告梧州路齐辉堂已全部烧掉。直到八月十日，政府才通知各大出版业的经理去南京开会，说战争已不可避免，叫各家回去立刻搬迁。雪村先生连夜赶回上海，开明雇了两辆塌车，循环作业，抢运了一小部分过苏州河，剩下的达十分之八；美成马上拆机器，哪里来得及呢？炮声一响，梧州路一带就成了一片大火。所幸各家老小还都安好，夏先生、伯祥先生、均正先生等几家都住在霞飞坊。大家都很兴奋，每天在门市部楼上碰碰头；开明怎么办，还谈不出个眉目来，看来别家也如此。过了两天，夏先生也来信了，又说只要能抗战，自家的这点儿东西牺牲了算得个什么，竟连花瓶也没带一个出来，买了点花只好插在个破茶壶里。又对满子说，路是通的，别着急回家，省得两头都牵挂。说不定又是个“一·二八”，打了三个月就不打了。他申明不是又跟大家唱反调，实在受骗受怕了。

路是通的。九月初，救国会的吴大琨先生护送一批难民回苏州，三日夜晚，特地来看望我父亲，说是离上海时愈之先生再三嘱咐的。他先说愈之先生在上海编书编报写文章，已经忙得不亦乐乎，救国会的工作，他是个主心骨。父亲问他救国会如今在做些什么。他说什么都干，从教唱救亡歌曲起。他忙的是难民工作，把闸北逃进租界的难民收容起来，安排他们的吃住，分批护送他们回各自的家乡；有时也带队去慰问伤兵。他滔滔不绝地几乎讲了两个小时，都是他自己的亲见亲闻，对我们一家人来说，件件都是新鲜事。父亲当夜就把他讲的填成两首《卜算子》，一首《伤兵》，一首《难民》。第二天祖母问我苏州有没有救国会，她身边有十二块银元，想捐给救国会去慰问伤兵。原来吴大琨先生是一口苏州话，祖母全听明白了。我没留意过这回事，说让我上街去找找看。祖母就从枕头底下取出用手巾包着的银元交给了我。我在观前一带找了几条街，没找到救国会，走过公园里的市立图书馆门口，倒看见贴着张纸条，写着“慰问抗日将士募捐处”。推进门去，有个穿长衫的中年人坐在问讯处的桌子后边。我问：“募捐处在哪里？”他说：“这里就是。你捐多少？”一边打开抽屉，取出一本收条一个印章。我想，看来只好我尽我心了，把手巾包里的十二块银元叠在了桌子上。我说：“收条的上款写‘叶老太太’。”他在收条和存根上都照我说的写上了，都还写明了“银圆壹拾贰”，在收条上盖了章，撕下来递给我。回家来，我把收条连手巾交给了祖母，让祖母好好收着。

父亲在“八·一三”前写的那首《鹧鸪天》，结尾两句是“同仇敌忾非身外，莫道书生无所施”。这前一句固然没问题。可是后一句，抗战已经一个多月了，“赳赳桓桓，似潮奔赴”前线的将士一批又一批；上海的朋友们都担负起加倍的工作，更坚强地守在各自的岗位上，自省这样空耽在青石弄里，对得起谁呢？他跟我母亲商量了好几天，决定走水路从运河到杭州，把一家老小暂时安顿在绍兴，铮子内姑母的好朋友施姑太太家里，顺便把满子送回白马湖，好让父亲一个人先去上海归队。这时候，父亲更深地感到离开了朋友，他什么也做不成。收拾好铺盖，雇定了一艘官船，九月廿一清晨，一家人扶老携幼，离开了没住满两年的新居。父亲说他没打算回来，看来连祖母也没想到要回来。有消息说上海我军已退守二线。当晚舟泊平望，父亲上岸去找报纸，镇上灯火全无，说是发了防空警报，昨天才挨过炸。舟人把船移泊镇外。水面上一轮明月，这一夜是中秋节后第二天。

两支大橹摇了三天半，才到达杭州拱宸桥。一家人乘黄包车到西湖边上的一家旅馆住下。因为常发警报，旅馆倒不挤。施姑太太正好在杭州，母亲找到她，请她介绍了一位可靠的熟人，姓嵇名阿四，把满子和我们家兄妹三个护送到白马湖；十月一日清早过钱塘江，在西兴乘上小火轮，直到半夜以后才抵达曹娥。找了个野村小店胡乱躺到天明，乘渡船过曹娥江到百官，雇了条小船，划了一个多小时就到了白马湖平屋门口。满子的大嫂见了我们，连忙杀鸡煮饭，当然主要是接待我这位娇客初次上门，也为了让一路护送我们的阿四，吃了饭好早点儿回杭州复命。我只知道父亲一到杭州，就跟上海开明的几位先生联系上了，说可以先在杭州出版《中学生》。在上海的编辑人员就逐渐向杭州迁移，如果一切顺利，就把编辑部发行部全部搬来。

白马湖四周青山，水清见底。夏先生的平屋背山面湖，几间瓦房，一个小院，总体设计和局部布置没一处不叫人感到落位。难怪他去苏州看了我们家的新居，会对我说：“侬老人家的房子会造得尬笨。”至诚找到了夏先生收藏的“五·四”前后出版的小说散文，就一头扎进了宝库。至美常跟着满子去找邻居的姐妹们闲聊，也学着帮她大嫂做些厨房里的活。满子的大侄子跟至诚一般大，他讲了不少只有乡间的孩子知道的事儿给我听；还教我趴在石驳岸边钓虾，看那躲在石缝里的老雄虾，钳住了穿着蚯蚓的小鱼钩往嘴里塞的傻劲。真是桃花源里的日子。满子的双亲在上海放心了。我的母亲给我们来了两封信，看来也放心了。可是事情总得起变化。在白马湖住了二十来天，母亲给我来了封快信，从绍兴直乐泗发出的。说她和祖母暂时住在施姑太太家，父亲把她们送到了直乐泗就回杭州了。叫我带着至美至诚，也去直乐泗；她已跟嵇阿四说好，某日上午到白马湖来接。看来母亲已经心烦意乱，信上没说别的，尤其是没提到满子。我跟满子说："我先去看看，把事情安排妥帖了就来接你。"

三十六

接我们兄妹的嵇阿四，那天早上就到白马湖了。我郑重其事的向大嫂嫂道了谢，别过了满子，兄妹仨就跟阿四乘一支小划子到百官，在曹娥埠头的小饭店里吃着午饭，等候直乐泗来的快船。在绍兴一带，快船相当于公共汽车，逢镇是大站，稍停半刻上下客人，遇村是小站，只是时速减慢些儿而已。一条快船不到十个纤夫，背着纤板，沿着河岸一路跑马拉松，一路不干不净地漫骂，其实并无对象，如果意译，恐怕应该是："老子来了，让路！"一扇红漆的舵倒插在船尾上，是当招牌用的，上面用白粉写着所经过的镇名。一会儿直乐泗来的快船到了，我们上了船，等候纤夫吃了饭开船。他们的肚子大得惊人，大海碗里盛的白米饭都堆成小山尖儿似的，每人五六碗，只见筷子不停地往嘴里划，划完了再咕嘟咕嘟喝两大碗霉干菜汤。拍拍肚子伸伸腰，就把船撑离了码头。在船上我问："阿四哥，直乐泗到底在啥方向？"他说："方向我亦话弗清爽，在后海头，往北去就是海哉。涨潮落潮，有辰光听得清清楚楚。"我想他说的海，一定是钱塘江口，看来直乐泗在绍兴城北面。

傍晚到了直乐泗，阿四把我们领进一座从未见过的大宅子，跨进大门到施姑太太住的最后一排的那个小院落，少说有半里多路。不知是哪个年代造的，已经成了个破败的大杂院，住户恐怕不止七十二家。母亲见了我就问："阿满呢？怎么没有来？"我说："信上没叫我把她带来呀！"母亲说："有你这样个老实人的。"我说："母亲不放心，过些日子，我去接她来住几天。父亲着急赶回杭州，看来《中学生》就要上马了？"母亲说："主意早改变了。你们动身后一个来星期，章先生范先生一同赶到杭州，说杭州打不开局面，开明不内迁没有出路。三个人商量了几天，说先乘汽车到芜湖，搭外国公司的轮船，去汉口想想办法。你父亲怕路上不好走，让我们都到施姑太太这里来暂住，等汉口那边安排妥当了，他亲自来接。章先生因老家马山离这里才三里路，让范先生一个人留在杭州张罗汽车，他同我们一路，回马山去看望他老母亲，在家里也只住了两个夜晚，就同你父亲去杭州了。要是路上顺利，他们三个这时候应该到汉口了。"母亲说到这儿才喘了口气。施姑太太在楼梯口上喊了："小墨，快下来陪老太太吃夜饭吧，桌上的下饭都摆凉了。有话吃过了饭再细细讲，我给你们娘儿俩再泡两杯新茶。"

雪村先生兄弟五人，他是老大，外头的朋友称呼他"老板"，在家乡马山却称他"大点王"。有人以为是"店王"，错了，"王"字加一点，是个"主"字，一家之主的意思；当然也是尊称，孔乙己是挨不上的。雪山先生是二点王，在开明主管营业。三点王留在马山管一爿祖宗传下来的南北大杂货店，老忙忙叨叨的，我去马山只见过他一面，没记住他的名字。四点王在开明管栈房，我去找书就称他四点王，如今想不起他的名字来了。五点王雪舟精明能干，当时任开明汉口分店经理，后来任成都分店经理。章家五兄弟，跟我父亲关系深的有三位。趁父亲去了汉口，我没什么可记的，把他们先交代一遍，以后也好省些笔墨。还有雪村先生的妻舅吴仲盐先生，也必须交代一下。他在马山本来有许多田产，开明创办的时候，雪村先生劝他卖掉田产办印刷厂，他真个把田产全都卖光投入了美成，美成的本钱绝大部分是他的。为了振兴中国的文化事业，两位先生都做得对，而且美成也着实办得不错，谁料得到结果会毁于炮火呢！仲盐先生几乎在一夜之间就变得一无所有了，茫茫然地回到了故乡。我去马山没见着他。听说他在绍兴城里，和几个金融界的老朋友一天到晚泡在酒缸里。又说他的信用可没倒，人们甚至比以前还看重他。父亲临走还交代我母亲说，要是一旦需钱用，就叫小墨去找仲盐先生。

过了些天，我真个动身去白马湖接满子，跟母亲说好，住三四天就回来。上午在快船上听乘客说，昨天隐隐听了一天炮声，看来日本兵要登陆了，不知是对岸乍浦的金山卫呢，还是余姚的观海卫。一进平屋，大嫂嫂见面就说亏得我来了，只怕又要逃难哩，快把满子接走吧，省得两头牵挂。我问她一个人带着三个孩子怎么办，她说不要紧的，到时候就躲进庵里去。我听满子说过，有个尼姑庵四周都是山，是她小时候历次避难的处所。大嫂嫂又要杀鸡，说不能喂着等日本人来吃。满子和大嫂嫂睡着说了一夜的话。第二天在回直乐泗的快船上，就听说上海陷落了，剩下个孤岛。“陷落”指的上海周围的中国部队撤守。苏州河以南的公共租界和法租界虽然在日军的包围之中，名义上的主权仍旧是中国的，所以叫“孤岛”。乘外国轮船出黄浦江可以去香港，这是孤岛的主要向外通道，别的通道就难说了。

到直乐泗，正好接到父亲的电报，是上海沦陷前一天，十一月十一自汉口发出的。父亲叫我侍奉祖母母亲，带着一大家子到南昌，他在南昌接我们。旅费三百元，已汇仲盐先生转交。我对母亲说：父亲大概还不知道钱塘江大桥早已不通客车了，浙赣路改由萧山发车，先得打听去萧山该怎么走。施姑太太听说就唤来一位远房晚辈玉书先生，叫我问他。玉书先生姓宋，才三十左右，在萧山城南的水陆码头临浦当过店倌，铺子倒掉了，闲在家里。他说水路要是顺风，一天就能到临浦。火车过临浦没有不停的，可以就在临浦上车。施姑太太对宋先生说：“这个差使就交给你了，雇一条熟船，陪小墨一家老小到临浦，送他们上了火车再回来见我。”玉书先生“得令”，这就万事齐全只欠旅费了。我去马山找仲盐先生，说他住在城内某某街某某银号。我于是乘快船进城，找到那个银号。伙计把他从后头请了出来，那一身扑鼻的酒味，至今我还忘不了。我给他看了父亲的电报，他说：“汇票至少要过一个星期才会到，先从我这里拿三百块去用吧。”就去后头拿了一叠五元的钞票出来，让我点一点，正好六十张。他没叫我写收条，只说了句：“汇票到了我给你销账。”后来听说，他第二年去上海凭吊印刷厂那片瓦砾场，人们跟他说铅的分量重，烧化了一定流到地下去了。他费了不少周折雇人去挖，结果一无所得，又踅回马山喝酒。还没到清秋节，他喝完了人生有限杯，就与世长辞了。

玉书先生雇了条二明瓦乌篷船，说定十一月十九清晨上路。我就写了封信给父亲，说明汇票还没有到，路费是向仲盐先生借的。看情形不能再耽搁，决定十九日动身。母亲身体还可以，心神不大安宁，祖母倒没有什么。满子正好在这里，决定一起走。满子也给困在孤岛上的双亲写了封信，不让我看就封得了。去镇上发了信回来，我捡出地图本，查了一遍这次远行将要走过的路，估计了日程。准备行李足足忙了两天，第三天清晨，船已经泊在大门口埠头上了。先把行李铺盖搬上船，还有好几篮菜肴点心，是施姑太太给我们在船上吃的。她老人家亲自送到埠头，又叮嘱了玉书先生几句，看着我和满子扶祖母母亲上了船。至美至诚早已在船上等着了。待船撑进了河港，还听得她老人家在喊一路顺风。

真个一路顺风，乌篷船挂起风帆，也不比快船慢。如果天黑前到临浦，赶上夜车，即使明天的早车吧，后天中午一定能到南昌。我这样一说，母亲的心似乎放宽了一些，跟玉书先生也有说有笑了。后来才知道，父亲在汉口也掐准了时辰，这一天已经赶到南昌等着了。问题出在我们这一头。到临浦，玉书先生跟我都傻了眼，望着岸上挤挤攘攘满街满巷，都是过江来逃难的人。向邻舟打听，有说钱塘江大桥已经炸了的，有说日本人已经进了杭州的。玉书先生叫我守在船上，他先上岸去看看，没多久就回来说，已经三天没有火车了。逃难的人越聚越多，问我还是原船回直乐泗，还是雇条江山船往西走。我想父亲不知到没到南昌，我们在船上怎么跟他通信呢？不如到衢州住定下来，再写信去汉口跟父亲商量。母亲也不赞成回直乐泗，说只好这样了。玉书先生果然找到了一条江山船，是运甘蔗到临浦的，卸了货不敢往回驶，船空着怕抓军差，看我们有老有小的，好像找着了保险的通行证。玉书先生指挥乌篷船上的人把行李搬过了船，交代他们说回直乐泗跟施姑太太报个信，说他到了衢州，把我们安排妥了就回去。天已经黑下来了，玉书先生叫船老板买好柴米油盐，又上岸去买了好些酱菜腐乳回来，说这家酱园远近闻名，让我们尝尝。

下弦月挂在山间，镇上还人声犬吠不断。一家人躺在船舱里倒睡得挺酣，只有母亲合不上眼，她说她肩膀上的担子实在太重。老太太算来七十二岁半了，这些孩子还什么也不懂，前路茫茫，他们毫不放在心上。我劝母亲还是闭一会儿眼睛，明天会碰到什么局面是没法预料的，只好准备着精神去对付。母亲还是一夜没睡着。第二天才蒙蒙亮就开船了，顺流淌了不多一会儿就向左拐了个弯，我知道进了富春江了。船上唯一的一位伙计上岸去拉纤了。船老板在船尾左臂挟了支桨作舵，右手拨弄着红泥火炉里的柴火，给我们烧水煮粥。煮得了，大家就着玉书先生买来的酱菜腐乳喝粥，都说味道好极了。富春江这一路秋景，真好得没法说。可惜玉书先生也从未来过，船老板和伙计都是江山人，口音听不大懂，到了哪儿哪儿，全凭查对地图。第三天上，酱菜腐乳都吃完了。无巧不巧，在严子陵钓台下面遇到一叶扁舟，向渔翁买了两尾活泼泼的小白鱼。好像又过了两天，从地图上看要过龙游了。我知道船老板胆子小，跟他说到了龙游，船可不能再歇在荒郊野地里了，我得进城去买点下饭的小菜。他总算答应了，船停了上岸一看，还是荒郊野外。他一边拴船一边说，“向南走没几步路就是。”这可是大人国里的几步路。我和玉书先生一路商量，从地图上看，龙游在浙赣路上，我们先去车站看看。

龙游车站倒非记一下不可。没有候车室，是小车站的标准形式。站长却在该盖候车室的地方盖了个大棚，名曰抗战饭店，供应白菜肉丝面和腌菜泡饭，也不怎么贵。车站的售票窗口是找不到人的，站长在他自己的饭店里忙着呢！问他有没有车去南昌，他说天天有。问他什么时候到站，他说要看萧山哪时发车。问他什么时候卖票，他说不卖票，一律到车上去补。问他补票不麻烦吗，他说卖票才麻烦哩，乘客买了票挤不上车，不是都要来找站长吗？问他车挤不挤，他说五六天以前，车上挤得透不过气；这几天好多了，大概都能挤上。前方不吃紧，这里就松一些，不是抗战吗？看抗战饭店里的客人不多，我跟玉书先生商量说，不如就在这里上火车吧。两人雇了五六个挑夫，两乘轿子，快步回到船上，把祖母母亲扶上岸，坐着轿子由我领着走在头里，满子他们跟着玉书先生在后头押行李。船老板和伙计也很满意，剩下的柴米油盐都送给了他们。

在抗战饭店的大棚里，一家人占了个角落。吃了站长的面和饭，站长才告诉我，明天上午准能走成。我跟母亲说，“从地图上看，龙游到南昌，火车至多只要开十二个钟头，加个倍吧，也只消一天一夜。要是父亲还等在南昌，后天中午就能见面了。今晚总可以放心打个瞌睆了。”祖母听说，真个靠在行李上睡着了，母亲总是睡不稳。至美发现，龙游的甘蔗又粗又嫩又甜，价钱特便宜，她买了一大捆来，大家嚼得下巴关节都酸了。第二天早上又吃了抗战饭店的面和饭，站长瞌瞌睆睆出来给旅客们一一结了账，看他去戴站长帽拿哨子和红绿旗了，百来个旅客赶忙往站台上涌，我们一家当然殿后。亏得火车待了一会儿才进站，车厢里又不挤，每个人都有座位，而且在一起。可是车开得那个慢呀，真让我给说着了，第二天九点过才到达南昌。在车上一天一晚没吃东西，出了车站看见对面也有家抗战饭店，大家都吃了一大碗腌菜泡饭，先填饱肚皮。我让满子至美陪着祖母母亲留在饭店里等，让玉书先生跟我进城去找父亲。居然按父亲开的地名找着了，原来是爿绸缎庄。我说找汉口来的叶老先生。伙计说："你们才到呀，叶老先生等得你们好苦，天天赶火车站，空等了五六天，只好回汉口去了。"我想了想，问他去九江的火车还通不通，到汉口还有没有轮船。他说都还勉强。我说："麻烦老哥们去旅馆定一大一小两间客房。买明天去九江的火车票，六张全票一张半票。还得麻烦哪位老哥，跟我们去浙赣车站接人。大队人马还在站外等着呢。"在路上，玉书先生说，他打算送我们上了去九江的火车，就回直乐泗了。我说到了九江，上轮船还是个关口，请他帮忙帮到底，到了汉口再说。

我的地图操作居然可行。在南昌城里的旅馆住了一宿，头一回尝到了只有纽扣儿大的金钱蜜橘。第二天，绸缎庄派两位伙计送我们过了赣江大桥，搭上了南浔路的火车，下午到达九江。九江江边特挤，在旅馆里只租到一间客房，胡乱歇了一夜，第二天在沿街的摊子买了些点心当早餐，我就去江边打听轮船。有人指着下游江面上一缕细细的烟对我说："看，不是来了吗？"我赶紧回旅馆打好铺盖，叫伙计雇一条划子，送我们上船，先给了他和划子丰富的酒钱。轮船到了并不靠码头，许多小划子一拥而上，无数带钩的篙子钩住了甲板边上的铁栏杆。我先跳上甲板，玉书先生和旅馆伙计把行李一件件扔上甲板，然后上人。划子颠簸得厉害。我俯身在铁栏杆上拉住祖母的两条胳膊，玉书先生和旅馆伙计托住身后使劲往上推，祖母好容易才坐到了甲板上。一家人全上了船，玉书先生才跳了上来。大家挥手向划子和伙计告别。

统舱里挤满了人，连脚也插不进一只去，一家人只好坐在堆在甲板上的行李上。待轮船向前开了，水手在甲板外蒙上了厚厚的帆布，总算可以挡些儿风。沿路买的鸡蛋，不小心都滚到江里去喂了鱼，大家一直饿到第二天早上八点，轮船在汉口江汉关靠岸。我叫大家等着，一个人去找在交通路的开明分店。原来交通路就在近旁。我冲上开明的二楼，父亲见了我吃了一惊，问我怎么会来的。我说："说来话长。人一个没少，都等在江汉关轮船上呢。请几位老师傅帮忙搬行李吧。”父亲跟着我上了轮船，以下的情节，读者诸君可想而知，我就不写了吧。只交代一件事，父亲听说我们受冻挨饿了一整天，请人去饭店唤了一批大肉面来。这大肉面那个鲜呀，好像从来没吃到过似的，就是吃了一大碗还没把肚子填饱。

父亲问我：“玉书先生老远护送你们来汉口，怎么谢他呢。送钱总觉得不太好。”我说：“就请雪舟先生想办法，给他找个工作吧。他在家里耽怕了。”父亲说：“还是去问问你姑夫看，美亚织绸厂也要内迁，他和你姑母，带着你表弟表妹先来了汉口，住在法租界。今晚上请我们全家吃团圆饭，也请了玉书先生。你姑夫交际广，我去找他想想办法。”说完就去打了电话。晚上请吃饭，姑夫先谢了玉书先生，说有二十几家内迁的厂家，合办了一个国货公司，汉口总店趁明天一号开张，店面都布置好了，就呢绒绸缎部还缺一位领班，问玉书先生愿不愿屈就。玉书先生喜出望外，第二天就去站柜台了。母亲匀了一套铺盖给他。

三十七

开明汉口分店在交通路，临街的三开间三层楼，底层的前头是店面，后头是栈房；二层办公和会客；三层是职工宿舍。为上海总店部分内迁，雪舟先生早就租定了同样的一幢三层楼。三层就让我们家住了。二层接待南京分店撤下来的人、上海总店抽调来的人，不多几个。底层堆着从上海内迁的物资。雪村先生洗人先生离开上海之前，费了许多周折，才向政府弄到两艘机帆船，安排好了，把内迁的物资分两批走运河运到镇江，再经长江运汉口。前一批到了，是纸型和纸张。后一批运的主要是向别家印刷厂租来的机器，却杳无音信。派人去镇江打听，回说船过白莲港，被日军劫去了。雪村先生和洗人先生忙着派人去重庆和桂林设点，撤销沦陷地区的分店，编辑部的事提不上议事日程。我父亲先约起《中学生》的稿子来，准备明年一月中旬复刊。趁约稿还没有到，一个人把《初中国文教本》第三四两册改妥了，准备发排。没想这些工夫全都白费。我们一家是到汉口团聚了，开明编辑部部分内迁的事却只能以后再议。奉调到汉口的几位同事被就地遣散，自谋出路；我父亲不肯特殊，拖着一家老小，也走上了流亡的道路。

究竟是怎么回事呢？租来的机器被劫，似乎不能成为理由。楼适夷先生白手起家，在汉口办了个大路书店；云彬先生后到，帮他编起了大受读者欢迎的《少年先锋》月刊。可是开明呢？真个是大有大的难处。为了在重庆建立办事处，开拓西南各省的营业，洗人先生入川去了。十二月十四，我父亲送他上了轮船。过了六天，雪村先生乘火车去广州，准备经香港赶回上海，去处理几笔重要债务。我父亲送他过江，上了武昌去广州的列车。在渡轮上对着一江浊浪，父亲想起八十天前，三个人把酒持螯，意兴飞扬来到汉口，如今却这么个收场，只有忍泪苦笑。

回到交通路住所，父亲问我有什么想法。我说祖母年纪大了，看来只能走水路乘船。从地图上看，往南可以去长沙，往西可以去重庆。母亲赞成去重庆，说船票不好买，多方托人想想办法，分两批走也可以。正议论间，没想到决定性的一票却来自重庆。父亲有个表外甥叫刘仰之，在商务的重庆分店当经理。他已经见着洗人先生了，听说他娘舅一家困在汉口，就写了封快信来邀。这样一来，剩下的问题只是船票了，其实除了姑夫和雪舟先生，也无人可托。可巧母亲走在路上，对面来了一辆黄包车，车上的人好像是父亲的中学同学陆佩萱，好像听说过他在民生公司工作。母亲去民生公司一问，果然是他，在民族轮上当买办，见了同乡还很热和。母亲就老实讲明了要求。他说可以，今晚就在民族轮上见面，明天一早就开船。又说民族轮马力小，上不了三峡，只好在宜昌换船，到时候他会安排的。

天下真是好人多。母亲回来一说，大家手忙脚乱收拾行李，准备上船。父亲跟雪舟先生说了，雪舟先生如释重负，他说他会给宜昌的同行打电报，去旅馆给我们预订房间。父亲又给姑夫打电话。姑夫说要饯行也来不及了；他定要和姑母到码头上送行。父亲请他对玉书先生讲一声。不记得那天吃了晚饭没有，雪舟先生先派人把行李送上码头，他亲自送我们上了船。姑夫姑母和玉书先生也来了，送来不少让我们在路上吃的东西，还有四瓶绍兴。大家看我们住的是船头上的餐厅，都说比官舱还舒服多了。等送客的人全走了，父亲母亲才到买办室面谢陆佩萱先生。餐厅里乘了三家人，老小十七个。夜里摊开铺盖，沙发上，餐桌上，地板上，全睡满了人。早晨卷起铺盖，餐厅恢复原状，房舱的乘客们常来串门闲聊；电报室收到了重要新闻广播，也在这里口头宣布。船上供应一日三餐，房舱客人各自回舱用饭，我们却不用动窝。第三天晚饭后，突然传来南京陷落的消息，餐厅里立时煞静。大家肃立，竟想不出用什么形式，来表示如此巨大的屈辱和悲痛。

十二月三十午后，民族轮安抵宜昌。雪舟先生接洽好的那位同行，已经在码头上等着了。母亲跟父亲分了工，由她跟着来人，去旅馆安顿一家老小。预定的客房只一小间，光堆行李就占去了一半。看挤在柜台前过夜的旅客有上百人，我们也该满足了。父亲跟着陆佩萱先生去民生宜昌分公司见经理，回旅馆说经理李肇基先生当面答应：民主轮一星期后进川，给我们七张票，三日上午去取。上岸时就听说，滞留在宜昌候船的人已达三万，还在与日俱增。又听说民主轮这番入川，可供公司分配的客票仅十八张，我们如此幸运，反而有点儿不好意思了。该怎么谢谢这位萍水之交的李经理呢？父亲只好"秀才人情"，做了首七绝："蜀道之难今昔异，今难轮少票难求。备闻诸客艰辛语，一诺恩尤感李侯。"去街上找到一家纸笔店，他选了一张上好的诗笺，就在店堂里借他们的笔墨印泥，把这首诗抄上，盖上随身带的小印。又买了副信纸信封，写了封感谢信，到约定的日子，派我去民生公司送给李经理。李经理看了，郑重其事地搁在一边，说多谢我父亲；又说那天有事不能到码头来相送了，祝我们家一路平安。随手开了个便条，叫我去售票处买票。

一九三八年一月五日下午上的民主轮，六日清晨开船。民主轮比民族轮大多了。我们家乘的是八张上下铺的三等舱，共十六个铺位。整洁安全、服务周到、拒收小费，一向是民生公司客轮的特色，抗战之初还保持了年把。三峡景色风物，待八年后乘木船出川时，再一路细细写吧。父亲在宜昌写了三首纪事小诗。在三峡中，又写了三首小诗：前两首写景，第二句是"三峡岂容文字传"，岂不把他自己写的也抹得干干净净；后一首虽则是豪言壮语，"全家来看蜀中山"，想不看也不成啊。六首小诗都编入了第八卷，读者诸君如果有兴趣，可以翻出来看看。在两条轮船上各结识了一位苏州同乡，第二十四卷《渝沪通信》第三号，父亲在给雪村先生的信中提到他们的姓氏，我如今给作个注。姓蒋的是南京撤下来的小官僚，自我介绍没说哪个机关，只说去重庆看看再说；夫人是医生，到了重庆打算自己挂牌；带着位年轻朋友，才从南京监牢里放出来的。三人在民族轮的餐厅里跟我们家一同住了四天。在民主轮上，又遇见了四五位治淮工程处的技术人员，数姓潘的年纪最大，常常端着酒杯，向我父亲诉说他们在炮火中如何撤离工地，忍不住涕泪纵横，上级让他们到了重庆再作安排。工程就这样半途而废了么？他们将往何处去呢？成了我永久的悬念。

民主轮九日午后拢重庆，靠弹子石码头。仰之表兄带着几位老师傅早等着了。他让老师傅雇好滑竿，先护送我们一家老小去他家里，留下我和他两个。等行李从底舱里起出来，我点清了一件也没少，表兄才唤来运输行的管事，又当面点清行李的件数，回头对我说："他们会送去的，我们走。"我跟着他上了一段坡又上一段坡，实在喘不过气来。表兄笑着说："停下来歇口气吧。这里的人叫我们'下江人''脚底人'。来到这里先要练往上爬的腿劲。"表兄住在重庆城里的最高处，那座四层洋楼有个奇怪的名字，叫"金十万儿"，想来当初是个姓金的大财主造的。财主不知何处去，表兄租的是顶上一层；好容易爬了三百级石阶才进得大门，还得更上三层楼。第二天清晨推窗下望，嘉陵江水清得看不见底似的，真个称得上"伤心碧"。长江上游来的水一比，就见得黄浊了；在汇合处更明显，嘉陵江像一把狭长的利刃，直刺进长江的中流。

表兄在商务是练习生出身。我小时候只知道他的母亲住在安节局里。安节局专收容无依无靠的年老寡妇，也算地方上的公益事业。他进商务大概由我父亲作的保。表兄还没成器，母亲就过世了；他被调到重庆当分店经理是后来的事。表嫂是地主家出身，家在重庆土猪场，父母早已亡故，兄弟还小，结婚后头几年，娘家的事还由她大小姐说了算，三个男孩子，两个大的不在家，是巴蜀小学的住校生。表兄表嫂顿顿鸡鸭鱼肉接待，父亲母亲觉得受之有愧，长此下去算个什么呢？亏得洗人先生租定了西三街九号的一幢三层楼，作开明的驻重庆办事处。他当时是个光杆司令，底层作了栈房，他住二层的里间，外间作会客室；三层的两间空着，就转租给了我们家。说实在的，要这样他才好有人说个话，一日三餐可以由我们家料理，更不用提着把壶去对门茶馆买水了。表兄表嫂听说如此也不苦留，还唤了几个师傅帮我们搬家。过后不久就是阴历年了，他们又送来了许多风鸡、腊鸭、香肠、熏肉、花生糖、米花糖，是表嫂土猪场娘家特制的年货。

西三街生活初定，父亲特地抽出半天工夫，给困在孤岛的开明五位先生和吴天然阿姨各写了封信，编作《渝沪通信》第三号，于一月廿五一同寄出；当时航空信还通，可能在阴历年前到达上海。头一封是给夏先生的，父亲写得特别详细，连买得折枝红梅插于瓦瓶都提到了。这正是过年景象，父亲却没说一句贺年的话。是无意中忘了呢，还是有意避免触动夏先生的心境呢？父亲在信中对夏先生说："在汉口无所可为……现居重庆，固亦一无可为，静待窘境之来临耳。"其实还并非如此严峻。重庆原有两三种报纸，从行文到编排，不怎么合下江人的胃口。十天以前《新民报》出刊重庆版，大受下江人欢迎，本地人也感觉新鲜；副刊《血潮》由女兵谢冰莹主编。她来约我父亲写稿的时候，父亲才到重庆还没坐定，只好抄了船上的行旅诗给她充数，答应阴历年前给她写个杂谈创作的连载。再说云彬先生，他这时候才到汉口，不久来信，要我父亲在《少年先锋》上挂名当个主编，还要每个月供给一篇卷头言，我父亲都允诺了。文化界的一部分人还在向汉口集中，我们家倒似乎走得太早了。

到重庆后第三天投邮的《渝沪通信》第一号中，我父亲说到已去参观过巴蜀小学。这所收费很高的贵族学校在通远门外，观音岩脚下，一个四川军阀出钱办的。他信不过本省人，特地去上海请来了校长。无巧不巧，这位校长是我父亲的小学同学周勖成先生，他带来的两位朋友也跟我父亲相熟。五年多来，三个人惨淡经营，教室宿舍操场，都齐齐崭崭。学生一律住校。已办了一班初中，想在寒假后再添一班。新近挖成的防空洞，足以容纳全校四五百名学生员工。阴历新年周勖成先生登门拜年，说初中的两班国文请我父亲去教，六个半天，外加六七十本作文，还说至诚可以插班念小学，父亲就同意了。迁到重庆的大专院校已经有好几所。国立中央戏剧学校好像在城里，校长余上沅先生拉我父亲每周去教写作练习两小时，学生才十来个，父亲就答应了。在那儿父亲认识了曹禺先生，他是教务长。复旦在北碚，上水乘轮船得五个来钟头。校长陈子展亲自上门五次，说特别迁就，两周去一次，住两宿而归。我父亲没法再推辞，只好跟巴蜀商量减去一班的课。勉强去了五次，结果还是下决心辞掉了。只留下一首自我感觉良好的五律，《夜发北碚经小三峡》。

初上月微昏，孤舟发野村。
江流唯静响，滩沸忽繁喧。
浓黑峡垂影，深凹石露根。
何能忘世虑，休说问桃源。

父亲在抗战期间天天记日记，自以《西行日记》题日记本。是一九三七年离开杭州那天写起的，还是在汉口决定入川那天写起的，已无从查考；因为开头三册，一九三九年乐山遭日机轰炸时烧掉了。一九七六年整理王伯祥先生遗物，发现了我父亲在重庆和乐山，写给上海各位朋友的两批信，后来整理成《渝沪通信》和《嘉沪通信》；如今编在第二十四卷中，正好补足《西行日记》开头的缺失。父亲写信和当时困守孤岛的朋友约定，双方都把信保存好，留待胜利后见面时再一同重温，相互印证那远隔千里重山复水的思念。可是真个能看到这两批旧信的，只剩下我父亲一个，老朋友凋零殆尽，无处再诉说当年的相思之苦了。

三十八

一九三八年三月廿七，中华全国文艺界抗敌协会，简称“文协”，在汉口开成立大会，我父亲是主席团成员。楼适夷先生在会前就写信来说定，只需同意列名，如有困难可以不到会。五月四日，《抗战文艺》在汉口创刊，我父亲任编委，可能也是适夷先生说定的，只好挂了个名；直到七月九日出版的十二期上，我父亲才发表了一篇《抗战周年随笔》，有点儿像逼出来的。这一年来，除了把一家子从苏州迁到了重庆，为抗日战争贡献了一些什么呢？我父亲只好从一年中做的诗词中挑出几首，向读者诉说诉说自己的心境。在大后方，我父亲这样写还能博得少许同情；如果在孤岛上，很可能成为日趋没落的典型。柯灵先生当时在上海《文汇报》编副刊《世纪风》，经常到开明走走。八月初见了我父亲写的《题伯祥书巢》，就抄了去登了出来。这首四十韵的七言古体分为三段：一是想像老友困守孤岛的生活，一是实录自己流寓重庆的生活，一是预期凯旋时相见的欢欣。不料上海有家报纸大骂我父亲太不前进，值此抗战时期还有心赏芍药，啖樱桃，放不下手中的酒杯，还叫人去钻古书。柯灵先生被弄得很尴尬，组织了文章反击。伯祥先生还动了气，连忙给我父亲写信。我父亲九月廿四回信说："上海报纸骂弟不前进，弟本未前进，骂得其当，无所不快。青年人之心理，我们均可原谅。"

自从二月中旬学校先后开学，我父亲主要忙的就是赶来赶去上课，批改大学生中学生的习作。至诚去巴蜀住校了，满子、至美和我，帮母亲料理家务。柴米油盐，也颇有可说的。如用的燃料在别处就没见过，当地叫"峦炭"，火力很旺，经烧而没有烟，后来才知道是才开出的烟煤，在离窑洞不远的地方堆成垛，糊上很厚的一层泥，点火烧燃，等到泥缝不再冒烟了，用水把火泼灭就成。这不是土法制成的焦炭吗？化学课本上却从来没提到过。父亲就喜欢听我讲这些可以溯自远古的新鲜事。到了五月里，至美和我都进了国立四川中学。中学而"国立"，真个是从来没有的新鲜事。原来东线战场节节失利，在汉口，自江苏安徽等地内撤的流亡学生成千上万。国民党政府害了怕，怕学生们聚众闹事，更怕他们往陕北跑。何不给几所名牌省立中学来个双提级，以增强吸引力，于是本已打算西迁的省立扬州中学，就成了国立四川中学，并扩充学生名额至一千数百人。在汉口报名的，连吃的穿的都由国家供给，并由学校组队带领入川。至美去的是北碚女生部，我去的是合川高中部，分别与同学结队乘轮船溯嘉陵江而上。我是在立达毕了业的，去年那场猩红热生不逢时，耽误了会考，毕了业不能算数，得待今年补考。到得今年，教育部把会考给废了，还有谁来给我补考呢？父亲说，这没头官司要打也找不着主；不如凭我在立达的历年成绩单，去插他们的毕业班，通过他们的毕业考试，理直气壮地混张文凭算了。我们兄妹俩都是在重庆申请入学的，既然家在本地，绝非流亡学生，国家不予以任何供给，一切费用均归自理。五月初开学到七月初学期终了，才两个月，两人各缴费三十九元。

七月初，我毕业考试完了就回重庆。巴蜀已放暑假，勖成先生拨了三间学生宿舍供我们家消夏；一日三餐包给学校伙房，省去了不少家务事。我下了轮船就直奔巴蜀，没再去西三街。知道洗人先生已于前几天乘汽车去贵阳转昆明，打算在那里设点；然后乘火车去海防，换乘轮船经香港抵达上海，协调大后方与孤岛之间的经济问题。开明创办的时候，经理由杜海生先生担任，出版物的版权页上印得明明白白，大概表明经济方面的问题由他负责。后来，杜海生的名字换成了范洗人。在汉口，我应该见过他；才隔了几天，他就上船西行了，没留下印象。在重庆西三街，我同他朝夕相处了一百来天，知道他比我父亲长十岁，蓄着疏朗的长须，我们都唤他范老太公。他年轻时去日本留过学，在西北垦过荒；有一天单人匹马，半路遇上雷雨躲进了山沟，不想山洪暴发，差点儿送了命；后来不知怎么的由实业界转到了金融界。父亲和他这次在重庆一别，再见面已是四年之后在桂林了。父亲作了首七律《桂林赠洗翁》，如今编在第八卷中。这类题赠诗，大多为了祝颂，为了酬答，为了干求，我父亲这首七律似乎全无所为，像画家看到某个人物，只感到非把他画下来不可似的。我的体会如此，不知读者诸君能否认同。

重庆苍蝇特别多，八月初，肠胃传染病流行；中旬和下旬，至诚、满子、我母亲，先后染上了痢疾。廿九日，我母亲方止泻，面容憔悴不堪，我又突然腹痛难忍。父亲陪护我去看了五位西医，都说是伤寒；除了保养，别无他法。想起铮子公公和吉子姐，我心都凉了。母亲主张请中医治，恰巧父亲有位朋友戴应观先生也住在巴蜀，给介绍了一位南京来的名医张简斋先生。这次大病，父亲在《渝沪通信》第二十五号中已说得详详细细，我想从病人躺在床上的见闻作少许补充。那位张老先生来的时间总在晚上九点以后，据说嗜好甚深；在南京，许多达官贵人请他看病，烟土是内部特供的。出诊时到了病家，轿子停在门外，先进来两条汉子，看清了房内确有病人，才出去搀扶张老先生，据说为了防匪徒绑他的票。瞧他的神色，他不喜欢病家多说话，好像说多了会扰乱他的思路。总是他问，我父亲才答，母亲和满子站在一旁不作声，屋子里的空气似乎都凝固了。老先生工笔誊毕方子，站起身来交代了几句方告辞。诊金六元六角交与跟来的汉子，其中的六角是轿费。时间将近十点了。医生并未吩咐他开的方子必须当夜喝下，可一家人都把它看作仙丹，早一分钟喝下，效果一定大不一样。满子自告奋勇，揣着方子摸黑爬上二百来级的观音岩，要跑到曾家岩才有药铺子，抓了药回来在观音岩顶上买根火把，照着脚底下直奔下山。祖母还扇着小炭炉等着呢，连忙按医生吩咐的煎好药。等我喝完大家躺下，已是半夜以后了。

在二十五号信中，父亲提到受了三次大的惊吓。头一次我腹痛正厉害，两位一同报考中大的同学考完了来看我，把数学考题跟我说了。我躺在床上没用纸笔，竟一道又一道在脑袋里全解出来了。思想一集中，痛的感觉就好像越隔越远，最后竟消失了，可是也疲倦极了。第二次腹泻不止，据说这叫“漏底伤寒”，是没有治的。我母亲什么也不顾了，赶去请教张老先生。他一点儿不着急，拿起笔来开了张方子，只白扁豆衣一味药。母亲抓了药回来，熬了一大碗给我喝，当夜泻就止了。第三次，父亲似乎记错了，应该是“第三候末”。我出汗出得疲倦极了，只觉得屋子里人影幢幢，不知他们忙些什么。母亲凑在我耳朵边上叫，“小墨、小墨，醒醒。”我断断续续地说：“我困，让我睡。额角上全是汗，给我擦一擦。”热毛巾稍稍有点儿烫，按在额角上真舒服呀，我又睡着了。第二天我醒得很早，觉得浑身轻松，祖母坐在我脚边头，抚摩着我瘦得像干柴的腿。她看我微微张开眼，对我说：“小墨，勠挺直子脚，吓杀人哉。”我看父亲躺了二十几天的桌子空着，门边母亲的床也空着，问了祖母才知道，他们和满子为我着急了一夜，直到天蒙蒙亮，看我暂时不至于出事了，才让祖母一个人看着，他们到隔壁房间打盹去了。这一夜，我把一家人折腾得够呛。几身大汗过后，我手脚冰凉，四肢挺得笔直，昏昏沉沉，再也唤不醒，只鼻翅儿还微微扇动；后来喂我水，发觉我能下咽了，小茶壶里的水一连喝了半壶，脉搏也稍有增强。他们才稍微放心：这个关卡看来又闯过去了。

从父亲的信中可以看出来，他对张老先生的医道和医德，都佩服得无以复加，一页页处方，都整整齐齐夹在日记本里，后来在乐山遭炸，和日记一同烧得灰都不剩了。后来听说这位名医，在重庆大隧道惨案中死于非命。从父亲的信中还可以看出来，他虽然时常跟在上海的朋友谈起青石弄的房子，似乎越来越觉得，当年造它就是多事，如今沾上手，弄得甩也甩不掉了。父亲热心打听的倒是故乡的人。一类是出身于诗礼之家的维持会头目，谁谁谁谁，似乎一个不出所料，就是十二年前他在《苏州评论》上抨击过的那一群。父亲要打听他们在太君面前如何奴颜婢膝，相互之间如何钩心斗角；好进一步揣摩他们龌龊的内心，揭穿他们所谓“维护桑梓”的假面。另一类是谨守夏夷之防而生活上没出路的前辈和朋友。提到回数最多的是我母亲的三姑丈，我的长胡子公公。父亲在信上问起的计髯、硕丈、计老先生、硕民老先生，其实是一个人。母亲的三姑母身体本来就弱，又加上贫而且病，第二年在水乡黄埭过世；虽说没料到，却在意想之中。

《渝沪通信》的末了一封，第二十八号，写于十月十八夜；再往后数的第五个晚上，我们一家七口又挤在溯江而上的客轮里了。父亲给上海朋友的信，每一号都厚厚的一叠，把信封撑得鼓鼓的；唯有这一封只一张信笺，字数还不到二百四；尤其是笔调，叫人感觉到有点儿索然。父亲自己好像感觉到了，要不干吗在最后添上十二个字：“杂事忙乱，不能多书，后当详写。”

三十九

《嘉沪通信》第一号果然详写了，开头写从重庆到乐山，每夜船泊何地，在宜宾如何赶上初冬的最后一班上水小汽轮，到了距乐山二十里的观音场，又如何换乘四人拉纤的木船，都一无脱漏。我虽然病愈将近两个月，还只能躺在舱里，没有力气凭栏眺望，因而也没有可补充的；只记得泊纳溪的那一晚，听到说汉口失守。还有一件，父亲说各地都有柏油路，其实是三合土路，夯得非常结实，再用大鹅卵石使劲砑光，看起来很像柏油路，下雨天特滑。四川那时没有炼油工业，筑路不可能普遍使用柏油；而夯实砑光，人工最不值钱。

我们家到了乐山，先住的是商务成都分店嘉定分栈的余屋；这个分栈的主屋结构非常别致，其设计思想显然着重于防盗防火，因而猜想本来是一家大当铺的仓库。四四方方的一座用上好木材造的走马楼；上下两层的“口”字中间，架起个四面都是玻璃窗的亭子。紧贴走马楼四周，厚厚实实的砖墙高出屋脊。进出口只有两个，都是钉着铁片的双扇大门；一个在左墙，稍靠前，外边是临街的店堂，住着分栈主任黄幼卿先生和老刘师傅俩；另一个在后墙正中，开出门去是个有天井的小院落。乐山的木材便宜，所有的住房都有地板、天花板、护壁板。天井的左首是狭长的一统间，正好排下五张单人床，住祖母和我们四个孩子；对门一间较方正，先由父亲母亲俩住着。厨房在右首后角落里，是大灶，买樵子砍自山上的杂柴来烧。前半个天井搭着玻璃天棚，后半个盖上了瓦，正好作会客室。后墙正中也有两扇大门通向后街，用护壁板遮掩着。当铺在库房后边造这么座院落，想来是供管事和守护人员住的。乐山有电厂之日，这家当铺大概已经倒闭了，没赶上拉电线。我们只好复古，晚上点油盏。父亲在《初至乐山》那首词中有一句："更锣灯蕊如中古"，完全是写实。半夜偶尔醒来，不但听得锣声，还听得干涩的喉咙一声又一声喊："天干河浅，火烛小心！"

武汉大学在武昌东湖珞珈山时，中式大屋顶洋楼有好几座，听听也叫人眼红。教授们都住的小洋房。迁到了乐山，教授们只好分别租住民居，当然得挑精致的。校舍的主体设在孔庙。就我一生所见，除了曲阜那座就得数乐山的了。庙前真有个半圆形的栽满荷花的泮池，院子里古柏森森。两庑隔成了十四个教室，中间的大成殿正好作图书馆。当时内迁的大学，没有别家有如此气派的。抗战一胜利，它当然被看成了敝屣，不知如今还在不在了；电视常介绍乐山的景点，从未出现过孔庙的镜头。这是后事，且不去管他。当时武大空气恬静，主管者只标榜安心读书。学生到乐山入学，都得在"决不游心外骛"的志愿书上签名。父亲听了不免反感。同事之间的交往又颇有官场习气，使我父亲更加怀念困守在孤岛上的，一向无所不谈的各位朋友。"一书便作一相见"，信是越写越勤，越写越长了。调孚先生这时候在上海创刊《文学集林》，看了我父亲的信就摘出一部分，以《乐山通信》为题，发表在第一、第二两辑中，受到了不少《中学生》老读者的关注。

乐山是座小城，较场坝顾名思义，早先应该是城门外的练兵场，这片空地后来逐渐扩建成为街市，于是沿着岷江又造了一座城墙，较场坝就此成了街名。老城墙还留着，在我们家的后边。大街南头的城门叫安澜门，安大渡河的澜。大渡河跟北边来的青衣江汇合，向东流了四十里，流过安澜门下，顺着左首那条叫作九龙滩的鹅卵石堆成的大堤流入岷江；大堤对岸却是卵石滩，涨水时成为一片汪洋。岷江自北而南，水浅时有九龙滩拦着，只能通过东端的滩口跟大渡河汇合；到江水大涨时漫过九龙滩，也成为一片汪洋，那哗哗的水声，睡在床上都能听见。乐山大佛在九龙滩稍南，面对着大渡河。当地人说：大佛若是想洗脚，嘉定人没得说的，都得喂鱼。其实说的是，乐山城墙高不过大佛的脚背。岷江东岸是一带红砂石的丘陵，都跟凿大佛的那座山差不多高，山上树木葱茏，裸露的岩石显得特别红。父亲写的《初到乐山》调寄《鹧鸪天》，三四句七言须用对仗。他用"翠巘丹崖作近邻"对"更锣灯蕊如中古"，确是初到此地的突出印象。又有一首七律《游乌尤山》：

乌尤耸翠接凌云，石磴虚亭并出尘。
差喜名山随老母，顾非美景值良辰。
江流不写兴亡恨，云在自怜飘泊身。
木末夕阳淡无语，归樵渐看下前津。

我祖母一九三八年年初到重庆已七十三岁，置“老不入川”的古谚于度外。如今来到这江山如画的古嘉州，我父亲发愿要侍奉老母去游一趟凌云，游一趟乌尤。一家人两次乘船渡过岷江，让祖母和母亲乘着滑竿上到山顶。我们指着积雪的峨嵋让老太太看，不知她看清了没有，大佛反正是看清了的。“避寇七千里”，居然全家还都在一起，还能对老母尽了这样的一份心，父亲感到自豪，又觉得缺少什么。少了些什么呢？眼前的“美景”是无可比拟的，只可惜未“值良辰”。

直到第二年五月初，才从内迁江西宜山的浙大，来了一位在景云里我们家寄住过的贺昌群先生；而且不久把家也从成都搬来了，住在嘉乐门外张公桥雪地农家。昌群先生到乐山来，专为协助理学家马一浮先生创办复性书院。上海的朋友们知道了办书院是最高当局的授意，倒真个当作新闻来议论：调孚先生斥为开倒车，振铎先生说昌群不该跟他走，夏先生打听所习“六艺”是否“礼、乐、射、御、书、数”。父亲复信回答说，其所教“盖诗、书、礼、乐、易、春秋也。最难通者，谓此六艺可以统摄一切学艺，……其实此亦自大之病，仍是一切东西皆备于我，我皆早已有之之观念。试问一切学艺被六艺统摄了，于进德修业，利用厚生，又何裨益？……大约理学家讲学，将以马先生为收场角色，以后不会再有矣。”父亲以为书院学生决不会多，聊备一格未尝不可。昌群始到乐山时，对马老先生推崇备至，而“意识到底与马翁不相一致”，他“赞同熊十力之意见，以为书院中不妨众说并陈，由学者择善而从，多方吸收；并谓宜为学者谋出路，令习用世之术。而马翁不以为然，谓书院所修习为本体之学，体深则学自至，外此以求，皆小道也。”两人越说越僵，终于在七月初，昌群先生声明不再参与书院的事。

抗战之初集中在汉口的文化出版界人士，这时候大半迁到了桂林。一九三九年年初，愈之先生就在桂林创立了文化供应社，开明的旧人云彬、彬然、锡光先生都成了文供社的骨干。子恺先生和祖璋先生这时也在桂林教书。三月，雪山先生从上海走浙江、江西、湖南一线到达桂林，在办事处请开明的老朋友老同事吃了顿饭。大家都说当初把《中学生》停了实在可惜，大后方青年正需要这样的一种杂志。愈之先生说："人手差不多都在这里了，可以把《中学生》再办起来么。"他接着说了几条意见：一、仍用开明的名义出刊，这不能变。只消组织一个编委会，挂在桂林办事处下边就是了。二、原来的社长是丏翁，他在孤岛上，会给他造成麻烦的。可以改请已在乐山的圣翁，需征得他同意。三、战争期间时局变化太快，最好出周刊；不得已而求其次，也非半个月一期不可。大家赞成先编起半月刊来再说，可以在《中学生》的刊名后边加一条"战时半月刊"，以引起读者注意。大家请愈之先生任主编，他说他还是处在幕后好，具体编务由云彬、彬然、祖璋三位负责。大家都很兴奋，彬然先生第二天就给我父亲写了封长信，把这次聚会的气氛都表达出来了。我父亲马上回信说：当个挂名社长没有问题，可是什么忙也帮不上。乐山到重庆每周只有一班飞机，重庆到桂林班次稍多，也不是天天都有，半月刊的稿子经得起一来一往，在空中飞二十来天吗？有问题只好请教愈之先生，重要文章得请他过目。此外说了两件事，一是要说真有所见的话；二是因痛恨汪精卫卖国投敌，说要特别提倡个人的志概和节操。五月一日，读者终于又见到了久违已二十三个月的《中学生》。没挂名的愈之先生花力气最多。可惜一年之后，他不知有什么要紧事，连告别也来不及，去了香港。

四十

头里说过，那场伤寒耽误了我中央大学的入学考试。我躺在床上并不怎么懊恼，因为发病之前，我已考上了国立药学专科学校。我想如果考进中大，无非在数理化中选一门，将来到底干哪一行，到时候还得拣肥挑瘦；倒不如药专，就此定了终身，也符合父亲对我的希望：生产出一些供别人使用的东西来的原则。父亲同意我的想法，在我退烧后代我写信给药专，说明缘由请求保留学籍一年。药专居然回信认可。后来家搬到乐山来了，偶尔想到过了暑假还得回重庆去报到，心上又不大乐意。没想到在三月初旬，国立中央技艺专科学校办到乐山来了，校址选定了江云庵，在嘉乐门外岷江边上。父亲和我只当散步去看看，这座破旧的庵堂还在修理。遇到一位老师曹自晏先生，大家就坐在木料堆上谈了起来。原来在计划中，这样的国立专科学校有二十一所：其中的十五所附设于有条件兼顾的大学中，在去年秋季已经开学；剩下制革、造纸、蚕桑、染织、水产、农产制造等六所无所归属，合办成这所技艺专科学校。父亲和我听说是学习生产技术的，都说错不了。过些天技专招生，我报名考上了农产制造科，四月十日开学。“农产制造”用如今的话说，应该是“农产品加工”。我赶在开学之前，跟满子至美至诚，约了在武大的三位旧同学，去游了一趟峨嵋。

我们家到了乐山，生活确实安定多了。留在上海的开明各位先生，尤其是五年前喝过我和满子的订婚酒的，来信就常常带上一笔，催我父亲母亲把我们俩的婚事办了吧。在上海，他们一定也这样劝满子的父亲母亲。夏先生在新年里写信给我父亲说，朋友们都是好意，就这么办吧，选定一天，嘉沪两地同时请吃喜酒。婚礼从简，留待我们家东归，照原议借苏州怡园重新办过。父亲回信说，他们夫妇俩都同意丏翁的变通办法；虽说从简，多少还得作些准备，日子容稍后再定吧；直到五月九日，父亲才去信问，定在六月四日中午可好。夏先生回信同意。没想到过些日子，中午常发警报，于是决定改在三日晚上；来不及通知上海，也只好算了。

那三四个月里，父亲母亲为了准备我和满子的婚事，忙了一桩又一桩，那个兴奋劲儿呀，真是出乎我的意料。先是请木工买木料整修房子，天井的后半本来铺着水泥盖着瓦，让木工加上了地板天花板和板壁，隔成两个小房间，都装上了门窗，一律不上漆，看起来精巧而雅致。右边一间占三分之一，作为二老的卧室，放下一张双人床，就没有什么可回旋的余地了；左边一间占三分之二，放我父亲的书桌坐椅，还能放两把椅子和一张小方桌，工作会客都在这儿了。二老把原来住那一大间让给满子和我做新房。新房倒不用装修，只雇人挑水仔细洗刷了一遍。置办了一套新家具。书桌的桌面是独幅的楠木，也没花多少钱；都说小心点儿用，将来带回乡去，让江浙人开开眼界。喜筵设在“皇华台”，是前清接待巡抚之类高官的驿馆，盖在嘉乐门左侧的城墙上，后轩对着从正北方滚滚而来的岷江。那时由红十字会管着，可以租用，装有电灯，可能因为拖欠电费，给掐了。父亲跑了红十字会又跑了发电厂，才开了后轩的门，雇人打扫干净了，接上了电。跟一家江苏人开的馆子定了六桌菜，买了一坛眉山造的仿绍。六月三日下午，去照相馆拍了一张合家欢，一张满子和我的结婚照。

那天晚上有多热闹，请看《嘉沪通信》第十一号，我父亲于六月六日写给我岳父的信吧。六月四日上海的热闹情形，我们在乐山是十六夜接到了我岳父七日的来信才知道的。父亲于十九日在复信中说，“诸亲友高兴如此，深可感激。翁竟大醉，足见喜逾于常。”最小偏怜女，不在身边将近两年，酒席上亲友相劝，怎能不多喝几杯。据王统照先生的信上说，岳父竟醉卧四五小时始醒，未免喝得过了些。上海到了一百多位客人哩，小一半还是酒友；父亲如果在场，一定也抵挡不住，非喝得个烂醉如泥不可。岳父感赋七绝四首，是勖勉满子和我的。父亲谊不容辞，依韵和了四首。满子找了一方宣纸，让父亲依照同样的格式，抄上他的和作；去裱褙铺叫师傅并排裱成一轴横幅，张于壁间作为新婚纪念。这八首绝句，如今一同编在第八卷里。

同时付裱的，是贺昌群先生送给满子的一幅小立轴：“别母情怀，伴郎滋味”，大概是某支小词中的现成句子。昌群先生的学术意识，跟马翁越扯越远，总得找个人说说呀，于是常来看我父亲；谈着谈着，又常被警报打断。我们家一向听天由命，不跑警报。较场坝处在岷江与大渡河交汇处的尖角上，城墙贴着江边，无处躲避。几个由陆路出城的城门都在三四里之外，还得爬坡，不是我祖母和母亲所能胜任的。可是敌机越发疯狂，重庆连日挨炸，各个县城也轮着来。昌群先生说硬挺也不是办法，帮我们家跟他的房东商量，把三间柴房铺上地板，装上门窗，让我们也搬到张公桥雪地头去住。父亲母亲去看了，地点不错，屋前有小溪，屋后山壁上还有岩洞，就预付了一年的房租，好让房东雇工购料，尽快动起工来。

不久到了暑假。四川省教育厅举办暑期各科教员讲习讨论会，请武大指派五位教员去当讲师。武大就开了个名单去，有我父亲在内，别说征求本人同意了，连个招呼也没打。四川省教育厅来信聘请，我父亲即写信婉谢。没想到过了二十天，说省教育厅派来的小汽车已抵乐山，请五位讲师明天一早动身。亏得有两位说：如此仓促，准备不及，非推迟一天不可。于是父亲马上准备讲说提纲，母亲马上给父亲整理行李。八月十日早上，五位讲师挤在小汽车里颠簸了五个小时才到成都。吃过午饭才知道，我父亲的课排在一个星期以后，十八日才开讲。从这天下午到十八日晚，尤其中间游灌县青神的两天半日记，颇有点儿可读性，今日的风物与我父亲当时所见已略有不同；成都变化之大更不必说。读者诸君可以看《嘉沪通信》第十七号，也可以看第十九卷上的《西行日记》。

而最最重要非看不可的，是《西行日记》的八月十九和二十两天，约三千字。十九日清早六点半到八点半，我父亲讲了第一课《阅读指导》。为什么这样早？就为的避开警报。九时到祠堂街开明等朋友，又一同访朋友；还没到朋友家，警报果然来了，先“预行”，后“空袭”。两人出新西门，行阡陌间，所见所闻与前几次相同，唯时间特长，不得已到友人的同乡家蹭了顿午饭。一时许，警报“解除”，与朋友相别如常，并邀雪舟先生浴于公园中。待返开明，始闻人言今日所炸系乐山，立时大惊恐，心绪麻乱；犹赴商务成都分店之招宴，希望能探听到确凿的消息。最确凿的消息来自航空公司，乃渝蓉客机返航时所见：乐山已炸去四分之三，尚在燃烧中。较场坝哪能逃得脱这一劫？父亲回宿舍跟同事们商量，要求教育厅次日派汽车送大家回乐山。

父亲在成都听到大惊恐消息的时候，我在乐山已经查看过还在冒烟的较场坝了。那天十一点过发的警报，我们一家人除了父亲全都在，还来了一位武大的毕业生吴安贞，母亲留她一起吃中饭。饭后不久听得飞机声，我就登上前面仓库顶上的亭子里去看；只觉得声音特大，好像从岷江对岸的丘陵后面传过来的，其实敌机已经到了屋顶上空。忽然“轰”的一声，只一声，炸弹全部扔了下来。我觉得周身被空气击得很痛，立刻窜下楼梯，躺在书箱底下，以为炸弹扔过就没事了。忽听得母亲在后边喊：“火！火！”前面的老刘师傅、王幼卿先生和他的三个朋友都往后逃，嘴里喊着“快出后门”。父亲的书桌飞了出来，护壁板成了碎片，玻璃天窗一片火光。这时候才发现，新铺的地板比后门的下沿高出了一尺多。两扇后门不但厚实，还包着铁皮，任几个人怎么拉也拉它不动。老刘去灶上找了把柴刀来，使劲砍地板。柴刀是一向不开刃的，哪儿砍得动一分一毫。幼卿先生吓得跪在地上直发抖，眼泪都流出来了。幸亏我还没有慌，一下子想出了两个办法来。我看到大门的木枢跟它插进的石窝之间，大约有三寸多距离，要大家一齐用力，把左边那扇大门抬高，使木枢的下端脱离石窝，再把门向左边推；果然在左右两扇门之间，出现了一斜条可以挤出一个人去的缝隙。一眨眼间，幼卿先生等四位钻了出去，不见了影踪。我探出头去一看，后边的老城墙映着火光，只靠在城墙上的一座小草屋起了火，看来也快熄了，回身来叫至美至诚扶着母亲和病着的满子先钻出去，跟着老刘师傅往安澜门的方向走。还留下三个人，我祖母的背驼得厉害，于是让吴安贞先出去，在外面拉，我在里边使劲往外推，总算把祖母推出了这条狭窄的生死关口。

屋子里只剩我一个了，我听见轰轰的火声，看见窜进天窗来的火星。有点儿留恋似的各处看了一遍，拿些什么好呢？索性什么都不拿。看到父亲常用的澄泥砚躺在书桌底下，就捡了起来插进了口袋。走到前边商务的栈房去看看，那高而且厚的防火墙还真管用，书还没有着火。我明知毫无用处，还是把两扇门拉上了，也从后门的缝隙钻了出来，到安澜门会齐了一家人和老刘。母亲问我带着这一大家子上哪儿去好，我说只有去找贺先生贺师母。城里早已没法走了，只是一片望不见边际的大火。于是雇了条船过岷江，沿着江的左岸慢慢向上游走。可以望见对岸的熊熊的大火快烧到嘉乐门了。好容易到了半边街对岸，我们又雇船回到岷江右岸。老刘对我说：“我就不跟你们走了，得赶快去成都报个信。”说完就挤进了往北去的人流。贺先生夫妇俩已经从山坡上迎下来了，大家都泪流满面。父亲是第二天傍晚才与一家人团聚的。他在二十日的日记上记着，那天教育厅好不容易弄到了一辆小汽车，八点二十分离成都，五小时后在夹江，与徒步北去的难民先头队伍相遇，真个是“近乡心更怯，不敢问来人”。离乐山五里，在人丛中见武大的事务员董君，“问之，则言较场坝完全烧光，余家人口不知下落。呜呼，余心碎矣！”到乐山，进嘉乐门，车不能再进。“忽吴安贞走来，高声言余全家人口均安，已在昌群所，彼正出城往视。余乃大慰，人口均安，身外物毁亦无足惜矣。”读者诸君，父亲的日记我暂时抄录到这里为止。因为记事，父亲所记和我之所记，大致没有出入，不必重复；而抒情的语句，很可能被我弄巧成拙，大异其趣，不如读我父亲的原文为好。

四十一

我父亲去乐山武大任教，确是陈通伯先生到重庆来邀请的；邀请的不止我父亲一个，有愿意去的，也有不愿意去的。据后来定居台湾以终老的苏雪林先生说，当时武大的文学院院长陈先生，“立意要把全校的基本国文课程好好整顿一下。素知叶氏对国文教学极有研究……请他选择教材，制定方针，领导全校基本国文教师工作。那时国文系主任是刘博平先生，叶氏则俨然成了个没有名义的国文系主任，不过他的权限止于基本国文罢了。”陈院长请我父亲去是为的架空刘主任，我父亲不但当时没料到，以后也一直没觉悟。在动身之前，他写给我岳父的信上说得十分单纯：“不为学问，不为文化，为薪水耳。”后来在基本国文开课之前商量课文，都说大家先开个目录再讨论吧。我父亲真个开了个目录带去，大家又都说就是它吧，基本国文么，总跳不出这些篇去。父亲在世之时，苏先生在台湾出版的著作上是怎么说的，他不可能知道。要是知道了可能会莞尔一笑：“幸而都过去了，当时真没想到背后会有像苏先生说的这么一出。”

苏先生在她的《文坛旧话》中还记着，有一次为了纠正我父亲“发狂捧鲁迅”，她“竟闹了小小意见”。她说“他一日拟国文常识考题，竟有鲁迅文坛地位如何？他的著作以何者为最有名等等？我忍不住发言了，我说鲁迅不过是左派有心塑造出来的偶像，国立大学提到他的名字似乎不宜。叶坚持不改，我不觉愤然情见乎辞，叶亦怫然情见乎色……鲁迅一辈子恶骂‘西滢教授’，西滢即陈伯通氏，圣陶受陈礼聘前来，宾主相得，可是叶也知道鲁迅骂通伯的话太不公。……为什么一提到鲁迅，他心里的天平便失去平衡呢？……”苏先生读不懂鲁迅的文章，这话我在乐山就听我父亲讲过。苏先生这样仗义执言，“愤然情见乎辞”，我父亲恐怕也只好“怫然情见乎色”，难道说让她牵着鼻子，跟她对骂？是否“坚持不改”可不一定，出的考题要是果真如苏先生所记，似乎还非改不可，没法坚持，因为叫我父亲自己作答，他也答不上来。搁了二三十年的陈芝麻烂谷子，至多只能说有过如此这般一回事；旧话就是旧话，哪能一个字一个字顶真。

七月十三，头一个学年将结束，我父亲接到武大的续聘书，为期两年。他在日记上带了一笔：“余本无为大学教师之想，因缘凑合，乃将继续为之，诚出所料也。”父亲接着了续聘书为什么会感到出乎所料？难道就为了在基本国文课上讲了一篇《孔乙己》，就为了苏先生有一回“闹了小小意见”，好像都不相干。更使我感到出乎意料的是，有些事经父亲一点拨，我才恍然大悟。九月廿三，国文系开会讨论下个学年开课前之准备，派定各人负担的课程，“并议定课文必须文言，作文亦必须作文言。”在父亲1939年的日记上，会看到国立大学的国文系竟会作出这样的两个“必须”的决议，真叫我信不过自己的眼睛。父亲却接下去说：“在座诸君皆笃旧之辈，于教学无所见地，固应如此。”原来没有什么可大惊小怪的。他接着还说：“余以一人不能违众意，亦即随和而已。”这也是老实话。你说他们对教育无所见地，他们却认为教学之所系全在于文言，这真叫可怜无补费精神了，只得随和算了。

父亲开了会回来，顺便去中药铺给满子抓了两服药。满子开始犯病，还在遭炸前一个星期。武大的校医说是怀了孕，叫她卧床休息。过了三天，流血居然止了。遭炸那天，从较场坝到雪地头，走走歇歇四个小时，就感到头晕恶心，到了贺家见床就躺倒了，大腿上都是鲜血。一个多月来，西医中医都请了，都不见效。下床的时间越来越少，胃口越来越小。流血的颜色渐渐转黄，嘴唇没有了血色，脸发肿。中医是数学系教员萧君绛先生。他说脉象有孕，症状又不像，老说开个方子服两帖再看吧。西医有家仁济医院，外科主任杨枝高医生颇有口碑；本来是成都四圣祠医院的外科主任，年老退休回乡，是发挥余热了。他说满子的病看来得动手术，不算什么大手术，总是早一点做为好。又说他自己年纪大了，劝我们还是送到成都的大医院治疗。去成都，只要肯花钱，乘滑竿三天就能赶到；乘小汽车只要五个小时，可是上哪儿去雇小汽车呢？还得有医务人员护送，要不然半路上有个三长两短，可就呼天不应了。父亲在十六日中午写给我岳父的信上，不得不把满子的病情和面临的困难说清楚了。又说：“我们对满子与自己的儿女无殊，必尽心竭力将护她，以迄于痊愈。翁与夏师母放心可也。明知说起了此事，必使翁等心里又多一件事，但匿而不告亦不合情理，故敢书之以闻。”

父亲廿三日抓来的药，满子第二天早上喝了，又都全吐了出来，只觉得左边股际酸痛难忍，先还两三个小时停一会儿，到了晚上竟酸痛不止，并流血不止，整整一个通宵。廿五清晨，雇滑竿让满子躺着，我走在前头，先到萧先生家院子里。萧先生推门一看满子的脸色吃了一惊，说没料到病势变得这么快，姑且再开张方子试试。我接过方子，让滑竿抬仁济医院，进了门诊室。杨医生和内科主任，还有个院长美国人，用英语商量了一会儿，才郑重地对我说：不能再耽搁了，再不动手术让血这样流下去，就没有救了。我只得让满子留在病房里，请护士照料着，赶快跑回家跟父亲母亲商量。大家说只有听医生的了。母亲跟我赶到医院，表示同意手术。于是急转直下，医院立即从手术室消毒起，做各项准备。

第二天上午，由父亲在例行手续上签了字。下午三时杨医生主刀，七时半包扎后抬回病房，满子尚在昏迷中。经过开割，满子患的病就一清二楚了，原来是“子宫外孕”。怀孕时胎盘本该附着在子宫内壁上；如果附着在输卵管、卵巢或腹腔内的其他部位，就成了子宫外孕。满子是胎盘附着在左边的输卵管内，输卵管被逐渐长大的胎盘擦伤了，就开始流血；最后被撑破了，就酸痛难忍，流血不止。杨医生把满子左边的卵巢和输卵管，连带附着在上面的胎盘全割去了。过了半个多小时，满子从麻醉中醒来，才知道已经回到了病房里。右手背上挂着注射生理盐水的输液瓶，不能动弹；父亲轻轻地抚摩着她的右臂。母亲不停地用脱脂棉蘸着温水，滋润她干裂的嘴唇。父亲不忍马上离开，请来帮忙的吴安贞去跟我祖母报个平安，说清楚他自己天一亮就赶回家，和她老人家一同生炭炉烧水煮粥。我们家反正没有什么了，在房东的帮助下，已经搬进了才修葺完工的山麓野屋。这一夜，屋里只剩下我祖母一个人，不知她可曾睡着。

杨医生天才亮就来查病房。从他安适的笑容看得出来，对自己昨天做的手术颇为满意；却推说是我们撞着了好日子，昨天正好是团圆节的前夕。可不，我们都急昏了头，满街都在卖中秋月饼，我们竟视而不见。满子恢复特别顺利，连杨医生都觉得诧异。十月一日，父亲写了封长信给我岳父，报告手术特顺利，跟头一次报告病情的那封正好相隔半个月。可惜《嘉沪通信》自二十号以后已全部遗失，没法从这封喜报平安的信中也选摘出几句来，在情绪上作个对比。

乐山被炸之后，我们家“无衣无褐，何以卒岁”，可也没就此趴下或散伙，亲友们推衣赠袍的不少，父亲一一记在日记上，就因为感铭于心。日记上经常叹息“买不完的布”，有时还记着种类和匹数，花了多少钱。家里像个成衣铺，除去至诚还小，别人没有闲着手不动针线的。祖母快七十五了，还能自己穿针引线。父亲和我是生手，都学会了好几种针脚，知道在哪儿必须用哪种针脚。剪裁全仗母亲，从衬衫、单褂、夹袄、棉袍到罩衫，她都能一手落。最次的土布是木机织的，才一尺二寸宽，要五六幅才拼得成一幅被里子。至诚说“蹭痒痒倒挺舒服”，其实他穿的衬衫也是这种土布。母亲不知从哪里学会了用靛青把土布染成蓝色，给我做长裤，给至美做大衣；用栀子把土布染成黄色，给至诚做童军装。父亲的日记上好像没有说到床。床就是有四条腿的一个大木框，床板是两张粗篾条编成的大箵篖竹篦子，再铺上一尺多厚的干净稻草，一条薄薄的褥子。起初是坑坑凹凹的，睡上一个来星期，稻草就差不多被压平了。

父亲在被炸的第二天从成都赶回乐山，当夜给上海的亲友写了封短信，一报全家老小人口平安，二报身外之物全部烧光，结语是“重新来过就是了”。到阴历年底差不多半年，满子的病还在中间插了一杠子，居然做到了“我复何所求，一笑堪卒岁”。这是父亲的四首五古《移居城外野屋》第二首的末一韵。衣被齐全，生活方面已够满足，没有更高的要求了；可这“一笑”，却变得越来越勉强。一九三八年年底，汉奸汪精卫等公然出逃，叛国投敌；国民党当局却不立即声讨，政界军界中各种小道消息飞短流长。父亲在旧历除夕作了首七律，尾联是：“午夜角声思战士，厌听窃窃说和戎。”川军当年出三峡开赴国战前线，那纠纠桓桓的场面，下江人都见过的；谁知进了四川，莫说敲锣打鼓夹道欢送了，看见的尽是用麻绳栓成串的，精瘦的会让一阵风给吹跑了的壮丁。物价是哪天涨起的，也说不清了；开始还是悄悄的，一成两成地涨；成倍地撒野往上翻，是一年以后的事，可已经有这里那里闹抢米的风声了。一九三九年就这样杂乱无章地过去了。孔庙里的武大照常上课，父亲仍旧去宣讲文言课文，抱回来一叠又一叠批改不完的文言课卷。他又填了四首《浣溪沙》，后来朋友们凡看到的都说好，好在把那年初冬住在山麓野屋里的心绪，像一幅幅尺页似的都画了出来。其中有一联好像是直抒胸臆的：“章句年年销壮思，音书日日望遥青。”说自己年复一年，跟着那些笃旧君子在文言文里打圈子，快把想做些事业的志向都销蚀尽了；只巴望远隔群山的老朋友天天有航空信来，消解他积在心头的郁闷。

四十二

父亲接受四川省立教育科学馆的聘书，任专门委员，是一九四〇年五月间的事。武大去年那张为期两年的续聘书，失效期按说尚在十五个月之后；也许老是粥少僧多吧，对受聘的人好像并无约束。教育科学馆这个名词，当时还很生疏，顾名思义是改进教育的研究机关，馆长由教育厅厅长郭有守自己兼。去年八月在成都的讲习会上，父亲见过他几面，官气还不太多，好像急于想做出点成绩来的样子；乐山遭炸的第二天赶回来，汽车还是他亲自派人去弄到的。这回把我父亲请进研究所，他托了两个朋友来劝驾。一位就是顾颉刚先生，颉刚先生在成都主持齐鲁大学历史研究所的工作。还有一位叫人猜不着，却是把我父亲拉进武大的陈通伯先生。

颉刚先生在信上对我父亲说：郭公那个科学馆看来忙不到哪儿去的，无非帮他出点主意，编几本书，给他的教育厅撑撑场面。到了成都，你我两个正好有商有量，花他四年工夫，编一部扎扎实实的《中国文学史》出来。顾先生这样的雄心壮志，我父亲好像不曾有过，也许就是被他代订的那个庞大细密的自学计划给吓倒的。信上触动我父亲心境的，倒是“有商有量”这四个字。跨进大学的门槛有一年多了，怎么还没碰到一位有商有量的同道呢？当时担心一个人离群索居，无处商量；而今苦闷如此，还真个应了“为薪水耳”的自嘲。何不趁此机会，提前离开算了。陈通伯先生是当面谈的，倒也直截了当。他说大学国文系竟摒弃白话文，简直不像话，他也没料到武大的守旧势力会顽固到如此地步。他觉得很抱歉，老想给我父亲找个合适的去处。郭公待人是不会错的，就是少个帮他出出主意的人。他很称赞开明的书哩，好像他夫人也是搞文艺的……我父亲说，那再好没有了，换个环境试试吧。

直到七月中旬，父亲花了一个星期才看完考卷，连同三个班学生的分数单交到了注册组，两个学年的大学教员生活才算结束。廿一日应郭有守之招，乘了十个小时木炭汽车方到成都，住陕西街开明驻蓉办事处。

第二天知道郭在老西门外茶店子省政府，就一早乘洋车去等着。等了一个半小时，郭才来。说要主持厅务会议，下午他来看我父亲。下午等到四点半，郭到开明办事处来了，拿着一束将要付排的《中等教育季刊》的稿件，让我父亲看；又说约了几位馆员，谈谈国文教育成绩不佳的症结所在，以谋改进；可是今晚上还有别的会，明天去他家里吃了晚饭再细谈。说完就走了。父亲看了他拿来的稿子，大多内容贫乏不得要领。第二天五时半，父亲到华西坝郭宅，副馆长汤茂如和三个馆员已先在。饭后七嘴八舌谈了一会，都说教育欲谋改进如理乱丝。两位馆长说，且让我父亲拟个计划书，再大家一起商量；又叫我父亲不必天天到馆，暂时住在乐山一样可以工作。父亲听不懂他们这样说是什么意思，也许是当了专门委员，上不上班是两可的。

去年乐山被炸，父亲恰好在成都；廿四日成都第二次被炸，父亲却碰上了，也在正午以后。警报一解除，父亲立即写了一张明信片投邮，向我母亲报平安。廿六晨又写了封信给我母亲，说他还不能立刻回乐山：一是要去乡间看看颉刚夫妇；二是佩弦家在成都，联大一放暑假他就回来，正好见上一面。发了信，父亲乘洋车到崇义桥，换乘鸡公车经乡间小道到了那个研究所。颉刚先生两年不见，头发已白了一半；顾师母久病在身，瘦得不成样子。所里正在编廿四史索引和辞典，顾先生的计划总是层出不穷，两个老朋友谈了三个晚上也没谈完。白天，顾先生要办公会友，父亲找间清静的屋子，把改进国文教育的计划拟成了。三十日回成都，父亲去馆里把计划面交汤副馆长。汤看了说可行，又让我父亲起草一份六年一贯制的国文课程标准；并指定一位馆员当我父亲的助手。

八月二日，父亲接到朱师母复信，说佩弦明后日即可到家。父亲又写了一明信片给朱先生，请他务必约个日子见一面。五日中午前，朱先生果然来开明办事处了，带着夫人。父亲问他："才四年不见面，怎么瘦了?"朱先生说："犯了胃病，在昆明不常喝酒，见了酒就不免过量。上一回见面，还是去苏州看你的新屋!"父亲说："可不，连头搭尾才四天，你就醉了四回。"朱先生说，"那时候还不识愁滋味，如今是为遣新愁。"父亲说："今天是例外，你我见面不容易，还不该高兴高兴?"朱先生说："就可惜今天有点儿扫兴，下午得陪竹隐去看个朋友。竹隐甘愿受罚，请大家吃真正的'吴抄手'。有话明天再细细谈吧。"于是把雪舟先生也拉上，去东顺城街那一家吃了顿面点。

第二天下午雪舟先生做东请吃晚饭，朱师母没来。朱先生说他酒是不能多喝了，精神还可以。联大还维持着清华的老规矩，教师每隔四年可以进修一年。父亲想了想说，这就对了，朱先生从欧洲赶回上海结婚，已经是九年前的事了，因而问起新夫人还唱不唱昆曲。朱先生说一结婚就忙着生孩子，哪有工夫排练，仍旧是一出《琴挑》。父亲问联大有没有人拍曲子的。朱先生说都一个人在外头，有时候闷的慌；跟打桥牌比，拍曲子的不算多，他也愿意打桥牌。父亲问他这长长的一年假期可有什么打算。朱先生说如果有合适的题目，就写些零星的文章。父亲说国文课一向注重讲解，好像忘记了帮助学生训练自己阅读的能力。这个看法如果不错，两个人商量商量，写他一二十篇文章，把阅读教学的目的和训练方法，跟中学教师们讲讲清楚。朱先生想了一会儿说：一般教师恐怕还不曾想到，讲解课文和阅读教学并不是一回事；还有略读，跟呆板的讲解差得更远了；又说过两天再见个面，商量出个头绪来，好分头动笔。父亲却说他离开乐山已经半个月，非得回家去看看不可了，有什么想法就写信商量吧；至迟在年底之前，他还得到成都来应个差，信上要是说不畅，到那时还可以长谈。

父亲第二天就搭木船，顺岷江回乐山。在成都的半个月中，最快意的就数这一回跟朱先生畅谈。两个朋友书信稿件从此往来不断，有时为了改定一个字，你来我往琢磨达四次之多。到年底前去成都，第一本《精读指导举隅》已接近完工；第二年又接着写《略读指导举隅》。两本书都作为四川省教育厅的《国文教学丛书》，由商务出版，前头都印着郭有守署名的丛书总序。这篇官样文章是我父亲代笔的，按惯例没收在《叶圣陶集》中。我只借这件事，表明父亲在那个科学馆里的处境，并无任何别的意思。

一九八三年三月，父亲翻阅自己四十年以前的日记，翻到其中三个星期的一段，感到特别有趣，就抄下来加了个标题，《成都近县视学日记》，还老眼昏花写了篇小记，编进了纪念册《我与四川》。记得父亲在科学馆那时还有个兼差，是省教育厅国文督导员；本来是挂名而已，父亲却把虚衔当成了实职，这就非出去跑一圈不可了。他自己选定了成都西北方的四个县。临走只跟馆里说了一声，没请厅里下个通知；或乘洋车，或乘鸡公车，听说哪儿有学校就往哪儿闯，颇有点儿私行察访的劲头，却并非故意的。各个学校都毫无准备，突然来了个下江口音的老先生，有手足无措的，有应付自如的。我父亲只是听老师上两三节国文课，看十来册学生的作文本。在小记中，他特地写了一段：说他这样的调查实在不高明，应该多花点儿时间，从接触学生入手，看他们是否真有所得。也许自民国之初我父亲当小学教员以来，国文科虽然改成了语文科，视学的主要内容直到八十年代末，仍然没跳出听课和阅卷这两大项，八十九岁的老人家期待得有点儿不耐烦了。从成都回到乐山后，我父亲写了篇三千来字的视学报告，寄给了郭馆长，下文就没有了，在馆内也没有印发。

四十三

父亲这一回去成都，是我掮着行李送他上车站的，先让他自己照看好行李，我去售票处的窗口占好位置。七点半小窗才打开，我来得早排在前头，买到了一张有座号的票，郑重其事地交给父亲，提着行李，拉着他排在去成都的那辆木炭车跟前。车门还关着，站员全都是懒散玩忽的；而乘客总爱挑剔，不怕白费唇舌。好容易司机来了，车门拉开了，按说乘客只消听唤号上车，可不成，还得争先恐后挤出一身汗来。父亲的座位凑巧在第二排靠边，我把行李从窗口递了进去。乘客上齐了，等加木炭，等添水，等点火；只有摇鼓风机的那位不得不使出点儿劲头来，也许一次成功，也许，发动机抖了一阵又熄火了。等到木炭汽车摇摇晃晃勉强上了路，送客的才望着它那快要散架的后影，一齐倒抽了口气。

那天晚上，我给父亲写了封信，记得开头说："早上看汽车离了站，我立刻想到我们家不能再在乐山住下去了，应该尽快，争取在今年寒假里搬到成都。"我说两年前迁居乐山，为的父亲应了武大的聘；如今教职已辞去，就没有再住在乐山的必要了。教育科学馆在成都，从七月下旬到现在还不足四个月，已经去第二回了；事情只会越来越忙，说不定明年一年得去四回五回；票是越来越难买，车是越来越破。再说我在技专快毕业了，乐山没有适当的去处，很可能被安排在成渝线上。至美他们到了成都可以转学，在住处附近找所比较像样的中学，让他们俩走读就省事多了。把信写完，我先征求母亲的意见。母亲瞧了两遍，叹了口气说："这个家才有点落位，被你这样一说，又是过年也过不定心了。"我说："用不着急成这样，年还是定定心心在乐山过。父亲如果赞成搬，他在成都好托朋友找起房子来。搬家得等到至美他们放了寒假之后，东西尽可以慢慢收拾。把时间放长些，说不定能凑巧找到便车。"那时正修着乐山到西昌的公路，有个同学在工程处兼了个差；工程处的卡车可都是崭新的烧汽油的"道奇"。

父亲到成都的头一封信是四天以后才到的。那辆快要散架的木炭汽车一路"抛锚"，一路添炭、加水、鼓风地侍候，乘客们不得不齐心协力推了它一程又一程，直磨蹭到晚上九点才拢成都。折腾了这整整一天，我父亲腰酸背痛，头晕脑涨，连写张明信片的力气也没有了，第二天醒来才写了这封短信。母亲看了对我说："你看看，乘汽车去成都想不到这样难。"我说："我乘过。要是跟从前苏州到上海那样便当，我也不会想到搬家了。不知父亲是怎么想的。"母亲说："朱先生还要在成都住一阵子，为了商量写稿子方便，你父亲巴不得早点儿搬往成都。"母亲的估计没错，父亲回信说完全同意我的设想，已经托朋友在成都代找房子，准备在寒假内搬动。信后还有条小注："余怕麻烦，然亦不得不麻烦一番。"一九四〇年除夕，如我所说还是定定心心在乐山过的。父亲在日记上还记了件趣事："晨起，宰一公鸡以为除夕之点缀。母亲因宰了鸡，想顺便祀神。祀神本当在阴历年终，且以夜间，今为凑便，改于阳历年终，且以上午，亦有趣事也。三官以午刻归来，全家聚集，吃年夜饭。"

过了半个多月，父亲接到雪舟先生从成都来信，说房子已租定，家里的空气立刻紧张起来。廿三日，同学给我弄到一张乐西公路的乘车证，证上批明"职员叶圣陶携家属三人"。商量到深夜，决定让父亲母亲带着祖母至诚先走。第二天三点起床，打了三个铺盖，连同箱子提篮共九件，雇了七辆洋车去城门边等着。卡车上运的是路工在下雨天穿的蓑衣，超载倒绝不可能，却满满囤囤地堆得高过了栏杆。再上人上行李，实在太危险了，只好雇洋车把原班人马行李全拉了回来。母亲说这样的运货卡车，祖母连爬上去也难，不如由她陪着乘公路车先走。我于是经常去车站转悠，打听得廿八有班车。总算让我给逮着了，那天正巧是阴历年初二，车厢里连我祖母和母亲，总共十来个乘客。可惜木炭汽车不肯出力气配合，依然踱它的方步，在中途的野店里还歇了一宿，到第二天中午才拢的成都。三十一日，父亲和满子至美至诚，又顺利得出人意外。乐西公路临时要送一位处长上成都，我的同学赶来打个招呼，四个人带上行李搭上了那辆“道奇”，五个小时就拢了成都。留下我一个处理未了事宜，主要是把走水路运的几篓书和几件家具，跟运输行交割清楚。二月五日，我也搭上了乐西公路的便车；一家七口不到十天，分三批离开了乐山。再难的事不也闯过来了么？在路上真个受了点罪的倒是祖母和母亲。不知哪家小店，门前纸灯笼上写的“未晚先投宿，鸡鸣早看天”，她们在那里挨过了一个漫长的仲冬寒夜。

四十四

家又得重新来过，地点在成都新西门外，如今纪念杜甫的“草堂寺”西北约五里，比当年杜甫住过的草堂肯定气派多了。屋基三尺来高，坐东面西五间一排大屋子，屋面上盖的是齐齐崭崭两尺来厚的麦秆，走廊三尺多宽，一尺厚的板筑夯土墙，里外全墁的灰浆，可惜门窗都跟杜甫当年的一个样，没镶上玻璃。成都的冬天好在不算太冷，只要不刮西北风，便敞开门窗，穿上了棉袍棉鞋，还能坐定下来阅读书写；到傍晚天黑了点上油盏，再关门闭户也不迟。当时四川的省级机关，大多疏散在老西门外茶店子一带，教育厅和教育科学馆也在那里，从我们家去，得在田间向西北走七八里路。父亲不去上班大概也可以，他做出规矩，隔天去一回，经常头一个到馆，五点钟回家，走累了就乘一段鸡公车。中午呢？“欣然啖麦饼”，买两个白面“锅盔”，去茶馆里喝碗沱茶；“一笑吟《止酒》”，大曲最相因的也得一块钱一两了，免了吧，只作学陶渊明吧。

陶渊明在东篱下采菊，“悠然见南山”，觉得自在极了。在成都西郊，秋天清晨可以望见西北松潘一带的雪山，那可远了。平原还不太亮，仿佛没醒透，雪山已经映着还没冒出地平线的朝阳，像淡玫瑰色的油彩蘸在画笔笔端，在亮蓝的晴空里轻轻抹过。那就是含在杜甫草堂窗口的“西岭千秋雪”。父亲上班，正好向那个方向走。在家里，去馆里，对父亲来说其实一个样，做的无非是文字工作，而且大半是可厌的，句号老是画不圆。“水流心不竞，云在意俱迟。”是杜甫的好句子，就是父亲那时候跟我讲的，接下去一联是“寂寂春将晚，欣欣物自私。”晚春天气似乎不如初春热闹，天地间的一切都在趋向成熟，自得其乐。杜甫自己呢？他“故林归未得”，只好袒着肚子，斜躺在江亭上“排闷强裁诗”。闲适的心情只有到诗句中去找，在现实生活中似乎并不存在。

杜甫当年住在百花潭北的浣花溪，据说离我们家东南约四五里地。一座座被竹林拥簇着的农家小院，一条条两岸栽着桤木的溪沟，好像杜甫那时就是这个样子，在诗里竟写得如此逼真。“随风潜入夜，润物细无声。”我可以用亲身的经验作证，这首五律写的确实是成都郊外，是《春夜喜雨》；可是如今夜声争喧，很难听出那好雨的“无声”来了。“村舂雨外急，邻火夜独明。”这场秋雨如果下在如今，杜甫也写不出这一联好句子来，成都郊外的水碾恐怕近年来已经拆完，叫他再上哪儿去听石碓舂新谷的声音呢，这种声音我们家住在那里时还常常听到。一九四一年九月廿六日，我父亲的日记上写着：“昨半夜醒来，闻碾声，以为在家园闻火车声，旋知其非。因思此诗料也。……灯下将诗足成，即缮寄与佩弦看之。”这是二十句的七古，收在第八卷中，题目是《半夜闻水碾声以为火车旋悟其非》。这十四个字只概括了前四韵：错以为睡在苏州老家。接下来每两韵一组，共三组：挨次说乘火车的方便几乎全忘了，如今的交通工具，叫人看了没有不皱眉头的；杜甫写下的“村舂雨外急”，他内心揣着对秋熟的喜悦。最后两韵结尾，父亲归结到自己，说“此声虽好乱我肠”，勾起他对家园中花木的思念：哪时才能有一朝推出门去，院子里的“手栽一一娱心目”。

朱先生在成都休假时，父亲跟他两个作诗像上了瘾，我作得了给你看，你作得了给我看；而且性子都急，即使不等待酬答，也非立即付邮不可，只怕热馒头放凉了。要我说最好给他们一人配备一部手机，费用让《诗》月刊报销。自己跑腿不成吗？还真有点儿不成。朱先生住在老东门外望江楼对岸的宋公桥报恩寺，我们家在新西门外浣花溪西北，“东西锦水滨”，同在锦江边上，行程竟得花两个多小时。两个朋友各人分担一半，约定了日期钟点，在少城公园绿荫阁见面吃茶；说是不见不散，兴许碰上个头痛脑涨，或者拉起了警报，也只好再写信重新约过。九月底边，朱先生将回昆明销假。父亲于廿一日“作二律送佩弦之行……即缮就寄与之。”前一首中有“追寻逾密约，相对拟芳醇”一联。我只觉得要如此描摹，方能见出两个人邀约的恳切和倾谈的欢愉。十月四日晚，开明办事处给朱先生饯行。父亲在日记中记着：“午后二时出门乘车入城，茗于公园中绿荫阁。少顷，佩弦至。共谈彼此性情学行，颇畅快，然此后未易得此乐矣。五时，偕至陕西街……六时半聚饮……余殆饮至一斤，稍觉其多。饮毕，与佩弦珍重握手言别。君言重见时当在抗战胜利之后，愿此言非虚也。”

胜利还遥遥无期，朱先生接连两年，暑假里都回成都休养。我父亲却越来越忙，两个暑假都只见了朱先生几面，没浅斟细聊的机会；见他越发消瘦，脸上几乎没有肉，只见一副眼镜框，西装仿佛挂在衣架上似的。问他怎么啦。他回答说：“请医生透视过了，是十二指肠溃疡，不太严重。不是长癌就好。”

我和至美至诚跟着父亲修改自己的习作，最初几篇，朱先生那时在成都就见到了；一九四四年，还给我们仨的第二个合集《三叶》作了序，真当作一回事，分别给我们三个孩子以鼓励和指导，说我们“打稳了杂文的底子再来写小说，正是循序渐进的大路。”看了这句话，我觉得朱先生的想法跟我们父亲的本意稍有点儿相左。父亲似乎从未把写小说和写散文划分为高低不同的两个阶段；是小说的材料，才能写成小说；是散文的材料，写出来的只能是散文。用什么体裁，作者可以不管。至于写得好还是不好，“功夫在诗外”，凭的是对生活体验的态度和深度。因而父亲带着我们三个修改习作，管的仅仅是通和不通的问题罢了：要求选词造句以及排列组合尽可能符合一般人说话的习惯；定要把自己心里的某个想法用文字表达清楚，而且使人有一口气读完的兴趣。父亲要是没有夜工需赶，总是吃过晚饭，收拾过碗筷，把油盏移到饭桌中央，把积在手边的我们的习作抽出个三两篇，自己在常坐的位子上坐下。我们三个就各占一边，一眼不眨地看着父亲笔尖慢慢向下移。笔尖忽然停住了，那还用说，肯定出问题了，我们三个就争先恐后挑眼儿。胡猜是不准许的：错在哪儿，得说出个理由；怎么修改，得提出个建议。这就难免发生争论，父亲也参加，闹得个不亦乐乎。也有的父亲没看出来，倒让我们看出来了。父亲还时常要追根究底，问我们当时是怎么想的；是根本没想清楚呢还是写出来走了样。等我后来当了编辑，才感到父亲那一阵子的严格训练，让我受用了一辈子。

至美至诚俩当时进了光华大学附中，一个高二，一个初一。学校的后门在我们家西南边，走田塍半个来小时，正适合走读。我在技专毕了业被分配去内江，可是折腾了这两年，使我觉得这个家还不能离开，于是在老南门外一家私营的小酒精厂当了名技师，好经常回来处理些买柴籴米等家务事；有时凑巧，吃过晚饭，正赶上父亲带着我们修改习作，或者让至诚给大家念名家的剧本，有独幕剧，有多幕剧中的一场，当然得选那些能上口的。至诚还真有他的，不仅剧作者为角色写的台词，连藏在各个角色心底的潜台词，他都念得出来。要是高低徐疾跟角色当时的情绪不太合拍，父亲就会把他叫住："停，停，这一句重新来过！"说不定比至诚后来在锡剧团排戏还严格得多。我看小说特别喜欢掂量人物的对话和作者的旁白，这习惯很可能就是从那时渐渐养成的。

同院住着房东的一家佃户，据说租了房东的五十亩好田。男的好像有大烟瘾，不大见面；女的可能干了，三个孩子最大的不足十岁，把兄弟雇了来当长工；家里有牛有猪，有鸡鸭鹅，加上两条狗，六畜兴旺，还有三箱蜜蜂。大田作业有板有眼，主要靠一季水稻。谷子打了下来，一半的地开沟种上小麦，另一半撒上"苕子"——紫云英；哪一块地种什么，好像是挨年轮换的；田埂上还得点上两行蚕豆，四川人唤作"佛豆"。灌溉有都江堰下来的自流水，保养地力有祖上传下来的规矩，成都坝子还能不富足么。不知现在还是否通行，早先每逢插秧和开镰，西北边山上就有打短工的下来，一二十人一群，由打头的跟坝子上的户主在茶馆里说好，从天蒙蒙亮干到断黑，一天多少工钱。东家供给四顿白米饭，以塞到齐喉咙口为度；三天打一顿牙祭，一人半斤回锅肉，二两干酒，平时泡菜辣椒，每天两张叶子烟也是少不了的，东家不敢亏待他们，活儿的分寸掌握在他们手上呢！譬如说割下了稻把，不对正稻桶里抡，就得糟蹋多少粒谷子。干一天活发一天的工钱，下雨干不了活，不但不发工钱，连粥，也得他们自己买米自己煮，煮得那个稀呀，真个鼻风吹来浪悠悠；肚子喝胀了就躺在稻草堆里睡觉，实在憋不住了，才去屋后，对着东家放在那儿的尿桶撒一大泡尿。

写到这里，我伸手到桌边提起热水瓶续了半杯水，忽然记起自乐山遭炸，一直过了六年，回到重庆才又用上热水瓶。我国自制热水瓶始于

"五·卅运动"。那时讥评反帝不坚决的人，说他们只有五分钟的热度。热水瓶保暖廿四小时，取名"热心牌"绰绰有余了，在蓝底的外壳上，印着白色的品牌和图案，容量好像只一磅。跟生炭墼的草窝和加棉外套的茶壶相比，热水瓶自然得用多了。到抗战爆发，牌子不止"热心"一个，壳子五颜六色，越来越花哨。我们家离开苏州的时候，把六个热水瓶并排竖在藤篮里，用棉纱带扎紧了，一路小心拎着，辗转到达乐山，父亲还向来慰问的亲友夸口说："你们看，连热水瓶也没碰碎一个。"遭炸后只得买个铜打的茶炊来代替，配上盛木炭的篮子，小火钳，小水桶，小水勺，烧茶水基本上成了我祖母的专业。成都那个院子的东北角有口井，让祖母给看见了；她提了小木桶去到井栏边，让个孩子给打了半桶水，提着往回走。不想两只鹅愣不让，伸长了项颈，喙贴着地直冲过来。我祖母只能向后退，最后负隅，斜靠在房基上。父亲听见了立刻扔下笔，赶出去搀，亏得祖母穿的棉裤，腿没伤着，桶里的水当然全洒了。父亲叫我去买个小水缸，放在茶炊边上，让至诚每天上学之前把水添满。

成块的红烧肉难得见到了，买一斤肉要切成细丝，至少分四顿端上桌来。青羊宫菜市上鱼是有的，得以两论价。至诚去沟边捞那些小得不成其为虾的小虾，父亲常去帮他，捞了回来还得剔除泥沙，淘洗干净，也总算是动物性蛋白质，还富于钙。荠菜、枸杞头，是初春的时鲜菜，满子去溪边洗东西，经常能摘一衣兜回来。有时候见到桤木根旁长着一丛黄松松圆朵朵的菌子，满子忙不迭捧了回来，知道用油焖了，是父亲喜欢的佳肴。有一回，母亲和满子一同去溪边洗被单。被单浸湿了，擦上肥皂搓了一遍，正往溪里投。没注意这一天溪水流得特急，母亲在沙岸上没站稳，下半身竟溜进了水里。满子这时正怀有身孕，只好双臂紧紧搂住母亲的上半身，两只脚蹬住桤木根，硬把母亲拖了上来。两人回到家里，满子给母亲脱了湿棉袍湿棉裤；擦干了身子裹在棉被里，又赶快生了个火盆烤湿衣裤；然后到溪边把被单投清拧干，拿回来晾在院子里。等父亲下班回来，火盆上的棉袍棉裤还没干透，母亲只好躺着。"亏得跟满子一同去的。"她噙着眼泪说，"若是只我一个人，喊也喊不应。唉!"

四十五

当年乐山只土桥街有两家书铺，叫做永言书庄和昌言书庄，老板是姓周的兄弟俩，都是和气生财的面相，哥哥更胖一些。奇怪的是那回遭炸，土桥街上就这一东一西，双胞胎似的两家书店岿然不动。乐山和西南各县的中小学教科书一向归他们供应，忙上两季，一年的进账就齐了。铅字排印的古旧书有这么两架；常用的工具书跟大后方各地一个样，都早已售缺。桂林、重庆、昆明出版的新书杂志，他们一律不进货，使乐山唯一的最高学府当局十分放心。在这一点上，成都跟乐山大不相同，原有大学两座，加上内迁的在十座上下。书铺呢，商务、中华、世界等的分店，都在商业中心春熙路上；少城公园北边的祠堂街，原先只有一家开明的特约代销店，挂着“成都开明书店”的牌号，三四年来，大小书店联成了串，到西口又南拐，一直开到了公园东门对过。大后方各个城市出版的新书期刊，在这里都能找到。再说报纸，成都当地的日报有三四种，大多附有副刊；重庆的《中央日报》《新华日报》《新蜀报》《新民报》等等，隔天准能看到。我可以举出许多事例，说这一回搬到成都是搬对了；其中头一件，就是跳出了宁静的闭塞。我想父亲会同意我的看法的。

成都开明书店跟开明成都分店不是一码事，这件“双包案”，我本来想不提的，写到现在方发觉不交代清楚还不成。先是洗人先生把雪舟先生从汉口调到成都，让他当开明成都办事处主任。成都开明书店在抗战之前就开张了，老板是本地人冯月樵先生，主要经营开明在川西的销售业务，包括批发和门市。办事处是总店的派出机关，管理这一地区的资金核算，书籍印制，以及与别的地区的协商调度，如果改作分店，把销售也担当起来，岂不利落。月樵先生哪儿能不明白，到合同期满，成都开明书店的牌子不得不摘下来了；雪舟先生又不想太伤感情，撺掇他带头集资，自己搞出版，还答应大力相助。月樵先生真个办起了一家普益图书公司，雪舟先生拉了几位开明的老作者业余给他当编辑。他请我父亲当总编辑，我父亲没答应，回说在教育厅任了职好像不大方便。他立刻改口说要我母亲去帮忙，父亲答应让我母亲一个星期去两个半天，料理些编辑方面的杂务。

月樵先生对市面是极熟的，我记得他对选题出过的三个主意，后来实现了一个半，这就很不容易了。一是要我母亲编一本小字典，说《学生字典》脱销已久，总不是个事；只要编出来，就一本万利。母亲说她没有这个本事。雪舟先生说，把过去的旧字典收罗几本来，择善而从，改头换面抄一遍，不就成了么。母亲把收罗到的小字典带回家，跟父亲一说。父亲说："哪能有这等便当的事，揽在身上有苦吃了。"我听了说："让我学着抄一部分吧。"一动手就发现还不能一抄了事；许多僻字，小学生是碰不着的；许多熟字，小学生是用不着查的；还有些字不说还清楚，越说越糊涂：怎么办呢？母亲和我的标准不一样，父亲最后通读一遍提出意见，吃饭的时候倒有可谈的材料了，可是都说没有把握。好在最后讨饶作罢的还是月樵先生，他发现成都没有一家排字房能接字典的活，也找不到如此高水平的校对，连重庆也是这样。

二是说抗战前，我父亲和子恺先生合作的《开明国语课本》，在成都销路不差，现如今因为内容跟不上形势，停版了。可不可以请两位重编一部《普益国语课本》呢，我父亲回说，子恺先生如果答应，他就同意。子恺先生当时在贵州，遵义浙大，回信答应了。先编写初小的八册，多数课文由我写了初稿，父亲修改之后，母亲誊正，韵文几乎都是父亲自己写的，一并寄给子恺先生作画书写。可惜成都没有做锌版的工厂，只好用木版印刷，刻工又跟纸张一样拙劣，拿在手上叫人伤心，没劲。印了头五册好像就无下文了，这个主意只好算实现了一半。

三是创办月刊《国文杂志》，说现如今的中学生国文程度实在太差，给他们一些必要的辅导是义不容辞的。说中学生的国文特别差，我父亲是一向不同意的；数理化生音体，跟国文相比，程度也好不到哪儿去。念了一辈子"子曰"没念通的人有多少位，两千多年来不曾做过统计，只孔乙己一个，因鲁迅先生给他作了篇外传，才得以流芳百世。没念通也不能怪孔乙己程度低，得从教育目的和教学方法等方面去找问题。办一种月刊谈谈这些问题，给学生们一些启发，多少有点儿好处。我父亲答应了下来，让我母亲出面当主编。一九四二年一月出创刊号，三十二开土纸本，才两万来字。四篇主要文章是父亲自己写的，除了《略谈学习国文》一篇，其余都署的笔名；杂志社的零星通知都不署名，还挑了两篇我们兄妹三个的习作，这是现成的。父亲当时就寄了若干本创刊号给桂林的朋友，约他们写稿。最先回信的是云彬先生，他大呼可惜，说他们正在打算出版《国文杂志》，已由文光书店出面申请登记。十六开本，约五十面；虽然也是土纸，可不像成都的那么糟。桂林的朋友们都主张不如把普益的停了，集中力量办好文光的。父亲只好找月樵先生商量。月樵先生很大方，说既然这样，《国文杂志》就维持到六月号告一段落，向读者公告移到桂林出版。父亲的这一出独角戏，直唱到了四月底边第六期发稿。文光的《国文杂志》八月创刊，人称“桂林版”；普益的就成了“成都版”。附带交代一声：《国文月刊》是另一码事，是西南联大和昆明师院的学术性刊物，印制销售由开明桂林分店代理；抗战胜利后的第二年，才归开明书店在上海编辑出版。

父亲初进教育科学馆，真以为从此得做研究工作了，还担心不知从何入手。没想到一年多下来转了个圈，又死心塌地做起编辑工作来。颉刚先生早看穿了，说郭厅长这样礼贤下士，无非要给教育厅、就是给他自己撑个场面，多少给他做点儿就可以了。可是我父亲太老实，又闲不下来，跟佩弦先生合作的两本阅读指导举隅接近完工，他就想接着请人写一部《文法指导举隅》，也是给国文老师作参考的，跟佩弦先生商量。佩弦先生说他干不了，有一位吕叔湘先生，准成，在云南大学讲过“中国文法”课；如今应了华西大学的聘，把家搬到成都来了。父亲在刊物上看到过吕先生的文章，以为他思路清晰，有自己的见解，因而早就记住了他的名字，第二天就给他写了封约稿信。过了两天吕先生的回信就到了，说愿意试试看。第二天是三月廿九，老是细雨蒙蒙的，吃过午饭，我父亲再也等不得了，撑起油纸伞步行到华西坝。他在日记上记着：“虽初见，谈话亦随便不据。君于国文英文教学均极关切，现在华大研究所，研究我国语文法。托其为馆中编《文法指导举隅》一稿，当承应允，云三四月内即可完成。谈一小时许而别。”叔湘先生牢记着这个日子，四十三年后写的《怀念圣陶先生》，就是从这次初见写起的。我核对了一遍，只发现吕先生把“下午”错成了“上午”；把介绍人朱先生错成了顾先生。我说的不会错，给吕先生初次写信约稿的前一天，父亲单邀朱先生，两个老友在家里吃酒长谈来着。跟顾先生在宴席上见面是八天前的事，不符合我父亲的急性子。

父亲离开教育科学馆的日子，在一九四二年的《蓉桂往返日记》中可以找到。那段日记长达三个月，从四月十五开始。那一天，傅彬然先生突然来看我父亲，说是奉范老太公之命，邀我父亲去桂林一游。父亲想去一趟也不错，许多老朋友已五年不见了，尤其挂念的是新从香港冒险归来的那一批；谈了几天，方知道是要他去桂林组织开明的编辑队伍，讨论出书方针。在大后方这张棋盘上，成都、重庆、贵阳、昆明、桂林五个眼已经占住，可是出不了新书，还像一爿只能贩运经销的书铺子。回想当时在汉口，悔不该把几个只会弄笔杆的人都遣散了。好在如今有不少聚集在桂林，即使改了行的，见了面闲谈还常常谈起旧开明来。能不能把编辑部重新组织起来呢？范先生邀我父亲去桂林，就为的同大家商量这件事。既然商量，定要他成，成了之后，脱不了身：我父亲的行事规律就是如此。他写了封信给郭厅长，说开明让他去桂林开会，没说定哪一天回所销假。郭厅长立刻派四位所里的同事，送了五百块钱旅费来。父亲说去桂林是为开明的事，不能用馆里的旅费，退了回去。郭厅长心里明白，连夜赶来叙别。一个没提辞职，一个也不好恳留：这才叫别扭。

《蓉桂往返日记》共四万多字。头上半个月，父亲为离开成都做准备，了结了在教育科学馆和普益图书公司已应承下的种种工作，基本上还清了拖欠。五月二日动身，第一站重庆就为等候便车，白耽了整整十天；十五日到达贵阳，又耽搁到月底，六月四日方抵达桂林。在途中，父亲作了首五律数说行旅之难：

> 自古难行路，今难倘有余。
> 临程谈“黑市”，过站上“黄鱼”。
> 蚁附颠危货，麋推老《病车》。
> “抛锚”愁欲绝，浑不傍村墟。

“难行路”恐怕实指川黔桂一带的崎岖古道，如今修了公路总该好一点儿了吧？谁知“倘有余”，更加难走了。“黑市”是票贩子的要价；“黄鱼”是司机挟带的旅客，不知是否因为老溜边才得了这么个外号。卡车上堆得高高的货物一路摇晃，乘客还在摇晃的货物上头巴着呐。《病车》是子恺先生为题他的漫画创造的辞，已损坏的汽车还是老货，上坡得靠乘客大家一齐用力推。要是“抛锚”抛得不是地方，前不傍村后不着店，怎不叫人愁煞也么哥。这么一个多月的公路行旅，大多数日子是花在等车上的。心神不得安宁，老悬在没着没落的焦急之中，谁也受不了。因而我父亲一到桂林就去航空公司定了张回重庆的机票。飞机的班次少得不像话，也得耐着性子等，直等到七月一日才飞成。这二十五天，父亲可抓得特别紧，给《中学生》和《国文杂志》都准备了将近两期的稿子。

一九八二年夏天，至诚读完这段日记对父亲说，近来有人写文章回忆抗日期间桂林的出版界，这两三个月的日记，正好供他们参考，何不抄下来发表。父亲听至诚念了一遍，记起了许多茫然往事和已经作古的老朋友，就答应了，还自己写了篇小记，发了几句感慨。日记写的非今非古，都是六十年前的风物人情，用不着我删节或补充。只有一处，父亲到贵阳的次日下午，遇见了在国际救济会当驻会常务委员的章元善先生，记下了这么一句话："关于去年司长任内受冤之事，语焉不详，约略以'梦'字了之。"司长任内指在经济部商业司当司长的时候，这个梦可非同寻常，人们都说是最高当局要借他的人头，以平民愤。元善先生是我母亲的表兄，我父亲的小学同学，《我们的骄傲》中一同相约去见黄先生的就有他；我唤他表舅，最早的留美学生，曾撺掇我父亲跟他同去留学：这些事儿前头都讲过。他回国后因热心公益事业，被推任华洋义赈会副总干事、总干事。一九三一年长江闹大水，政府在上海成立救济水灾委员会，把他请了去当总干事。我就是那时见到他的。他住在一间厢房里，空荡荡的除了一张床没有别的家具。床上挂着夏布中式帐子，床下有个白布口袋。听说他每天早上要换内衣，口袋就是盛换下来的内衣的；留学带回国的生活习惯，我看到的就这一件了。一九三八年我们家到了重庆住在西三街，我又跟这位表舅见面了；他一人住在山梁上青年会的招待所里，好像工作还不大落位，常常从公园下来，跟我父亲和范老太公去对面的茶楼吃茶；后来我病卧巴蜀学校，表舅来看过我好几回。我家去了乐山，通信就渐渐稀少了。一九三九年年底听说经济部长翁文灏把章元善先生拉进了班子，让他当了商业司司长，并兼任平价购销处处长。父亲母亲俩都代他捏了把汗：物价飞涨，民怨沸腾，凭他这样个老实人能扭转乾坤么？果不其然，物价管自飞涨，民怨更加沸腾，折腾了一年，蒋委员长就把元善先生拘留了。都说连枪毙的手令都下了，又不知怎么的，到十三天上把他放了回家。其中缠弯里曲众说纭纷，莫衷一是。天意从来高难问。明明是《非梦记》，也只能以一“梦”了之。但是绝非《邯郸梦》，我的表舅不是卢生那样的官迷。认得他的人都这么说。

四十六

从桂林回来，父亲头一件事就是给郭厅长写了封辞职书。郭去南充开会了，十天以后才收到他一封表示无可奈何的复信。还有件事是父亲动身前答应母亲的，为三午满月，宴请一回在蓉地的亲戚朋友，而且要丰一些。孩子一般都生了下来才取名，三午可不然，出生前俩月，看满子挺着个大肚子，我们就说：“三午怎么还不肯出来?”名字是父亲给取的：他自己生在甲午年，我生在戊午年，一九四二年是壬午年，恰好二十四年一代，都生于午年。三月十九清晨，满子感到三午像要见见世面了，让我雇了辆洋车送她进保婴院，母亲不放心，立刻坐车赶来了。下午二时，三午顺利出生。母亲叫我立刻回家报喜。产房中有三张床，那两张都空着，母亲定要留下来自己照看产妇。父亲已在为去桂林作准备，忙着清理积欠，到第三天下午才抽出空来，到保婴院去看望他早就盼着的三午，同时慰问满子。他高兴地对我母亲说：那味同鸡肋的教育科学馆，如今可以吐掉了；二十天后打从桂林回来，正好赶上给三午做满月。没料到后来一拖再拖，直到拖到了六月中旬，赶在廿六那天就把汤饼会办了，也算了却一件大事。正巧是三午百日的前一天。三午长得肥白秀气，一家人从老太太到至美至诚，没有一个不喜欢的。

对我父亲来说，回成都后最重要的一件事莫过于承前启后，恢复并发展开明的编辑工作。机构的名称在桂林已经商定，叫做“开明书店编译所成都办事处”；处长由我父亲担任，只有一位助手，就是我的母亲。办事处就设在我家里，只添了一副办公桌椅。编译所其他人员都留在桂林，包括从文化供应社请回来的彬然先生和锡光先生。已改为月刊的《中学生》也动不了窝，它在桂林登的记，户口落在桂林了。云彬先生离不开文供社，我父亲跟他订了口头君子协定：甲方，催促并协助仲华先生按期编发《中学生》月刊；乙方，按期协助甲方给文光的《国文杂志》定稿，并供给一定数量的文稿。开明的出版方针没有变动，仍是十五年前跟老朋友一同在白马湖商量停当的；当时我父亲得心应手，如今放下了五年，居然尚未抛荒。发排计划是按当前的经济力量编定的，每月三十万字，包括纸型严重破损的畅销书，如《给青年的十二封信》，新书仅薄薄的两三本而已。编辑工作因而大大超前，到得年底，成都桂林两地的待发书稿都积成了垛，可惜造不成声势。

在父亲的日记中，可以查到各本书稿的简要档案。有本新诗集，作者马文珍先生，我父亲在武大相识的，任图书馆管理员。他喜欢作新诗，作了常拿给我父亲看。父亲说好，我也拿来看了，题材行文，果然都别有新趣。如今还记得他在《咏水母》一首中的两个比喻。乐山大渡河冬日水浅，靠北岸成了条狭长的水塘，每到初春桃花开放，水塘里会出现一个个纽扣大的白色淡水水母，一翕一翕地漂浮着。他说像抽烟老汉吐出的烟圈悠闲地飘向晴空，像青年穿着白纺绸长衫走过草地，下摆在轻风中飘动。他本是清华的人，后来调到昆明西南联大去了，跟我父亲相交不能说深。父亲却为曾经心许的一件事，给他写了封信，请他把几年来自己认为满意的作品统统寄来，只说想重读一遍。马先生就这么办了。父亲把他寄来的诗一首一首仔细看过，好像一字未动；去信问他是否愿意让开明出版这本自选集，代取名《北望集》，是否中意。马先生自然知道，集名出自陆放翁的“中原北望气如山”。他的回信我没见着，总之接受了我父亲的这两个建议，这是有书为证的。我父亲还为他喜爱的这本新诗集作了跋和广告词。

说完了新诗《北望集》的档案，我想再说说朱自清先生的一本散文集。朱先生一九三二年旅欧归来，隔了两年才在开明出版了一本有许多插图的《欧旅杂记》。十篇游记写十个都市，都在《中学生》杂志上发表过；集在一起加上序，排印成单行本，又经我父亲的手。单行本还没有谈到伦敦，父亲催朱先生快点儿按计划往下写。朱先生的散文念起来好像用不着费劲，那是他下笔时不惜花力气的缘故；要快是办不到的，他用清丽的文字像绘《清明上河图》似的，写了九篇连贯的伦敦风情画，起了个书名叫《伦敦杂记》，写了篇序，和图片一同寄到上海开明。发稿的仍旧是我父亲，等到在清样上签了字，他叫工厂出了样书，先寄两册到苏州青石弄。没过多少天，上海打起仗来了，工厂被毁于敌人的炮火。当时觉得在伟大的民族解放战争中，做出多大的牺牲都是应该的。这话不错。可要是编制索赔清单，连没能让读者当时就跟《伦敦杂记》见面，也不该漏掉。作者和编者是永远不会忘记这笔账的。

说到这里，《伦敦杂记》才说了一半。事隔五年有余，朱先生从昆明写信给我父亲，说知道开明有在内地出版新书的打算，他愿意把《伦敦杂记》一稿售与开明。念到信上“售与”两字，父亲对母亲说：“你看看，佩弦一定走投无路，竟要把自己的版权卖断了。看来在联大当教授，连日子也不好过了。”因而马上给朱先生回了封信，表示接受。朱先生寄来的，是偶然在箱子底里发现的手稿，题目九个，稿子却缺了半篇。父亲记得曾在北京某文学刊物上见到过，于是请成都文协的一位青年朋友去各大学的图书馆寻找，居然没出三天就借了来。父亲又马上写信给朱先生，先请他放心，缺稿已找到，立刻动手抄；请他抽空赶快作序。至于版权，父亲说可以再商量；开明支付版税的办法已稍作改进，不如某些大书店克扣之苛细。前后才两个多月，《伦敦杂记》就发排了，可惜没法配上插图。此后父亲的日记上出现了好几回记录：今日阅《伦敦杂记》校样若干面。那时成都的排字房都没有多少铅字，一本稿子分作十几二十次排是常有的事，若干面的清样签了字，打好了纸型，把铅字回架，再接下去排若干面。铅字的笔画轮廓都快磨平了，书印出来必然模糊。父亲四月十四在日记上记着：“《伦敦杂记》已印出，模糊殊甚，为开明第一本坏书。……辛苦校对，成绩如此，殊为不快。”

这时候上海这个孤岛虽已沉沦，信倒还是通的。朱先生窘迫得竟要卖断版权，父亲在去信中不能不提。不想十一月廿八接到回信，朋友们都没接这个茬，谈的都是弘一法师在泉州逝世这件事；还把法师预写给夏先生的遗书制成锌版，印了几份一同寄给我父亲。法师的遗书上说：

> 丏尊居士文席　朽人已于九月十日迁化
> 君子之交　其淡如水　执象而求　咫尺千里
> 问余何适　廓尔亡言　华枝春满　天心月圆
> 谨达不宣　　音启
>
> 前所记系依农月　又白　印

第一行的日期是侍奉他的僧人代填的。夏先生在信上告诉我父亲：法师卧病只三日，“春秋六十三，僧腊二十四。此老为法界龙象，而与弟尤有缘，今闻噩耗，顿觉失所依傍，既怅惘，又惭愧，至于伤感则丝毫无之。

遗书为渠最后之纪念品，偈颂俊逸，俨然六朝以前文字。”父亲最欣赏结尾的“华枝春满，天心月圆”两句，说如此描写死的恐怕前无古人，只有既是艺术家又是宗教家的弘一法师，才能作这样想，写出这样的偈语来。腊月十二又接到上海的信，附来法师临终绝笔的印件，“悲欣交集”四个字。夏先生和雪村先生都寄来了他们挽法师的对联。夏先生的是：“垂涅槃赋偈相诀，旧雨难忘，热情应啸溪虎；许婆娑乘愿再来，伊人宛在，长空但观夕阳。”上联回忆当年法师在虎跑泉发愿剃度；下联说希望法师再来晚晴山房，接受他的供奉。雪村先生的是：“一念真如，问华枝春满，天心月圆，几辈修持曾到此；亡言何适，怅晚照留晴，秋英含秀，甚时飞锡更重来。”两句都用的反诘口气，其实是赞叹如此华严的主观境界，没人修持得到；连去向何方也兴奋得说不清了，对人间晚晴想来已无所眷念。

第二天，我父亲作了四言两首，形式跟偈颂没有什么区别：

华枝春满，天心月圆。其谢其缺，罔非自然。
至人参化，以入涅槃。
悲欣交集，遂与世绝。悲见有情，欣证惮悦。
一贯真俗，体无差别。

这第一首，也赞赏弘一法师的结尾两句。父亲先引了“华枝春满，天心月圆”，接上“其谢其缺，罔非自然”两句，我觉得非常妥帖而必要。直到“文革”之后那几年，演弘一法师的电影和电视剧比着在各频道播放，我却一部也没看全，因为受到了难以解决的干扰，问题就在父亲的“其谢其缺，罔非自然”上：以常识的角度看，我父亲没说错；接在弘一法师那两句后面，却似乎不大妥当。在法师“廓尔亡言”的那个境界里，不可能“一片花飞减却春”，也不可能“月有阴晴圆缺”。法师如此平静地跨过佛家所说的最要紧的生死大关，体现了他修持所得的信念。他去的是个永恒华严的境界，在他涅槃的瞬间，时间不复存在，一切都静止了；用不着林妹妹抹着眼泪去葬花，也用不着东坡老举起酒杯探听明月的芳龄。省事倒省事了，可惜在大自然中找不到这样不叫人动情的所在。我知道自己又在想入非非，真可以陪父亲再吃一回酒，细细聊那么一回的。父亲的第二首，等于给法师四个字的绝笔作注解，赞慕法师临终的心情与一般人并无区别。法师“君子之交”四句，本是告慰夏先生和几位挚友的，自己却终于不能忘情，最后写下了“悲欣交集”。父亲说，用两个反义字组成的词，分量往往不是相等的，如“中年哀乐”，实际上说的是哀伤，“乐”字只是陪衬。法师的“悲欣交集”，看来也是“悲”的分量重于“欣”。

四十七

一九四三年二月十八，父亲接到上海来信，又是鼓鼓的一封，拆开一看，附有近十首七律。父亲先看亲翁丏尊先生的一首：

如幻前尘似水年，佳期见月卌回圆。
悲欢磨得人偕老，福寿敢求天予全？
故物都随烽火尽，家山时入梦魂妍。
良宵且忘流离苦，珍重亲朋此醵筵。

满子父母的结婚日是阴历腊月十六，据说一年中只有这天晚上满月在头顶经过，不知哪位诗人还说过：“一生几见月当头?”当然是个好日子。可不一定应验，只能“良宵且忘流离苦，珍重亲朋此醵筵。”原来醵筵倡酬，都是雪村先生的主意，他先作了四首七律作贺，还加上篇小序：“壬午十二月十六日大寒，为丏公伉俪结婚之四十周岁，西俗称羊毛婚。是夕约伯祥、索非、调孚、均正集其寓。主宾六耦都十二人，具盘飧都十二簋。有酒既旨，有肴孔嘉，市沽悉屏，不侈而丰，虽在离乱之中，仍申合欢之庆，洵胜事也。继是以往，约以婚日，迭为宾主，有视兹集，命曰鸳会。匪直谋盘杯之欢，亦以增伉俪之笃。率成芜什，聊当喤引，敬求丏公暨与会诸贤吟正。”这一天是一九四三年一月廿一，节气正好是大寒，本来不必注明的，雪村先生加上这两个字什么用意，在沉沦后的孤岛上可心照不宣；他创议的六对老夫妇十二色家常菜的“鸳会”，没能按序延续。当时在上海的老朋友有参加的有没参加的，如马叙伦、王伯祥、顾均正、周振甫、王统照诸先生都当回事似的作了和诗。二月廿四，我父亲才把祝贺亲家羊毛婚的和诗寄出：

无诗排闷欲经年，提笔祝公人月圆。
遥审双杯为乐旨，醉吟四韵见神全。
望中乡国春将近，偕老夫妻情更妍。

此意同参堪共慰，预期会日启芳筵。

父亲的这一首又引出了好几首和作来，如夏先生的老朋友朱自清、朱光潜、贺昌群各位先生，都寄给我父亲转达；只最后卢冀野先生的一首，是他由重庆到桂林时，顺便面交范老太公的。父亲在廿八日日记上有记载，说范老太公转来了卢的诗；对范的信，父亲只记了一句："言'中志'为政府所忌，讽示须移川出版。"这句话颇有些蹊跷，"中志"就是《中学生》月刊，这没有问题。谁"言"呢？谁"讽示"呢？根子都在"中央"，而且是国民党的"中央"，这无可怀疑。"讽示"就是现在所说的"吹风"。可能是谁听到了一些什么，怀着好心来先吹个风；也可能是"中央"派他来吹风的，那就是不落形迹的命令了。父亲怎么会不明白，《中学生》让桂林的图书杂志审查处审查，"中央"是放心不下的。他给范老太公写了封长信，颇发了些牢骚，说他这个挂名社长怕负不起什么实责。稿子大半还得在桂林约，请大家切勿抽手；最后编目送审等零星事，就由他来了结。

父亲信上虽这么说，对某个方面有点儿见解的朋友，他都写了恳切的约稿信。五月上旬，他两次亲自去成都图书杂志审查处，办完了登记手续，并约定每月十日前送审，三天内送回。六月七日，头一次送审七月号《中学生》的稿件，也是我父亲自己去的；等到十二日，稿件尚未送回，范老太公却从桂林来信说："中央审委会欲令《中学生》在渝发行，我总处已在渝办转移登记手续。"用香港话说，我父亲当时一头雾水，看不透党政方面如此关怀《中学生》，到底所为何来，心里不免气愤。十四日，开明重庆总管理处又来信通知：中央审委会允许"中志"暂仍在桂审桂印。桂蓉两地的交涉方瓜熟蒂落，中央这样系铃解铃，不知秀做给谁看。亏得说的是句活络话，"仍"字前头还有个"暂"字；要是追查，就回说"已经'暂'过了"。《中学生》七月号就是稿子在成都送审过后，航寄桂林排印的。为了把这桩政出多门的公案交代明白，我把藏在背后的细节都挂上了一笔，好让读者诸君知道，把黑字印在白纸上，还得费多少周折，受这许多无名的窝囊气。

前头已经作过交代，"文协"在汉口开成立大会，我父亲是主席团成员，却没有露面，在两个半月之前，他已经到了重庆；《抗战文艺》五月四日创刊，他这位编委也只是挂了个名。等到从汉口西撤的老朋友第一批到达重庆，我父亲已接受了武大的聘书；只跟他们快叙了半天；在信上还告诉上海的朋友说“老舍忠贞热忱，大可钦佩”。武大的教员中颇有几位新文学作家，女士居多，“五·四”前后出的名，后来致力于学术研究，很少或者不再搞创作了，好像没有参加文协的。也没听说学生中有自己组织的文学团体和读书会；想来到了抗战中期总该有些松动吧，我们在成都就不知其详了。文协在成都有分会，几位年轻朋友大约是自愿服务的，开茶话会，编刊物，办讲座，搞展览演出，他们都想试试。父亲也愿意帮他们出些主意，一来二去越搞越熟。有一回，文协为病重的张天翼先生募集医药费，为才过世的万迪鹤先生募集遗属赡养费，两篇公告找不到合适的人写，我父亲就接了下来。他说其实并不难写，只要表达出文艺界“相濡以沫”的友情和为民族解放奋不顾身的精神就行了；国民党不是不让老百姓说话么？我们碰到机会就说他一通。

十月廿八是我父亲的生日，一九四三年的这一天，应是他的第五十个生日，老辈掉文，说是“五十初度”。十一月初，不知谁听说了，提议由成都文协分会举行聚餐会，祝我父亲五十大寿。我父亲再三辞谢，先说生日已经过了，何况过的是四十九，离五十还有一年呐！他们说生日错过了可以补寿，满了四十九就是五十，都是老习惯。父亲只是摇头，说年纪总是一年长一岁，有什么可祝贺的，他们说敬老是中国的好传统。最后陈白尘先生找上门来了，对我父亲说，近来当局对人民团体集会卡得更严了，文协正要找个题目，显示一下文艺界的团结。叶老是文艺界教育界的老前辈，一向受青年们尊敬。由文协发起给叶老祝寿，是名正言顺的。我父亲也就答应了，把时间定在十一月十五日正午，地点是新南门外江上村竟成园餐厅。堂中有讲台，挂寿字，桌上有红烛和寿糕。参加的约七十人，作颂词的有五六位，我父亲致简短的谢词。母亲和至美至诚都跟去了。席间有文艺节目；父亲被劝喝了不少大曲。最后全体合影，父亲母亲站在前排中间，如今看还不见老态，挺有风度。

成都的几种日报都发了消息，许多外地的朋友也写了祝颂的文章。十二月十日我父亲写了篇短文《答复朋友们》。他说“五十岁，一个并不算大的年纪。……承蒙朋友们的好意，把我作为题目，写了些文字，我倒清楚地意识起五十岁来了。”他说人生的道路已经走了大半截，余下的小半截，他得打算着好好的走。朋友们的文字中都说起他的作文跟为人，他说："我自己知道得很清楚，都平庸。为人是根基，平庸的人当然写不出不平庸的文字。"他解释说，说自己平庸，指的是没有深入生活的底里，因而愿意在往后的小半截路上加紧补习，"懂得好恶，辨得是非，坚持有所为有所不为，实践如何尽职如何尽伦；不然就是白活一场。"他感激朋友们的厚爱和宽容，说在这样温暖的人情中，他没有理由不打算着加紧补习。父亲写完短文，自己念了两遍，就封寄给陈白尘先生，请他决定发表在哪里合适。

四十八

太平洋上已经打了两年，赌红了眼睛的日本硬扭住了抱孤立主义的美国，一同在这场空前规模的世界战争中打滚。我们在成都，除了在报刊上看到的国际形势和国内要闻，还知道些什么呢？美国的飞虎队在成都附近的空战中击落了几架日本飞机，警报就不常听得了；即使有"预行"，过半个来小时也就解除了。南边的双流，北边的广汉，都万把民工夜以继日，修筑供大轰炸机起落的又宽又长的跑道。不用问，美国大队空军不久就要来了。乘着美国大兵的吉普，在大街小巷里横冲直撞，成都不就成了美国的空军基地么，欺软怕硬的小日本他还敢来！只是物价还在翻着个儿涨。民不聊生呀！绑票抢劫的事儿，四郊的村子里接连出了好几起。本来为了躲避空袭而屈居乡间的城里人，如今有了美国空军做保护伞，都搬回城里去住了。我们家随大流，告别了杜甫吟诵过的景色和习俗，搬到了陕西街中段的一所旧宅院里，是开明分店新租定的；后边的一大半作书栈，我们家住前头的一小半。有两个好处：一是城里有电，可以用上相别近五年的电灯；二是当时至美在念金女大，至诚在念协合高中，两个学校都在华西坝，比较方便。父亲是不大主张子女必须进大学的；至美一定要进，他也不反对。再说，不进大学，也找不着合适的工作可干。至诚在高中只念了一学年，暑假里他向雪舟先生自荐，在分店当上了店员。父亲母亲都同意，说在课堂里学到的，不一定比店堂里多。

父亲当初到乐山，好像对持久战已经作了十分充裕的估计：就算再打两年吧，每半个月给上海开明的老朋友集体去一通信，两年也就是五十来通了；几曾料到已是一九四三年四月廿九，编号到了九十九，我们一家人还逗留在岷江边上的成都。“君问归期未有期”，谁说得准来日还得写多少通呐。两天后，父亲在日记上说：“与上海诸君通信，自余迁乐山后重行编号，今于此一回寄信满一百通矣，赋一律以志之。诗以前夕想起，今日足成。”这首七律是：

岷畔邮书今满百，五年况味此泥鸿。
挑灯疾书残烧夜，得句遥怀野望中。
直以诸君为骨肉，宁知来日几萍蓬！
一书便作一相见，再托双鱼致百通。

俞平伯先生在我父亲的诗词存稿中看到了，特别赏识，提笔批曰：“三四细腻，五六真挚，兵烽修阻，相见何期，唯恃鳞鸿往来，以寄停云落月之思耳。结联妙，有兴会，且出之平淡，似毫不吃力，章法亦密。”时间大概已在文革中期了。

称父亲的心，新诗足成，最好能让上海的朋友立刻听到他自己吟诵。这蜀沪第一百号马上付邮了，比九十九号晚了三天。这两通信哪天到的上海，都无法查考。初到乐山的时候，航寄上海的信十天之内可能到达。太平洋战争爆发之后，上海航寄成都的信，要四十多天才能到达。陆放翁在成都时有首《渔家傲》，前半阕说：“东望山阴何处是。往来一万三千里。写得家书空满纸。流清泪。书回已是明年事。”比起南宋来，已经算得便捷了。耐心会渐渐地被迫养成的，等不着信的刺激又不像物价上涨那么螫人，信投进了邮筒，对方如果回信，总有一天会到的，耐着性子等吧。

可是难免也有叫人放不下心的。一九四四年一月二十，《中央日报》刊出一条屯溪的电讯，才豆腐干大小的一块，说上海日本宪兵队拘捕了夏丏尊章雪村等二百多位文化人；没说事情发生在哪一天，也没说同案被拘的除了开明的两位还有谁，叫人无从猜度受罗织的莫须有罪名到底是哪一条。父亲查自己的日记：此前三个星期内曾发两通信去上海，一定尚在途中；年初收到的上海来信，是去年十一月发出的，还看不出产生事端的征兆。于是马上写信，去上海问调孚先生。在内地夏章两位先生的朋友多，看到了报纸上这条电讯都写信来询问《中学生》，询问开明。其实我们知道的，也不出于刊在报上的那一方豆腐干。

估计调孚先生的回信，最快也得二月底才能收到，没想到二月九日，报纸上又刊出屯溪电讯，依然豆腐干大小，说夏丏尊章雪村已释出，没说哪一天，也没说一同被释的还有谁。两条电讯相隔整二十天，有人说肯定不是什么要案，没听说进了日本宪兵队，这么快就能出来的，想来不会受什么苦。三月三日收到范老太公从桂林来信，说上海来的客人相告：大约敌方令夏先生出任某种文字工作，夏先生不肯，就被宪兵带走了。夏先生临出门时交代家里人说，去向“老板”说一声。宪兵定要问“老板”是谁，把章先生也带了去。两家的住处都被封锁了三天。那位客人还不知道两位先生已被释了。三月八日，上海的信到了，夏先生自己只写了一张纸，想来是为了证实受拘十天，身体还经受得住。调孚先生写得很仔细，是十二月十五日晨五时许来拘捕的，二十五日下午一时被释。还没弄明白日本宪兵为什么要逮捕夏先生，为什么十天后就把他放了。章先生的被捕倒是清楚的，受了夏先生一声“老板”的牵累。四月廿七，父亲给关念这件事的朋友作了个总答复，写了一篇《关于夏章两先生被捕》，发表在《中学生》上。文中的记事几乎就是调孚先生在信上的话；结尾那三首章先生的七律，调孚先生在信上只录了前头两首。一个多月之后，雪村先生才誊全了，趁一位同乡到成都，塞在糕点盒里带给我父亲。前两首“富于谐趣”，从字面看是囚犯自嘲，骨子里是对监禁审问的反感和鄙视。第三首却是“庄言”；敌我分明，倔强自傲，真是颗嚼不烂、能崩掉牙的响铮铮的铜豌豆。

稍稍用点儿心估算一下，三月八日收到的夏先生亲笔报平安的信，和调孚先生的长篇记事，很可能是夏章两位先生被释的第二天——去年十二月廿六写的，比我父亲发信去问早了二十五天。在来信收到之前先把回信写好，是谁也办不到的。两位先生知道我们着急，不待去信打听，尽快写信让我们早日释念，哪知这通信在路上竟走了七十二天。能送到已经很不容易了。遥望东南，浙赣湘豫云桂黔，一处处炮火连成了片，叫人无法想象上海来的邮包走的是哪一条路。父亲寄上海的一百廿四号和以后的三通，上海一通也没收到，想来自年初起，这条唯一的邮路也断了。八月十三日，父亲跟阔别七年的上海朋友写了通信，编号一百廿七。在日记上写着：“邮程迟缓，所谈都不接头，一书之达须历三月，亦无法寄上海信矣。”去年五月一日说的“再托双鱼致百通”，竟成了毫无凭准的豪言壮语。

四十九

跟七年前入川时相比，我父亲当然老多了，却恢复了二十年前“五·卅”运动中的政治热情，在报刊上发表了不少锋利的短文。如《据理论而言》《暴露》《冲破那寂静》《政治家》《再谈政治家》《言论自由》《管公众的事》等等，看了题目就知道是为了争取民主而作的。也有些从题目上看不出内容来，如《论“长官认错”》，评论的是一九四四年九月上旬那次国民参政会。据说参政员在会上都勇于为民喉舌，语多指摘行政官吏。长官执礼答复，颇有认错的，发表在报纸上，“俨如严父兄与不肖子弟的对话录”。某大报“盛赞此种态度上之转变……行政者自认过失，则愤愤者亦释然。”我父亲说不能这样就了，“咱们急须追问的是：他们干事干坏了，负不负道德上跟行政上的责任？往后干下去是不是再要错？……行政官是什么？无非是民众的代理人……咱们也不要他们作口头书面的回答，咱们要看实在的施为。实在的施为才是真凭实据，口头的书面的话语尽可以说得好听而不兑现。”我父亲说：“可惜参政会诸君没有作这样的追问。……若是通过一个提案，怎样使行政官员负起已往的错过的责任，并且保证未来不再有错失，那倒是扼要的办法。现在的参政会里没有这样的提案，咱们可以发动舆论，务须使行政官在认错之后有个明白的下文。”

再举个例，题目是《谈“求饶”的效果》，也是批驳某大报的一篇《为国家求饶》的社论，社论呼吁官僚们不要再“混”，发国难财的商人赶快洗手，那些亦官亦商的人痛改前非；主要的一句话是：“国家再也经不起这批人的腐蚀，愿望这批人饶了国家吧。”我父亲下批语说：“放下口诛笔伐，改用乞恕求饶，可怜已极。”可是这三种人听得进去吗？听了进去就肯照着办吗？父亲说：“发霉的东西要在适于发霉的环境里才会发霉。……我们中国原是个适于发霉的环境。……历代的官僚政治就为官僚布置了一个适于发霉的环境。什么是官僚政治？实际上是帮助统治阶级压榨老百姓，形式上是上行下效，等因奉此，叫他不‘混’又能怎样？名为‘民国’，而官僚会大量发霉，其故就在于此。真正的民主必须由老百姓当主人，官僚还是要的，可是必须站在老百姓一边，所作所为完全为老百姓服务。从挂名的‘民国’到真正的民国，头绪当然很多，而铲除官僚政治是最紧要的头绪。……民主政治实现了，官僚就不会发霉到如今模样，舆论又何至于向发霉的官僚求饶。”

为改革教育，我父亲在此时也写了不少短文。他一向推崇自学。在《充实的健全的人》头一段，他跟青年读者说：“教师或旁人无论如何胜任，无论如何热心，总之不过在先作个引导，从旁作个帮助，脚踏实地一步一步学习上去，主要靠诸君自己。学习又得跟整个生活打成一片，学得的一点一滴，必须化而成为生活的营养料，才有受用。这意思都浅近不过，就是没有人说，诸君自己想想也就明白。可是想明白和照样做，其间还有一段距离。”他接着又说：“我们切望诸君想明白之后随即照样做，而我们与诸君之间的交通路线只凭刊载在《中学生》的一些文字，于是文字中就不免屡次提起这些意思，看来有些絮絮不休似的。……愿诸君鉴谅我们对于你们的忠诚。”在《受指导与实践》的结尾，我父亲说：“青年学生盼望指导这么迫切，要怎样才可以让他们满足，这是‘站定在岗位上’的人照理该绞脑汁的。学制的变更，课程的改革，导师制的推行，都不能说无关宏旨；但尤其紧要的在责其实，学生是否得到真受用……否则任你学校林立，学生激增，总之不成个教育事业。”

《中学生》原来在桂林接受审查，改到成都之后，编辑工作的重点很自然地逐渐转移到成都，我父亲的工作重点就移到了《中学生》上。每期做了些什么，在《编辑室》栏中，他自己作了扼要的交代。有两个连载都很受读者欢迎，一个是《抗战中的中国》，作者是记者徐盈先生，大抵每期讲一个省份，一篇篇都是簇新鲜的采访录，是活的本国地理课本。另一个就叫《本国史随谈》，后来集成单行本《二千年间》；作者是胡绳先生，署的笔名是“蒲韧”。写的是我国二千多年封建时代的历史，却跟一般的历史书不同，不采用顺着时间记流水账的方法，而是把这二千多年看成一个整体，提出若干比较重要的方面，讲它们的变迁，一个个从头到尾，都作一番系统的梳理。在父亲写的《编辑室》中，还可以找到他为《读者笔谈会》出的两个题目：一个是《青年与宪政》，分明是响应当时的民主运动；一个是《当前的局势与我们》。那个“当前”，说的是湘桂战役前夕。我父亲在简略分析了局势之后说：“从世界战争的全般局势来看，法西斯势力被消灭，同盟国家的胜利，日子已经不远了。可是最后胜利固已在望，在达到这个胜利目标之前，却还要经过一段异常艰苦的猛烈的斗争，真正的胜利决不是可以廉价获致的。”

《中学生》每期都刊载青年读者的作品，而且不限于文艺性的。《读者笔谈会》征文，则分明是政治性的了。答复带有普遍性的读者询问，也难免牵涉到政治，使那个中央很不满意。有一回潘公展到成都，托人带信给开明分店，说他住在中国旅行社招待所，很想跟我父亲见一面。我父亲真个去了。他说《中学生》宜注意基本工具学科，少弄社会科学文字。又说他也不满意审查制度，若编辑人各自检点，审查制度即可废止。真个“舌头呒没骨，翻来覆去候侬说”。我父亲由他痴人说梦，不批驳也不认可，等他说完，就站起身来告辞。这是一九四五年八月三日的事。九月七日，《中学生》与《东方杂志》《新中华》等八种杂志共同决定拒绝送审。图书审查制度纸老虎似的从此被戳穿。这是后话，留到后头再详细讲。

五十

《中学生》已经够我父亲忙的了，还继续帮文光书店编《国文杂志》，开明的各位先生又定要复刊抗战前很受欢迎的《新少年》。市面上这时已经有了一种《新少年》月刊，是别家书店出版的。我父亲就换了个刊名，叫做《开明少年》。在《发刊辞》中，他说：“叫《开明少年》也好。一方面，表示它是开明书店出版的少年杂志。另一方面，还有旁的意义……在以往的八年间，我们中国和整个世界都在大变中……各国人民受到了这回战祸的教训，更热切地希望得到自由和平……在今后的我国，在今后的世界，个人必须做个全新的人。什么叫做全新……‘开明’两个字也可以包括了。‘开’是开通，‘明’是明白。侵略人家，欺侮人家，妨碍人家的自由，剥夺人家的幸福，就是不开通，不明白。这样的人无论如何要不得：由他治理一地的事，便是一地的祸患；由他治理一国的事，便是一国的甚至世界的灾难。协和人家，帮助人家，尊重人家的自由，顾全人家的幸福，就是开通、明白。这样的人遍于一地，便是一地的康乐；遍于一国，便是一国的荣华……我们愿意诸君作开明的少年。”

《开明少年》月刊于一九四五年七月十五创刊，筹备工作始于四月中。那时我在中学教化学，课余正好当父亲的帮手。大到跟父亲一同制定每期的选题，小到绘各个专栏的题花，我都放大了胆子干，好在有先前的《新少年》作蓝本。我还不肯亦步亦趋地跟着学，下定决心要在半年之内超过它，使内容更驳杂，文字更活泼，形式更新鲜，总之要尽可能符合我父亲对儿童教育的种种设想。父亲很满意我的工作。在重庆的范老太公他们看到创刊号确实不同于市面上的少年刊物，在信上跟我父亲说，他们都知道他实在太忙，是否让我正式进了开明吧？母亲同意。父亲问我，我说这样最好，就把中学下一学年的续聘书退了。

《开明少年》策划创刊，至诚一点儿没帮上忙，他三月三日去了重庆，暂时在开明的编校部工作。父亲已经托胡绳和雁冰两位先生，跟重庆八路军办事处接好头，让至诚等候办事处通知，由他们找适当机会护送去延安。至诚走这条路，还是去年十一月十七晚上，家庭会议上做出的决议。当时桂林已岌岌可危，政府一再招募大中学生参军，说得激昂慷慨又天花乱坠；可是先去的两批，有写信回家说遭遇无异于壮丁的；也有实在无法忍受，冒着千难万险逃了回来的。至诚说即使真个如此，也该亲自去体验体验。父亲说道理固然是这样，无可反对；可是进了眼下的国民党部队，一旦出发，等于家庭中从此少了一个人，感情上实在叫人受不了。想早点儿离开家庭，为国家为民族早点儿作贡献，除了参军，还有没有别的路可走呢？母亲突然想起了，问：听说雁冰夫妇去新疆之前，把亚男和桑桑两个寄在延安；后来回桂林，没听说把姐弟俩带在身边，他们现在都在哪儿呢？父亲说，在延安都参加工作了。母亲说，张静秋也在延安，想来会照料他们的，雁冰夫妇可就放心了。至诚听了立刻接茬："那就把我也送到延安去吧！"我也赞成，说让父亲写信去请胡绳先生接接头看。第二天，父亲执行家庭会议的决议，给胡绳先生，还有雁冰先生都写了信。十天以后，就接到雁冰先生的回信，我父亲在日记上，摘录了信中论父母对于子女之用心和态度的一段。

雁冰先生说："小伙子有这样志气和胆识，我们做长辈者当然很高兴，可是又总觉得他们的美丽的青春时代就被这样严酷的现实活生生催老了，实在不忍。我们这一代的生活是沉重的，而他们的更沉重；我想我在至诚的年纪时，实在还浑噩得可爱而又可笑。做父母的人，看到儿辈有此决心，衷心是快乐的，却又有点不忍。这种心理，我近来常有。

不过理智还是使我们挺直起来。我想兄及嫂夫人也有此同样心情吧。从大处远处看，我们也只有这样鼓励他们。”雁冰先生把至诚当作自己的亚男桑桑一般看待哩，托他的事决不会落空的。看了他回信上的这段文字，可以推想到我父亲在去信上，已经坦率地陈述了他自己心理上的矛盾。又隔了十来天，重庆范老太公来信，说雁冰先生要他转告：至诚“远游可成事实，其期速则一月，迟则两月，嘱准备行李，以俟通知”。

在父亲这几个月的日记中，提到“他途”，提到“远游”，都指至诚准备去延安；不是信得过的人，他还闭口不谈这件机密。一九四五年元旦的日记上，父亲记着沙汀先生来看他，两个人一同去少城公园找个僻静所在吃茶。父亲问他，至诚去延安是否适宜，沙汀先生极为赞同，“并表示两点：一、不宜为找作文资料而去；二、去时不宜取做客之态度，必须参加实际工作。余谢之。”沙汀先生说的分明是他自己的生活准则，严格，扼要，而且爽利；跟文艺界中某些本末倒置的所谓深入生活有所不同。父亲如实记下了他的话，还加上批语：“觉其人深可爱。”

当时市面上最畅销的新书是《延安一月》，赵超构先生以重庆《新民报》记者的身份，去访问了一个月回来写的。我们家一听说就买了一本，除了祖母和三午，都读过了。如今至诚“远游”有了眉目，又都重读了一两遍，至诚不久就要到这个崭新而陌生的环境中去了，他将要学些什么做些什么呢？总之是难以描摹的别一个世界。二月廿一，父亲带回来一本浏阳纸印的《延安一月》，说是赵超构先生送给他的，给了至诚作为远游的纪念。这个版本在当时的大后方，纸质和印刷都称得上精品，不知在现代几位藏书家的玻璃柜里，可有保存的？

无巧不巧，廿三日有丁聪兄托朋友带来他新画的一个卷子，设色漫画《现象图》，要我父亲题签，还随便写些什么。我父亲第二天就交卷了，《现象图》三个字是篆书，又用楷书题了一支《踏莎行》，前半阕是：

现象如斯，人间何世！两峰鬼趣从新制。

莫言嬉笑入丹青，须知中有伤心涕。

丁聪兄的《现象图》，画的是国民党统治下的种种丑恶现象，这人间成了什么世道！真个是清代扬州八怪之一，罗两峰又画了幅《鬼趣图》。请别怪丁聪兄用的是嬉笑的讥讽笔致，看得出来画中迸溅着伤心的眼泪。后半阕是：

无耻荒淫，有为惕厉，并存此土殊根蒂。

愿君更画半边儿，笔端佳气如初霁。

“无耻荒淫”，指统治着大后方的国民党当局；“有为惕厉”，指在边区和敌后坚持抗战、建设人民政权的共产党。两者并存中国这片土地上，各占半边，根蒂却毫不相同。丁聪兄已把无耻的半边画在卷子上了，我父亲怂恿他把另外半边儿——勤奋自励有为的半边也画下来，好让大家早点儿欣赏到出自他笔端的，雨过天晴似的好地方来个好风光。那高高的宝塔山弯弯的延河，已常常出现在我们的梦境里。亚男和桑桑现在怎样了呢？至诚去了一定能找到他们。

丁聪兄的这卷《现象图》倒真个远游不归了，却不是去延安，而是作为人民外交的礼品，赠给了美国的某所大学。是哪一所呢？近半个世纪，我问过丁聪兄多回，他都说记不起了。我想，当时大概不是他经的手。直到前年，他送给我一份复印件，就是我父亲当年题的《现象图》三个篆字，还有那支《踏莎行》。我感激得只差流眼泪了，问珍藏他这卷漫画的叫什么大学？他抓了一阵子脑袋，笑着说：“又忘记了！”

五十一

陕西街的开明分店栈房是座典型的老宅院。门房朝南，租给了一家裁缝铺，看门的杂务就托付给他们了。进了门房是个狭长的天井。开明的书堆在坐北朝南的三间正屋里。天井东西两旁对称，都是相连的两组三开间平房，东边一溜分租给文化生活社和联营书店作栈房；西边一溜由我们家包了，工作和生活都在这六间房子里。父亲母亲的两张书桌相对，占了前一组的北头两间，有几把椅子可以接待客人。文协成都分会召开常务理事会，发起成立筹集援助贫病作家基金会，讨论成立新世纪学会，出席的几位朋友凑我父亲的便，竟把会场搬上门来了。陕西街离少城公园和新书业集中区祠堂街不远，文化人闲逛喜欢走这一带，因而我家几乎客人不断。来客多就像电视机的频道多一个样，听到的方面就广，就可惜不能由着你按钮锁定，好的赖的都得听，兼听则明么，即使不顺耳，生气归生气，听不进去的也得耐着性子听，说不定还是作短文的上好的选题哩，可惜老有约定的文篇逼着交卷。在这二者不可兼得的时候，父亲只好躲进后头的栈房，点上支洋烛埋头赶写他的。来客看到我父亲的书桌空着，回头就走了。会不会让正需面谈的朋友错过了呢？不会的，有我母亲守在那里呐，不会让特意赶来的客人白跑一趟。

在成都的两年中，开明总管理处召我父亲去重庆开过两次会。前一回是一九四四年八月半动身的，雪舟先生同行，前后四十天，为了商量开明在桂林的那部分人员和物资的撤退问题。其实已经迟了，日军已经从湘南攻入了桂东，开明有一批书籍纸张，在半路上遭到轰炸，已经损失了大半；北撤的编校印制人员都历尽辛苦，分批陆续到达重庆。两年前在桂林相遇的文化出版界的朋友，如今又在重庆见面了，也有几位十年以上未见面的，如冯雪峰先生、叶以群先生、丰子恺先生，大多相见在会场上或宴席上。只谢冰心先生是初见。九月十九日下午，我父亲受邀去嘉庐拜访她，商量她的作品全部归开明出版的事。

后一回是第二年五月三十到的重庆。开明在第二天晚上开设计委员会，子恺先生雁冰先生巴金先生也是委员；主要开董事会讨论今后出书方向和明年纪念创建廿周年的事。没想到在这半个月里，父亲做的最主要的一件事，却是发起和筹备给雁冰先生祝寿。雁冰先生也是四十九岁。第四天，赵家璧先生邀请巴金先生和我父亲等数人同餐。叶以群先生说，本月二十四日将为雁冰先生五十岁祝寿，要我父亲拟一封邀请参加祝寿茶会的公启，再写一篇回忆文字。父亲立刻答应了，还建议邀集出版沈先生著作的各家书店，到那天一同发售他的著作，并在日报上刊登祝寿广告。邀请公启第三天上就交卷了，只三百字，请少数极熟的朋友具名；回忆文字写了约两千字，题目是《略谈雁冰兄的文学工作》。离渝前两天，还替联合特价发售茅盾著作的各家书店做了广告。他心里牵挂着《开明少年》创刊号稿件的送审，到了儿没能等到六月廿四，提前十天赶回成都了；只好在同一天，参加文协成都分会操办的茅盾祝寿会。祝寿会由黄药眠先生主持，有好几位先生致了辞。据记者报道，我父亲站到了凳子上大声呼喊："我们要和茅盾一样提着灯笼在黑暗里行走。现在成都、重庆、昆明各地，到处有人点着灯笼，光明越来越多，黑暗终将冲破。"父亲冲动如此，好像又站在甪直的那片操场上，为"五·四"运动而振臂高呼。在七月七日写给雁冰先生的信上，他为那天没能当面揖贺表示道歉，说"祝寿之事，弟近觉亦有意义，其意义不在于个人而在于社会。二十四日会，其给予相识不相识之友朋之振奋，实未可计量也。”

我父亲赶回成都，还为了主持文协成都分会的文艺讲座。这次讲座讲师堪称一流；佩弦先生正好回成都休假，也给拉了差。讲题二十四个，方面比较齐全；从七月九日开始，八月五日结束，共十四讲：

郭有守：文艺与教育　姚雪垠：小说之创作
朱自清：新诗之趋势　叶圣陶：小说之欣赏
许可经：音乐之欣赏　邹荻帆：新诗之创作
庞熏琴：工艺美术　　戴镏铃：传记文学
吴组缃：生活态度　　丰子恺：艺术与艺术家
吴作人：敦煌艺术　　姚雪垠：小说之结构
陈白尘：戏剧之创作　李劼人：佛罗贝尔

讲座设在燕京大学的一所大课堂里，是我父亲去向校长沈体兰先生借的，可容一百来人；听讲的不详，总之是文学青年吧。每次开讲，我父亲都去主持。结业的一天，讲师和百来个听讲的青年还开了半天座谈会。

讲座进行到一大半，沈体兰先生告诉我父亲说，燕大新近接到三青团中央团部的密令，说有奸伪分子在他们学校里设文艺讲座，所讲大多荒谬，要学校彻底查清呈报，又命它的成都团部，另外组织一个讲座来纠正。要讲唱对台戏哩，口气倒不小，两位老人都感到可笑又可悲。过了两天，沈校长要尽地主之谊，请文艺讲座的全体讲师吃一顿饭。父亲跟朋友们商量了，回说十来个人不在一起，要凑大家有空实在不容易，只好心领了。附带提一句，潘公展这段时间正好在成都，可能跟讲座的事有点儿关系。

有一件事隔了一个甲子，恐怕没人记得了。那年七月，锦江发大水，城里的大小街道都淹了，屋子里也有四五寸深。水从地板下面噗噗地往上冒，连父亲也只好整天赤脚，祖母就没法下床了。成都被淹是从来没有的事，报纸上只说雨量过于集中，也没提集中到何等地步。有人议论说是修筑飞机场掘断了龙脉，这倒颇有道理。成都平原上的八个大飞机场，占用的都是平平展展的水稻田。这经过了两千多年修整的水利工程，这高高下下的成千上万条沟渠，堵塞的不知有多少，掘断的不知有多少，上游来的水系不知打哪儿走，哪有不闯祸的。飞机场是非修不可的，老百姓都明白；好在天亦无言，罪名让老天爷担着吧。大水还不妨事，接着来的是霍乱。不时听得门口裁缝铺里的小伙计喊："又抬过一口了!"一口什么？一口薄皮棺材，污水还滴滴答答往下流，与街道上的积水同流合污。雪舟先生不知从哪儿弄来了防疫针，让我给开明的职员和家属都做了注射。我还赶紧查资料，给《开明少年》补写了一篇《霍乱》。

在陕西街，我们协助过一位逃跑的壮丁。就在至诚去重庆之后的那些天，隔壁的茶馆被迫歇业，门窗紧闭，把守严密，说是关押了一百多名壮丁，等候飞机去昆明的。往年壮丁分四次征集，抓来了就地开拔，从不进城；这一回大约因为滇桂吃紧，改为一次征足，可是运输机没这么多，部分壮丁就被暂时关进了城里的茶馆戏院。逃走的事时常发生，大多被军警捉住或击毙。少城公园中就有一个跳进了荷花池，被手持大刀的看守追上，骑在他身上，用刀背乱砍他的臀部；游人看了抱不平，拥上去把那个看守的脑袋按进了淤泥里。大家以此为快，到处传说。这天晚饭后，门前人声鼎沸，又喊"壮丁跑了!"跟着听得屋瓦上有脚步声，随即跳下一个人来，求我们放他一条生路。我们还没弄清楚是怎么回事，他就绕到栈房后边不见了。听裁缝店的小伙计说，隔壁茶馆的壮丁起哄，跑了二三十个。我们以为昨晚那个壮丁已经跳墙走了，谁知他在夹墙缝里整整躲了一天，到晚上才让我们发现，哆哆嗦嗦爬了出来。问他，他说姓黄，住在老西门外，制草纸为业，出来收账，被拉住了，身上的衣服和钱全被军官没收了，换上了灰布军服。我们捡了身旧衣裳让他换上，父亲给了些钱，叫他快走，他说走夜路怕又被抓住。我们让他在栈房里吃了饭，睡了一夜。第二天一早就不见了他的踪影。也不用我们再叮咛，祝他一路平安吧。

五十二

忽然之间，胜利了；在各种报纸的号外声中，八年抗战，才一星期就胜利了。八月七日，美国空军在日本广岛扔下了原子弹；九日，苏联对日宣战，红军长驱直入开进伪"满洲国"。小日本没戏了，八月十日表示愿意投降，接受中美英苏四国的最后通告。号外一上街，欢呼声，锣鼓声，鞭炮声，一阵紧接一阵，像要渐渐停下来了，忽地又一个轰天雷。大家都兴奋，舍不得阖上眼睛。第二天的报纸上说，日本投降系政府奉天皇之命，希望早复和平，免除戮杀，因而愿意接受四国之最后通告。十二日，报纸上刊出消息："中美英苏已表示接受日本之投降。"多数人感到不解气，哪有这样便宜了小日本的。前夜的欢腾凉下来了，像馒头下了屉。小日本就鬼在这样的关口上，十四日的报纸上说，四国之复文交中立国后，日本尚未答复。你看看，主动权反而像握在他掌中似的。直到十四日下午，各报发出号外，说日本已答复盟国，接受盟国之旨，从此投降。欢呼声锣鼓声鞭炮声稀稀朗朗，似乎晚饭后就消停了，只听得卖夜报的叫唤声。我说的是成都城里的情形。直到十五日，晚报才刊出中美英苏四国已同时宣布准许日本投降的消息。十六日下午，各街巷保甲纠集市民，去春熙路孙中山铜像下献花，庆祝抗战胜利。一路爆竹锣鼓，行列中大多是衣衫步履两不整的老年人；小学生还在暑假中，没法集合起来列队应差。

抗战必胜，太平洋战争爆发以来，几乎没有人再怀疑了，即使在湘桂大撤退那段艰难的日子里。可是胜利来得如此之快，叫人措手不及。我父亲兴奋了才不多时，就感到一阵羞愧；羞愧自己不曾为争取胜利尽了多少力气，也没有真个付出些什么物质上的支持。在文章中，他不能扫读者的兴，把心中的懊恼全部倒出来，反而叫我赶紧在《开明少年》上介绍杜甫的"剑外忽闻收蓟北"。看他自己，却一点儿没有"愁何在""喜欲狂"的神态。十日号外发出"外传日本投降"的消息，父亲在日记上说："余自问殊无多兴奋。日本虽败，而我国非即胜利。庶政皆不上轨道，从政者无求治之诚心，百端待理，而无术以应之，去长治久安，民生康乐，为期固甚远也。"朋友们的想法也大多相似，第二天叙谈之后，我父亲在日记里说："诸友闻昨夕之讯，类多不成安眠。思念已往，瞻望将来，忧思正多，欢欣尚远，宜其如此。"十三日的日记上，父亲记着有一位音乐教员来看他，说如今胜利了，集会的时候大家想唱些什么，但是没有可唱的；要我父亲写一支歌词，他愿意谱曲。父亲只好委婉地回答他："未必有成。"

暑假快过去了，各大学免不了有些人事更动，好几位主持文协成都分会工作的朋友，都先后离开成都了。佩弦先生八月廿八来看我父亲，说第二天有飞机，他将直飞昆明；两人都复员在即，估计下一次或相会于上海。没料到从此劳燕分飞，这竟是他们俩的最后一面。

父亲常扳着指头算，上海的回音怎么还不来，他向老朋友们祝贺胜利的信已发出这许多天了。听说跟大后方一个样，上海和所有的沦陷区都先是兴奋了一阵子，跟着就泄气了；说得正确一点儿，在“兴奋”和“泄气”之前，都得加上个“更”字。受敌伪统治了那么些年，巴望自己的政府打回来，眼睛快要望穿了。如今回来了，堂而皇之说是凯旋，说是解民于倒悬。那批接收大员不就是各级军政官僚么？他们八年多来的所作所为，大后方谁都看在眼里；如今腆着个肚子走进沦陷区，哪能立地洗心革面，变成个人样呢？国民党挽回民心的最后一丝微弱机遇，也叫他们给掐断了。这个“无耻荒淫”的集团，还在顽固地表现它的存在，还要造成不知多少祸害。那另外半边呢？八月廿八，报纸刊出消息：“美国大使赫尔利飞延安，邀得毛泽东到渝，与蒋氏谈国共两党之团结问题。”我父亲在日记中记上了读后感：“此事最为国人所切系，团结问题不解决，则抗战方毕，内争必起，民不堪矣。据毛之复电，似其来渝颇有可能，若能从此和解，双方赴之以诚意，则共事和平建国，前途实多光明。余虽不与政治，然望治之心甚殷，极欲于未死之年，获睹民生康乐，庶业繁兴。”第二天报纸上刊出的头条新闻，果然是“毛泽东飞抵重庆”。

九月七日，重庆《东方杂志》《新中华》《宪政》《中学生》等八种杂志以实际行动抗议审查制度，自即日起不再送审；还准备发行联合增刊，刊名《民主与团结》。成都各报馆、通讯社、杂志社得到信息，于八日上午开会，商议共同表态，大家推我父亲当主席。我父亲也不推辞，他说：审查制度之必须取消已无可争辩，既然政府不取消，我们自动取消，最为干脆；而且当此时会，最为相宜。会上议定致书重庆的八种杂志，表示以行动为响应；还讨论了如何站在舆论界的立场上，发表宣言，提出要求，推我父亲起草。父亲花了半天工夫，把各位在会上的发言，归纳成一篇两千来字出版界要求自由之意见书，要点在于取消事前之登记特许，事后之检查和传递邮运中的扣留，并言政府协助言论界复员须求其公平；严惩降敌附逆之文人，保障文人之人身自由，文化事业不得垄断等等。成都各报社、通讯社、杂志社可自由签名，然后发表。过了十天，又开会决定组织一联谊会，学重庆的样，也出一联合增刊，刊名《言论自由》，由我父亲写了篇八百字的发刊辞。直到十月一日，官方才宣布废止新闻检查和图书杂志审查，机构同时裁撤。这是后话。回想《中学生》被扣的最后一篇，是张友渔先生写的《收复东北》，时间恰好在美国投下原子弹之前：那些审查老爷，看来并非都是白吃饭混事由的；在纪念"九·一八"的例行文稿里，他们也能嗅出味道来。你说这检查制度该不该废。

这时候，我们家已决定九月底迁重庆，好赶在年底前，加入开明复员东归的大队。八月廿二接到重庆开明来电，说台湾用的课本亟待商订，催我父亲提前到渝。范老太公前两封信已提到过：台湾收回，蒋介石将派陈诚去当行政长官，他的堂侄寿康先生将跟陈去当幕僚，主管文教方面的事务。父亲想，这些官场中的事都跟自己无关；如今台湾收回了，学校里总不能延用日本政府审订的课本，再让学生受日本军国主义的奴化教育；自己能尽点儿力气的就不该甩手不管，于是托人买汽车票，决定廿六动身。这剩下的四天可忙了，要辞行，受祖饯，收拾行李，各方面的工作要交代清楚，文章是没法写了，却增加了许多临别题赠。至诚已经在重庆了，至美念金女大不能一同走；走的是四代，母子三组共六人：祖母和父亲，母亲和我，满子和三午。祖母八十一，晕车；满子又怀了孕；两天的长途汽车，总算都熬过来了。至诚和章士敭兄等在车站上，把我们接到保安路开明重庆办事处，东归算是走了第一程了。范老太公告诉我们说上海已来信，朋友家都安好，生活都比川中更艰苦；夏先生肺结核复发，肋膜发炎，近来好些，精神不佳。

晚饭后到较场坝螃蟹井三号，开明租的宿舍得往下走五六十级。我们家占三层楼前后两间，前楼安排了三张单人床和一张书桌，住祖母，我，满子和三午；后楼安排一张书桌一张双人床，住父亲母亲，吃分店送来的包饭。父亲第二天就去商量供台湾用的教科书。说先编历史和国文，以程度之高低，历史分为两册，国文分为三册。图文课本形式类似民众课本：前两册相当于初小，后一册相当于高小。有了这五本教科书，台湾学校才好开课；这批幕僚定于下个月赴台莅任，要把稿本带走。父亲和他的老朋友晓先先生负责国文，父亲和我跟他一起商量，前两册的课文由他写，后一册的课文由我写，所有的练习都由我来编，最后全部由我父亲审定。工作量数我最大，我可以别的事全不过问；父亲可办不到，有许多事，他是推不掉的。我一上手就闭门造车，把借来的辞典和参考资料全摊在床上，才能腾出半边书桌，坐在床沿上写稿。夜晚得把这些劳什子收拾起来，一一搬上书桌，方得把身子在床上摆平。到十八日才完成一半，寿康先生来催了，说先把这一半带去也好。于是父亲连夜改写，母亲连夜誊写，于次日交给了寿康先生，好让他第二天飞台北。到下月八日，我的五十课才全部完成，父亲看了把批语写在日记上："虽颇草草，内容不坏。"晚上，爷儿俩在家里对饮，真有点儿自我陶醉。

国共两党谈判了四十三天，签订了《双十协定》；国民党表面上不得不同意共产党提出的和平建国的基本方针。十一日，毛泽东飞回延安去了；十一月十四日，重庆《新民报晚刊》发表了他赠给柳亚子老先生的《沁园春·雪》。"数风流人物，还看今朝。"人们把希望全部都寄托给"有为惕厉"的那半边了。

五十三

父亲既然到了重庆，范老太公和雪山先生要他商量开明复员的事，他就不能推个一干二净。需要复员的各地同事陆续向重庆集中，都是好些年不见的老朋友，也只好说改日在归途中细谈吧。重头当然还在编辑部，《中学生》《开明少年》，他是不肯放手的，依旧每期都写稿。在成都，各期所用的稿件，他要篇篇读过，最后编目，寄重庆发排。如今倒好，连各期的校样，他也不肯放过了。

因抗拒审查，《中学生》揽下了好些工作，其中之一，就是参加编撰以杂志社联谊会名义出版的十家杂志《联合增刊》。这十家是《中华论坛》《中学生》《文汇》《民主世界》《民宪半月刊》《再生》《东方杂志》《国讯》《新中华》《宪政月刊》，"增刊"每期轮流由三家任编辑，请张志让先生为常任编辑。在第二期上我父亲发表了《我们永不要图书杂志审查制度》。我们家到重庆时，《联合增刊》第三期方集稿，《中学生》正轮到当编辑。我父亲把他写的《十月十三日随笔》编了进去。《双十协定》在这一天公布，我父亲从报纸上看到了自然高兴，担心的是国民党延宕食言，使协定又成为一纸空文。这篇随笔说的都是实话，从大家都有的常识开头，说开会讨论什么事务，写成了决议，不能归档了事，紧跟着的是实干，依据决议实实在在的干；还得随时检察，写在决议上的是否一一做到了。他说：《国共商谈初步协议的会谈纪要》，“该可以成为实干的张本，所记的各项将从此进展，而不是就此终结。……根据这些原则，确定办法，按期办妥，是今后要紧的事，要随时检察，国共两党检察，全体人民也要检察。……因为那些事务都是关涉到全体人民的……”

“增刊”第三期后边那两期，本来商定以政治协商会议（解放后称它为“旧政协”）为中心，因蒋介石挑起内战的迹象越发显露，“政协”未必能如期召开，要赶出一期表态。我父亲听说，马上动笔写了一篇《也说呼吁》，斩钉截铁说：“打内战，就人民的立场说，是无论如何不能容许的。”第二天十一月一日下午，杂志社联谊会临时召开会议，决议共同发表呼吁制止内战，推邓初民张志让和我父亲起草。又由我父亲执笔，花了半天，写了一千二百字，邓张二位先生看了都无意见，这就是发表在“增刊”第四期上的，重庆二十七种杂志联合呼吁《不要内战》。

十一月九日，杂志社联谊会开会决议，致书美国人民，请其敦促政府撤回在华美军，以避免参与我国内战；又推我父亲起草，还有一位陈翰伯先生，并由他译成英文，分发给外国记者。父亲在第二天的日记上有这样一段：“作《致美国人民书》。下笔不快，各杂志态度不一，有几家对于此点力主郑重。故措辞极需斟酌，至下午四时方完篇，不过一千四百言耳。”晚上八时，陈先生来找我父亲，他当面把稿子读了一遍，说不必再动了，就带走了稿子，说征求各杂志社同意，也由他年轻人去跑腿吧。尽管我父亲字斟句酌了，麻烦还是绕不过去。《东方杂志》不同意发，《国讯》社黄老先生也有点犹豫，以为与国策有关。其实在国内外的报纸上，敦促美军退出中国的言论已经不少，连美国国内也如此。主张发的也说，不签名的虽然是少数，为维护联合起见，还是商量商量再说吧。我父亲也不像二十年前编《公理日报》时那样少不更事了，动身东归前八天，《联合增刊》第六期来约稿，他在真个百忙之中，还给写了一篇《赠参加政治协商会议诸君》。

日本投降后不久，中华全国文艺界抗敌协会因抗敌的任务已成过去，删去了会名中“抗敌”两个字，简称仍旧是“文协”。周恩来到了重庆，十月十六晚在曾家岩办事处设宴。我父亲也去了，在日记上记着：“闻周之名已久，见面尚是初次。其人有英爽之气，颇不凡俗。”此外只记下了“同座有老舍、靳以、胡风、何其芳、徐冰、王若飞诸位。饮啖甚适，笑谈无忌。十时散，驱车而归。”笑谈了些什么，大概是有意不记的；从“同座”两个字看，可以知道参加的不止所记的一桌人。

十九日下午举行鲁迅逝世九周年纪念会，到会的五百多人，我父亲在日记上发感慨说：“去年此日，余在成都参加纪念会，到者不满二十人，带半秘密性质。今年乃有此盛会，亦民主势力渐张之影响也。”他在会上发了言，说的也许就是这层意思。许寿裳老先生为主席，冯玉祥、郭沫若、胡风、周恩来都发了言，赵丹、徐迟、老舍朗诵了鲁迅的作品。会后周恩来和大家留了影，就是在印刷品上经常见的，那帧九个人并排站的照片。第三天晚上，文协开茶酒晚会。父亲在日记上记着：“到会四十人光景，余识其小半。老舍主席，余报告成都情形；郭沫若致辞，周恩来谈延安文协近况。”四个节目，把晚会分成两截。我猜是老舍先生将去美国讲学，想把他在文协担负的工作交给我父亲代理，借此先作个铺垫。父亲当时并不知道。重点在后半截，或许正题是请周恩来讲文协在党的领导下如何工作，因而得插进郭老的致辞。我是望文生义，猜的不一定对。又隔了一个星期，廿八中午，郭沫若和潘梓年做东，在郭宅宴请我父亲和傅彬然、吴研因和孙伯才，还有周恩来、张友渔、冯乃超。在席上，吴老谈了菲律宾独立后的情形，“恩来答人之问，谈近日形势”。下一回见到周恩来就在上海了。

复员东归，说这也难那也难，全都是实话。单身人总比较好办一些，求亲托友，陆续走了。像开明书店这样的档次，飞机票也不是绝对弄不到，颇有些书稿和纸型，就是化整为零，托乘飞机而行李不多的朋友带到上海去的。范老太公急于登程，因雪村先生一再催他回上海，商量渝沪两地开明合并的事。他花了高价，冒称招商局某船上会计的父亲，于十月中旬乘这条轮船先走了。彬然先生和惠民兄乘了木船，于十一月下旬下的船。至诚的“远游”计划，看来是暂时搁浅了。我们一家又成了七个人，决定随开明的复员大队东归。父亲回上海后写了篇《我坐了木船》，书生气十足，颇有点傲气，数说他成功的喜悦。复员大队由卢芷芬兄带队，副手是章士敭兄。他们俩都是开明的分店经理，伯祥先生的女婿。我和至诚帮不了他们多少忙，没受过他们那样的生活历练。一路跟船老板打交道，我们看来是非常恼火的，他们耐着性子磨，事无大小，都能一一对付过去，还不伤感情。

《中学生》和《开明少年》都在刊物上公布，明年的一月号改在上海出版。已经向读者许诺了，就应该兑现。一月号的稿子已经在十一月底寄出了；二月号的也有了大半，动身前寄上海；剩下的打算在船上编齐，到汉口就航寄。还有《国文月刊》，佩弦先生来信说已谈妥，明年交开明编辑出版；我父亲立即向许多教国文的朋友写信约稿，请他们稿成后立即投邮，寄上海开明郭绍虞先生。《英文月刊》是五月创刊的，已经移到上海编印了。四种杂志，只有这一种用不着我父亲操心。上了船，“大江东去浪千叠。趁西风，架着这小舟一叶！”总可以挺起胸，松一口气了。

五十四

我父亲的日记，最先发表的是题作《东归江行日记》的，从重庆到上海那一段。在发表之前的一九八〇年十二月，父亲老眼昏花，居然写了篇一千二百来字的小记。读者诸君如果有兴趣，可以先看《我坐了木船》，然后看小记和日记，从一九四五年十二月廿五开头，共四十七天。

记得船老板姓杨，带着个十七八岁的儿子当帮手。他共有三条船，租给我们的一大一小是新船，另一艘小的有点儿旧了，运国际救济会的药品，有一名青年押运。听说到了汉口，船工们就散伙，船当作木料卖了。所以船的工和料不相应，木料笨重，工艺粗糙。船上的驾长是有执照的。他侧着身子站在尾舱前的一条横板上，上半身高于中舱的船篷，一只手紧扶舵把，一只手跟船头上那位扳桡的打手势，过滩时涛声如吼，喊是喊不应的。那一天进瞿塘峡，扳桡的双臂抱住装在船头的一支又粗又长的大桡，看着船尾驾长的手势，对准了大如马的滟滪堆才一点，说时迟那时快，船在雪花翻滚似的急流中转了半个圈，就绕过了这块险不可测的礁石，淌进了两岸壁立、水流如泻的长江三峡头一峡。由此可见驾长的岗位确是最佳选择，站在那儿，前头的航路和船的航向，都能看得一清二楚。我们船上的驾长姓李，五十来岁了，眼球上有一层淡淡的白蒙，是长期受风雨折磨留下的痕迹；不论风里雨里，他总是不眨眼睛。

这支东归复员的队伍共五十余人，最先上船的是我们家七个，可见东归之心切。没想到在临江门码头泊了三个夜晚，到廿八日午前，船才起锚，这时上船也还不晚。母亲后悔也晚了，父亲难得有这样脱空身子的日子，尤其夜定人静之后，听着船底下汩汩的江水，看着山间半轮明月，舍不得阖上眼睛，虽说在三峡中，与世隔绝却跟在海上漂泊一个样。“旧政协”终于开成了，我们是到了宜昌才知道的，过峡的日记上因而也没有提起。我们年轻人就替船工划桨，学他们喊着一声声“邪许”协调动作。我才知道下水是不用拉纤的，因为人跑得不如水流快。又知道“川江号子”只在拉着纤过险滩的时候才用得着。领唱的一声崩云裂石的呼唤，激起众人荡气回肠的应和。谁不想跟随这力的行列，也痛痛快快呼一口气。

父亲在开船后的第三天的日记上，记毕船上的辞岁晚会，附记了一笔账，说一九三七年入川，在宜昌过的年，“今越八年而东归，过年未出川境。我生居川盖足八年矣。”我核实了一遍，入川是一月六日乘民主轮发自宜昌，出川是一月十一日乘木船过巫山的小镇碚石，共八年零五天。好像神女在冥冥之中挽留我们，让船触礁。最后那三个夜晚，我们的船队歇在碚石上游南岸的一小片沙滩边，好细听滩声的静喧，好让那半轮上弦月躲在巫峡深谷高处窥探我们。这一回失事，父亲在日记中写得很详尽，我只对修补漏船一段作少许补充。船底的右前侧被礁石撞了个直径约一尺的窟窿，窟窿周边已经活动的木槎用手扳去，不再用凿子加工。另取一块三尺见方一寸来厚的木板，用小斧把木板的一面稍加修整，使它大体能贴着船底；就把木板按在窟窿上，沿边约五寸，钻一圈手指粗的钉孔，深入船底的木板约一寸左右。于是用楠竹削成竹钉，绕上棉絮，每个钉孔插一根。然后揭起木板，把一大锅才煮得的江米饭用三四层纱布包成一个大团，塞住漏洞，盖上木板，用钉锤绕着圈子击每一根钉，到全都着实为止，最后削去露出在板面上多余部分。船老板直起身来说：“好了！”连桐油石灰都没用，就说“好了”？可不就好了，就有能耐跟它的同伴一起，把我们驮到汉口了。

杨老板修好船，站起身来才觉得少了个要紧人，那个好充壳子而嘴上无毛的驾长。唤了几声没人应，不是跑了么！他儿子说快追。老板骂他儿子说：“追个球，你朝哪个方向追！他龟儿子也是有中保有执照的。等回去再找他算账也不迟。莫非他不伸出脑壳来，从此不再吃这行饭！”

看他老实巴交的，肚子里深沉着呐，做儿子的那位真得随时学着点儿。驾长逃了，老板就自己掌舵。

至诚只心痛他的书。他的两个竹篓砌在舱底，这样安全，他想。不料抢出来时，两个竹篓都已经一半进了水，赶快搬上沙滩，就一块平整的花岗岩把书取出来整理，没着潮的堆在一旁，浸了水的铺成一片，哪一本不是辛辛苦苦收集来的，尤其是大后方土纸本，拎着都能滴下水来。即使晾干了，也成了没法翻动的一个饼子；只有在晾的时候，一页稍干就翻开一页，全晾干了再把它按平。至诚就有这分耐心，在碚石的沙滩上这样晾了一整天；拢了宜昌，又在船篷顶上晾了五个整天。父亲在日记上用“曝书”，那是藏书家露富的雅兴；只在自家的庭院里曝，哪有抬到大江边上来的。到上海把寓所安排定了，至诚把受过水泡的书砑平，包上浅灰蓝色的封面纸。父亲用小楷给每本书的封面和书脊上都写上书名。在碚石出事的那天晚上，恰巧轮到父亲值夜。他从拾掇在花岗岩上的书堆里顺手抽出本《春琴抄》，进舱里凑着有玻璃罩的船灯读起来。要是请哪一位爱作画的朋友画一幅《巫峡夜读图》，他一定乐于应命的。狭长的立幅正好醮饱浓墨自上到下抹几笔，稍加点缀，画成石壁作背景，只露出一角夜空。山高月小，还只需半轮。在石壁脚下水落石出，确值冬令。船靠在岸边，舱口得稍放大，才好画我父亲斜靠着身子，映着桌上的半支红烛在读书；手边按例得画个酒杯，再添把酒壶。优哉游哉，满舱老小不知哪里去了，鼾声寂静，只剩盈耳江声。

碚石的乡公所实在出人意外，听说有船失事，就派七八个掮土枪的壮士来通宵巡护，还给漏船上的人安顿了住处。三峡中人烟稀少，生产落后，木船遭抢劫是常有的事，或者一向制有保护过往旅客的条例，也未可知；能如此严格执行，着实可贵。那些壮士忽然而来，最后又忽然撤走，我们都未觉察，不知船老板谢了他们一声没有。父亲反觉得有点儿过意不去，让芷芬兄陪着去乡公所道谢，不想反诓了他们一顿村宴；有间壁中心小学的六位男女青年教师作陪。大后方让国民党糟蹋了整整八年，倒在无意之中碰上了这么一小片古风犹存的净土，真叫人难以相信。解放以后我两回乘轮船出川，都交代服务员，请他们过碚石之前提醒我一声，让我再望一眼巫峡右岸，至诚“曝书”的那一小片沙滩。

一月十二船过新滩，父亲在日记上写得很详尽。又有一滩，父亲没有提起，我也记不得叫什么了，李驾长说比新滩还险，得请个当地的领水帮忙。他让船靠岸，我们问要不要上岸，他说不必，独自上岸去请了个年纪跟他相仿的人上来，两人都站在尾舱前面的横板上。他把指挥权全交给了领水，自己退后一步只瞧着。船一离岸，我们都紧张起来，等平稳地淌了五里多地，以为所谓的险还在前头，船却靠岸了。李驾长恭恭敬敬把领水送上岸去，相揖而别。父亲看着也不问一声，似乎谁也舍不得打开这个闷葫芦。宜昌以下，父亲没再多记景色，好像出了三峡，景色已经看尽。其实不然，荆江那一段，山是没有了，四望开阔无边。有一晚，父亲在船头上站了好一会儿才进舱来。他说："'星垂平野尽，月涌大江流。'今夜的景色，杜甫早写过了。"这时候，猎户座正横在中天；江面上，一轮明月拽成了一条闪烁的光带。

宜昌到汉口一段，木船用轮船拖带，至少节省了一个星期。在城陵矶头一次看到日本俘虏，那些嬉皮笑脸的年轻人将来会怎么样呢？他们也在看我们这些匆着唠叨的，涎着笑脸围观他们的胜利者呐！在汉口，我们去看了等待遣返的日本侨民，在被美国飞机炸成平地的旧日租界。他们人数不多，好像仍旧一家一户，住在临时搭的小薄板房里，也有做些小生意的，卖掉不准备带走的衣被家具杂物，卖的豆沙馅点心，还做得那么精致，又那么细腻那么甜。身上穿得单薄了些，但是依旧整洁。街道上也打扫得干干净净。这是个什么样的民族呀！该不该使有心人感到有点儿可畏呢？

五十五

一月三十中午，邵荃麟先生到旅馆来看我父亲，说旧政协开会的详情。他是乘飞机来的，从重庆到汉口才两个小时，我们乘木船却走了一个月有零。当晚，一同在船上生活了一个来月的人，在一家近便的菜馆聚餐，为的散伙，年轻的单身人各找门路，争取早走。剩下我们一家七口，芷芬和汉华一家，士敫和清华一家，唐锡光先生、金世泽先生各一家，还有两位单身女同事。寿康先生从台湾来信，把夫人孩子和岳母托给了开明，这样就成了一支老小二十五人的队伍。芷芬兄跟着惠民兄去运输行打听，说正好有小货轮"丰茂"要去上海，可以搭客。后来才知道，“丰茂”是一艘充当货轮的渔轮。租给我们的所谓“客舱”，原来是后部甲板下三角形的鱼舱，舱顶上盖着块大帆布，没有门窗，有一架结实的木梯可以上下，收拾得还干净，乘二十五人还绰绰有余，就租下了。船长、领航、船工全是朝鲜人，言语不通，有可以用汉文笔谈的。

到得汉口，东归航行才完成了一半，乘上柴油机发动的“丰茂”，看它的航速，大概五六天就可以走完余下的一半了。二月三日，阴历年初二，九时开船，当夜泊九江，第二夜泊安庆，第三夜泊芜湖，第四天傍晚在南京下关抛锚。芷芬兄士敫兄乘划子上岸，到火车站打听得晚上九点有快车开上海，明晨六点就可以到北站。他们两家决定乘火车完成这最后冲刺；行李铺盖则暂留在船上。母亲也性急，让至诚陪着，跟他们一同先走。剩下的人就不多了。第五天午前，船停在镇江码头的江面上，要卸下桐油二百桶。父亲趁这个空当，独自雇小划子上岸去闲逛；回来时货已卸完，船正起锚，急忙雇小划子回船。两位女同事就没赶上，只好乘火车回上海了。第七天傍晚六点一刻赶到吴淞口。黄浦江六点封港，大家只好把铺盖卷仍旧解开，在船上又耽了一夜。第八天，阴历年初八早六点进黄浦江，八点过横泾浜口，仍停泊于江心。等了好一会儿，望见至诚和表弟江冬，带着开明的胡瑞卿先生找来了，先雇几只小划子把人都接上岸。我雇了两辆三轮车，父亲和祖母乘一辆，满子和三午乘一辆，叫他们先奔霞飞坊。待我回过头来，其余各家也都走了，都归心如箭呀。留下瑞卿先生跟运输行打交道，让他们把大小八十余件行李，全送到福州路开明书店，各家好明后天去认领。我和至诚跟着江冬，乘电车到霞飞坊。

我姑母住在伯祥先生家的三楼，所以最先见到的是伯祥先生老夫妇俩，围在一大群儿子女儿和女婿外孙中间，二老都不见老，能让人感染到喜气盈门的心态。上楼去见姑母，我吓了一跳，怎么老成了这样，嘴都瘪了，背更驼了，看样子比我的父亲母亲还老许多。能看到我祖母健康东归，姑母自然高兴，定要在当晚给我们洗尘，亲自料理菜肴，母亲只好插手帮忙。

父亲让我跟他去见岳父岳母，就在同一条弄堂里，三十来步就到了。走进客堂，夏先生已经坐在床沿上等着了，见了我父亲，扶着右手边的书桌站起身来。两位老人家双手相握，都说“老了老了”。我跟着满子已经牵着孩子上门来了，还头一次改口，依着满子唤爹唤姆。岳母笑着说："阿满抱着三年来敲后门，玉严见了面还问寻啥人，真个勿认得哉！叶师母昨日就来说阿满今朝回娘家，伊爹夜里越想越困勿着。"大嫂嫂秋云拎了壶开水出来泡茶。原来满子在厨房里，跟两位阿嫂有哭有笑的，这八九年的空话，一时哪能讲得完。父亲在日记上说："翁之肺病殆已犯实，时时发烧，而心绪复不佳，自家庭琐屑以至天下大事，皆感烦恼。见余与满子等归来，自觉意慰。"

这回见面，夏先生特别兴奋，说要跟我父亲多饮一杯。满子两位嫂子摆出几样"年董"，糟鸡、鲞冻肉、辣茄酱、烤笋之类，烫出酒来，两位老人家慢慢喝着，慢慢聊着，尽量不往烦恼处说；谈到了编辑工作，还谈到了《国文月刊》。夏先生问："我那篇东西好勿好用?"他指的是年初写的《双声语词的构成方式》。父亲说："岂但好用，谈语词构成方式的文章，好像一直没人写，至少开个风气。又是佩弦起劲，说联大散伙了，《国文月刊》停掉可惜，要给开明出。几位教授意见不大一致，等讲舒齐连忙拉稿，动手就晚了。这一期要下月初才能看到。一接手就脱期，亦无可如何了，以后逐期调整吧。只是有一点，学术性刊物，讲旧东西的文章多，搭现在这个局面忒勿相称。"

夏先生发肿的脸庞上有了点儿笑意，他说："我想会这样的。前两天转了个念头，可以辟《现代文选评》一栏，选报刊上新发表的文章，取《文章例话》的形式，加上评语，再发表一遍。评语要少而精，话勿要说尽。亦是借他人杯酒，浇自己的块垒。"父亲说："这个办法好，可以像《文章病院》一个样，声明只评文章，不及其余。"夏先生又笑了，眼睛只剩一条缝。他说："不是大家都要争取发表自由么？不必管他。文章，我替侬选好了。"他拉开身边的抽屉，取出两份剪报递给我父亲，是署名周煦良的《中国政治之路》和《小品两则》。父亲大约都已见过，看了标题就说好，值得再发表一遍。在忙乱得坐不定的那四天中，我父亲见缝插针，居然把两篇短评赶了出来，没加署名，跟在周先生的原作后头，一同插进了《国文月刊》四十一期。这是后话。

回上海第一天的晚上，是在姑母家吃的团圆饭。我趁岳父兴致好，先替满子请好假。岳父对满子说："江家有钞票，下饭比娘家讲究多了。"说实话，两家的菜肴都好。父亲在小说《招魂》里，有一段专夸夏家的下饭。姑母只要“阿哥”登门，一定要亲手掌勺，细调慢理一整天，做的全是苏州名色，而且是清淡的一路。姑夫傍晚也回来了，两家老小共十三口，团团坐了一圆桌。这一天没见到满子的二哥龙文，他在水泥厂当职员，晚上回家来说了，两家至亲，相别八年有余，下饭呒啥，一起吃两杯还是不可少的。我岳父想想他说得不错，只说不要惊动老太太了，“八十好几了吧，老老大大的，还能坐一月半月的船来看囡!”第三天晚上由龙兄掌勺做了桌丰盛的“十碗头”，两位嫂嫂其实也都是拿手。我父亲赶到，桌子已经摆好，就落座吃酒。热闹是热闹，却不是深谈的局面。两位亲家好像没有谈什么。我父亲晚上有振铎先生约会，七点钟就告辞先走了。

父亲和许多朋友不见面都将近九年，也有完全不通信息的，大家从各地集中到上海，或者在上海路过。见了面都有说不完的话，而且几乎没有言不及义的。父亲以振铎先生为例，对我说他们在国家民族危亡之际，大多站到了自己以为应该站的岗位上，真不容易！有好几位连老朋友也不知道他们在做些什么？我想起上海沦为孤岛那阵子，父亲就对母亲说过：“像振铎这样的性子，在上海还怎么过得下去？他为什么不下个决心，转到内地来呢?”到见了面才明白了，他是下了决心，忍着艰苦，冒着危险，隐姓埋名耽在孤岛上的。他费尽周折，从奸商手里抢救下来的这么些图书文物，都可以作证；这还只是他工作成绩的一个方面。胜利后，他就公开露面，像在“五·卅”运动中似的，成了民主运动的先行者。他跟周建人、傅雷、柯灵、冯宾符等文化出版界人士，马叙伦、林汉达、雷洁琼等教育界人士，组织了中国民主促进会；他和柯灵先生合编的《民主》，成了当时最受群众欢迎的几种周刊之一。民盟、民建、民进，都有人认识我的父亲，父亲偶尔受邀参加他们的集会。加入民进是一九六三年年底的事了，留待那时再说。

抗战前，开明的店面还有点儿气派，朝南三开间，不知哪一年缩成了一间。大家都说，能赖在福州路上已经不容易了。梧州路的齐辉堂一开仗就烧光了，总管理处、编辑部、栈房，如今都挤在一幢三层的水泥楼里，就在店面右首的弄堂里，底层是栈房，三层是经理室和图书馆，二层挨挨挤挤摆着几行办公桌，除了经理室的和管栈房的，其余的人都挤在一起办公。房顶上正施工，加建的一层后来给了编辑所，跟二层一样，也是统舱。二十来位编辑和校对，在这间统舱里还不算挤。我们还在重庆，开明总店就替各地复员回来的准备了宿舍，在北四川路虬江路的永丰坊和祥经里，弄到了聚在一起的近十幢弄堂房子。我们一家分配在祥经里靠右一幢第二层：前楼住我父亲母亲和至诚，后楼住我祖母，我和满子占亭子间。家具是杂凑的，借了一些，买了一些，还有一些是我和至诚去苏州搬来的。青石弄的那所房子空关着，据说原来由伪警察局长的丈人占住着，一胜利他就跑了，顺手牵羊带走了不少东西；总算把大门上的钥匙，留给了名义上代我们照看的远房亲戚。我和至诚找了家运输行，把还能用的家具和被卖剩下来的图书，从水路运到上海。我们的新居，才布置得像个家。

五十六

全国文协也复员了，总会会址由重庆迁到了上海。二月廿四，文协上海分会借作家书屋开理事会议，在上海的总会理事也出席。我父亲也去了，原来主要是老舍先生作报告。他讲了文协这些年所做的工作，今后的工作将如何进行，最后说，他和曹禺先生将一同访美，为期约一年。他是总会的常务理事，管总务。在他出国期间，所有会务都由圣翁代理。还加以说明，他动身来上海之前，总会已经在会议上通过了。木已成舟，我父亲是无法推诿了，又省去了交接手续，真个快人快事。老舍和曹禺俩去美国的轮船是三月五日起航的，父亲在日记上写着呐。记得我父亲接了手，办的头一件事是弄了幢房子，作为文协总会的会所；第二件是把新办的会刊《中国作家》交给开明印行。跟中国哲学会的《哲学评论》同样办理：甲方只管排印发行，乙方管稿子的组织编排，乙方发一期，甲方就出一期。

《国文月刊》四十一期的样本，三月十六傍晚送到。第二天下午，我父亲亲自拿给夏先生过目。他在日记上记着："翁近日仍气喘，有热度，进食不多，意兴不佳。"没想到我父亲去我姑母家坐了一阵子回来，夏先生意兴转佳。四十一期上的《当代文选评》，他肯定已经看过，会不会成了他意兴转佳的药引子呢？父亲的日记上记的是："五时，再至丏翁所，与翁对酌。翁饮两杯，余饮半斤。翁自谓自余返沪以来，未尝好好地共饮，今夕高兴，为之加量。所谈文法文章，不涉生活困难云云，因而亦无愁叹。”

夏先生又把他为四十二期选的两篇现代文，交给我父亲。一篇是《写在耶稣诞日以前》，署名马夷初。一篇是《不要内战》，副题《重庆二十六种杂志的呼吁》，是去年十一月初，重庆十家杂志社的《联合增刊》推我父亲起草，发表在第四期上的，按例不署名。夏先生是否知道这篇“呼吁”的起草人是他的亲翁呢？他没有说。父亲接过剪报时也没说什么。两篇短评写得了，都跟随原作在四十二期上发表，仍没署名。两篇文选评中，有一篇成了我父亲自拉自唱，读者是不会知道的；更不会知道这出独角戏的幕后调度，竟是缠绵于病床的我的岳父。一个选一个评，呜呼，两亲家的最后一次合作，又成了无限的惆怅。《国文月刊》四十二期四月下旬见书，我的岳父已进入弥留状态了。

父亲在《答丏翁》的开头说：“四月二十二日上午，去看丏翁，临走的时候，他凄苦地朝我说了如下的话：‘胜利，到底是啥人胜利——无从说起！’这是我听见的他的最后的声音。二十三日下午再去，他已经在咽气，不能说话了。听他这话的当时，我心里难过，似乎没有回答他什么，或者说了现状诚然一塌糊涂的话也说不定。现在事后回想，当时没有说几句话好好安慰他，实在不应该。明知他已经在弥留之际，事实上说这句话后三十四小时半就去世了，不给他个回答，实在对他不起。现在，我想补赎我的过失，假定他死而有知，我朝他说几句话。我说……”父亲说：“胜利，当然属于爱自由爱和平的人民。这不是一个空洞的概念，不是一句喊滥了的口号，是事势所必然。人民要生活，要好好的生活，要物质上精神上都够得上标准的生活，非胜利不可。胜利不到手，非争取不可。争取复争取，最后胜利属于人民。”

夏先生信佛。信佛的人相信西方有个极乐世界，所谓的“净土”，跟基督教徒相信天堂一个样。父亲一向认为，谁要是觉得眼前的局面实在太糟，简直无法改造，用对“天堂”对“净土”的憧憬来减轻一些心理的痛苦，是应该受到谅解的。在《答丏翁》中，父亲说：“我这么想，净土与天堂之类说远很远，说近也近。到人民成了真正的胜利者的时候，这个世界就是静土，就是天堂了。如果这也算一种信仰，那么我是相信‘此世净土’的。”

岳父是怎么说我父亲的呢？就在十来天前，中午时分我去探望岳父，岳父一个人已经颤巍巍地坐在桌上了，前头摆好了酒杯竹筷和三碟小菜，见了我叫我坐在他右首。二嫂玉严烫出一小壶酒来，他左手接过来，细细地往酒杯里斟；最后一滴从壶嘴口滴下来了，杯里还没到一半。我说："太少了，让我去厨房再烫些。"他按住空酒壶，说："不用了。唉，只能吃这些了。"那声"唉"，又拖得很长，我听着心都发颤。他喝得慢极了，每一口只沾一下唇；又说这也看不入眼，那也听不入耳。最后说："只有你们老人家，说总会好起来的。到底哪能会好，亦话勿出来。"我父亲的《答丐翁》，他要是真能看到，恐怕依旧是一声长叹吧。

第二天中午我又去探望，才到门口，听得轻轻的木鱼声磬声，念"南无阿弥陀佛"声，知道岳父已经在咽气了。净土宗的规矩，说值此生死大限，家人和至亲好友切不可动哀，大家低声念佛，帮助病笃的人静下心来，去向极乐世界。念佛的有我的岳母，满子的两位嫂子，还有位姓窦的居士和他的两个女儿（都是我岳父的学生）。小香炉里冒出几缕烟，清淡的藏香味，和着木鱼的拍节，喃喃的念佛声，悠悠的一声磬，使屋子里的空气颇有点儿肃穆。岳父一口又一口嘘气，闭上了愁苦的眼睛，难道还在想些什么，恐怕不会了；总之没有一丝儿望见了极乐世界，"载欣载奔"的表情。我立刻给父亲打了电话。父亲赶来在床前默默地站了一会儿，赶回开明去跟范老太公和伯祥先生、调孚先生等商量后事了。两个星期之前，岳父对我说过，他的后事已经托给两位和尚，说入殓的事由和尚主持，家里人不必过问。我回开明，一一跟父亲说了。父亲说，除了入殓，还有许多事要做呢。近几天，父亲已经跟范老太公等，还有满子的姑夫章守宪先生，商量过好几回了。

重庆《新华日报》，四月廿四日就刊出了夏先生在上海病逝的消息；二十七日，又发表社论，《悼夏丏尊先生》。社论说："民主文化战线的老战士夏丏尊先生，本月二十三日在沪逝世，这实在是中国文化界的一大损失，中国民主阵营的一大损失，中国人民的一大损失！"紧接着说："丏尊先生数十年来，努力为文化运动和民主运动，曾建树不可磨灭的功绩。抗战军兴，留居上海，坚持孤岛的文化工作，对敌伪进行了艰苦的文化斗争。太平洋战争爆发后，先生于三十二年，被敌伪逮捕，迫其屈服。但先生在威胁利诱之下，正气凛然，屹然不动，敌伪虽狡黠残酷，亦无可如何，这真是可说贫贱不能移，富贵不能淫，威武不能屈了。拿先生和那些卖身投靠，认贼作父，替敌人作喉舌，作爪牙，以及混在抗战阵营中，替敌人作内应，装着拥护抗战的模样，进行破坏抗战勾当的文化汉奸们比较起来，真有天渊之别，人兽之分。现在，抗战虽已结束，但法西斯反动派正在勾结敌伪残余势力，进行内战，反对民主，摧残文化。中国要走上光明的前途，还需要经过更残酷、更艰苦的斗争，还需要作为一个民主文化战线上的老战士的先生来领导这一斗争。然而先生竟逝世了！这实在是中国文化界的一大损失！中国文化界，中国民主阵营，中国人民为了补偿这一损失，将以自己的更大决心，更大努力，把斗争进行到底。”社论的后半段，还列举了和夏先生同样的，为中国人民所钦佩所崇敬的民主文化战线上的战士。

夏先生逝世后的第二天，四月廿五，在卢家湾上海殡仪馆入殓。瞻仰遗容的有四百多人，我认识的仅一小部分。看父亲那一天的日记有点儿凌乱，可以看出他心绪不好；所有的布置和安排是殡仪馆固定的一套，也没有什么可记的。倒是火化那一天，尤其是芝峰法师在点火之前的说法，让父亲感到了震动。父亲把他的稿子全部抄了下来，还提纲挈领，加上自己的评论和感受。父亲说：“芝峰之稿先尝交诸友传观，余不知何因，悲从中来，忍泪久之。中段数语，有道着丏翁生平，最为笃切。至于末后一段，自是佛氏应有之义，自余观之，甚无谓也。”我如今也忍着眼泪，把芝峰法师说法稿的中段，抄在下边：

“夏居士丏尊六十一年来，于生死岸头，虽未显出怎样出格伎俩，但自家一段风光，常跃然在目。竖起撑天脊骨，脚踏实地，本着已灵，刊落浮华，露堂堂地，蓦直行走。贫于身而不谄富，雄于智而不傲物，信仰古佛而非佞佛，缅怀出世而非厌世，绝去虚伪，全无迂曲。使强暴者失其威，奸贪者有以愧，怯者立，愚者智，不唯风规今日之人世，实默契乎上乘之教法。”法师的说法没有一句话不是抽象的，却有轮有廓，把我岳父的一生概括得既完整又形象。隔了快一个甲子了，我一边抄，岳父的一言一行又跃然在目，好像看一部用激光全息技术摄制的电视纪录片。芝峰法师的观察力和概括力实在惊人。可是我想，读者如果不具备足够的形象信息，看到的恐怕只是一篇尽量往好里说的颂辞。这样的胡思乱想，我只敢跟父亲说，在陪他吃酒的时候。父亲过世已十六年，也无可如何了。

芝峰法师在镇江焦山，另一位法名亦幻，在宁波，都是接到了治丧委员会的通知，特地赶来的。那年十一月，夏先生的骨灰葬在上虞白马湖，平屋后面的山坡上。墓前有我父亲写的碑，马叙伦先生作的墓志铭。

五十七

那年六月二日下午，借玉佛寺大雄宝殿东侧的大厅，开夏丏尊先生追悼会。父亲在那天的日记上记下了大概。我记得那天在追悼会上发言的先生，大多从夏先生最后说“啥人胜利”讲起。这句“啥人胜利”肯定不是提问，因为“无从说起”四个字，已经把他老人家对现状的失望和盘托出了。是厌世的牢骚？既然对人世已无所留恋，何以发出如此深沉的叹息？也不是消极。如此执着，如此关切，能说消极吗？发言的先生们用夏先生的这句临终的话，来激励当前的斗争，反对内战，争取和平民主的胜利，应该说是非常得当的。会场上挂着许多挽联，至少有一半，反映的是当前的群众运动。把标语口号嵌进挽联，我还是头一次看到，很激动了一阵子。有记者在抄录，不知第二天有没有哪种报纸刊载。

全国人民瞩目的国共谈判进入了谈谈打打、打打谈谈的阶段。六月七日报载，国共双方下令停战半个月；在此期间共同协商，以期永久和平；廿一日，又宣布停战延长八天。廿三日，上海各界争取和平代表进京请愿。有人通知我父亲，各界人士到时候在北站前广场送行，让我父亲参加。父亲答应去；我说我得陪去，我担心又酿成较场口事件。那一天是星期日，我陪父亲七点钟到上海北站，就有几个当纠察队的青年学生把他拥上火车去见代表了。我不便跟着，在车站门口等候。广场上挨挨挤挤，我望见士敭兄和至诚在新书业的队伍里。并排的两辆空卡车算是主席台，挂着红布白字“欢送上海各界代表进京请愿”的横标，大幅反内战的标语和漫画，被风吹得猎猎的忽哨。口号声和歌声此起彼落，我也跟着喊跟着唱，几个青年跳上台去了，还帮着几个中年人也上了台，我都不认识。中年人轮着讲话，声嘶力竭也听不见，风实在太大了。听身边的人说，都是送行的，陶行知、林汉达、吴晗，最后一位女的才是去南京的代表，说叫雷洁琼。他们讲完就被青年们拥进北站的大门。一会儿听得汽笛一声长鸣，火车开动了。送代表的人出站来了，我找到了父亲和周建人先生。广场上的人已经在列队，准备示威游行了。我有点舍不得离开，把父亲送到虬江路口，让他自己回家。路边上有不多几个警察，一队女学生在向他做工作，说警察也要反内战，不该跟老百姓作对之类吧。警察笑着说："是呀，放心游行去吧。我们会保护你们的。"后来听说：他们早侦察到有这么一次大会了，会后还要游行。警备司令主张镇压，市长主张放任，害怕一放枪，把事情捅大了交不了差。

游行队伍浩浩荡荡，一路喊一路唱。我找到了新书业联谊会的朋友，远远望见周建老和林汉达先生也走在最头里。才过自来火桥，到大上海电影院门口，听得前头喊，"抓特务！抓特务！"我看见有人在大新公司顶上向下撒反动传单。特务也真笨，全让大新公司的职员抓住了，三四个哩，给纠察队拖了下来，反扭着胳膊，押在队伍里跟着走。一直押到复兴公园，举行公审。特务早吓蔫了，都低头认罪，法官不知是哪一位，大喝一声：叫他们滚！可惜这个场面没瞧见，复兴公园草地上人山人海，我和至诚都没能挤进去。

父亲在那天日记上，还记着一句话："三时半，胡绳潜英夫妇来，谈一时而去。"谈了些什么呢？父亲没有记，显然是有意略去的。胡绳先生有一篇《我和〈中学生〉》，大概是一九八四年写的，中间有一段说："圣老在重庆，曾由我陪同到曾家岩办事处，恩来同志和董老同他进行了亲切的谈话。抗战结束后，圣老到了上海，《中学生》又在上海出版。一九四六年内战爆发，恩来同志安排上海的工作，他要我把出版界和杂志分成第一线、第二线、第三线三类。第一线像《文萃》那样的杂志，是很快就会被国民党查禁的。第二线是一些还可以维持一个时期，到了某个时候，也有被禁止的危险的一些杂志。《中学生》和开明书店属于第三线，应该尽可能存在下去。恩来同志这个安排，我和叶圣老谈过，请圣老尽力维持开明书店，维持《中学生》；在国民党统治越来越严酷的情况下，《中学生》多登些学习文化科学知识的文章，还是可以在青年中起促使他们进步的作用。"胡绳先生那天跟我父亲说的，肯定就是这番话。这番话全部应验。《文萃》首当其冲，主持者措手不及，遭特务绑架，严刑拷打，秘密杀害。《周报》和《民主》先后被勒令停刊，父亲在这两种周刊的停刊号上都发表署名抗议，两篇短文的题目是《什么道理!》《又来挽〈民主〉》。

回过头来，说上海进京请愿代表。第二天早上看了报纸，才知道南京下关站有特务行凶，造成惨案。受伤最重的是团长马叙伦先生，女代表雷洁琼先生也受伤不轻。车到镇江，就有一群自称“苏北难民”的流氓上来胡缠；到了下关，特务流氓越聚越多，闹闹嚷嚷，把请愿代表挤进休息室，动手开打。站上的军警听之任之，不加劝阻，分明是有组织有预谋的。国民党方面的报纸发表的消息中，称马先生等是“自称人民代表”，“所谓人民代表”。我父亲看了气愤已极，写了封信给《大公报》，加了个标题《我就是推举他们的一个》，彬然、予同、伯祥、达君先生同署。《大公报》当然知道是让他们公开发表的，找了一篇态度截然相反、字数几乎相等的“读者来信”，两篇一起并排发表，以示一贯不偏不倚的公正立场。这种苦心孤诣的做法可以说是很奇怪的。

查父亲的日记，七月十三记着：“报载李公朴被人暗杀于昆明，此定是特务人员所为。倒行逆施，愈来愈凶，前仅用殴打之手段，今以李案为始，且用暗杀手段矣。”四天以后，十七日又记着：“报载闻一多被刺于昆明，气愤之至。当局以此手段对付呼号民主之人，岂复有存立之道！”两位先生的追悼会拖至十月四日方开成。父亲这一天的日记，主要记的是这一次会，开头就是“晨早出，与小墨三官至天蟾舞台，参加李公朴、闻一多追悼会。”在剧场门口，父亲被几个青年拥进了后台。我和至诚走进剧场，一楼二楼已经客满，只三楼还空着些座位。我们坐在三楼往下看，许多不三不四的人坐成好几个方阵，有的把脚翘在前面的椅子背上抽烟聊天，有的把脑袋埋在胸前打瞌睡，分明是看主子眼色行事的打手。台上挂满了挽联和悼词。二十来人从台后走出来了，我认得的不多，总之父亲也在里头。听人说，站在许广平身旁的就是邓颖超。

向遗像鞠躬和静默之后，打手们突然使劲鼓掌，主席讲话了。这主席原来是上海市市长吴国桢。他说这个会能够开成，充分表现了上海的民主；又说一切争持，都得守法。他说一段，打手们就鼓一次掌，不知指挥的站在哪里。第一个发言的是潘公展。他讲美国的民主和苏联的民主谁优谁劣，含沙射影攻击民主派。打手们又不断鼓掌。两人都一字没提李公朴和闻一多。接着郭沫若发言，场中的另一半以压倒的掌声欢迎他。他是有稿子的，念起来好像朗诵新诗；每念一句稍作停顿，正好留出时间让人们鼓掌。起稿的时候，他好像已经猜到潘公展将在会上说些什么，能句句针锋相对。给他鼓掌的声音才渐渐落下，台下又掀起了一阵热烈掌声，邓颖超向前走了两步。等场子里静下来了，她才说，恩来有要事脱不开身，让她到会念他的发言。她打开稿纸，一字一顿地念：“今天在此追悼李公朴闻一多两先生。时局极端险恶，人心异常悲愤。但此时此地有何话可说。我谨以最虔诚的信念，向询道者默誓，心不死，志不绝，和平可期，民主有望。杀人者总必覆灭！”真个是从每个有心人的心底爆出来的。稍停了一小会儿，场子里才爆发出经久的掌声。最后发言的是罗隆基。他有条有理的跟作总结似的，多用反诘的口气，把潘公展驳得体无完肤。这个鼓舌如簧的党棍也只得哑口无言，至少在这次追悼会上。给罗隆基的发言鼓了掌，会就散了。我和至诚赶紧跑下三楼，在剧院门口等着了我们的父亲。

陶行知先生突然病逝，在李闻两位先生被刺后应该提到。父亲在日记中有详细记载，还愤怒地作了首悼诗，矛头直指蒋介石。我只在群众集会上望见过陶先生，没法作什么补充了。

五十八

开明书店有个同人组织，叫明社。当然不是工会性质的，形式有点儿像大家庭。起劲的是一部分比较活跃的年轻人，逢到一些全社性的活动，连总经理范老太公也参加，像这个大家庭里的老长辈。明社是抗战期间办起来的。大约是彬然先生他们羡慕生活书店的业余生活，提出了这么个设想，加强团结和进步，范老太公和雪山先生都说可以。雪山师母弄勿清爽，说到“开明”则冠以“呃啊”（我们家的），说到“明社”则冠以“伊拉”（他们的），泾渭分明。说不定雪山先生在家里这样说惯了，他对明社似乎不怎么热心。到了上海，发动过一次全社讨论：明社到底是工会还是俱乐部？起劲发言的仍旧是少数年轻人，结论是按目前的情况看，只能说是“同人组织”，只有做到哪里是哪里了。大家推我父亲做一首《明社社歌》。他以出版界传颂的，也是开明同人引以自豪的《开明风》作题目，写了歌词，说开明“好处在稳重，所惜太从容；处常绰有余，应变有时穷”。回顾二十年来，在屡次关键时刻，或因决策失误，或因行动迟缓，遭到了无可挽回的损失。今后怎么样呢？“抓住机遇，迎接挑战”，“解放思想，开拓进取”，这一类现在听着耳熟的短语，那时尚未诞生。父亲用的是“加强阵容”“增进事功”，后四个字在当时就见得有点儿生辣了。最后以“我们要创造新的开明风”作结尾。父亲把歌词寄给了小提琴家马思聪先生，请他谱曲子。没出十天，曲子谱得了。明社歌咏组练了两回，唱起来居然像个样子。父亲听了很得意。

开明创建二十周年纪念的庆祝活动，年前在重庆就开始筹备了。重头是出版一本文史方面的论文集。论文得请有名望的学者写，因而动手最早，应邀的学者共九位。我父亲为这本论文集写了序，说纪念创建十周年，开明出版了短篇小说集《十年》，作品都是特地邀请当代的作家写的，也为了纪念新文学运动成长，开明在这方面出过一些力。他接着说，这一回以学术论文集来纪念创建二十周年，却因为抗战以来，由于大家知道的原因，学报和学术论文集刊很少见到了；想提个醒，大家来改变这个现象。还说明了这本论文集只限于文史，因为开明出版的书多数属于这两个方面。序文恐怕也只好这样写，我父亲不会不明白，大局不定，一切美好的愿望都是画饼。

开明是一九二六年八月间开的张，二十周年庆祝会却是十月十日开的，凑“国庆节”大家放假，是个技术上的理由。父亲在那天的日记开头说：“今日为国庆，实无可庆。和平谈判濒于破裂，内战之局扩及数省，国趋于殖民之地，民处于困绝之境，复何可庆者。唯我店以此日纪念二十周年，则不无欢慰之意。”对庆祝会却记得很略，如发言，只挨次记下了发言的有谁，没记他们说了些什么。我依稀记得先是范老太公和雪村先生，分别对开明这十年来，在内地和上海的经营作了简要的报告。来宾马叙伦、吴觉农、沈雁冰三位先生讲了话，“皆就开明之作风为言，颇不同于寻常的颂祷”。最使开明同人受到鼓舞的是沈雁冰先生的话，他说：“斗争需要一些人赤膊上阵，也需要一些人有点保护色，不要赤膊上阵。斗争不赤膊上阵也可以。”看来我父亲也同意，在三日夜作的《题开明二十周年纪念碑》中间那八句是：“开明夙有风，思不出其位；朴实而无华，求进勿欲锐。但愿文教敷，遑顾心力瘁？此风永发扬，厥绩宜炳蔚。”跟茅盾先生说的不是一致吗？那天在会上，我父亲代表全体同人致了答谢，又以“有所爱，有所恨，有所为，有所不为”，请大家共勉。

第二天十一日，开明全体同人带着家眷去无锡旅游。这次一日豪华游，以明社的名义举行，规模空前，也是绝后的。我那时是社员推选出来的总干事，襄理卢芷芬兄代表经理室，两人于八日先去了一趟无锡，把游船和餐馆都定妥了，都是第一流的。父亲的日记上有篇流水账，我不再啰嗦了。晚餐后从无锡回来，我父亲母亲在苏州下车，进城夜访母亲的表妹计圣南；第二天早上见到了相别九年有余的硕丈，就是母亲的三姑夫计硕民老先生，我的长胡子公公。父亲和母亲去青石弄看了看故居，又到葑门外看了看母亲的二姑母胡铮子先生墓；是她做主，成全了我父亲和母亲的婚姻。在这位月老的墓前，他们俩一定会想起亲逾骨肉的吴天然。她在一九四〇年春节中病逝了。我们在乐山被炸后，她赶织了一大包毛线衣托人带给我们，支持我们过冬。没想到毛线衣还在路上，我们就再也见不到她了。父亲和母亲这一回过苏州只逗留了一天，日记也蜻蜓点水似的。因而我给好久没提到的母亲娘家的几位，作了这段小小的注。

父亲题丁聪兄的《现象图》，请他再画那半边儿，陕北和敌后根据地。这本是国统区人民的普遍愿望，法西斯反动统治越暴虐，人民越是急不可待地希望得到来自那半边儿的生活信息。在有些群众集会上竟扭起秧歌来了。文协那时偶尔办售票的文艺欣赏会，票价很便宜，与二轮影院相仿。售票是为了剧场小，容不下太多的观众。我父亲常被拉去当主持人。因为是公开的，节目没有过多的刺激性，文艺档次可不低。电影明星唱几支歌是少不了的，有诗人和名演员、剧作者的朗诵，也许碰巧，遇上马思聪拉他自己作的《思乡曲》，配上戴爱莲的舞蹈。有一回压轴，竟是陕北来的秧歌剧《兄妹开荒》，原汁原味，演员是欧阳山尊和李丽莲两位。那掌声，差点儿没掀掉屋顶。我们明社的歌咏组只在内部或新书业的集会上演出，也唱过“山丹丹开花红艳艳”，《白毛女》开头的“北风那个吹”。末一场“太阳出来了”更带劲儿，我们也练过；只是中间有变调，没有点儿基本训练的人唱起来容易走调：我们不敢拿出来。

正因为对那半边来的生活信息视如珍宝，我父亲代表开明接受了全国木刻协会委托，编印了《抗战八年木刻选集》。七月十一那天，陈烟桥李桦两位来找我父亲，说他们协会将在“九·一八”开展览会，展示木刻历年来的进程；希望选出一百幅来印成画册，以便流通。父亲听说展览品中一半来自陕北和各根据地，另一半则大多反映蒋管区沦陷区的痛苦生活，就回答说大致可以接受，两天后给回音。父亲当然愿意接受，说“大致可以”，因为他没编过画册，没有经验；开明也只在头两年出过几本子恺先生的画册，不知如今还有没有这个能力。父亲送两位客人到楼梯口才回转身来，整个编辑部已经开了锅，都说这样及时的稿子送上门来，非接受不可，要尽可能讲究，材料挑最好的，技术用最新的。只求“便于流动”，气派未免太小了，要成为珍藏本，要推向国外。大家七嘴八舌，信息接二连三从四楼流向在二楼的出版部。开明一向没有美编室和设计科，所有抽象的设想都由出版部化为具体的要求，由主任唐锡光先生分配给有实力承接的几家工厂，随时调动他们的积极性，促使他们通力合作，精益求精。

七月廿三，木刻协会交来第一批画稿；九月十五，开明就送去了第一批画册。我父亲在日记上说：“今日一编入手，尚称可观，为之欣慰。”这可是成功的喜悦呀！从陈李两位来开明接洽数起，整整两个月。两个月来，我父亲为这本画册花了多少心思，做了多少工作，日记上连个大致也没记全，比如写序文，他就漏记了。我绝非自夸，这本《抗战八年木刻选集》在当时，不论形式和内容，都是首屈一指的。在这本画册中：沦陷区一片凄惨景象，敌人烧杀掳掠，人民颠沛流离；蒋管区贫穷，饥荒，强迫劳役，抓壮丁。共产党领导的边区和敌后根据地则是一片兴旺景象：生产，学习，选举，练兵，歼敌，斗争地主老财，政府和人民之间、军队和人民之间，到处是和谐一致的祥和气氛。民主自由的新中国不就在那一边吗！那天陈列在展览会上，真可以说：“得其所哉”。父亲没有跟去。我想也是不去为好，去了肯定会受到热忱感谢，把大家的劳动成果都归在他的名下，他一时难以分说，岂不尴尬。

鲁迅先生逝世十周年纪念是十月十九日下午，在辣飞大戏院举行的。大戏院其实不大，布置朴素庄严。台中央挂先生的巨幅画像，两侧挂先生的语录。我抱了一大叠《抗战八年木刻选集》去出售，因为木刻运动是在鲁迅先生的哺育下成长起来的，画册的封面题签又集的先生的手迹。才一会儿，场子里坐满了人，连过道里也挤满了，我只好退到门口。大家都注意台上来了哪几位。邵力子、沈钧儒、周恩来三位发了言，没到散场都走了，可见时局的紧迫：国民党拿下了张家口，是不是就要单方面召开所谓国民大会呢？共产党将如何应付呢？周恩来的发言悲壮沉着，显然胸有成竹，赢得了热烈的掌声。其他党派和所谓社会贤达，倾向共产党的居多数，可还不能掉以轻心呀！纪念会安排得肃穆而不呆板，以唱缅怀先生的颂歌开端，发言之后，还放了十年前摄制的先生的葬礼纪录片。详情请读者看我父亲的日记。第二天上午，还有数百人到虹桥路万国公墓，去先生的墓前举行扫奠。我父亲在两次集会上都讲了话。头一天的发言，他自己在三天以后作了整理，发表在周建人先生主编的《新文化》半月刊上，题目是《相濡以沫》。

中共代表团自六月起，直到撤出上海为止，每月下旬，都邀我父亲和少数文化界人士便宴，主和客一般坐满两桌；或借郭沫若寓，或就在思南路称作“周公馆”的办事处；为的通报军事形势和国共谈判的进程。周恩来如果在上海，他一定亲自出面。在纪念鲁迅逝世十周年的第二天，周恩来和第三方面人士到南京才两个小时，蒋介石乘机飞向台湾，表示已无意于谈判；十一月半，宣布召开“伪国大”。周恩来发表谈话，声明共方不承认“伪国大”，不日将返回延安。我父亲再见着周恩来，是在一九四九年，已经和平解放的北平了。

五十九

十一月三十日，周公馆举行酒会，遥祝朱德将军六十寿诞。我父亲那天的日记，开头很特别：“上午有人来访，未作何事。”来访的是谁？如果无关紧要，又何须记；“未作何事”，更用不着记了。如今细想起来，朱德六十整寿，我父亲早听说了，前一天半夜醒来，他就作了首贺诗。请他参加酒会，却是那位“有人”临时来通知的。为什么受到邀请就作不成事儿了呢？他的心静不下来。可能为了听说延安已处于蒋军包围之中。日记是供自己查的，自己看了自然明白，用不着多啰嗦。接下去才记酒会：“午刻偕彬然到思南路，为朱德祝寿。到者六七十人，多熟友。酒用烟台带来之陈白兰地，易于上口，而其力甚强，又兼诸人互相干杯，余乃大醉。醉时自己失去控制，一时悲从中来，所语为何，不自省记。乘车返店中，众人扶上楼，又发言哭泣。小墨为购安神药一颗服之，始入睡，睡于洗公办事室中。”

父亲喝醉了有时会哭，日记上偶有记载。在困乏不堪的日子里尤其不胜酒力，用不着喝多少，甚至一滴不喝，受到激动也会潸然泪下。二十年代他写过一篇《泪的徘徊》，所记的四次徘徊都未喝酒。这一天酒好，有杯劝互殷的熟朋友，他是作好拼却一醉的准备的，结果过了头，失控了。在酒会上说了什么，我不知道；让人扶着送回来的时候，他一遍又一遍地喊："我们大家为朱德将军干杯，祝他健康！绝不给老蒋干杯！"蒋介石原来也六十岁，生日早一个月，那天上海各报都刊出了巨幅照片和歌功颂德的祝寿文章。《国文月刊》的《现代文选评》，我父亲特意选了《大公报》一篇，评论说它如何撇开当前的现实，战战兢兢进言，介绍两位可供效学的伟人，谁都知道的华盛顿和林肯。父亲那天醉成这样，没忘记怀里揣着的一个大苹果，看见三午在身边，掏出来给了他，还说明："烟台来的呢！"三午可不知道烟台在山东，这个港口已掌握在共产党手里了。

开明的同人都在等我父亲回来，等他做王亚南小姐出嫁的主婚人，他却呼噜呼噜睡着了。婚礼由明社承包，连新房也是我这个总干事向范老太公要来的，就在我们家楼下，客厅的后间。大家帮忙布置，都说是明社招女婿。婚宴采取酒会形式，冷餐、点心、糖果、茶酒，全由明社的干事们分工负责，费用向店中报销。王亚南作古已十来年了，当时是个很有人缘的小姑娘。新郎姓周，家里没什么人，全听亚南的，亚南听明社的。二楼的同人早提前下班，把大部分办公桌推到墙边，腾出空间。大家七手八脚布置好礼堂，把新郎新娘拥了进来，于是红烛高烧，行礼如仪。我母亲代我父亲在明社发给的结婚证书上盖了印章。以后的热闹，我就没瞧见了。我上了三楼，守着打呼噜的父亲。等大家散了才唤醒他，和至诚扶他下楼，叫了辆汽车，和母亲三午一同回祥经里。在车上司机问我们："听说了吗？警察开枪打死了人，连摊贩也要造反了！"司机说的，第二天就见报了，后来称作"摊贩事件"，是国民党的虐政造成的。父亲在十二月一日的日记上记得颇详，我不作补充了。

父亲在回上海的三年日记中，以一九四六年的最为头绪纷繁。日记记得纷繁，当然由于生活中的头绪纷繁。我一门心思赶着往下写，一边老在担心，别把重要的事儿忘了。如今写到年底，跟父亲这一年的日记又核对了一遍，漏掉的不但有，还很多，尤其是父亲在这一年中写的文章和诗篇，提到的太少，而文章和诗篇，又是窥察作者的思想历程的直接材料。我想是否这样办，请读者诸君只当消遣，把第二十一卷的前半册浏览一遍，看到有些文章和诗篇的题目，如果想读一读，查一下本卷中的索引，再去查那一卷。这个办法不一定准行。譬如有个题目叫《诗话》，这个风雅的题目不过是件印花布衫；脱下布衫，就成了赤膊上阵，就成了投枪。

《文汇报》被警察局勒令停刊，不知为什么，父亲在日记上只字未提。这件事发生在七月十六日。六天前，《文汇报》刊登了两封警察的投书：一封署名“一群警察”，说他们不愿被人当作工具，去压迫奄奄一息的老百姓；说上海市人民代表在下关挨打，在场军警只做没看见，是“我们警察的奇耻大辱”。另一封署名“本市一巡官”，要求免费发给夏季制服。上海当局抓住把柄，由警察局出面，说《文汇报》“捏造警员名义，离间上下感情，淆惑社会视听，意图破坏公共秩序”，悍然勒令《文汇报》停刊一星期。大家到十八日事发了才知道，都说这是什么世道，还讲不讲道理！父亲没插一句嘴。第二天给《文汇报》全体同人写了封慰问信，开头说：“被罚停刊，你们当然不颓丧。你们问心没有错，连那罚你们的也必然自知是借端生事。”说一定要考究个明白，借端生事的“成不成个理由？”“合不合手续？”“不能说现在没有道理可讲，吃了亏就算了。……我国弄得这么糟，一半固然要怪那些为非作歹的，一半也要怪大多数人……存着吃了亏就算了的想头。这种想头……鼓励他们更加肆无忌惮，更加为非作歹。必须考究……除非他们正正式式公开宣告，现在不讲道理了。”最后他说：“愿你们精进不懈，继续努力，在许多种无可看的报纸之外，永远有一种像模像样的报纸。”

慰问信托人送去了，父亲的心还是静不下来，当晚又给《文汇报》的主编柯灵先生写了封信，建议“停刊满期之日……宜出一特刊，至少两版，专载读者投函，表明读者需要此报纸，与此报纸有片刻不能相离的感情。亦使反动家知所警惧，报纸后面原来有如此大力的支持。”又说“文字不宜长，人数愈多愈佳。作者不必拉知名之人……最好各界都有，署名上标明其职业地位。”琐细之极，也不等柯灵先生回音，第二天上班就在店里代他约了十来篇，中午就送去供他选择。柯灵先生大概都已想到。《文汇报》自复刊之日起，专辟出一整版刊载慰问信，排得密密麻麻的，三天也没刊完。我父亲的那一封，是第一天刊出的。

再读父亲这一年的日记：记到的方面那么多，事儿那么杂；处理了一件又一件，用不尽的心思。陶渊明说“勤靡余劳”，回报是“心有常闲”。我父亲的心怎么老是闲不下来呢。在日记中有一段记录了他的一次较完整的心理活动过程，读来颇有趣味，就抄在下面，——是那年十月十日中的一段。

“至来喜饭店，参加余之介某女士订婚之宴。到者多教育界人，在五十人以外。诸客演说，皆就志同道合，同志恋爱为言，盖新娘亦教师，与余君同为陶行知之信徒也。语虽不错，然别无新意，坐而听之，甚觉其惫。因念每逢集会必有演说，愈多愈好，似皆乐此不疲。实则言者言不必言之语，听者听不必听之语，同为公式主义教条主义所束缚而不能自脱。如一反省，可笑复可怜。更思集会时听演说已觉其疲，而学生在校受教育，每日听类乎此类演说之讲授，安得不疲。少年青年之光阴，于此困疲中消磨，岂非大作孽之事乎。末了黄任老演说却出新意，谓今日盛会，何必言订婚，即日结婚，亦复甚佳。于是诸客和之，群相劝说。而新人有难色。客且出外找旅馆为洞房。后乃知其女士之母夫人不赞同此意，乃以希望从速结婚为下场。此亦趣事也。”反复听同样的话，“甚觉其惫”，由此想到“每逢集会……似皆乐此不疲”，言者听者“如一反省，可笑复可怜”。于是推想学生“每日听类乎此类演说之讲授，安得不疲”；他们的大好韶光在这样的困疲中消磨，岂非大作孽！亏得黄炎培老先生妙语惊四座，把我父亲从联翩浮想中唤醒。

六十

翻过父亲一九四六年的日记再往下看，感到突然一变，最明显的是每日的字数少了，有些日子竟不足二十个字。仍旧是忙，忙于编辑工作的时间多。编辑工作大多是腻烦的，仔细说没有个完，跟从未接触过的人还说不大清楚，如我在前头说过的父亲如何编《十三经索引》。日记是给自己备查的，只挂一笔就得，如“《苏联见闻录》发稿”，查茅盾写的这部游记发排的日子，这七个字足够了。那时的朋友一般唤他“茅公”，父亲在日记上仍用青年时代呼唤惯了的“雁冰”。只有一处，也许怕被人看到，用了“鸿君”。沈先生名“德鸿”，已很少人知道了。那是一九四七年十一月十三，沈师母来通知说他上午已动身去香港了；免得朋友们为他担心，闹得沸反盈天。振铎先生就闹过这么一回：他一夜没回家，朋友们到处寻觅，他倒自己回来了；原来去杭州子恺先生家，两人对着西湖吃了一夜酒。一九四八年十一月底，有人通知我父亲，叫他避一避。父亲说还轮不着自己，可也不能辜负了这暗中的呵护和关照，自己定下个规矩：白天照常到店工作，晚上住到我姑母家里算是躲避。日子过得凄凄惶惶的，算个什么呢？

回想前年九月上旬，重庆八种杂志拒绝送审，成都言论界立即响应，发表宣言：《我们永远不要图书审查制度》。图书期刊审查处就此门庭冷落，把牌子悄悄摘了下来。现在看来，我父亲他们，也包括我，真个高兴得太早了：他不摘牌子，你能把他怎么样？摘了下来，审稿批文都省却了，他只需下个停刊令就完事。去年，《周报》出到四十期，《民主》出到五十期，不都是这样停的刊吗？我父亲听说，都写了抗议文章，质问当局“这是为什么”，呼喊“记住这个恨”，分别刊在这两种周刊的停刊号上。这样停了一种又一种，吃亏的除了读者还有作者，他们总会碰到有恨无处写的一天。这一年二月底，国民党当局下逐客令，限中共驻南京、上海、重庆的代表团，于五日之前撤走。十五日，蒋介石宣称国共破裂，决心作战到底。十九日，国民党先头部队已进占延安。二十日，发生了镇压学生运动的“南京事件”。廿五日，《文汇报》《联合晚报》《新民晚报》被勒令停刊，罪名是刊载了“不利之军事消息及颠覆政府之言行”。前者可能指暗中揭穿了攻下延安时一无所获，原来是座空城；后者肯定指如实刊出了“南京事件”的新闻：替国民党装点门面的国民参政会正在里边开幕，学生的游行队伍却在大街上高呼口号：“抢救教育危机！”“反对内战毁灭中国！”于是军警实施所谓的“维持秩序临时办法”，殴伤学生达数十人。

几个月来，各大城市的学生运动此伏彼起，游行队伍中高唱着：“天快亮，更黑暗，路难行，跌倒是常事情。跌倒算什么！我们骨头硬！爬起来，再前进！”“南京事件”的第二天，彬然先生拿着《文汇报》对我父亲说，六月号《中学生》才排得，还来得及插进一篇，对“南京事件”表个态。意思是他去调动版面，文章让我父亲赶快写。父亲在那天的日记上记着：“余执笔竟日，勉成千字一篇。此事直宜痛骂，言之甚不痛快。”那就骂吧，骂他个痛快，拼着步《周报》和《民主》的后尘……这可不成，胡绳的传话是有见地的，还有雁冰的箴言：不必赤膊上阵。……痛快是图不成了，何况话已经说完，毫无新意。却造成了一个最低纪录，这一天并无其他干扰，只应差似的，完成了这样一篇无甚精彩的千字文。

外头的约稿是越来越少了，倒也好，腾出时间来，《国文月刊》上的《现代文选评》，可以评得更深些；《中学生》上的《范文选读》，也可以讲得更有点儿启发性。在语文教育方面，我父亲还有件事念念不忘。在胜利前的一年里，受到陆志韦先生一篇文章的启发，他跟佩弦先生和叔湘先生谈得很投机，都认为文言最好和白话分开来教学。他们说，中学生开始学文言，就一个个字看，也许都认得，把许多字连起来看，可不知道说些什么；对文言的语汇和文法，他们大多是生的，跟读别一种民族的语言几乎没有差别。语汇和文法得在教学中一点一滴积累，不间断的研究它们是怎么用的，跟白话作对照，作比较，积累多了才可以达到通晓的地步。文言的教学方法应该跟白话有所不同，因而教材以分开为好，混在一起难免在教学中相互干扰。这些想法，父亲回上海后还来得及跟我岳父详细谈过。语文教材改革的尝试，他老人家是不会泼冷水的，听完我父亲讲的，他又长叹一声说：“看来我是插不上手了！”用婉叹表达了认可，还留下了精神支持。忙完了他的丧事，我父亲跟周予同、郭绍虞、覃必陶三位先生，就试编起白话和文言分家的初中教材来，总名称是《开明新编国文读本》。先编“甲种”六本，当年开始出版，是白话。选文要有新意，少选被誉为名家名篇的“老面孔”；要求念起来顺口，听起来入耳，尽量接近口语。接着编“乙种”三本，是文言，予同先生退出，补入调孚先生，开始出版。选文都是短篇记叙文，逐字逐句揣摩，还另编了详尽的注释本。

经过了匆匆忙忙的一九四六年，父亲邀请佩弦和叔湘两位好朋友，一同编辑高中用的白话文言分家的读本：白话的叫《开明新编高级国文读本》，共六册；文言的叫《开明文言读本》，也是六册。（因为开明未曾出过这样的读本，省去了“新编”；白话的不叫“甲种”，文言的自然不能称“乙种”。）抗战后期，我父亲和朱先生合著的《精读指导举隅》，是以作者的身份指导教师如何教课的；如今三位编者是以教师的身份，直接对学生进行指导，自然要细致几多倍。当时朱先生在北平，吕先生在南京，从交流看法，制订体例，到一篇稿成，相互切磋，事无巨细，全靠书信往还。好像在我父亲离开上海之后，两部读本才陆续见书。那时候，朱先生已不幸病逝。吕先生到上海进了开明，一个人挑起了这副担子。读本是有了，可惜没法组织试用，文言和白话分家值不值得推广，没受到实践的检验。如今我们家里只留下一本《开明文言读本》的改编本，一九八〇年年底，上海教育出版社印行的《文言读本》。吕先生写的《导言》一字未动。这篇文字当时就受到我父亲的极大赞赏，说吕先生"善于创意，精审之至"，他自己是无论如何达不到的。

《闻一多全集》交给开明出版，细细想来，有许多潜在的因素。开明的书也有被查禁的，为数不多，算不上赤膊上阵。出版这样一部全集，头一版肯定蚀本，开明还蚀得起。开明的校印质量是名声在外，错不了的，我父亲在给朱先生的信中甚至有点儿自负："此集交开明，为其幸事。"可是跟我父亲接洽的并非朱先生，而是新交吴晗先生。朱先生知道我父亲从未跟闻一多先生见过面，而他自己跟我父亲，交情又太深了，接洽是必定成功的，会给人落下个私相授受的印象。吴先生就没有这个问题，只在小酒店里喝过几回酒，意气相投而已，不会让我父亲感到尴尬的。在那个"惨恻方殷"的时代，有什么比意气相投更可宝贵的呢？编辑室里的各位先生都说非接受不可，经理室里也同意了。父亲答复吴晗先生，全盘接受整理闻一多遗著委员会的意见；包括把他的名字列在四位署名编者之末，他都代表开明接受了。在一九八〇年底三联的再版本《重印后记》中，他说同意列名，"无非是愿意共同负责的意思"；其实还有个意思：一旦出了问题，与开明无涉，责任由他一个人担负。

闻一多先生为呼喊民主而被刺后四个月，清华的校长梅贻琦让七位教授组成整理他遗作的委员会，朱自清先生任主任委员。第二年年初，《闻一多全集》的目录商量定了，还请了几位先生帮忙，分工集稿整理。九月十二交稿，尚缺第一部分。十月廿五，我父亲给朱先生的信上说："闻氏全集已付排，缮抄之稿，实多错误，当初以为《死水》《红烛》必无问题，孰知抄者所据为排印本，而排印本不唯多错字，且有错简之处，校对时始发觉，颇累了排字工友。其考据文字，引用处如有可疑，皆检原书查对。""此集交开明，为其幸事"，原来是接着这儿说的。父亲在

《重印后记》的末了还补了一句："朱光暄同志当年负责校对这部全集，作了许多重要的校订。"为免得在校样上多作改动，使排字工友多受累，以后发排的稿子，我父亲尽可能先校订一过，还做了些技术性的工作。原稿中有不少甲文金文，我父亲一一放大临摹，让制版厂制成铅字一般大小的锌版，供排版使用；到装订前，写了印在封面上的书名："闻一多全集"。

六十一

彬然先生有一回对我说："我们这样不停的工作，实际上为了麻醉自己。"我父亲还不至于自苦如此吧。他看了好几部先前因没空闲而不敢碰的大部头，最大的是傅雷先生译的《约翰·克里斯多夫》。读完之后，他在日记上写了段跋："此书可视为罗曼·罗兰所撰之近代文化史，于欧洲文明多所批判，非仅小说而已也。或谓此为罗曼中年之作，颇含尼采之色彩，罗曼于晚年亦不自满。我国译本出世之后颇为风行，影响读者之思想不小，而此与我国争取民主实有不利。余谓此亦难言。无论何书，善观之皆无害，不善观之，未免不发生坏影响者。不宜以此责《约翰·克里斯多夫》与其译者也。"很明显，当时的批评者已经判定，这影响我国读者的责任，全得由译者担负。我父亲不能接受，在日记上挂了这一笔。父亲看的小说都是翻译的，看完之后总要记上一两句读后。创作的大概在办公时间内看得多了，不再在工余补课。国外名家的剧本也看得不少，也有读后。契诃夫的几个剧本看全了，还念念不忘易卜生，屡次鼓励潘家洵先生把他的剧本译全。潘先生总是唯唯，却不见有所进展。

父亲喜欢看电影，抗战期间是没得看，回上海的头一年是没工夫看，后来就看得勤了，每星期一回总是有的，日记上记下了片名，还带着二三十字的影评。我看了难免感到自豪，这些片子我当时也大多看过，评价往往跟我父亲一模一样。再一想，也没有什么可自夸的。我的看电影，不是从小就是父亲教的么？话剧像在成都一样，有的剧团把票送上门来，说非赏光不可，我父亲不好不去，也有看得满意的；只是坐的时间太长，疲劳过甚。要是散工后不在外面喝酒，也没有客人来访，晚饭后就不再赶夜工，打开收音机，听昆曲，听说书（不是有琵琶弦子伴奏的弹词），听说戏（评剧各大流派唱腔的比较）。不听西洋音乐，说他不懂。我说没有什么懂不懂的，多听几遍，自然会上瘾。他就是没这个耐心，就跟我不爱听评剧一个样。

明社开西洋唱片欣赏会，却是由我父亲出面请戈宝权先生来主讲的，还陪着听到了底。他托请俞振飞先生，称为“笛王”的许先生，来为明社举办“同期”。这可是件盛事，引来了好几位昆曲名票。明社举办过两次像模像样的联欢会，都演出了话剧：一次演杨绛的《称心如意》，一次演吴祖光的《少年游》；事事都效学正式剧团的样子，讲究个认真。话剧组排练，从对台词到最后彩排，我父亲回回参加旁听，常常熬到半夜。演出的时候请名家来看，过后请他们评说。最起劲的还有调孚先生，他在后台管理服装和道具。座谈会由我父亲主持，这不稀罕；稀罕的是他把名家的指点，扼要地记在了日记上。明社的活动不全是娱乐性的，有关时局的演说，起先每个月总有一回两回，大多是父亲请来的熟人。可是后来，可请的朋友逐渐少了：去苏北了吧？去香港了吧？兴许就躲在上海哪个角落里？开明在这两年内还招了两批练习生，明社开会欢迎新社友，请他们作自我介绍，还为他们办了进修班，聘请我父亲和调孚、必陶两位先生教国文，正好跟他们编辑课本的工作相结合。

在日记上数了数，父亲在上海的最后一年，自仲春起，回了四趟苏州。头一趟是带我去上祖坟。十八年前我在草桥念书的那个春假里，带我去过一回，遇上了大风，这一回却是在蒙蒙细雨中。乘午后的快车到苏州站已是四点半，路滑难行，走到玄妙观，爷儿俩足力不济，踅进宫巷里一爿小酒店歇脚。一人一斤绍兴，消磨了一个半钟头，似乎吃了一碗面。没见着几位酒客，也不见挎着竹篮卖小吃的人。灰黄的路灯亮了，爷儿俩深一脚浅一脚，好容易找到幽兰巷，我母亲的圣南表妹家，她已等得心焦了。听我父亲说用过晚饭了，她说给我们备下了十斤绍兴，得喝干了才放我们走。我说怕什么呢，明天喝不完还有后天。当夜让我们爷儿俩住在一座三面有窗的小轩里，第二天清早才发现，窗外是个精致的小花园。天仍然下着小雨，爷儿俩打着伞赶早出胥门，登上去洞庭山的汽轮，在石湖边杏春桥上岸。冒雨绕过上方山麓，到了顺湾里才想到菜无一碗，酒无一杯，地上又是湿的，爷儿俩就鞠三个躬了事，倒给了朱姓坟客一百二十万元看坟的酬金，请他摇一艘没有篷舢板送我们回杏春桥。雨中看石湖，颇有点烟波浩渺。在桥墩边上了岸，循公路走到横塘，搭汽车到胥门，爷儿俩赶到幽兰巷。长胡子公公早从黄埭赶回来了，还像十一年前一样清健。计阿姨端出她亲手做的家常菜，公公不喝酒，我和父亲喝了二斤多。下午跟公公去怡园走了一圈，破败零落，无可留恋。又穿过观前街，到悬桥巷的九如吃茶。父亲告诉我：他就生在悬桥巷，小时候常跟我祖父在九如吃茶听书。

晚上爷儿俩又喝了三斤多，听公公说苏州沦陷的几年中，那些诗礼之家的丑态。第三天，屋檐前鸟雀呼晴，迎来了朝阳满窗。用过早点，爷儿俩去青石弄看了看；父亲思念的是他当年手栽的花木，一棵棵抚摩遍了，说都长得太高，得修剪了。以待来年吧，收拾了叫谁来住呢。我和父亲去公园东斋吃茶歇脚，走过草桥也没进去，又到观前街买了些糖果酱肉之类回幽兰巷，把剩下的酒全报销了。父亲跟公公说了些最近的军事形势，是从苏商出面办的《时代日报》上看来的，苏州的茶馆里看不到这份报纸。五点钟吃了早夜饭，告别了公公和阿姨，爷儿俩乘八点一刻的飞快车，十点多钟就回上海了。

第二趟是跟予同先生一起去的，苏州社会教育学院请他们两位与学生开座谈会。座谈会算是认真的，学生提问他们答，费时两个小时有余。报酬也不菲；中午松鹤楼，有鲥鱼、鲜豆板、莼菜汤等时鲜；晚上老万全酒店，有各种苏州风味的小吃；还游了狮子林和拙政园。是一日游。第三趟，可称为豪华一日游，专游荷花荡，是达君先生请客。父亲日记上说“邀夫妇将十对”。荷花荡我没去过，父亲只记着：“预雇之大木船舱极宽敞，可容四桌人……撑至阊门泊舟，候做菜原料至，遂以小摩托船拖行。绕胥门盘门至葑门，出灭渡桥而南，至宝带桥，折而东，即至荷花荡。”吃的船菜“据谓恐将成《广陵散》矣”。父亲没记什么名色，只说“菜多而精”，又说“所谓船菜名手本不多，今以生计艰困，堪此享受者趋没落，若辈早已歇手。……设法觅得三人，使临时复员一天，乃成此局”。时令已过寒露，赏荷是晚了一些，藕和莲蓬还有得买。下午四时，船回胥门。伯祥先生和我父亲母亲去探望了我的长胡子公公。第四趟是两日游，高祖文先生做东，请的我父亲和振铎、予同、吴晗、黄裳四位先生。又吃又喝，又游园又登高，节目似乎排得太紧；连访书的时间也没留出来，让振铎先生黄裳先生大失所望。从苏州回来才歇了一天，父亲又同母亲去杭州玩了一趟，四天的日记上，留下了不少三十年前新夫妇俩头一回游湖的回忆。火腿在上海的南货铺里早已绝迹了，在杭州清和坊还限量供应。父亲在日记上破例记了一大段购物活动。他才知道顺便到外地抢购，是近来旅游越发闹忙的原因之一，包括装进肚子里的。物价一天涨几回，有了票子趁早花掉就是占了便宜。这种世纪末的心理，在工薪阶层中也会蔓延滋长。

在这两年的日记中，父亲常常提到孙辈，有趣的是他偶尔观察到的他们智能发展的琐屑。对三午的入学，费的笔墨稍多。那时三午才五岁半，有了弟弟大奎，妹妹小沫。满子牵一个抱一个，实在忙不过来，把三午送进了一家小学的幼稚班。校长不知为什么，把他提到了一年级。三午连自己的书包也理不清楚，经常丢三落四，还要做课外作业，连题目也记不清。回家来又哭又闹，想来受了严师的责备。有一回，这位严师在他的成绩单上批了八个大字："品学俱劣，屡教不改。"我父亲看了，回敬了八个大字："不能同意，尚宜善导。"让接送三午的女佣捎了回去。这位严师看了问她："他们一家是不是都有神经病？"女佣把话捎了回来，一家神经病都说，三午不能再让这位严师教下去了。我去跟校长商量，可否让三午调回幼稚班。幼稚班的老师勉强同意。老师带着孩子们转着圈唱歌跳舞，却叫三午一个呆坐在角落里当旁听生。这怎么成呢？只好让他停学算了。父亲母亲每天上班把他带在身边，让他看画报消磨工夫。这也不是长久之计。至美带着女儿宁宁回来了，孩子又多了一个，于是多请了一位年轻女佣，让她帮满子管着三个大的，三午、大奎和宁宁，让至美也好安下心来当她的中学教师。

六十二

佩弦先生在一九四八年的日记上记着，七月十一起，他抱病看了四个半天的稿子，十五日才结束了《闻一多全集》编委会的工作。他一天没耽搁，接着就为开明编他负责的《开明文言读本》第二册；课文已经跟我父亲和叔湘先生商量选定，他先做注释。父亲在《佩弦的死讯》第二段的后半说：朱先生"曾经写信来说，拟停止合编教本的工作。我劝他且从事休养，编书的事将来再说。后来他身体似见好转，很高兴的写信来说愿意继续合作。不料二十天之后他就去世了，使我再没有与他合作的机会。”从朱先生的日记上查到，七月廿九，他给我父亲一封信，信上说些什么，父亲没记。我猜想就是说愿意继续合作的那一封。我查父亲的日记，既没记收到信，也没记回了信没有。信是肯定回的，我猜想一定是请朱先生以身体为重，不要性急，可以分一部分选文给他注。朱先生日记上记着，八月一日，他又给了我父亲一封信；日记记到第二天就停笔了。父亲在六日的日记上却留下了供我猜想的线索："开始作白话注释，系自佩弦处分来者。渠注第二册，以八篇分余。”朱先生的最后那封信，肯定开示了那八篇的篇目。选文用不着寄，三位编者手上都有全份的复写件。父亲的日记上断断续续有复写课文的记录，有时还留下了篇名，可没记全。

十月十日，父亲接到乔森的信，说他父亲六日晨四点钟胃痛大作，送进北大医院，十点钟已不能动弹，下午两点开刀，经过尚好，未脱离危险期。我父亲马上发电报给开明北平分店，托他们派人代往探访。第二天在报上刊出北平专电，说朱先生害的是十二指肠溃疡，动手术五小时，病情严重。十二日放工前接到北平分店回电，说朱先生尚未脱险。其实朱先生已经在午前逝世了。父亲在第二天早上才在报纸上，看到这条几天来最怕而明知难以避免的噩耗。抗战后期在成都，年年暑假见着他，一年比一年消瘦，明知肠胃病在加剧，他就是没空医治；课要上，家要养，文章要做。父亲后来跟我说过，朱先生可以多活几年的，只要挨到北平解放，就什么都好办了。父亲说自己有责任，在朱先生的最后一年，明知他身体虚弱成这样，就不该邀他参加新课本的编辑。范泉先生在当天午前就打电话来了，约我父亲给十七日出版的《文艺春秋》写稿。父亲忍泪挥笔，一口气写了两千多字，用《佩弦的死讯》作题目。结尾却说："写实在写不出什么，平时的友情，今天的悲感，化为几句话都是迹象而已，这有什么意义？编辑先生要我当天交稿，只能杂乱的写一些，不能表现出佩弦的若干分之一，很对不起他。”杂乱是有些的，可正流露了他当时的思绪。

十六日，父亲写成了三千多字的一篇《朱自清先生》，条理就清楚多了，发表在九月号《中学生》上。臧克家先生为他编的《文讯》月刊约稿，我父亲写了《读佩弦的一首诗》。诗是三月间抄给我父亲看的七律，题目是《夜不能寐，忆雅业〈老境〉一文，感而有作》。题目中的雅业先生是谁，我父亲并不认识。读了我父亲的讲解，我便记住了这首诗。

中年便易伤哀乐，老境何当计短长。
衰疾常防儿辈觉，童真岂识我生忙。
室人相敬水同味，亲友对看星坠光。
笔妙启予宵不寐，羡君行健尚南强。（君湖南人）

俞平伯先生非常赏识这首七律，尤其是前四句，以为到此“诗意已尽”，又说“然五六亦所深感”。诗本是写给雅业先生看的，俞先生没提末了两句，也许因为像书信写到结尾，是照例要说的客气话；而前头六句，全是朱先生的生活感受；五六两句，一般人也可能有，所以稍逊一筹。不知父亲可同意我的体会。

读了父亲对第一句的讲解，我方始注意用两个反义字组成的词往往有所侧重，而朱先生把“易伤哀乐”用在这儿简直是一边倒了。要不然，为了思量面临的老境，怎么会闹得辗转反侧无法入睡呢？中年时代，什么风浪都过来了；如今步入老境，不多的余年，更不必计较什么短长了。个己的生命总有结束的一天，可是社会还得不断的延续下去；在个己的生命消灭之前，还得时刻想到身后，不为别的，而是为社会的发展留下些什么。朱先生匆匆忙忙一生，授课、作文，似乎没有哪件事可以留到明天似的，我父亲可以说熟悉透了；也深切知道，朱先生对短和长的区分是毫不含糊的。我父亲举出他在六月间，和张奚若、吴晗两位先生为中国人民的尊严和气节，一同发表反对美国扶植日本，拒绝购买“美援”面粉的声明，作为朱先生并非什么都不计较的例证。三四两句如同白话，朱先生写自己的病和忙，却双线勾勒出了一位对小儿女既体贴又宽容的好父亲。五六两句跟中年人的生活贴合，“水同味”，就和朋友一个样；“星坠光”，竟轮到了朱先生自己。大家都说他去得太早，我父亲倒是老防着这一天的，这一天终于来了。三十日下午，全国文协和上海清华同学会开会追悼朱自清先生，我父亲说了不到五分钟话，说“一个人，生的机会只有一次，死者已将这个机会放手，咱们未死的人无法把他追回来了。”结尾转述了吕叔湘先生来信上的两句话：“倒下去的人一个一个倒下去了。没有倒下去的，应该赶紧做一点事。”

至诚回了上海，“远游”的事只好往后拖了。他调到了出版部，在唐锡光先生手下工作。出版部有个纸型库，每副纸型和一本样书，用牛皮纸包成一包，堆在旧书架上。至诚专找二十年来停印的样书阅读。如果样书已遗失，他索性读纸型。锡光先生知道他是干不长的，听之任之。有一回叶以群先生组织文化界的青年去苏北参观，至诚也跟去了，一个来月转了不少地方，回来说没有不满意的，受到了同志式的接待。有一天，保长找上门来关照，说叶家有个叫至诚是及龄壮丁；政府规定上海试行募兵制，如招募不足，则抽及龄壮丁补足；如今正办理申请手续，预作招募不足之准备。一家人不知道怎么应付。过了两天，保长来交底了，说若要申请缓征，只需交一笔优待费，优待所谓自愿应募的志愿兵。原来这样，什么征兵募兵，仍旧是买壮丁。保长如此起劲，只为能喝几滴余沥。至诚打听到高中以上学生在免征之列，就去上海戏剧学校报了名。校长熊佛西先生，还有几位老师，我父亲都认得，办个入学手续当然没有问题。明社演出《少年游》，就借剧校的舞台，导演请的就是至诚的教师。同学中有个苏北解放区的秘密交通员。至诚跟他关系不差，说可以带他去苏北。父亲母亲都赞成。天已经凉了，母亲和满子给他备了一副新棉胎旧布面的铺盖。在父亲母亲离开上海之前八天，至诚跟那位同学扮作跑单帮的，乘轮船去南通了。

父亲母亲北上，是十二月廿八决定的。日记上记着，十一月二日杜守素先生，十二月十九吴觉农先生，两次转达了中共的邀请，父亲都婉谢了。父亲当时想这样的“远游”非一年半载不可，而他从没有这样长的时间离开过家，怕过不惯。再则，四种国文课本已全面铺开，总得有个人接手才是。廿八日士敫兄从香港带回来口信，说我母亲如果愿意，可以一同走。还说被邀请的还有云彬先生和彬然先生；云彬先生在香港等着同他们一起北上。母亲也能去，父亲当然同意。课本的问题倒解决了，把叔湘先生请进了开明；只是彬然先生一走，《中学生》交给谁呢？于是想到了在《世界知识》的张明养先生，请他来管一段时间再说。开明的各位先生都支持我父亲远游。家里的事也好办。姑母才搬了家，房子很宽舒。让祖母住在姑母家里，我父亲更觉得放心，叮嘱我们孙辈常去探省。一九四九年一月三日，从香港来的交通员李正文先生来探询，父亲把动身的日期告诉了他。七日午前，父亲母亲和彬然先生由芷芬兄士敫兄陪同，乘轮船离开上海。开明以外的朋友还不知道，这就算保密了。

六十三

父亲换了一册新日记本，在封面上题了四个字，“北游日记”，可见他是准备游个一年半载就回来的。开明新建的三层洋楼快完工了，为纪念夏先生，伯祥先生建议唤作“怀夏楼”；父亲写的篆书楼名，已镌石嵌在二楼大厅正墙上了。父亲想，等新政协胜利闭幕，他和我母亲从北平乘火车直奔上海，就可以跟老朋友——如今又添了一位叔湘先生，一同坐在怀夏楼里继续做他的工作了。我也是这样想的。有一天，办公室跟我商量调整住房，让我和满子搬到楼下来住，把二老留下的东西也搬下楼；说昌群先生已答应进开明，去里山搬家眷了，腾出二楼来好让他们家住。我想贺师母和满子这样要好，没问题，答应照办；转过身一想：这可不成，二老回来叫他们住哪儿呢？我闯进经理室，正好只伯祥先生在，就跟他说了。他听了哈哈大笑，说：“小墨呀，你以为圣翁还会回来呀！”我说：“新政协不就讨论成立中央人民政府吗？讨论完了，不就回来了吗？”伯祥先生不作正面回答，只说：“到时候你看吧。”我忽然开了窍，心想，伯祥先生兴许暗示我：到那个时候，连开明也得整个往北平搬哩。二月中旬，昌群先生夫妇和他们的六个子女到了。满子正好炖得一大锅红烧肉，蒸得两屉馒头，一顿吃得精光，不知他们饱了没有。使人想起了乐山遭炸后，我们一家人避到他们家的情景。

父亲他们是十二日午前到的香港。第二天早上，开明就接到了香港方面来的电报，说他们已安全到达。就在同时，父亲写了封密信给伯祥先生：

> 诸公均鉴：在台湾一书，想先达览。昨日下午登岸，暂寓旅舍。已晤云少爷，略谈大概，其详须俟晤夏公方知。此行甚安适，无风无浪。长乐公有兴，亦可出此途。乞容翁转告之。在台游三小时，吃一餐饭，市中甚脏，恐以前不若是也。大西瓜大橘子皆甘，啖之称快。刻须外出，匆匆上书，余俟续闻。即颂
>
> 台安。　　　　　　　弟郢顿首一月十二日上午十时

检查信件的特务如果知道信中的别号指谁，就能破译这封密信。“云

少爷”是云彬先生，因为他丰腴飘逸，像个少爷。“夏公”是夏衍，抗战中在桂林就用上了。“长乐公”并非长乐老冯道，而是振铎先生，福建长乐是他的祖籍。容翁是伯祥先生自己起的别号。父亲有个笔名“郢生”，有人问他跟楚国的都城有何瓜葛，他说毫不相干，是把“聖”去掉了“耳”，“陶”字去掉了“匋”，拼起来的。这封密信，原来是请伯祥先生催促振铎先生早日动身去香港，好同一批乘舟北上。振铎先生却迟迟其行，大概为了妥善安顿他收藏的那么多唐三彩陶俑。等到他二月十九赶到香港，还等了近十天，才跟我父亲他们由李正文先生安排，化了装，分成组，秘密登上了一艘挂葡萄牙国旗的有客舱的货轮。李先生叮咛了又叮咛，遇到意外情况如何应对，幸好都没用着。

船于廿八午前起锚。一同北上的廿七人，有好几位民主人士中的老前辈，文化新闻界的老朋友，大家相约于晚餐后或娱乐或讨论，以消磨海途中之长夜。三月一日，我父亲出了个谜语，谜面是“我们一批人乘此轮船赶路”，谜底是“《庄子》篇名一”。云彬先生猜中了，是《知北游》，“知”是知识分子的简称。他要我父亲作一首诗做奖品，并请柳亚老和作。我父亲在深夜里做成了一首七律：

南远经时又北游，最欣同气与同舟。
翻身民众开新史，立国规模俟共谋。
篑土为山宁肯后！涓泉归海复何求？
不贤识小原其分，言志奚须故自羞。

前半首是实话实说，足以证明我父亲认为这回北游只为了讨论“立国规模”。五六两句是抒发当时心情：这样“为山千仞”的大事业，谁都愿意挑上一筐土，自己怎么肯落在后头。自己像小溪似的流归大海，成为“翻身民众”中的一分子了，还有什么个己的要求呢？缺乏才干，囿于所见，只能说这么些了；既然言志，用不着扭捏躲藏。

一月七日到三月十五的日记，曾以《北上日记》为题，在一九八一年的《人民文学》上发表，父亲在题记中说：“大家看得很清楚，中国即将出现一个崭新的局面，并且认为，这一回航海绝非寻常的旅行，而是去参与一项极其伟大的工作。至于究竟是什么工作，应该怎样去做，自己能不能胜任，就我个人而言，当时是相当模糊的。”三月五日午后抵烟台，船停靠码头已五点半。来迎接的军政人员等候多时，亲切周到而质朴，使人一踏上解放区，就好似进入了想象中的崭新世界。年过半百的人特易激动，一路上颇有些刘姥姥进大观园的谐趣，请读者诸君看我父亲的日记吧。三月十八日，“十时许到北平。候于车站者数十人，中有北平市长叶剑英。此外大半为熟友，皆所谓民主人士，不能一一记其名。唯愈之已十余年不见，且曾有‘海外东坡’之谣传，乍见之际，欢自心发。”

父亲跟愈之先生在一九三七年暑期前在上海一别，就“动如参与商”十一年有半。他在抗战初期的文化中心桂林，办起了文化供应社，又担任了生活的编审委员会主席，还处处关心开明，倡议和组织了《中学生》以战时半月刊的形式复了刊。他又是《救亡日报》和《国民公论》的台柱。我父亲当时在乐山，注视着南天的这颗“智多星”，既欣喜，又羞惭。范老太公他们也真个太从容了，等到我父亲受邀去桂林，商量开明如何在内地开展编辑工作，愈之先生早已秘密去了新加坡；一九四一年元旦，在爱国华侨陈嘉庚先生办的《南洋商报》上，发表了《岁首献辞》。珍珠港事变后不久，新加坡英国当局向日军投降，愈之先生就没有消息了。不想一九四五年四月三日得到传闻，说他已病死于苏门答腊乡间。父亲在日记上说：“此说深冀其未确，愈之之才，友朋中不可多得也。怅然不欢。”凡是认识愈之先生的朋友，听到消息都异常怅惘，因为跟他作朋友的很少是泛泛之交。他又是《中学生》的老朋友，十九年来创刊又复刊，他注入了不少心血。大家建议在《中学生》上出个纪念他的特辑，又希冀噩耗是误传，使这个特辑成为“一死一生，乃见交情”的凭证。

朋友当时分散在各地，集稿颇费周折，特辑在《中学生》七月号上才刊出。六篇稿子以收到的先后排列，作者是我父亲和茅盾、彬然、云彬、柏寒、子婴五位先生。我父亲那一篇，题目是《胡愈之先生的长处》：第一段说他给《中学生》的帮助；第二段说朋友们听到了他的死讯后的心情；从第三段起说他的长处：“我只想说胡先生的自学精神”，“我只想说胡先生的组织能力”，“我只想说胡先生的博爱思想”，“我只想说胡先生的友爱情谊”。从无数想说的中间挑出非说不可的来说，所以四段都用“只想说”开头。四点说完，紧接的第七段是结尾，最后说“关于这四点，都没有叙及具体事实，因为几位朋友的文字中都有叙及，不必重复了。”父亲这篇悼文是五月廿三写成的，确是第一篇，因为在以后的日记上才有约稿催稿的记录。在没看到朋友的文章之前就说“都有叙及”，父亲是有把握的，人同此心，相信自己感受到的，朋友们一定也感受到，一定会写得更具体。最后的第八段，我猜想是父亲看校样的时候添上去的，语气跟前头七段不大协调。如果改为特辑的后记，可能说得更加充畅一些。

愈之先生的死讯是误传，我父亲到香港就听说了，可没想到经过了“一死一生”考验的老朋友，已经赶在他前头，到前门车站来迎接他了。更没想到两个老友还会重新一同工作，在最困难的垂老之年，还能够相濡以沫。直到三十六年又十个月之后，我父亲躺在北京医院一楼的病房里，默默地送别了住在三楼的，自认为没什么病的愈之先生。

六十四

查父亲初到北平的日记，头十天中最兴奋最热闹的，自然得数三月廿五下午，聚集大家一同去西郊，欢迎中共中央迁到北平，见着了毛泽东等各位领导人。此外的集体活动，或全体或部分，应邀出席各方面各层次的欢迎会或宴会，有的还带看戏，子夜方得归来。公务性的活动是参加文协等三个全国性团体的座谈会或筹备会，谈倒不是非谈不可，一坐总得四个小时左右。个别活动的时间就不多了，无非是访旧友，逛大街，吃小馆子。有一回几人相约在附近小酌，提到了佩弦先生，父亲悲从中来，大哭了一场，竟不知所云，醒来已躺在饭店自己的房间里。伤心加之疲累，克制不住，难免一触即发。

真个巧得很，翻到第十一天，三月廿九上午，“胡绳已自石家庄来，今日来访，渠在中宣部，将与余辈共谋教科书之工作”。当晚“七时半，至华北局出席教育问题的会议。……谈两点：一为下学期教科书的供应问题。决赶快组织一编审机构。……回寓已十二时，连夕迟睡，颇觉难支”。一连五天，日记上未提到下文。直到四月四日才记着，上午“与少数友人集会，筹备组成教育座谈会……又谈及编审委员会之事，此会专治教科书，余辈之本位工作即在此矣”。到这时候，我父亲似乎才明白过来，开政协大会之外，他还另有任务。五日夜得空跟胡绳和云彬、彬然三位先生谈了一次。七日夜胡绳就来传达，教科书编审会暂属华北人民政府（开国后属中央人民政府）；我父亲为主任委员，他和建人先生为副主任委员。

四月十一的日记上又有一条："昨日与柳湜、胡绳、彬然谈办一种类似《中学生》之杂志，以应目前青年界之需。此事他们三位甚感兴趣，而芷芬亦然，以为可由开明出资。……谈及主编之人选，共谓各人有事，兼顾必致两失……因思及超构。今晨与超构谈起，承渠应允。今时人事变动至多，不能作长久之计……出版之期定于五月四日。今年为'五四'三十周年，又当华北解放之际，自不宜放过此大有意义之日子。"父亲实做他的"篑土为山宁肯后"，撂在开明的那副担子，一头是中小学课本，一头是《中学生》杂志，又双双挑上了肩膀。日记上还记着，开各种名目的会，花的时间太多，老是欠困也受不了；等"立国规模"共谋定了，总会有所改变的吧。回怀夏楼，得过几年再说了。

五月三日，"《进步青年》已印成，大家观玩，甚觉有味。"《发刊辞》《迎接"五四"》《与在校青年谈话》等三篇文章，仍是我父亲见缝插针挤出来的，校样是我父亲母亲熬夜看的。超构先生并非食言，他忙着准备南下，去才被渡江部队攻下的南京，专等上海解放，好马上接收申、新各报。临行前，我父亲"托其带《进步青年》之纸型一副，俟上海解放即付开明在上海重版"。九月一日，《进步青年》出至第五期，与《中学生》合并在上海编辑印行，才跟我父亲脱掉了干系。我父亲恐怕没觉察到，肩膀上那根扁担的倾斜率发生了些许变化；因为在这一头的箩筐里，已经增加了分量至大的砝码。此乃前话，得把日记翻回去看。

六月十一，"齐燕铭来访，言十五日始，开新政协筹备会，余被推为筹备员之一。余于此等事实非所习，参加时亦不过默然听之，因告以能免为佳。彼又言开会之次数不多，不必推辞云云"。筹备会本身也得筹备，所以第二天，参加筹备的人先按所代表的方面分小组开会，宣布筹备会自十五日开始，先后需开全体大会五次，所有决议交秘书处执行，正式大会将在两个月后召开。"晚膳后，筹备代表共至中南海。会场在勤政殿……此会全名'新政治协商会议筹备会'。……八时许开幕，毛泽东、朱德、李济深、沈钧儒、郭沫若、陈叔通、陈嘉庚七人依次讲话，皆不甚长，作用同于序文。"十六日三时，"参加第二次大会，李济深主席。讨论新政协筹备会条例，大体照草案通过。并推出常务委员二十一人。”十九日三时半开第三次大会，“通过以后正式参加会议之参加单位凡四十有五……又加特别邀请之一单位，以容纳傅作义、张治中、邵力子等人，俟常委会及各小组工作完成后，再行召开大会。”我父亲被分派在起草新政协组织条例的小组。

七月五日晚饭后，全体乘车至怀仁堂开第四次大会。“缘纪念‘七七’，新政协筹备会将发一宣言，表明我国之立场。此稿已由常委会通过，周恩来即据此而为说明，以齐各方之意见。”在这一段日子里，文代会、教代会都在筹备，都规模空前。为协商出席新政协的代表，时间非抓紧不可。我父亲不善于推托，开了这个会又赶那个会，在他的日记上，为了分辩哪个是哪个，我真费了不少眼力。九月十七日下午，在勤政殿开政协筹备会闭幕大会，“通过各小组所拟政协组织法、政府组织法及共同纲领，即可提交将来之正式会议。又通过大会主席团名单。”这一段新政协的筹备始末，是我从父亲三个月头绪纷繁的日记中归理出来的，采用了摘抄的办法。因为不在父亲跟前，我没法穿插些自己的亲见亲闻，结果像流水账似的，看来是失败了。九月廿一人民政协开幕，十月一日开国大典，那十一天，还是请读者诸君劳神，看《北游日记》片断之二的最后六面吧，我父亲写得才热闹哩。

在这九个月里，我们收到母亲的信比父亲的多，也比较详细。从信中我们知道，两老在六国饭店住了一个多月，大军过江后，于四月廿五搬到东四二条教科书编审会办公室暂住；到八月廿八才搬到东四八条的一座四合院。那一天的日记上父亲记着：“余家居北屋三间，为全屋之精华，与其他房屋均不能比，因而显见其特殊。余往日之不欲居此，即以是故。地板，前后玻璃窗，有洗浴室，盖上等之家屋也。”云彬先生家、彬然先生家住的东屋和西屋，使我父亲心里更不舒畅。到北平不久，母亲在信上说通过组织，与至诚已联系上了，在江北某地；已命他等上海一解放，立即给我写信。也是一封密信，怎么措辞的我记不得了；既着眼于保密，这段话大可不提。上海解放，我们家在苏州河北，比河南晚解放一天。我一天一封，一连写了两封信，详详细细给两老作了报告。母亲来信大大夸奖，说给上海去的朋友们传观了，有人甚至说看了如身历其境。真有那么好吗？我说让我自己再看看，母亲回信说不知传到谁手里了，找不着了。

上海一解放，至诚果然就来信了，说是紧跟着先头部队过的江。蒋匪军逃得真快，连夜不停地追也没追上，绕到了松江才把他们截在上海了。现在驻在松江城东的一个军营里，单位叫松江文工团，进不进上海得听候上级的命令。我想他不能来，我去看他总是可以的。开明的几位年轻旧同事本来跟他要好，同我乘火车一起去了松江。文工团原来是部队编制，生活穿着都跟士兵一个样。战士家里来了人，团长指导员都热情招待。这样的场面，如今在电视屏幕上看得有点儿熟汤气了，可是在那时，我握着的真个是火热的手，接过的茶缸里真个是新泡的茶。听他们笑着说着：过了江一直走了两天两夜，一边走一边打瞌睡，耳朵里只听得："跟上，跟上。"说完了夜行军，又兴冲冲地说，他们正赶排自己编的大型舞剧《江南农民大翻身》，配合土改。要我们多住几天，帮他们提提意见。我们婉谢了。

我去至诚的宿舍看了看，问他的被子怎么会变得如此之薄。他说背着太沉，过江前披成了两半。我说那一半送给同志了吧。他笑了笑算是回答，叫我回家别跟满姐姐说。我说："满子早以为你把铺盖全扔了呐。"过些天，他请假回了一天家，满子赶着给他做喜欢吃的，哪有工夫问这些。我带着他在北四川路上逛了逛。我说："你路边上站一站，等我去买根棒冰你吃。"他说："不行，我们不准边走路边吃东西。"我说："那么去咖啡馆里吃冰激凌。"他又说"不行，哪有穿了军装进咖啡馆的！"没想到散漫惯了的好兄弟，居然也有被治住的这一天。他告诉我那个大型舞剧彻底失败了，贫下中农不赏识，说"你们又不是哑巴，为啥光比划不开口！"他根据土改宣传提纲，用江南方言写的歌辞《啥人养活啥人》却大出风头，唱遍了半个苏松常、杭嘉湖地区，给土改的动员阶段造了声势；后来获得文化部和文联颁发的群众歌曲二等奖。这倒是应该记一笔的。我们叶家得奖的，他是头一个。远在北平的两老知道了当然高兴，尤其是母亲。我还把这支歌编进了《开明少年》。

才解放的那一阵，不少热血青年离开了上海：有的参加了南下工作队，跟着先头部队去接收新解放的城市；有的去了北平，新建的许多行政机构都缺少人手。开明的各个部门都有走的，编辑部走了两位，校对科走空了。挽留是不作兴的，哪能拖后腿呢？握别的时候还得脸上堆笑。

六月底边，母亲来信说，王先生回上海处理先前的住所，叫我去上海大厦找她。母亲说的是周建老的夫人王蕴如，我从小唤她“王先生”。她和杨之华阿姨同住一个房间，二位见了我都说：“你怎么还不去北平呀?”语气那个亲切，好像怪我老不去她们家串门似的；又好像说，我只要到了北平，什么都好办。我说现在还去不成。开明已经派人去北平商量了，到时候再说吧。至美在中学里教英文，还没有接到下学期的聘书。既然已经失业，她想带女儿北上去父母身边，向王先生说明了情况。王先生说，“那就跟我一同走吧”。七月六日，至美带着宁宁就跟王先生动身了。同行的还有一位朱文叔先生。他是中华的老编辑，把老伴女儿都撂在上海，孤身一人投奔革命，去华北教科书编审会工作，住东四八条那座四合院的后院。

大约拖到年底，开明的经理室才作出逐步迁京的决定。叔湘先生早就该北上的，他已接受了清华大学的聘书；为了赶完我父亲托给他的两部高中国文课本，他已经向清华请了半年假。清华那边又来催了。而文言读本在挑选课文方面，遇到了一些先前没考虑到的新问题，叔湘先生认为，必须到北京跟我父亲当面商量之后，方可决定是否再往下编。清华和开明，双方如何兼顾，也得他到了北京才能解决。他们家决定二月廿一动身。我托吕师母把三午先带到北京，好不耽误春季入学。其余五人，从八十五岁祖母到两岁半的小沫，都是四月十四到的北京。母亲和至美到车站来接，说父亲昨夜又发低烧。好在他心里一高兴，烧就退了。在日记上他说：“我母尚清健，一别一年余，今始会合，大可安慰。”又记着“如今只至诚一个在南方了”。

六十五

《北游日记》片断之三的篇幅最长，自开国大典之次日，一九四九年十月二日始，用摘录的办法，直抄到一九五四年十一月六日，主要摘录父亲在出版总署副署长任上的经历。如今翻出来重读，觉得既太繁又太略。例如某一天参加了四五个会，会的名称都罗列出来了，谁在会上讲了些什么，却一句没提；有时留个批语，“甚重要”，“尚可听”，有时连批语也没有。经过了半年多的历练，父亲知道会是非开不可的了，有的会确实很重要，他当时在小本本上，对毛泽东和周恩来的历次讲话，都作了密密麻麻的记录。可是囿于长期从事编辑工作养成的习惯，他只把伏案的工作算作工作。如果没看书稿，没动笔改些什么写些什么，这一天就算白过。要是动了笔呢，即使给署内的黑板报写了篇三五百字的短稿，在日记上也得挂上一笔。例如从一九五三年年初起，日记上经常出现“看字典‘某’母稿”，所看的就是现在还在印行的《新华字典》最初稿，注音和编排还用老式的注音字母。稿子是仓促上马的，我父亲跟叔湘先生轮换着审读，都摇头叹气，都坚持到底。两位老人家这股韧劲不该泯灭，我不敢略去，只有见一回抄一回。对各种会议也是如此，我想的是把出版总署那五年的史料保留下来，只怕漏掉了一些重要的。如今接下去写父亲的后半生，主要仍然写我的回忆。摘抄父亲日记上的片言只语是免不了的，有些还必不可少。但是我必须时刻记住，写和编毕竟是两回事；我是在写，而不是给我父亲那五年的日记编另一个节本。

我才到北京，头一个鲜明印象是两老都老了瘦了，都一天到晚忙得不亦乐乎。父亲身边多了个警卫员鄂凤祥，人很老实，搀搀扶扶，送封信什么的，也有此必要。家里雇了位女佣叫王大娘，也还清爽，只是做的饭菜不合南方人的口味。我们一家住四合院的北屋，带左右两边的耳房。东屋是云彬先生家，西屋是彬然先生家，南屋是晓先先生家，文权先生住在后院，安排得热热闹闹的。可是也有个缺点，假如晚饭过后，有位客人来东屋云彬先生家串门，跟我父亲和彬然先生都相熟，自然得打个招呼。我父亲一定往北屋里让，说，“这里宽舒”。晓先先生闻声也跟过来了。五位朋友如果说的投机，海阔天空，胜似小组讨论，两个小时是打不住的。等到客人起身来告辞走了，我父亲就颓然而卧；跟开了半夜会回家来一个样。

从父亲的日记中可以查到，开国那年的十月二十日，中央人民政府各机构负责人名单在报纸上公布，胡愈之先生出任出版总署署长，副署长是我父亲和周建人先生。名单的草案在四天之前已送我父亲看过。他自言自语说：“余实怕尸其名，就实际而言，余岂能助理出版事业之大计乎。”看到了报纸上的名单，他又自言自语：“负其名固不费事，而尽其责则甚难。将如何尽责，目前尚茫然也。”这两段话，他都记在日记上。亏得愈之先生早胸有成竹，事前做了不少筹备工作，出版总署在十一月一日就开了成立大会。从日记上看，父亲的主要精力仍旧放在教科书的编辑工作上。中小学课本是明春开学必需供应的，急于定稿发排的还有好几种，叫他怎么腾得出工夫来考虑别的。到第二年二月十五，我父亲参加扩大署务会议，讨论了对于本署工作任务的认识，在日记上他才记着："三月有余之时间，同人对于出版总署一机构尚觉模糊，或以为即一大书店。今日总结，乃确认为对于出版事业之行政机构，旨在推进出版事业……"我想当其时，父亲也是"尚觉模糊"的同人之一。经过讨论他才明白过来，总署不是一个大而无当的功能齐全的业务机构，必须在改革全国出版规模的同时，改组总署的自身，使它能担负起管理并推进全国出版工作的责任。

改革全国出版工作的规模着力于两个方面：一是使发行和出版分家。头一步把三联、商务、中华、开明等发行部门的人员和资金抽出来，加上小书业组成的联营书店，再由总署派人参与领导并投入部分资金，于一九五一年元旦成立了公私合营的中国图书发行公司。过了两年，让参加中图的各私营出版业抽回资金，和新华书店合并。国营新华书店实力雄厚，分店支店遍布全国，专管发行；不只国营出版业的图书，私营出版业的也同样经销。另一方面花的时间较长，就是把发育成熟的出版社，从总署分出去，使总署成为强有力的管理机构。先分出去的有人民教育、人民、人民美术、人民文学等国营出版社。稍后才有公私合营的，如青年出版社和开明书店，由总署牵线，合并成立公私合营的中国青年出版社。在庆祝合营的酒会上，我父亲以总署和开明旧人的双重身份举杯祝酒，说两家各有长处，如今成了一家人了，定能互相学习，亲密无间，做到真正的化合，而不是徒有其名的混合。

人民教育出版社成立，我父亲兼社长和总编辑。我母亲被调去担任校对科科长。办公地点在宣武门石驸马大街，上班下班都得乘三轮，路那么长，寒冬腊月未免受风寒，母亲就自己开个汤头对付。她越老越积极，快六十岁的人了，被推举为工会小组长；在民主党派适当发展那当口，又加入了中国民主促进会；晚上要是开会，常寄宿在芷芬和汉华家里。校样催急了，还要带回家来，跟我父亲两个在灯下赶夜工。"三反"运动中，我母亲参加了"打虎队"，为清查账目，索性带了副铺盖，在办公室里前后住了半个来月。终于身子挺不住了，有低烧，喉咙口感到刺痛。先请中医治，说是上火，开了方子，叫她好好休息。请了十来天假，吃了四五服汤药，不见好转，又去北京医院诊治。大夫说是扁桃腺炎，接连给打了好些针盘尼西林，也不见效；到一九五二年年底，说话时舌根感到木强，只得把人教社的工作辞了。

那一年的阴历除夕是阳历二月十三，父亲在总署参加联欢，多喝了几杯二锅头，回家来没吃年夜饭，躺下就睡着了。忽然大门口一阵喧闹，原来至诚回来了。鄂凤祥拦住了硬不让他进来，说首长已经睡了；有事明天再来吧。丁师母听说，披着棉袍出来一看，真个是至诚，说清楚了，凤祥才跟着至诚进来。全家老小都下床来，围着至诚不知说什么好，母亲流出了眼泪，问他是怎么回来的。满子赶着要热饭，丁先生夫妇俩已经送了一大碗汤圆来了；还惊动了宋家和傅家。整个四合院充满了灯光和欢声笑语。至诚是请假回来的，只耽了半个月，不大出门。母亲有个人闲聊，情绪松弛，似乎把喉咙的事忘了。等至诚回了南京，她又说还可以工作几年。父亲说那么去找楼适夷先生问问，人文社有没有适当的工作。人文社就在朝内大街，乘汽车不到两站路，母亲真个去问了。适夷先生说他们的校对科长刚退休，正要个人顶替；开明校对工作的缜密是出了名的，让我母亲去了多注意培养年轻人。母亲就高高兴兴的又上班了，路程十亭中省去了九亭。

九月中旬，母亲破例请了半个月事假，那是喜事，至诚娶媳妇，写信来请两位老人家去南京主持。正碰上开文代会，父亲走不开；母亲如果不去，就太说不过去了，何况做了父母，就有这份义务和权利。新妇姚澄是江苏省锡剧团的名角，在南京是无人不晓的；苦出身，没上过学，解放后扫的盲，已经能写短信了。至诚在锡剧团任编剧，几年来商商量量编写唱词，改进演技，两人产生了感情。江苏省当时还有话剧团、越剧团、扬剧团，数锡剧团走红，北京来了领导或外宾，大多由他们团演出招待。四个剧团住在一所大院子里。母亲到了下关，至诚姚澄接她到宿舍，就让青年人包围了，这个也“姆妈”，那个也“姆妈”，唤得她心都酥了。新房布置得齐齐楚楚，筵席也准备齐了，用不着我母亲操一点儿心，见得至诚姚澄两个的人缘之好。母亲回北京来，说得有滋有味的。婚宴在九月十九晚举行。大家要老人家致辞，她说大儿子结婚正在四川避难，要什么没什么，也靠许多青年人帮忙，而欢愉远不逮今时。当时的风气就是这样，也算是给晚辈进行忆苦思甜教育吧。

一九五四年三月底边，母亲发觉右侧腹内有时隐隐作痛，按摸似有硬块；起初不当回事，后发觉硬块在渐渐长大，去北京医院检查，已经是五月底了。大夫不下断言，叫第二天再去；第二天，大夫检查了说，得住院透视。第三天，母亲住院，按部就班地接受种种检查，她哪儿能看不出一点儿形迹来，情绪不免低落。大夫说些不着边际的话安慰她；跟我们家属说的是另外一套：长癌的可能性最大，已经可以摸到，恐非早期，该尽快割治。父亲同意大夫的劝说，心里想的却是种种可怕的后果；那时正列席政府委员会议，不能去医院陪伴我母亲。去了又怎样呢？装作镇静，还得把谎说圆了，叫我父亲也受不了。大夫们最后会诊，定在廿一日割治。父亲把图章交给我，让我在志愿书上盖了印，此外只拟了份电报稿，唤在南京的至诚姚澄一同回家。至诚来了，姚澄有重要演出任务，走不开。母亲动手术的那天上午，家里人几乎都去医院，在休息室里等候着。父亲仍旧去总署上班，在办公室里的半天工夫，不知他是怎么挨过来的。午后两点，至诚才赶去报告说开割顺利，大夫说“确是毒瘤，无流窜之痕迹”。父亲悬悬之心稍为放宽是可以想见的，在日记上的那句“无流窜痕迹”却过于乐观，大夫说的是“未见”，不是“无”。

父亲去医院详细问了大夫，遵照规定的探视时间，才走进病房看我母亲。母亲的上行结肠和附近的一大片都已割去，正注射生理盐水。她说用的局部麻醉，还不觉得痛。只是看到割出来一大盘东西，心里害怕。父亲只得按大夫编排的一套说了。母亲都信，只说不知为什么要吃这样大的苦。满子领到一张特别探视证，先回家安排定当了，吃了晚饭就去医院陪夜。她在抗战期间，腹部曾开割过，手术后的必然过程，如发低烧，恶心呕吐等等，她都亲身经历过，因而遇事不太慌张，知道该怎么照料；至美去替换了两回。母亲自己觉得恢复比预料的快，一个星期后就不需陪夜了。好像险滩已经闯过，前头又风光无限，谈的只是今后的日子怎么过。她说出院后要带着小沫，去至美家里住一阵，复兴门外安静。父亲什么都同意，说在家里，电话一个接一个，铃声不断，心烦透了。至美是三年前跟蝬生结的婚，住在复兴门外的一所学院里，有很宽敞的校园。八月一日，母亲出院，去他们家休养了将近一个月，才回到东四八条。

六十六

母亲本想在至美家多住些日子，至诚忽然来信，说文化部调锡剧团到京汇报演出，他和姚澄可以一同回家。母亲就提前回家等着。九月十七，新夫妇双双回来了，说这一回可耽搁二十天，只是不能在家里住，他们得过集体生活，住在文化部招待所，还得不断排练。既然是纪律，当然得服从，大病才愈不久就能见面，母亲已非常满足了。父亲忽发奇想，不知道用的什么名义，通过什么关系，请他们团派人在总署的国庆庆祝会上演出一场。他们团到总署看了会场，说台太浅太窄，让姚澄演一出《罗汉钱》吧，加一出沈佩华的《双推磨》。于是向戏剧学院借到了灯光，特地印了请柬。九月廿八晚八点，庆祝会开幕。我父亲作了简短讲话，说今日预祝国庆，意义格外重大：第一届全国人大第一次会议已胜利完成了全部任务。从会场上出来，天安门长安大街已经锣鼓喧天。说到这里，台边上的锣鼓就打起来了，于是表演开场，台上演得卖力，台下鸦雀无声。父亲在日记上记着："演罢已十一点半。至后台向团员致谢，团员欢甚。观者皆称满意，以为逾于预料。……姚澄之唱清楚有韵味，表演亦极自然，能达感情。今夕除老母外，全家均往观，在家庭生活中为未有之事。我家之熟友亦大多往观。"两位老人家商量怎么酬谢他们好呢？结果请他们全体在北京饭店吃了一顿川菜。

至诚夫妇八日随团回南京。父亲告诉他们说，月中可能与母亲同去上海，说不定又能见面。这次旅行是愈之先生的主意。去年八月按规定的待遇父亲带着母亲，曾由办公室副主任程浩飞先生陪伴，去北戴河避暑；今年让我父亲参加宪法草案定稿的文字工作，把避暑的季节错过了。愈之先生说错过了可以补；出版总署已经完成了历史任务，只待收场了；还有些事务性的工作要办理，琐碎之极，叫我父亲别管了，挑个清静的所在放松些日子吧。父亲跟母亲商量，母亲说当时匆匆离开上海，已五个半年头，很想回去看看，最好仍旧请浩飞先生做伴。十六晚上，浩飞先生接二老到车站；十八日晨，火车到上海。招待所在西区，是一座西式的住宅。午后，二老先去探望满子的母亲。父亲坐了一会儿，就去子恺先生家了，好让两亲家母，还有满子的大嫂，把空话说个畅。过了两个半小时，二老趁便去看了我的表兄刘仰之夫妇。

如果照这样记下去，又成了流水账簿。总之在上海耽了三个整天，想见的至亲好友都见到了；要重访的热闹处所，如南京路上的各大公司，都转了一圈；还参观了专分配给先进工作者和劳动模范居住的曹杨新村。二老廿一下午乘火车去南京，晚七点半到车站。出乎意外，至诚匆匆赶来，说是才得到的消息，姚澄接待外宾未归，尚未知晓，就把二老送到了招待所。第二天吃过早饭，大家由母亲带路去到锡剧团宿舍，团员望见了都围上来叫“姆妈”。姚澄说，团中正排练至诚编的新戏《走上新路》，反映农村合作化运动的，她是主角；下午彩排，后天就动身去上海参加会演。母亲留在团里等看排演；父亲和浩飞先生同去游玄武湖划船。第三天上下午乘汽车兜圈子，该去的地方都“到此一游”，那时还没有“景点”之一说。第四天，至诚夫妇随团去上海，二老于是临时决定，和他们同乘一趟车，到无锡去望望太湖，在车上跟至诚夫妇又多聚了半天。

在无锡住的招待所是五里湖边的蠡园。父亲在日记上记第二天清晨游鼋头渚：“晓雾渐消，远山徐露，湖水不波，清静殊常。”母亲精神一放松，反倒觉着累了。午后就在蠡园中闲散。第三天访新筑于中犊山的华东工人疗养院，听三位模范报告自己的先进事迹；下午游惠山，晚上听书；这一天又给排得满满的。第四天晨离开蠡园，乘汽车绕太湖西岸到湖州，然后迳达杭州，住南山招待所。两年半之后，母亲病故，父亲睡不能安，填成了一首《扬州慢》，略述两人四十年来的游踪。开头一句是“山翠联肩，湖光并影，游踪初印杭州”，写的新婚之次年，两人的第一次旅游。最后一句是“坐南山冬旭，终缘仍是杭州。”写的就是这一回。二老坐在招待所的草坪上晒太阳，浩飞先生抢镜头，端起相机给拍了张照片。

父亲到杭州的头一件事，就是打电话给云彬先生，说明是伴我母亲出游，约他们夫妇俩晚上在楼外楼相见。母亲跟宋师母已三年不见面了，真个说来话长；吃了醋熘鱼、炒虾仁，都说到底是家乡风味。西湖正在疏浚，把这一勺水搅浑了，因而与历次不同，只乘了半天划子。灵隐、净慈、虎跑几个大庙都到了，灵隐正在修葺，数净慈最清静，还特地去虎跑寺后，瞻仰了子恺先生创意修造的，弘一法师的纪念石塔。一向不大去的几个山洞，连龙井、九溪、六和塔、钱江大桥，都到了，一定还有漏记的。

在杭州整整耽搁了四天，乘夜车再折回上海，仍住在那所西式住宅里。第二天已是十一月一日，父亲打听到锡剧团还没回南京，用过早饭就跟母亲去沧州饭店看至诚夫妇俩。他们的《走上新路》已经演过，评论尚可。父亲把母亲送到满子家，自己去拜访了巴金先生，谈了一个多小时；又去拜访子恺先生，也谈了一个多小时。可惜我没跟去，不能记下些什么来。父亲回到满子家，大嫂嫂已经把桌子摆好；只得老实不客气，坐下来喝酒吃蟹。第二天下午，二老由姚澄陪着，去剧场看当时才盛行的所谓调演，闽剧、扬剧、苏剧、昆剧、京剧各演一出折子戏，都是上选。戏散后赶到文化俱乐部，应望道先生招宴；除了他夫人，还请予同、绍虞、文祺、统照、巴金等诸位先生作陪。父亲想见的老朋友几乎全到了，餐毕闲谈，九点散。回招待所，我父亲才看到报纸上已公布，他被任命为教育部副部长。

第三天午后，我母亲被亲戚拉去看越剧，我父亲被新闻出版界拉去讲全国人大开会情形。晚上，二老去看话剧《考验》，是夏衍先生的新作。父亲在日记上记着："余已读过其剧本，观演出如重读一过。以剧本论，虽尚未完整，不枝不蔓，干净利落。余嫌其说道理过多，又少诗的情趣。演员以演杨厂长者为佳，表现某些官僚主义者，已为典型。"又说我母亲一天看两场戏，恐疲劳太过。

第四天下午两点，二老去跟亲家母辞行。满子的母亲不停地说"难得"，意思是她自己已七十二，我母亲已六十一，况且在大病之后，还能见上一面实在不容易。我母亲说，等后年吧，满子回家省母就跟她一同再来。满子每年五月要回上海，像孩子似的，偎在她母亲身边住上二十来夜。可惜等不到那个时候了，一九五五年八月六日，我岳母心脏病突发逝世。母亲分明记得离开上海那一天，我岳母还由大嫂嫂搀扶着，一直送到门口。二老乘的是夜车，至诚夫妇到车站相送。这回南游到了四个城市，南京、上海两地都有至诚夫妻相伴，也可称难得，是母亲最惬心的事了。

在《北游日记》的"片断之三"中，我没摘抄前头的那十九天的日记，因为父亲记的全是个人活动。十一月六日上午火车到北京站，接站的除了出版总署的人，多出了一位教育部的办公室主任。父亲见了他才想起来，自己已经成了教育部的人了。午后，教育部董纯才副部长来看我父亲，主要说，部里都知道我父亲不欢喜做行政工作，分工仍旧主持人教社可好？自人教社成立以来，出版总署基本上就这样办了。父亲回答没有意见。董先生才走，又来了统战部的于毅夫副部长。他说本当商量在前，因我父亲外出，就先任命了。现在赶来征求意见，尽可畅所欲言。其实在全国人大开会期间，钱俊瑞先生已这样问过我父亲了。我父亲当面回答，说最希望不把他列入行政部门，在人教社也不居社长之名，当个编辑就好。如今看来，得过些日子再商量了，只得回答说确无意见。于先生走后，我父亲马上赶到总署，才知道总署将改为出版事业管理局，并入文化部，人事已安排妥帖；一部分人员在文化部的其他单位工作，或转入其他部门。四点钟，开最后一次署务会议，各人谈五年来工作之感想。

六十七

一九五五年五月，父亲偶为小学语文课本试作儿歌，九日夜得《小小的船》一首，他在日记上说："自以为得意，录之：

弯弯的月儿小小的船，
小小的船儿两头尖。
我在小小的船里坐，
只看见闪闪的星星蓝蓝的天。

多用叠字，多用ㄢ韵字，意极浅显，而情境不枯燥，适于儿童之幻想。二十年前在开明编小学课本，即涉想及此，直至今日乃始完成。"儿歌仅四句，三十七个字，却在日记上自批自夸，写下了五十多字的跋，可以想见父亲那天夜里反复吟哦的喜悦。

除了这首《小小的船》，父亲在那几年中还有一件得意的作品，就是一九五一年九月十六，由出版总署发布的《标点符号用法》。先是在两个月前，政务院将要发布有关公文的规定，其中有个附件是《标点符号用法》，因不大合适，交人教社重拟。我父亲跟几位在语文方面信得过的朋友讨论了一遍，大家说了些想法，跟往常一个样，仍推我父亲起草。我父亲把常用的十四个符号列出来一看，发现其中的七个——句号、逗号、顿号、分号、冒号、问号、叹号，都用在念起来必须停顿的地方，（其实还有破折号和省略号，叔湘先生在写《语法修辞讲话》时发现了，作了适当的纠正。）其余七个，如人名号，地名号，书名号等，只表现在书面上，念起来用不着停顿。这个说法过去好像没有谁提过。他就先说需要停顿的七个，对标点功能的定性和例句的解释，行文有统一的格式；他认为不需要停顿的那七个，行文又是一种格式。搜寻恰当的例句是极其麻烦的事，一个来星期，工夫几乎全花在了这上头。定稿后油印了三十份，请朋友们提意见。朋友们没有不赞赏的，也有的提了一些意见。父亲不惮其烦，一一仔细修改了，真个做到了三易其稿。有人说，讲得如此浅显明白，何不由出版总署公布，以便于编辑同志参照。父亲正沉醉于成功的喜悦之中，说只要政务院同意就成；又说如果由总署发布，就成了公文；他是个起草人，不该署名。

还有件事，父亲似乎也很得意。一九五一年五月三日，《人民日报》刊登了一篇“五·一”天安门庆祝大会的报道；我父亲看了，说它“疵病百出，可谈者甚多。”朋友们就怂恿他不妨在署内谈一次。他答应了，说需要作些准备，把报纸同朱文叔先生一起又过细看了两遍，画了不少记号。廿三日下午开讲，《人民日报》社、新华社和教育部都派了人来听。父亲在那天的日记上记着：“一一举而讲之，历四小时而毕，犹觉发挥未尽。听者似尚满意。余亦欣然，然甚觉疲矣。”那天我跟了去，经久不息的掌声，可证明所记属实。然而事情尚未了结，过了两个星期，六月六日，《人民日报》发表社论，号召读者“正确地使用祖国语言，为语言的纯洁和健康而斗争”；同时开始连载吕叔湘、朱德熙两位先生合著的《语法修辞讲话》。就在这一天，他们报社给我父亲送来了上月廿三日的讲话记录稿，请他亲自校阅。我父亲欣然接受，一连花了五个半天，添加涂改，几乎把八千多字重写了一遍，费的功力着实不少。送回报社之后，他们大概当作业务学习材料，在内部分发了。我没看到印件，还记得父亲在开头处讲到，长安街的白杨至今尚未萌芽，作者说绿叶青葱是报道失实。如今在北京，杨树四月中旬已新绿满枝，那是半个世纪来气候转暖所致；我父亲当时那样说，并非指有为无，故意挑剔。

应该说，我父亲还有一桩可以引以为得意的事。新中国诞生的前夕，他和一班长期从事语文教育的朋友商量，认为三十年以来，小学的“国语”课专教白话，中学的“国文”课掺入文言，逐年递增，直到把白话挤掉才罢休，其实默认了文言和白话有高低雅俗之分，分明是当年新文化运动不彻底留下的后遗症。如今人民当家了，应该把它纠正过来，抹去这条徒乱人意的界线，不管小学中学，通称为“语文”。设立“语文”这个科目，为的是训练学生运用语言和文字的能力，名正言顺，一听就明白。人们必需相互交流生活经验和思想感情，或用语言，或用文字；交流必然是双向的，有接受一方，必然有发表一方，因而在语文科的教学中，听、说、读、写，四者必需并重。学习为的运用，课文当然要以现代人的语言文字为主；为了让学生了解一般文言跟白话有哪些差别，让高中学生读些浅近的文言是必要的；学生如果想在研究工作中运用古籍，还得接受专门的训练。根据朋友们的共识，我父亲草拟了一份《中学语文科课程标准》草案（小学那份是蒋仲仁先生拟的），建国之初，以“初步意见”的名义公开征求意见；人教社课本的封面上，好像已经印上了《语文》两个字。直到一九五一年春季，教育部才组织人员，和“初步意见”原起草人等一同改定，作为正式“课程标准草案”颁发。不管怎么说，“语文”这个课目，到如今已经衍用了半个多世纪了。

查父亲的日记，一九五二年九月，教育部拟订语文科的教学大纲。在座谈会中，有人提出苏联的教学大纲中，中学是“语法”和“文学”分开的，课本也是分开的，语法教学的分量因而较重，认为我国也该如此。父亲参加了二十日的座谈会回来，在日记中写下了一条备忘：“凡平日留心语法者，如叔湘、莘田、声树诸君，咸谓语法非万应灵药。可以为辅助而不宜独立教学，使学生视为畏途。此大可注意也。”那时向苏联学习的风刮的正猛，如《生理卫生》课本改称《人体解剖生理学》，《生物》课本改称《达尔文主义基础》，改的只是书名，后来大概觉得累赘，改了回来。中学语文科的《语法》跟《文学》分家却是件大事，十二册中学《语文》课本得全部另起炉灶；都一分为二，化为两个十二册。大概是教育部把那天的座谈会汇报到中央，中央派定乔木同志总管这件大事，还定下限期，自一九五五年秋季开始，分了家的新课本得陆续出版，并组织若干学校试用。从我父亲写在日记上的那条备忘来看，他当时心里是不太舒服的；好容易才把小学的“国语”跟中学“国文”串在了一起，“课程标准草案”也才出台，怎么又得变呢？好在他能以大局为重，说决定既然已经作出，就该大家同心协力，把新课本编得像个样子。最后把《语法》改定为《汉语》，是乔木同志的主意。他说这部课本除了讲语法，还得包括语音、正字、词汇、造词、篇章结构，再加点儿语言学的初步常识，为了名副其实，不如称作《汉语》。

编写《汉语》课本，主要由叔湘先生志公先生两位负责。叔湘先生早就答应我父亲，给人教社写一部简明扼要而又大家认可的语法课本。简明扼要，相信叔湘先生是做得到的；要让大家认可，却很不容易。因为这个“大家”可不平常，指的是少数语法专家，他们都持之有故，言之成理，各有各的体系，互不折服。叔湘先生在社会科学院语言研究所，研究的正是制定一套博采众长的、符合实际又便于实用的语法体系。他老对我父亲说不用催，待所里的研究大致有了眉目，约他写的语法课本才有条件写。如今到了非催不可的坎子上，叔湘先生说：“那就把志公请到人教社来当我的助手。”志公兄是一九五〇年底由吕先生介绍进的开明；第二年《语文学习》创刊，他任主编；后来连人带刊物，随开明并入了中国青年出版社。我父亲于是跟中青社商量；回说可以，只是《语文学习》停了可惜，只好请志公先生全部带走。人教社考虑了好些日子，才咬咬牙答应了，一塌括子都要。于是成立了汉语编辑室，志公兄当主任，《语文学习》的主编由他兼任。《汉语》课本方面的事，由他负责跟叔湘先生商量处理。

有关《汉语》的事有了着落，我父亲才能集中部分精力，参与中学语文室编写《文学》课本的工作。为什么不全力以赴呢？这是不可能的。单说这一九五四年吧，最重要的大事莫过于制定宪法。我父亲和叔湘先生接受宪法起草委员会聘请，担任了制定宪法的语文顾问。写上宪法的每个字每个标点，都经过他们俩一遍又一遍推敲。第二件，父亲为编译局校订《斯大林全集》的译稿，一、二、三、七、八、九，共六卷。在人教社的范围内，其他课本在发稿前他仍得最后改定。至于编写《文学》课本，首要之务是挑选称得上文学作品的课文。一些早有定评的短篇译文，如契诃夫的《凡卡》，都德的《最后一课》，都参照了所有的译本，又请翻译家对照原文仔细校正修改了，才拿来做课文。同时又提醒自己，编的是中国的《文学》，译文可得少用为佳；可是大家都称心的短篇文学作品，哪儿有那么多呢？同事们推我父亲试写了《孟姜女》和《牛郎织女》，因为苏联的《文学》课本中有普希金和托尔斯泰写的民间传说。

转眼到了一九五五年暑假，开始试用新课本的中学已选定了七十多所。《汉语》才出了初中一册，还没涉及语法；高一只好暂缓试用。《文学》总算出齐了高初中各一册，可以按计划在高一、初一同时开始试用了。好在并不需要把两个十二册全部端出来，只要往后每学期以不低于四册的速度跟上就成。语文科又开始了一次革新的尝试，总得有人向语文教育界作个报告，说清楚这样的改革是必要的，而且是办得到的；并扼要介绍"汉语"和"文学"各包含哪些内容。报告由谁做呢？既可以代表教育部，又可以代表人教社，我父亲是最佳人选了。为了完成这一任务，我父亲只好把任务带回人教社，请朋友们帮忙：先商量主要讲什么，请中语室汇总列个提纲；提纲经过一再讨论，敲定之后，分段请几位朋友起草；初稿齐了又一起讨论，或修改，或重写。我父亲把各段串起来写了一遍，又跟大家讨论并修改了多回才定稿，约两万字，题作《改进语文教学，提高教学质量》。报告是七月一日做的，听众近千人，绝大多数是中学语文教员。又把讲稿分送给乔木同志和教育部党组审阅，等意见送回来了，我父亲作了最后一次定稿，让《人民教育》和《语文学习》两种月刊登载。

功夫真个花了不少，高中和初中，《汉语》和《文学》课本各六册，倒是出齐了，还按册编写了教学参考材料。可是使人沮丧的是，试用效果大不理想，反馈回来的意见负面的居多，教师和学生都说负担太重，既难教，又难学。按惯例，被选作试点的中学都是拔尖的，看着语文科成绩下降，怎能不着急。新课本结果只试用了两年半，一九五八年三月由国务院作决定，仍把"汉语"和"文学"合在一起，称作"语文"。这场尝试性的改革就草草收场，留下的只是那两套分了家的课本；使当时出过力的人难免惆怅怀念。一九八〇年，蒋仲仁杜草甬两位先生选编《叶圣陶语文教育论集》，没有收入我父亲的那个报告。他们说，那个报告是当时大家凑起来的，编在个人的论文集里不太合适。

六十八

半个世纪前的"三反运动"，我还能记得，反的是贪污、浪费和官僚主义；至于"五反"，官僚主义也是要反的，另外四项是什么，就背不出来了。人教社是国营的，搞的是"三反"。母亲有一天提醒我父亲："后日动员会上，领导带头作检查，你说些什么呢?”父亲说：“我没贪污公家的一分钱邮票，又不浪费公家一张信纸，检查个什么呢?”母亲说：“官僚主义总是有的吧?”经母亲一点拨，我父亲半夜醒来，写了个检查提纲：一、明知两年来出版的课本质量低，没及时设法改进；二、明知批评和自我批评是推进工作之必要条件，而从未身体力行；三、不善领导，并以此自慰；末了略述今后如何力图改进。等到总署和人教社陆续揭出了他想都想不到的案子，才感到自己失于明察，给贪污浪费造成了可乘之机。直说自己是“官僚主义”，似乎又不十分情愿。当时忽然盛行给“官僚主义”冠上个限制词“辛辛苦苦”的，我父亲可能觉得还可以接受，作检查的时候也这样用了。

伯祥先生那时烦恼更多。他仍在开明当襄理，没摆脱资本家代理人的身份，“五反运动”中变得更难听，成了工人阶级的对立面。那些天他上班不是，不上班也不是，整天一个人坐在经理室里，没人理他。有位年轻同人在小黑板上给他画了幅漫画像，拢着袖管坐在办公桌后头望天。在群众运动中，本不是件什么大不了的事，伯祥先生可受不住了，星期天跑来跟我父亲说：大家走的走了，死的死了，其余的都远在上海，到北京的也有几位，如今却什么都让他一个人兜着；又说公私合营如果早几天谈成，他不就早已抽身了吗？伯祥先生可不轻易为个己的事发牢骚，父亲留他一边喝酒，一边慢慢儿谈，听他发泄得差不多了，才说大家都知道他在开明不管什么事，开明也不会有什么事，在“五反”中，私营书店大概不至于成为重点，查一查账也就完了。伯祥先生指摘的几位，“走的”指雪村先生，没等到上海解放他先辞职了，早已进了出版总署；“死的”指范老太公，前一年在上海因癌症过世了。父亲一个也没提，免得给伯祥先生火头上浇油。第二天我父亲到总署，跟愈之先生说了，愈之先生说：“开明总经理的头衔不是邵力子挂着吗？他不能不上班，我去说。”愈之先生去说了，力子先生果然到开明接了伯祥先生的班，隔三差五的到经理室坐一会儿，直到“五反”进入查账阶段才作罢。“五反”结束，开明被宣布是基本守法户，伯祥先生心上这块石头落了地。没料到公私合营后，他被安排为办公室副主任，又跟我父亲发起牢骚来了。在庆祝合营的酒会上，我父亲才讲过要做到“化合”的话，可是要这位老朋友跟青年社的年轻领导共事，简直是不能想像的；于是同振铎先生商量，把伯祥先生介绍给了社科院的文学研究所；又把调孚先生安排进了古籍出版社，后来公私合营，并入了中华书局。

有一回，叔湘先生跟我父亲聊天，两人都谈到自己不善于当领导。父亲在日记上先记下叔湘先生的话："我人之想法不出二途：一为得好手而信赖之，任其自己挥洒；一为任人写出毛坯，不惮烦劳而为之修订。二者皆非今日应有之作风。或为高拱无为之官僚主义，或为辛辛苦苦之官僚主义而已。"紧接着记下了自己的感慨："余亦深知其敝，但无由转变，将奈何。""任人作出毛坯，不惮烦劳为之修订"，在编辑工作中，我父亲确然如此，老把自己弄得疲惫不堪，如果能找到可以信赖的好手，岂不快哉！在人教社那十多年，遇到的好手并不少，按百分比看可能还是少了些，没把我父亲养成拱起双手，颐指气使的官僚。

王泗原先生是我父亲信赖的好手之一。他被教育部抢先要了去，让他编写工农中学的语文课本。他每编成一册，总要送到人教社来请我父亲审阅。父亲看他不但敬业，而且有自己的见地，富有旧籍知识，行文却很平易；提什么意见，他都能接上茬，因而深悔当时没有坚持。后来费了不少口舌，才把他调进人教社。蒋仲仁先生前头已提到过，最初起草小学语文科课程标准就是他执的笔。他好像当过许多年中小学教员，因关心语文教学，对我父亲自称为"老调"的那一套比较熟。父亲还发现，他善于团结人。对一位党员来说，这本是必要的条件。父亲说他好像已经成了习惯，不用想就做得十分妥帖，不使人感到压力。社中人事纠纷，他顺带着就解决了。朱文叔先生小我父亲一岁，衰老而多病。他是把编课本看作革命工作做的，自愿编小学语文，求好的心有点儿过了头，因而老觉得别人不理解他。过些日子，他就含着眼泪对我父亲发一通牢骚。发泄完了，父亲问他怎么办。他想了一会儿，嘀咕了一句"有啥办法"，站起身来颤巍巍地走了。他读报特认真，遇到病句就摘下来，分成类，供我父亲写评论做报告时作例子。还有张志公兄，调进了人教社也成为我父亲可以信赖的好手，关于语文方面的一些烦琐的来信，就请他代复了。

编写生物学课本的也有一位好手——方宗熙先生。他是福建人，抗战第二年去新加坡教书，跟着愈之先生做华侨的工作，日军占领期间成了患难之交。日本投降后去英国专攻遗传学。新中国成立，他正好结业，赶回北京找愈之先生，说要报效祖国。愈之先生把他介绍给我父亲，父亲让他修订《植物》课本和《动物》课本。没隔多少天父亲对我说，署里来了位留英的编辑，学生物的，知识广博，叫我有事可向他请教，可约他写稿。父亲真个“得好手而信赖之”了。让他接着编《生理》课本和《生物》课本，那时叫《人体解剖生理学》和《达尔文主义基础》。先是他写稿，我父亲审读，有意见写在稿纸上，请他考虑修改；后来索性当面商量，毕其功于一役，变成两人一同编写了。宗熙先生也得其所哉，自夸说，把巴甫洛夫的条件反射写得如此浅显明白，还从未见过。

一九五三年春，宗熙先生受山东大学聘请去当教授。我父亲心想，他去了那儿可以直接培养人才，可以亲手作科学研究，很不情愿地接受了他的辞呈。这一年暑期，他还回人教社根据教师们提的意见，把四部课本修改了一遍。调离的人员这样做的，我只听说过他一位。后来他调到海洋学院，作海带育种试验。父亲每次见面，总要问他取得了什么新成绩。“十年浩劫”中不通音信，再见到他已是一九七七年秋天了。见他身体依旧结实，精神依旧愉快，父亲问他这十年是怎么过的，他说培养海带的实验室被砸了，几个很有希望的高产品种都毁了。父亲替他惋惜，他说不要紧，可以重新来过。他的夫人可不如他坦然，悄悄对我说：他在“牛棚”里挨了打，打成了肝昏迷，能活过来真不容易，只因为他是摩尔根派。原来还是学术之争哩。拨乱反正后，他又有了作科学研究的权利，社会方面的职务比先前多了，经常来北京开会，还不时出国参加国际间的学术交流；只要到北京，总要来探望我父亲。我父亲说：“怎么又来了，还有什么时间做科学研究？”他说：“都是工作么，有什么办法呢!”一九八五年七月，接到青岛来的讣告，说他患癌症去世了。我去医院告诉了父亲，他沉默了一阵，叹了口气说：“可惜，一个好人!”

六十九

父亲那年从香港北上，同船的有好几位老一辈的民主人士；后来在各种大会上，我都见过：他们坐在台上，我在台下望见他们。只有陈叔通老先生一位，和我父亲交往较多，忽飘然而至，两人说古论今，谈上一两个小时。如果稍用些儿心，就可以看出我父亲在轮船上那七天的日记中，记这位老人家用的笔墨稍多，音容笑貌凸现于纸上。父亲作灯谜，把这一回“同气又同舟”的航行，作为“知北游”的谜面；后来做诗应云彬先生索奖，又以“南运经时又北游”开的头。大家依韵和作，陈叔老开头一句却是“奔赴新邦未是游”；有不同意见当面直说，却并不让人感到尴尬。他兴致极高，默写了两首旧作向大家请教。一首是《日本投降枕上喜赋》，道着了“天涯共此时”，大家彻夜难眠的矛盾心情；另一首是《秋热》，借“秋行夏令”，喻蒋政权色厉内荏已长不了，可还得防它垂死挣扎。父亲把这两首七律都抄录在日记上，读者诸君如有兴趣，可翻看《北游日记》片断之一。

一九五二年八月三日，我父亲和母亲去北戴河避暑，四天前接到陈叔老的信：

圣陶先生：

到北戴河已九日，毕竟清凉，八月更佳，闻公有意来此暂息。弟八月七日返京，可能十一再来，愿与公偕。不知能稍待否？

弟陈叔通　　七月廿九

叔老当时七十七，长我父亲十九岁，自称为“弟”，真个是忘年之交了。父亲此行已安排妥当，不便改期。三日晚上，在北戴河的招待所听得汽车声，原来陈叔老得知我父亲已到，就找来了；“追寻逾密约”，叫人想起佩弦先生。他说将于次日晚提前回京。这时月光如银，海面烂然，两人坐在廊下谈了一会儿，觉天凉如水，叔老就回去了。第二天午休后，父亲访叔老接着往下谈，在日记上留下了如许记载：“叔老谓目今人事工作殊有缺陷，致人不能尽其才，才无由显其用。谓须大胆使用，小心鉴别，乃可丝丝入扣。又谓人事工作者宜抱‘一夫不获，皆余之咎’之诚意，乃可做好工作。叔老谈及同载北来，亦既三年，当时海上纵谈，今日方知其皆非实际。我人逐渐学习，稍明归趋，欲求洞达，则谈何容易。叔老固健谈，且深喜与余谈。惜其今夕即将返京，否则假中共谈若干回，亦为大快。”

老一辈的民主人士中，最喜欢做诗的是柳亚老，做了喜欢给人看。陈叔老兴致来了也做诗，他跟佩弦先生有点儿相像，只给熟人看。一九五六年二月，老人家带给我父亲一册历年来的诗稿，说本想烧掉的，总之不想刻印传世，让我父亲看了就还给他。我父亲看过就送还了，按说看了多少得批上几句赞赏的话，我父亲索性脱俗，免了；也没把特别中意的抄下几首来，只把叔老的复信贴在了自己的日记本上。那时我父亲肝病初愈，打算上班。叔老在信上劝他遵守医师嘱咐，在家多养些日子，上了班便不能自制。又说“弟无他长，尚能自知，诗稿只合摧烧。”却又抄了一首去年在北戴河作的七律给我父亲看：“所读何书竟一空，愧馀炳烛费深功。总因回头妨前进，自谓持平误折衷。即物研求须有素，与时运用始无穷。从来多少高明者，堕入玄谭幻想中。”无标题，也许有感于理论学习吧。那时叔老已八十一了。

我父亲患肝炎，在北京医院隔离房住了不满一个月，受严格管制的只是头一个星期；每天有一个半小时的探视时间，书报刊物、稿子信件，什么都能捎带进去，只免去了开会一项。要不是春节，医生大概还不会放他回家。父亲答应医生出院后戒烟停酒。来探望的朋友络绎不绝，父亲只好躺着，来客让我应酬，留饭就命我陪饮。热闹的春节才过完，大事可不好了，母亲的喉咙又犯病了。我立刻想到癌症，嘴上可没说。父亲跟上回一样，没把喉咙刺痛跟癌症联系起来，是不愿意呢还是没想到呢？我揣摩不透。亏得母亲自认为刺痛只是喉头的神经出了些小毛病，从未跟腹部割出来的那堆东西联系起来。何况前年割治以后，健康恢复之快着实惊人，使她感到乐观。去江南转了一圈回来，父亲有些困倦，母亲却浑身是劲，还不断地长胖，从没有这样富态过；去医院检查了两回，都说没事。她自己也说：“真个心宽体胖了。”伯祥先生的夫人患了癌症，痛得靠打吗啡维持着，瘦得落了形，母亲去探望过，后来又去殡仪馆送入殓。癌症再可怕，也没听说过谁得了会越来越胖的。母亲哪里会想到自己患的正是癌症呢？而且已在迅速扩散。喉咙已经发出 SOS 的信号，可惜即使有人能解读，也已经到了无可挽回的地步了。

跟前一回一个样，老片子重放了一遍。先是治喉咙，请中医，请西医，吃药，扎针，注射盘尼西林，全不见效；恶心、呕吐、厌食，母亲就瘦下来了，瘦得隔着衣服都可以摸到，右腹开过刀的地方又有个硬块。母亲吓得流下了眼泪，父亲也手足无措了。满子打电话向医院询问，回说如此情形宜及早住院检查。母亲听说，急忙让满子陪往医院。这一天是二月廿三。父亲写信给至美至诚，告诉他们母亲已入院检查；等满子回来，急忙问住院的情形，又跟我和满子商量，如果查出来竟是癌症复发，将怎么办？我说：“只得听医生怎么说了。”没想到这句话惹怒了父亲，说我这个人“理智得可怕”。

七十

满子跟护士医生都熟了，随时能进病房去陪伴母亲。第三天医生查过病房，她跟进了办公室，医生告诉她说：癌症复发，几乎可以肯定了；能不能动手术，等摄了 X 光片再看。满子问：怎么跟病人说呢？医生说：只说可能是手术之后，肠子粘在盆腔上；用 X 光确诊之后，做个小手术就成了。医生这句话分明是定调子，满子带回来，给家里人和所有探病者传达遍了。母亲听说又得动刀割治，当然很不受用，流过眼泪，发过小脾气，都没当着我父亲的面。三月一日，至诚独自从南京赶回来。五日上午，母亲剖腹而未割治。医生打开肚子一看，除了老疤成了硬块，大肠和肝脏表面已布满了病灶，无从下刀，只好缝上。手术才花了一个来小时，母亲就从手术室推回了病房。医生把我和满子至诚唤去，把实情跟我们三个讲了；又说怕我父亲难以接受，教我们只说手术顺利，癌症已经割除；对母亲，仍旧连“癌”字也别提。能瞒到什么时候呢？医生说，只能瞒一天算一天。除了照医生说的办，我们别无他法。于是让满子留在病房里陪夜，弟兄俩赶回家去谎报。父亲还真个信了，说幸亏手术动得早；让满子陪手术后的头一夜，也使他感到放心。我和至诚找机会先跟姑母说了，等至美夫妇来，又悄悄跟他们说了。到后来，被瞒住的只剩下了父亲和母亲两个。

母亲又恢复得出奇的快，没满二十天，腹部的伤口已完全平复，虽然胃口还不太好，喉咙还偶尔刺痛，还是高高兴兴出院了；在家里有至诚陪她闲聊，想吃什么有满子给她做。她自以为还经得住折腾，只喉咙里这点儿小病作祟；从两年多来的病史看，似乎中医还有点儿办法。探病的客人们听我母亲这样说，有熟识的名医，哪有不热心介绍的：住得最远的在颐和园边上，就住八条的也有一位，都是我拿着父亲写的帖子，毕恭毕敬登门去请的，前后不下十位。我把母亲两次剖腹的经过都先跟医生说清楚了，还关照了在两老面前得讳言“癌”字。他们有的很爽快，说且到府上号了脉再说；有的在答应之前得先斥责一通，说我们不该如此鲁莽行事。我陪着小心低头听着，心里想：“往者不可谏矣。刀已经开过，即使真个是真理，再说也是白费了。你这位只读线装书的儒医呀。”

至诚是四月上旬才回南京的。这一回，他有两件事使母亲特高兴。一是他和朋友合写的话剧《浪潮》，得了文化部的剧本创作奖；二是他参加了全国青年文学创作者会议。从父亲的日记可以看出来，儿子的荣誉一个接着一个，使做母亲的减轻了对病痛的埋怨。父亲自己却让陈叔老说中了，从隔离病房回家来就脱不了身，每天记在日记上的工作比我母亲的病情繁琐得多。各种教科书的审读，像赛跑似的每年一圈，没有个尽头；“汉语”和“文学”分家，又横插上一杠子，拼凑那篇两万来字的讲话就花了两个来月。最后下午接上午，总共讲了六个钟头才算完，疲惫得好似害了一场小病。印刷字体笔形的划一，汉字读音的标准化，主意是我父亲出的，开会商量自然得请他当主席。有些文件，是国务院办公室叫他看的，如公文批改示例，他非认真审读不可。有些事，他本可以推掉的，如全国先进生产者代表大会，当时的新闻媒体出了个新鲜花样，争相约请老作家当记者，写采访稿。来向我父亲约稿的先后有三家，都说某老某老都已经答应。父亲不能落后，也不能厚此薄彼，全允诺了：先看了三份“材料”，三次去西苑宾馆，分别访问了三位代表；叫我和秘书史晓风兄各起了个毛坯，还有个毛坯急忙写信叫至诚起了寄来。父亲仔细修改了，其实没跳出“材料”的窠臼；还分送给三位代表自己过了目才交稿。那三位约稿的要是知道我父亲正处在内外交困的境地，他们一定不忍心把这桩老人家陌生的任务，硬加在他的肩膀上。

六月中旬，我母亲的病急转直下，发了两天高烧，肚子上长出个肿块，又红又热又胀，才三四天就穿孔了，淌出又黑又臭的液体，足足有一碗，既不是血又不像脓，吓得我们手足无措，赶快打电话向北京医院求援。医院立刻派了医生和护士来，帮我们把母亲的创口挤干，洗干净后，抹上了龙胆紫，包扎舒齐。母亲倒说肚子轻松多了，体温也降下来了。第二天，医生来复诊，说只是寻常疮疖，又说医院有空病房。母亲听了还是愿意住院。至诚又赶回来了。姚澄在上海拍《庵堂认母》，凑个周末，赶来陪了母亲一天。母亲的创口又恢复得特快，不到一个星期就平复了，又着急要回家，医生也同意了。

母亲这回出院，右腿迈步的时候常常要皱眉头，肯定是忍着酸痛，那个并未割除的硬块，肯定在悄悄地发展。父亲以为硬块已经割除，怎么不想想，即使割除了第二个，也保不定会长出第三个来呢？可是也不尽然，在日记上，对母亲的起居和身体情况他记得越来越仔细，只是每一段结语，老顺着主观愿望往好里说。想来也只能如此，因为我母亲老要看他的日记，当作消闲。母亲可变了，变得我们怎么说，她就怎么信，倒像看穿了我们和医生串通一气，跟她不说真话。三年开了两次刀，弄得全家凄凄惶惶的，是什么病，她心里会没有一点儿数？瞒着是一片好心，又何必说穿呢？母亲或许是这样想的。父亲直到她过世后，才跟我们这样说。母亲曾交代满子，要给父亲添些什么衣服，自己没精神操这份心了；还跟我姑母说，老太太的后事只好全托付给她了。都在父亲不在家的时候，抹着眼泪说的。

父亲的大书桌对着南窗，左首是母亲的病床。病拖久了都是呈曲线发展，母亲也有一些稍好的日子，总的趋向是矛头向下。父亲如果没有必要出门，就一边工作，一边陪伴我母亲；心里想着这样的日子应该倍加珍惜，可总是找不到松快的话头，脸上又不能现出一丝愁容。来客不是医生就是探病的亲友，心里又觉着矛盾：父亲欢迎他们来，可是说的话却无非这么几句。我们想父亲日夜犯愁，可能会闷出病来；母亲很可能也这样想。十二月初，作协要组织个代表团，去印度参加亚洲作家会议，问我父亲愿不愿参加。我们看母亲暂时还不会出事，都怂恿父亲去；母亲也说，有雁冰和老舍同行，为什么不去呢。父亲极其勉强地答应了，跟我们说定哪一天向他报告母亲的病况，信写到哪儿，电报打到哪儿。我们一天不差，按说定的办。所幸的是二十来天的远游没造成终身遗恨。一月二十，父亲归来了，带回来好些牛角雕的小工艺品。母亲斜靠在床上把玩了一件又一件，久已没见到她脸上有笑意了。父亲去印度的这段日记，在他过世后，我让儿子三午儿媳兀真抄了下来发表，就是第二十三卷中的《北上日记》片断之四。

七十一

父亲旅印回来，五十天后，母亲就离开人世了。北京医院先还不肯再收她住院。父亲倒完全理解，原来他也“理智得可怕”，说医院是治病的，本不该让明知没法治愈的病人白占了床位。母亲得由我们自己护理，为此还置备了一些能够操作的简单器械。可是问题层出不穷，满子还是不得不临时去拉位医生或护士来应个急。医生护士回去说了，院方才破例答应，派车把我母亲接进了病房。事情已到了这个地步，父亲也不再追问第二次开割的究竟了。二月十七下午，他带了我，还有芷芬、晓风两位陪着，去西山下福田公墓买了块地，就在王师母的坟右侧，左侧的那一穴，伯祥先生已买下了，准备将来自己用。芷芬兄问我父亲要不要也预购一穴。父亲说："不必。形骸同穴，亦了无意义。"在回程的车上，他说自己很矛盾，总想弄得讲究一些，又觉得没甚意思。我想起父亲在佩弦先生过世时曾说过：悼念是活着的人的事，跟死者已毫不相干。顺着父亲的想法，我和满子，仍跟芷芬、晓风两位，商商量量，买了口木料做工都很精致的棺材。

三月二日下午，我在政协礼堂听了报告出来，天飘着雪花。赶到北京医院，望见母亲的病房门前的那堆才撤下来的被单，护士跨出门来叫我快去太平间。太平间的门还开着，满子和至诚两个站在母亲遗体两旁。我轻轻揭开蒙在母亲脸上的白布，看了不止三分钟吧，想牢牢记住，其实像在梦里。满子告诉我："脉搏是五点半过一点儿停止的。父亲和姑母才回去，叫我们再守一会儿。"至美也赶了来，到七点半才请管门的老头儿关灯上锁。我们回到家里，芷芬、晓风两位早已赶来了，父亲已经跟他们商量定当，明天下午在嘉兴寺入殓；跟我们三个说："想来你们三个不会反对。医生说你们母亲症状特殊，希望家属都能同意，让他们作剖腹检查。我代你们都签了字。明天中午，去接母亲出院吧。"说完掩面回房，一个人坐在书桌前发呆。台灯亮了一个通宵。

第二天头一个来吊唁的是伯祥先生，他招呼也不打，直闯进我父亲房里；父亲一定听到了，一定知道来的是他，却不回过头来招呼。伯祥先生也不作声，走到我父亲背后俯下身来，见了桌上摊着的两张纸，就拿起来读。先读那首《扬州慢》（我在前头已谈过多回）。父亲的小序是："略述偕墨同游踪迹，伤怀曷已。"词中所述，伯祥先生记得清清楚楚，不知是赞赏还是叹息，说了句"可以改称《八州慢》了"，因为共用了八个"州"字作韵脚。另一张纸上写的一首五律：

同命四十载，此别乃无期。
永劫君孤往，馀年我独支。
出门唯怅怅，入室故迟迟。

历历良非梦，犹希梦醒时。

伯祥先生读完没作声，后两联写的那种日子，他“独支”已将两足年了。吊唁的客人陆续来了，幸亏有伯祥先生帮着酬答；他深知我父亲的脾气，会想着法子把话头引开去的。

嘉兴寺那儿布置得怎样了呐，我跟晓风兄去看了一趟。回来已近正午，客人都走了，只伯祥先生一位陪着我父亲在喝闷酒。我和晓风兄草草扒了两口饭，跟满子和芷芬兄去到北京医院。母亲右腹的刀口又缝得好好的，给穿上了新内衣，脸上还化了装，不太自然。遗体移到了嘉兴寺……请原谅我不细说了，总之三点整准时入殓。至亲好友拥着我父亲到后院客寮休息，只留下我一个在大殿守着。不一会儿，杨之华阿姨赶来了，扶着灵柩哭：“墨林呀，你……”父亲《在民间》中乘黄包车的两位主角，蓦地映入我的眼帘，霎时间又被泪水洇没了。我说父亲还在后边。之华阿姨擦着眼泪说：“你替我说一声吧！”就匆匆去了。第三天，把大殿布置成会场，挂上挽联和母亲的照片；挑几个鲜花扎的花圈围在灵柩周围。上午十点开追悼会。那时候好像还不大作兴遗体告别。会后送灵柩到福田公墓的有七八十人。砖圹已赶砌竣工，灵柩吊进圹中，盖上石条，抹上三合土。父亲说大家厚情相送，与其鞠躬作礼，不如在墓上撒一把土。他自己先流着泪，铲一铲土抛向穴中。大家轮着抛了土，才“各自归其家”。

盖在墓上的卧碑，得等天气转暖后才好砌上。父亲按石头的大小拼了张纸，写了“我妻胡墨林墓”六个大篆字，一行两字，分三行竖贴在上头半张。下头半张都用正楷，写了十天前作的一首五绝：“人情实太好，与我大有缘。一切皆可舍，人情良难捐。”是我母亲的口吻，一句一竖行。诗左三行正楷小字是跋：“墨以一九五七年三月二日谢世，先十日为余说此意。呜呼！心系人间，骨归泉壤，用铭其墓，来者鉴之。”都没用标点，署名“叶圣陶”。父亲定要亲自动手，大字小字，移来移去，腰酸背痛了近一个星期，最后自言自语说：“就这样吧。”卷了起来交给芷芬兄，石工是他接的头。

三月三十，父亲和伯祥先生做伴，由晓风兄陪伴去南方游散，头一站武汉，第二站广州，去避暑胜地从化住了将近一星期，认识了许多亚热带的树木花草。两位老友又到杭州见了云彬先生。他告诉我父亲，才接到人大秘书处通知，本年度代表视察自四月十日始；何不留在杭州，同去浙东各县看看。我父亲“入室故迟迟”，本不急于回家。伯祥先生说他想在女儿漱华家多住几天，可以先到上海去等着。我父亲于是仍由晓风兄陪着，跟云彬先生一同到了金华、温州、黄岩，主要视察学校、手工艺合作社和果园，顺便游了些名胜古迹。廿八日回杭州，又留了五天，看完了晓风兄拟的视察报告，被文教界拉去参加了几次鸣放会。三日到上海，伯祥先生还没回京的意思，父亲却接到江苏的通知，说省人大六次会议开会，邀往列席，就于五月八日到南京。他作出规矩，开大会必到，不参加小组讨论，可以腾出许多时间跟至诚、姚澄看戏闲谈。锡剧团已开始鸣放，姚澄既是党员又是领导，难免受到些指摘。至诚劝她说考验难得，应平心静气，好的意见应该接受。他当时全未觉察，半年之后，自己会碰在《探求者》这个坎子上。直到十七晚九点，晓风兄把我父亲送回八条，近五十天的漫游才善始善终。晓先先生不知怎么已先到了，不待我父亲坐定，就讲他在古籍出版社如何鸣放。父亲在那天的日记上留下了一句话：“晓先意兴甚好，似有乘此一泄其不快之感，余心弗然焉。”

后来反右，我父亲的老朋友中头一个见报的是云彬先生。他调到杭州已六个年头，是民盟中央让他主持浙江的工作的，被安排在省人大的领导岗位上；兼职的头衔可不少，好像有关文化方面的都占全了，我记得的如省文联主席、省体委主任，总之在杭州成了红人。从旧报纸上可以查到，反右是六月上旬在北京开的端，到下旬就在各省市铺开，浙江省是头一个见报的，揭出了沙文汉宋云彬等人。其时，云彬先生在北京参加一届全国人大四次会议，住在前门饭店，来京之前并未有所察觉。父亲在六月廿七日记上写下了一段话：“云彬近为杭州报纸所攻击，谓其亦有右派分子倾向。云彬平日语言随便，喜发无谓之牢骚，诚属有之。若谓其反对共产党，反对社会主义，则决无其事。云彬遇此，意兴自不甚佳。”第三天，父亲约云彬先生同去至美家小饮，又同去看汉剧《二度梅》。云彬先生对陈伯华的演技唱功，已没心思作甚褒贬了。人大会上的所有发言，当时一字不落地刊登在《人民日报》上。发言可分作两类，斥责右派的居多，另一类是已被点名的人作初步检查。会议延长了两天，就因为报名发言的人多。云彬先生报名迟了，尚未轮上，只好改作书面发言，回杭州再说了。我父亲的本是书面发言，题目是《公文写得含糊草率的现象应当改变》，稿子在大会上印发了；奈何言不及“右”，没得到与会者应有的重视。后来的研究者因惊诧于我父亲的不合时宜，产生了不切实际的推想。

七十二

父亲和伯祥先生结伴南游，只在杭州促成了一首《水调歌头·从化温泉》，后半阕有一句：“排遣哀愁无计，姑作南州游旅，愁尚损春眠。”可是哀愁不时来袭，总不能像徐霞客似的寄情山水，浪迹天涯。在父亲的日记中，我发现他有个无可奈何的办法：母亲过世后的第四天下午，他就让至诚陪着，去电影院看了英国片子《孤星血泪》；根据狄更斯的长篇改编的，说不错。第五天夜里，邀伯祥先生小饮，同去戏院看了川剧《拉郎配》。日记上说剧本写得好，通俗诙谐而不恶俗，表演颇佳；还扼要地记下了剧情，好像特地供我今日检阅似的。再一想我就明白了：日记的唯一读者一向是我母亲，因而父亲养成了这样的习惯，总是把母亲喜欢知道的交代得一清二楚。父亲在日记上说：“依旧时见解，方有丧事，不宜作乐，固属无须拘拘。而旧时之义亦本人情，逝者如斯，存者念之不暇，复何心娱乐耶？设墨健在，今夕必同观，奈何不深感怅惘也。”我作了个初步统计，在母亲过世后的一年里，父亲看了二十五部电影，戏剧话剧共二十四场，都为的排遣哀愁，可是回家来仍是“入室故迟迟”，不知到底如何是好。

我想最让父亲受不了的，是南游归来的那天夜晚。书桌上，柜子上，床上，都归置得整齐干净，母亲遗像前的花瓶里，插了三支绯色的苍兰。才沏的茶端了进去，还不是等于暗示父亲：“我们要睡了，你一个人就这么耽着吧。”第二天客人不断，“人情实太好”，都是来探望阔别将达两个月的老朋友。第三天于是起了个早，父亲姑母由我和至美陪着，去福田公墓看了看。母亲坟上的石工才竣事。碑身厚实方正，碑文安排独出心裁，让人觉得既稳重又亲切，父亲自己似乎也很欣赏，绕着圈子看了两遍，自言自语说：“该把那三支苍兰带了来的，正好平放在篆字下面。可是风这样大，只怕一放手就给刮跑了。”野地里风真大，白杨的叶子才萌发，在呼呼地叫。我们没向母亲的墓鞠躬，就乘汽车回城了。

翻阅父亲那一年的日记，我发现有些会，他先前是可不去的就不去，如今很少缺席了；有些应景文章，他先前大半都推掉，如今几乎有求必应了。人教社的各种课本，文改会的各种方案，好像还不够他忙似的，得加码，把自己折腾得更加疲惫。人文社的《叶圣陶文集》，适夷先生约他自选自编。他从《隔膜》开始一篇接一篇地修改。改头一篇的那天，他在日记上说："当时造句生硬，多用文言词语，殊不宜诵读；且有少数处所，今日观之，自己亦不甚明其确切意义，可见早年文笔之粗疏。"他又读起中长篇的翻译小说来，每天二三十页，几乎从不间断，《青年近卫军》《斯巴达克斯》《安娜·卡列尼娜》《战争与和平》……看了一部又一部。招儿也只有这么些了，哀愁到底排遣了多少呢？只有问我父亲自己了。父亲是不会回答了。在日记本边沿上，我找到他当时摘录的，陆放翁《蝶恋花》中的两句："只有梦魂能再遇，堪嗟梦不由人做。"

云彬先生回杭州戴上了帽子，原来的衔头撤尽，级别降低。相别半年，才给我父亲来了封信，说的是《项羽本纪》中的一个字的解释。父亲认为他说得对，回了信，似乎不及其余。第二年，他被调回北京，进了中华书局，就是古籍出版社；住得远了，难得来看我父亲，来也坐不长，谈的不外乎《史记》的断句和校订。一九六〇年十一月初的一个傍晚，他来告诉我父亲，帽子总算摘掉了。父亲留他喝酒，他不再推辞，而且谈吐有了笑意，喝到了半醺才告辞。晓先先生也戴上了帽子。他仍来看我父亲，说自己那时像发酒疯，不能自制。第二年春节那天傍晚，他来拜年，才坐定，人教社的几位老先生也来了。满子已把酒席摆好，父亲就请客人入座。晓先先生涎着脸跟大家坐了下来。可是除了我父亲，谁也不跟他打招呼，眼睛里都像没瞅见桌上有位晓先先生似的。好容易捱到席散，晓先先生身子一偏，像个隐身人似的偏出了客室，到厨房里跟满子说："没脸向圣翁告别，我走了。"父亲早觉察了，心里挺没趣。从这一回以后，父亲就很少在家里宴请客人了。经常留饮的只有几位伯祥先生那样的老朋友。

至诚怎样了呢？也许有读者会问。至诚说好等八月初姚澄下乡巡回演出了，他就回家来陪伴父亲；到日子来了封短信，说他犯了修正主义的错误，要准备检查，到秋凉再说吧。父亲不明白他说的修正主义是怎么回事，写信去问。他惯迟作答，又答非所问，不知是故意回避呢，还是自己也弄不清楚；到十月初才说，所犯的错误有甚于修正主义者，大致是违离组织，不接触群众，为严重之自由主义。父亲以为一个人专搞文艺，不做别的，结果必然如此；自己既然知道，对症下药，改了就好。过了一个月，姚澄来信了，说至诚还没戴上帽子。我们也听说了，这叫做“帽子拿在群众手里”，随时都可以给你戴上。姚澄又说，他们几个人要搞同人刊物《探求者》，至诚还起了组织者的作用。这倒有点儿麻烦，至诚家里每天晚上像茶馆似的，三朋四友，保不定说了些什么犯忌的话。姚澄的结论是：即使不戴帽子，党内处分也是免不了的。父亲在回信上说：不是有言在先，即使戴了帽子，也作人民内部矛盾处理吗？不要太当作一回事，好好改造就是。当时做父亲的，大多都这样说。十一底边，至诚才自己来信说，下乡是肯定的了，是干部下放还是右派改造，得看他检查是否深刻而定。十二月中才检查完，处分是留党察看两年，没提下放的事，半年后锡剧团来京演出新戏《红色的种子》，还让他跟着姚澄回家探亲，宽大得有点儿出奇，原来暂时留着他，就为的修改这个剧本。帽子呢？反正在群众手里拿着呐。

十一月三日傍晚，《人民日报》打电话来说，王统照先生昨天在济南逝世，他们知道他是我父亲的老朋友，要我父亲赶写一篇悼念文章。我父亲正惦记着这位相识将近四十年的老朋友，那一年人大开会，他明明报了到的，在会场上没见着他，却由山东代表团递来了一张便条和一本纪念册；便条上说他一下车就病了，得在医院里休息几天，要我父亲在纪念册上随便题些什么。“剑三今年也六十了，怎么还像个中学生似的？”这个念头一闪而过，父亲提起笔来，把“南运经时又北游”一首写上了；按便条上的吩咐，把纪念册递给了振铎先生。两位老朋友约定了同去医院探望统照先生，没想到山东代表团已经把他送回济南了；不为别的，就为他书面发言稿写得了，好像话还没有说完，兴奋得夜里不肯睡觉。父亲因而想起统照先生在动笔写长篇《山雨》之前，先把结构跟他说过，并仔细征求意见的情景。作者和编辑如此亲密无间，着实使他留恋。前两年父亲还问过他，有无余勇再写一本；经过了这二十多年不寻常的磨炼，肯定会今胜于昔。他好像胸有成竹地说：“有，有。待哪天有空咱们谈谈。”可是终于没有谈；他把烟都戒了，气喘却越发厉害，最后瘦骨嶙晌，给我父亲留下了无限的惆怅。那天子夜十二点，我父亲才写完了《悼剑三》。《人民文学》又来约稿，我父亲作了一首五古。

统照先生也是文学研究会的发起人之一，和我父亲先是通信朋友；一九二二年初，我父亲到北大预科教作文课，两人才见面。一九三一年他到上海，就是谈《山雨》构思的那一回，在我们家喝过酒，我的第一支自来水笔就是他送的。一九三五年我们搬回苏州，他第二年初春到青石弄住了几天，父亲陪他去洞庭山玩了两三天。他不但是我父亲的朋友，应该说是我们一家人的稀客。

还有一位更稀罕的稀客，就是怪诗人徐玉诺先生。他连续两个暑期到过甪直，父亲都留下了记录，头一篇是《记徐玉诺》，第二篇是《火灾》。一九二三年暑假，我们家搬到了上海永兴路，这是第三个暑假了，他路过上海又在我们家耽搁了三五天，从此没有消息了。这些话，我在前头好像都交代过了。一九五八年六月中旬，玉诺先生之子西亚忽然来信，说他父亲最近在开封病故，临终前只说了一句话，吩咐他通知一声叶某某。我父亲觉得有负于老朋友，复信除了悼念，问了西亚的工作情形和家庭近况。没想到西亚不再来信，可能脾气也有点儿倔，或者有难言之隐。直到一九七九年初冬，河南平顶山来了两位年轻人，向我父亲询问玉诺先生的事迹。他们去过鲁山玉诺先生的家乡，儿子西亚也已过世，两个孙儿都务农，年过三十，因贫穷尚是单身汉。父亲听他们这样说，写了封信给河南文联苏金伞先生。信上说，玉诺先生是新诗的早期作者，现在已很少人知道。希望河南文联通过调查研究，给他写一篇传略；“并通过正当途径，俾其二孙之穷困略得改善，则我代为玉诺感激不尽矣。”金伞先生的复信春节前就到了，说后一件事已办妥，由政府酌量给予资助；玉诺先生一生行踪不定，材料收集比较困难，传记不知哪一天才能完成。

七十三

佩弦先生在逝世的前一年作了首《老境》，第六句是“亲友时看星坠光”。他当时才四十九，已经惊诧于知己逝去之早了。一九五八年，我父亲已将六十四了，划过夜空的流星每年总有那么三两颗，哪儿想得到，这一回竟轮到了振铎先生！国庆节在观礼台上还见过面的，他说将要带个代表团去阿富汗和阿联酋访问，在他只是寻常事。父亲还跟他说过，这两个国家他去才合适。偏偏那架“图—104”，十七日坠毁在苏联境内了。父亲二十日清晨听到广播，眼前很可能出现了一道炫眼的光。《文艺报》来电话约稿，父亲把当时的心情写成了五律《悼振铎》，打电话叫他们来取。诗稿取去了，父亲又觉得还有许多话没说，非再写些什么不可。下午，伯祥先生和昌群先生来了，三位老朋友像开追思会似的，谈了半天的振铎先生。我父亲说：“明朝一同去振铎家看看吧。”伯祥先生说：“老太太面前还瞒着呢！所里关照，叫暂时别去。”话头于是转到老太太身上，都说振铎先生花甲之年还改不了孩子脾气，就因为老依偎在母亲身边。他最后一次拉着老朋友去家里看陶俑，那桌精致的闽菜，仍旧是老太太亲自动手做的。“半年前的事还在眼前，唉!”晚上，父亲没留老朋友喝酒；他自己一滴也没喝，说肚子里不太舒服。

第二天上午，父亲花半天功夫作了七古十六韵，他把昨天作的五律先抄上，写上“前诗意未尽再作一首”九个字，再抄上新作的七古，一同寄给了《人民文学》；把经过交代得清清楚楚。无奈“此恨绵绵无绝期”，即使再续六十韵，恐怕依旧是个“意未尽”。父亲在再作的七古中只提了两件往事：一是抗战期间，振铎先生困守上海，“隐护人才兼文物”；一是一九四九年年初，结伴从香港浮海进入解放区，“图南北运意气雄”。两件都值得写，应该写。能不能添上几件呢？那还用问，在后来写的七律《振铎周年祭》中，父亲就添了两件：“水库习劳昕夕共，定陵并辔指陈详”。当时，这两件事还簇新的，才过去半年左右；四十年的交情如雪崩迎面扑来，满眼闪烁的亮点叫人一时无从挑选，这也是十分可能的。

“水库”和“定陵”一联，按时间先后应该掉个个儿。先是二月二日下午，振铎先生特地邀约我父亲和伯祥先生，同去明十三陵，参观发掘将竣工的定陵地宫。真个像孩子似的，得了新鲜的好东西，立刻想到跟同伴分享，还充当了一回地地道道的讲解员。六月下旬，参加修筑十三陵水库的义务劳动，我父亲和振铎先生却是不期而遇，同是国务院组织的第二拨，却不在同一小队，出发时都望见对方在别一辆小面包上。宿舍借的一所学校，离工地八里；住宿和劳动，两人都不在一起。每天午后三点整队出发上工地，夜里十一点回宿舍，扣除来回走路和中间休息，实际劳动时间不足四小时。我父亲当然跟老黄忠归入一队，让他坐在河沟边，捡大小合格的卵石扔在筐中，由飞虎队倒进小车运走。这第一天好像没有什么，回宿舍喝了碗粥就睡了。第二天可不成了，上午还不太觉得，没找着振铎先生。晚上九点提前歇工，吃过晚饭开了联欢会，接着又放电影，父亲的两条腿几乎站不起来了，最后一个回到宿舍。第三天，觉得困疲稍舒。歇工时有微雨，工地上备了两辆大客车，供老黄忠们穆桂英们搭乘。我父亲有唇髭作证，被拉上了车，也不再推让。坐在车上，他望见振铎先生，高个子一摇一摆，走在队伍里。第四天上午，父亲居然找到了振铎先生，两人一同去浴室洗了澡，都说疲劳关似乎已经闯过。晚上提早歇工，因石料已经够用，第五天改成了运砂子。我父亲和振铎先生，还有夏衍先生、范长江先生，都留了下来，要他们写水库建设的“特写”，先看看已整理得的材料。各人都选了一篇，答应回北京就写。忽然下了一阵大雨，大家都说真是“久旱逢甘雨”，可惜这雨像害了羞似的，转眼就停了。父亲在日记上记着：“晚餐后与振铎各饮啤酒一瓶，闲谈久之。”三十七年前的初春，两位老朋友在上海半淞园初次见面，同去的还有雁冰先生兄弟俩；那次长谈，在我父亲的散文中，还留下了一些痕迹。而四个月前的初夏，在十三陵水库工地上那个宁静的夜晚，两位老朋友分明作的无疑是最后一次娓娓长谈，却一句话也没有记下来，不免叫人觉得可惜。

一九五八年是大跃进的一年，好像只要大家站成一排，使劲向前一跳，就能跳进共产主义似的。我就接到过一张表格，叫我把到了共产主义需要些什么，全都填上。这怎么填呢？我只好跟父亲商量。父亲没接到这样的表格，只叫我别填，到了共产主义不就按需分配了么？着的什么急呢？我想倒也是，记得进入共产主义有两个条件：一是生活资料的极端丰富，一是思想品德的极度提高。父亲写过一首赞扬国际主义无私援助的新诗，开头却引用了《礼运》中的两句古话：“货恶其弃于地也，不必藏于己；力恶其不出于身也，不必为己。”在喝酒闲聊的时候还说过：共产主义道德，恐怕就是这样了。想来制作表格的那一位是不会把思想品德忘了的，正是大跃进，使他认为这个问题在中国大地上已经不再存在，待表格上的数目字统计上来，大家就可以按计划比着“放卫星”了。

大跃进中，连作诗也“放卫星”。心里想到什么，说出口来又顺溜，那就是诗。男女老幼都作诗，屋里墙外都是诗，村村都开赛诗会。我父亲也忍不住，写了不少“大跃进式”的诗。四月中旬，他受天津茶淀青年农场邀请去参观，看了大田、牧场、果园、苗圃，跟朝气蓬勃的知识青年一同耽了两整天；用他们的口吻写了两首新诗，《种桃树》和《拾粪》。五月二十，各文化团体去十三陵工地慰问，父亲参加了；回家来兴奋得说个没完，第二天上午就作了首古风。五月下旬，父亲由文联组织，去张家口外“走马观花”，带队的是自谦“诗多好的少”的郭沫若先生。

在劈山大渠工地的油印小报上，郭老发现了一首好诗：

扁担不长三尺三，箩筐不大柳条编。
你别小看这玩意，昨天担走两座山。

大家看了都说好，都说是真正的诗。这“大家”，姓名见于我父亲的日记的，还有萧三和沈从文两位先生。父亲认为这首诗歌颂了集体劳动，特地写了篇赏析文章。他说前两句写了两件轻微不足道的东西，后两句却记的是难以想象的劳动成绩。是什么把前后两者联系起来的呢？读者自然而然已经知道，是挑担的人；不是三个四个，是数不清的一大群有组织的人，而且都明白为什么要担走这两座山。什么“含蓄”“暗示”“对比”“联想”之类的词儿，父亲一个没用，说了些切实的读诗和作诗的 ABC。“大跃进”渐渐没人提起了，何况是一首佚名作者的小诗呢？何况诗大多是抒发感情的，夸张过度的也还不少，如这一首似的。即使真个是好诗，也只能当作诗读，万万不可当作计划来执行，当作成果来统计。

这回去口外，我父亲又写下了不少即兴的顺口溜，还给张家口《大跃进民歌选》第二辑提了首七古：

大跃进中新面目，思想解放干劲足。
生活如花烂漫开，万道诗泉齐涌出。
心头激动口头歌，无须拘拘事雕琢。
自来诗篇宁有比，文学史开新纪录。

看这气派，如果谁编《全大跃进诗》，不妨用作《代序》。又一回是九月十三，统战部组织去徐水访问，我和父亲都参加了。民主人士中多的是诗翁。记得回京的那天上午，大家像开赛诗会似的，把三天内积在肚子里的锦绣都挥写了出来，挂得满院子唰唰的一片响。

生活是创作的源泉。不管怎么说，“大跃进”使更多的人们接触了，或者贴近了深入了劳动；各种形式的文学作品，一时间像雨后春笋。我父亲注意到了小说，他一连写了十来篇评论，都是新人新作。最先介绍的是浩然的《喜鹊登枝》和王愿坚的《普通劳动者》，后一篇是以十三陵水库工地作背景的。父亲在开头说，并非因为他去过工地才说这篇小说好；意思是即使没去过工地，也同样说好。我想，他去工地慰问过志愿者，自己也参加了志愿者的大军，恐怕不能不说是他看中这个短篇的次要原因。小说只写了一位年轻战士，一位将军；两位主角未曾见过面，在工地上同挑一个箩筐；从午后三点，写到啃了两个馒头，又抓起扁担，闯进大点子的急雨。题目《普通劳动者》，不用说，是作者加给将军的称号。

这篇小说被选进了某出版社的语文补充读物，把我父亲写的评论附在后头。这样编排是不错的，至少可以让教师省下一半的备课工夫。过了几个年头相安无事，一九六四年三月接到北大附中一位同学来信，说他们班的同学认定：吃晚饭的时候将军在沙堆背后听人讲的，不是长征故事；而正是九年前，将军带领部队，在十三陵一带作战的故事。我父亲当夜给这位同学写了回信，说“我非常感激你们，对你们的细心看书非常欣慰，对我的疏忽非常惭愧。”又说“当时我怎么会想错的，现在也弄不明白，总之我说了不正确的话，叫人家受累搞糊涂，是很不应该的。”还说立刻给出版社去信，请他们在再版时改正，连如何改法都写得明明白白，问同学们是否妥当。给出版社的信，也同时发出。

七十四

一九五八年年底，北京开始试播黑白电视，首批凭证供应的电视机是从苏联进口的。我父亲得到了购买证，说放弃了可惜，定要去买一台。有两种型式可供选择。我买大的一种，花了四百元，叫“纪录牌”，屏幕大小像一本打开的十六开本期刊。父亲看了嫌小，说至少该跟《人民日报》一样大。接上天线，调整好频道看了一会儿，奇怪，渐渐地忘记它的小。试播每天从晚上七点开始，节目播完总在十一点过后。电视机供在西屋的五斗柜上。父亲要是在家，柜子正对面那把椅子专给他坐，晚到早退都可以，还可以喝茶抽烟，比戏院少了许多拘束。那时是大跃进，又正为迎接建国十周年大庆作准备，各省市的剧团纷纷来京献艺，都争取在电台电视台播出，在屏幕上，戏是有得看的。父亲最喜欢川剧，说同川菜一个风格，甜就甜得沁心，辣就辣得人合不上嘴。其次是京剧，是昆腔。他时常发现，川剧和京剧，尤其是没听说过的地方剧种，都有个别出色的折子戏，原本来自昆剧的剧目；移植之后经过一再蜕变，磨去了一些什么，又注入了一些什么，终于得到了当地人的认可，别处的人看了也觉得不错。他说这个漫长的过程，倒是很值得研究的。父亲更喜欢电影，电视播放电影，他可以说一次不拉，中途退场的固然也有，看完了的免不了说短道长。看到满意的片子，等到电影院放映，再买票去重看。

——且慢，这篇《父亲长长的一生》，是前年十二月初写开的头。我跟出版社口头约定：如果今年五月底交卷，他们就能赶在十月中旬，我父亲一百一十周年诞辰日，跟前头的二十五卷一同见书。明天就是六一儿童节了，我却才写到大跃进的头一年——一九五八年，后头还有三十个年头呐。看来我必须鼓起余勇，也来个大跃进；随时三级跳，跳过一些不太必要的章节，使劲往前赶才成。出版社订定印制计划，一般总留点虚头：稿件迟交个把月，他们盖上个“特急”印章，抓紧排校，能把失去的时间追回来的。话休絮烦，让我言归正传，目不旁骛，使劲追在前头。

过了“大跃进”，紧跟着来的是“三年困难时期”，两者的界限不十分分明，一共六七个年头吧。城里人要是知道些油盐酱醋，一九五八年底边就会发觉，菜场上起了细微的变化，各种副食品的供应渐渐紧张起来；第二年春节，瓜子花生上市比往年迟，箩筐里一抢就空了。负责采购的满子曾抱怨过，父亲也许觉得新鲜，无意中在日记上挂了一笔；后来可能因为读到了陈叔老新作的一副对联“一心记住六亿人口，两眼看清九个指头”，就什么也不记了。那个时候家喻户晓：叫你扳着指头数一数，无论怎么说，成绩肯定比缺点多，是九个指头和一个指头的关系。

“三年困难”从哪年哪月算起呢？从降低个人每月的口粮标准算起，我想是比较合适的；可是在父亲的日记上就没找到这个年月。只记得我原来是三十二斤，减到了二十七斤，粗粮细粮按规定的比例配给，除了上学的孩子，一家人都减，以体力消耗的大小为准。总共减去了多少斤，问满子，她也记不准这笔账了。油、糖、豆也按定量分配。记得那时的白粥分外香，饭前还真个觉得饿。父亲和我总是书生之见：六亿人口都在挨饿，我们没有特殊化，一同挨饿，这才是正道。没有特殊化，其实并不彻底，父亲和我都有“特供”，跟司局级干部一个样，每月另加糖和豆；父亲有两斤肉，我也有一斤；香烟都是一条，父亲是“红牡丹”，我是“大前门”。特供的价钱跟市价一个样，可是在困难时期，在全国六亿人口中，这点儿特供，已经叫我们特殊化得羞于启齿了。

困难时期票证虽多，可是物价未涨，薪水未减，人们手上的钞票就越积越多。经济学家说这可不是好现象。得把那过剩的钞票收回来。用什么办法呢？就是提高一部分非必需消费品的价钱。对我们家来说，影响最大的莫过于酒了：售价转眼间翻了几番，尽管这样，名牌白酒在市场上竟一抢而空，剩下的只有浅黄色的金奖白兰地，喝惯国产烈性酒的人嫌它不过瘾，又不习惯陈年橡木桶的那种怪味。人舍我取，我父亲就专喝白兰地。一瓶十五元，兑上四分之一的凉开水，等于十二元。我还嫌贵，找到了一种调制的白玫瑰，味道太甜又异香冲鼻，难喝极了，好处是才五元一瓶，哪儿都有卖的，兑上凉开水，酒价还能下浮。父子俩对饮，各喝各的，都自己骗自己。

政协礼堂三楼大厅西北角，有个小小的小吃部，记得在困难时期，每月发给每位在京委员两张用餐券。委员凭券可以带着家眷去小吃，人数不限。小吃部摆着十来张小桌子，两人对酌正合适，四个人就觉着挤了，两张桌子拼起来勉强可以坐六个人，你总不能把一大家子都带去吧。荤素小菜七八种由你挑；还有白酒供应，五粮液，剑南春，每人限购一两；服务员挺有人情味，连小孩也算。点心主要两种：担担面和冬菜包子，多少随意。最后一起算账，吃不完的全部带走。父亲不大肯去，我和满子可不肯放弃这点儿既得利益，有时还带着孩子去。满子忘不了她的手提包。手提包里有个铝饭盒。把冬菜包子带回去孝敬老太太和姑母；还有个带盖的日本塑料杯，把多买的和喝剩的白酒，一滴不剩都带回家，让父亲独自开怀畅饮。一九六〇年下半年，城市中因普遍营养不良，许多人患了浮肿病。有些单位作了普遍检查，人教社近三百人，患浮肿的超过了百分之十二，我父亲属于比较严重的一拨。医生送来一大包特效药，看外表像红砂糖拌的麦麸，用沸滚的开水冲服，如炒面，疗效想来是开胃通便。

好久没提到我的祖母了，她老人家已九十六岁了，终于老熟了。过世前十来天，她还念叨说："我就想吃咸鸭蛋，亦勿肯搭我买一个。"她不知道为了一个没找到的咸鸭蛋，我们已经跑遍了半个北京城，还没法跟她说清楚，眼下是困难时期。我母亲病重的时候，老太太已经糊涂了，家里少了个天天见面的人，她从未问过一声。她老是斜靠在床上，生活全由我姑母照料；一日三餐，连放在床头盘子里的西式蛋糕，各种蜜饯，香蕉苹果橘子，都要我姑母喂进嘴里。我父亲有个特殊任务。老太太是缠脚的，脚指甲长得很慢，可是奇形怪状，又厚又硬，只有我父亲一个人能对付。父亲像修脚师傅一个样坐在矮凳子上，开亮的台灯放在一边，让老太太把脚搁在他膝盖上。他戴上老花镜，左手握住老太太一只脚，右手三个指头捏住刻字刀，就像刻牛角印章一个样，看准了才下刀，全身的力气都集中在三个指尖上。如此聚精会神，真该摄下个特写镜头来。

老太太对死的态度值得研究。早在还能下地的时候，忽然有一天，她把一件单衣叠好，用一块大手帕包好。问她干什么，她叹息说："终归要去噶，搽哼去法亦勿晓得，亦呒人陪。"问她去哪儿。她想了一会儿说："只有到来格路上去。"我想这是往事的再现，我们家在解放前搬动太多，每回搬动，都没先跟她说清楚缘由，要去的是个什么样的地方。她嘴里不说，脑子里却老在转，如今翻出来了。后来，老太太的精神更加错乱，常说谁谁接她来了。说的大约是她娘家的人，大多连我父亲也从未见过。她看到的自然是幻觉。跟她说没有人，她却说就坐在那里。我父亲和姑母都是直性子，跟她说没有就是没有；有时候竟会跟老太太吵起来，弄得我们小辈不知如何才好。亏得依正弦曲线发展，有峰有谷，闹几天又好几天。

二月三日晚，老太太心脏停止跳动。第二天早晨，头一个来吊唁的仍是伯祥先生。也在嘉兴寺入殓。灵柩在寺里停放了八天，十二日上午在福田公墓下葬。称父亲的心，石工的形式要跟我母亲坟上一模一样。

母亲坟上的石工，当时是芷芬兄一手操办的。他后来也戴上帽子，去北大荒参加劳动，于前一年十一月中旬因营养不良去世。石头只能由我去找了，找了几处，只找到一块稍小一些的，高里长里宽里，都小了两寸多，征得父亲同意才买下来。刻在碑面上的字仍旧由父亲自己写，一律用正楷。正中一行八个大字："我母朱太夫人之墓。"铭语一百一十九字："我母朱太夫人生于一八六五年六月十七日，殁于一九六一年二月三日。我生六十六岁，违离膝下非恒事，有之往往旬月耳，较久者一度，亦仅一载有馀。今则永不复亲颜色。归熙甫云，世乃有无母之人，其言至哀，我深味之矣。子叶圣陶敬书。"铭语字小，没用标点；每行三十字，分为两个两行，列在八个大字两旁。归熙甫就是归有光，明末清初的散文家。"世乃有无母之人"，是他作的《先妣事略》的结束语。我父亲很称赞他悼念母亲的这篇散文：说的都是家庭琐事，最后用这七个字点出了他对母亲的无尽依恋。"十年浩劫"，福田公墓中的石碑几乎全被砸烂。祖母坟上也在劫难逃，连带着字迹的碎石也没留下一块。母亲的坟在东边靠后，盖在上面的大石头倒还完好，父亲写的字没受损，只是楷书的铭文刻得太浅，笔画不很分明了，不知更能消几番风雨。

七十五

父亲的浮肿依旧如故，小腿上用指头一按就是一个坑。部内社内有好些人劝他去外地休息旅行。他在日记上几乎天天提到自己如何疲累，有时还说，感到自己思路迟钝，恐怕不能再写什么了。可是同事们都忙得不亦乐乎。怎么能独自放手就走呢？中小学课本，不管哪一科哪一册，每年都得改编重排一回。学生当然不会知道，教师不明白干吗年年要改，免不了有些埋怨。课本有了改动，肯定会加重他们备课的负担。我陪父亲改写过小学常识课本，两个单元，不足十课：一个单元从电话电报说到无线电通讯，一个单元讲行星和卫星的运行。苏联发射了人造卫星，这些常识总该让孩子们弄清楚吧。翻开课本，我父亲自己也看不懂，让小学教师怎么跟孩子们讲呢？课本都得赶在三月底以前发排，要不然到了秋季开学，就来不及供应。远水救不了近火，父亲叫我坐在一旁，他问我答，问清楚一段写一段，一连七个夜晚都赶到了十一点半。科学技术日新月异，编教科书的得跟上。国际国内发生了什么大事，有该反映的，有不该反映的；怎么个反映法，分寸如何掌握，编教科书的全得心中有数。说个最明白不过的例子，某位作者戴上了帽子，他的作品就得从语文课本中抽下来。尤其那个时候，食品匮乏，到处都嚷嚷“精简教材，减轻学生负担”。人教社忙得人仰马翻，我父亲也只得跟着大伙儿，再贾余勇。

看看到了四月初，在众人的努力下，秋季供应的课本大致稿已发齐。晓风兄跟我父亲说，部里催问叶老去外地游散的事，并指定让他全程陪同。他说叶老要是想出去走走，正好抓住眼前这个空当。这就盛情难却了，尤其满意的是有晓风兄做伴。父亲只提了一个要求：希望一切自费，花的钱不由部中开支；以私人的原因耗费公款，他不能安心，态度挺坚决。第二天晓风兄来找我，笑着说我父亲的办法行不通。我想是行不通：晓风兄是部里派给的任务，难道差旅费也让他自理。父亲可能会说，都由他来付，那就变成了出钱雇用公家的人，更加说不通了。晓风兄说，到了外地，教育厅教育局总得有人来照料，免不了要谈谈当地的教育情况，请叶老去几所办得好的学校看看，跟老师们说个话。一切都由他掌握，总之不让叶老受累，做到工作休息两不误，用不着把这点儿差旅费挂在心上。我说倒也是。经两个人一同劝说，我父亲不再坚持，话头就转到出游路线和日程安排上去了。

父亲这回旅行是四月十八离的家，有晓风兄陪着，姑母和我们都放心。第一个节目是看看才电气化的宝成铁路，却先在西安逗留了六天，为了休息好，尽量把步调放慢。除问了问教科书在陕西的供应情况，父亲只看了两回豫剧，看了几处古迹，都是重温九年前的旧游；只半坡村遗址是新的，看得比较仔细。搭廿四日午后的快车离开西安。四点后到宝鸡，换上电机车头，前挽后推，穿过长长短短四五十个山洞。出洞入洞之间，瀑布湍涧，削壁断崖，窗外的景色时断时续，应接不暇。在车厢里仍可以感觉到列车盘旋而上，又盘旋而下，知道已经过了秦岭。在凤州站换上蒸汽车头，第二天清晨已进入川西平原，十点半到达成都。在成都过的“五·一”，节前节后的六天中，视察了几所中学和小学，看了几位老师上课，了解了课外活动的开展情况，请十来位教师对教科书提出意见和要求，所有的活动，都是晓风兄跟当地的厅局一同安排的；

如果换了我，一定不能那么周到。五月六日到重庆，正逢上学校放农忙假，只能听局长作口头汇报。九日乘江轮东下，从头到尾重温了三峡这幅山水长卷。十一日晚船泊汉口码头，又是厅长来接，说明晚有下水客轮，已购得去九江的船票。第二天上午参观了长江大桥，又乘车到武昌东湖转了一圈。下午，厅长说要汇报，那就汇报吧，晓风兄作了记录。厅长问如何改进语文教学；父亲说了半个来小时，厅长都记在了他的小本本上了。晚上，厅长定要亲自送上轮船。其余的应酬，都让晓风兄出面恳辞了。次日上午到九江，乘汽车上了庐山。

庐山上没有学校，工作自然免了；不是避暑季节，没碰到一个游人；由招待所的孙学恩安排在一座林间别墅里，静极，亏得有晓风兄做伴，不至于寂寞过了头。植物园就在近旁，第二天就去了。全园占地将近五千亩，分乔木区、灌木区、岩石区、沼泽区，筑有温室、冷温室、荫棚。青年技术员刘燕铭知识广博，讲解清晰，处处流露出对研究工作的热忱。庐山景点之多，都要“到此一游”是办不到的。六天中到过的景点，在日记上都只三言两语，游植物园倒写了两大段，记下了好些没见过的品种。还作诗填词。那首《水龙吟·庐山雾》，专写雾的动态，与人游戏，看到下半阕才知道，作者面窗而坐，连楼也没下。还有一首《蝶恋花·云锦杜鹃》，咏的是庐山顶上怒放的特有名种。对孙学恩和刘燕铭两位，我父亲各赠以一首诗，感谢他们殷勤招待。又促成了《水龙吟·武昌东湖》，还有晓风兄创意的那首七古《天气》。六首诗词都收在第八卷中，读者诸君如有兴趣，不妨翻出来看看。当时在父亲的信中，我陆续读到这三首诗和三首词，就知道他出门游散才半个月，精神确已放松了不少，小腿的肿可能已经消了。

下山到九江，乘了一天一夜轮船，二十日晨到南京码头。教育厅长来接，见了面就说叶老来得正好。原来江苏已在编十年一贯制的课本，有些问题要汇报请示。一连两个上午，花在了跟少数课本编辑谈话上头。又一个下午，去教师进修学校讲话，也是应有之义。三十多位中小学语文教师找上门来，又谈了半天话。教育方面交代得过了。文艺方面不肯落后。分别拉去参加青年作者的座谈会，报刊编辑的座谈会。如果光记这些活动，生活跟在北京几乎没有差别了。好在每天有两个半天，剩下的一半时光，除了旧地重游，添上了一个紫金山天文台；晚上还可以看戏听书。南京是至诚和姚澄的家呀，父亲所以到南京，就为的牵挂他们。如今天天见面，或者他们到旅馆陪伴父亲，或者父亲去他们剧团，跟各剧种的演员闲聊。父亲还抓紧时间帮至诚修改老戏《柳毅传书》，说要拍电影；姚澄的拿手剧目《拔兰花》，父亲已改过两遍，说有空得再改一遍，要把唱词改得更接近口语。

在南京住到五月底，又带着至诚姚澄，回故乡苏州。我看得来个“三级跳”，跳过在苏州逗留的一个星期，六月八日清晨回到北京，晓风兄把我父亲护送到八条，这趟劳逸结合的工作旅行长达五十天，宣告胜利结束。

父亲回北京的五十天，精神固然比出去之前强得多，积下的工作，基本上处理完了；只报刊的约稿，还欠下不少债。可是又得出门旅行了，参加的是去内蒙古自治区的“文化参观访问团”，文化部组织的。同去的二十多人，有老朋友老舍、梁思成、吴组缃、端木蕻良，还有画家、摄影家、作曲家、舞蹈家，在共同的旅行生活中，肯定都会成为极熟的朋友。路线和旅伴都是最佳选择了，何况是有目的的，目的是增进民族之间的团结和交流的大题目。我想父亲在出发前可能关照过自己：得忍着点儿，千万别喝多了，一激动就流下眼泪来。这五十四天的日记，二十年后，就是一九八一上半年，父亲整理了，以《内蒙日记》为题，作了篇小记，发表在《收获》上。如今编进了第二十三卷。我就藏拙，不另节述，请读者诸君直接读我父亲自己编定的吧。有趣的是诗词都短而且多，夹在中间好像是提示。

七十六

总算说到一九六一年十月了，“三年困难”还没结束。跟蜗牛爬上墙似的，到哪一天才算完呐？读者诸君请别着急，各位不放心的，无非是那“十年浩劫”。

一九六六年八月二日，新上任的何伟部长召见林砺儒和我父亲，说教育部要改组，两位老先生不复参加行政工作，问有无意见；两位不约而同，都说没有意见。父亲又在日记上说：“余在教部已十二年，未作甚事，实为尸位。颇思辞去，而恐未便，遂久因循。今闻此言，殊有竟体一松之感矣。”回家的路上，真个去浴室洗了个澡。后来听晓风兄说，中央作此决定，可能是保护性措施。父亲问他：“人教社还去不去呢?”他笑着说：“人教社是兼职，本职已经免了，自然不必去了。何况大家都忙着写大字报，叶老去了也尴尬。”尴尬人难免尴尬事，九月中旬，教育部有个什么战斗组，贴出了一张四千来字的大字报，《坚决打倒文教界祖师爷叶圣陶》。我的儿子三午听说赶去抄了一份回来。大字报分四大段：“一、一贯反对党的领导，是漏网大右派。二、一贯反对文艺为无产阶级服务，顽固地宣扬修正主义的写真实论和创作自由论。三、反对教育为无产阶级政治服务，排除语文教学中的政治思想教育，宣扬为语文而语文的反动观点。四、反对毛主席的文艺批评标准，树立艺术至上、技术第一的修正主义标本。”结尾的判语，称我父亲是“横在社会主义大道上的僵尸”，应该“垛成块，烧成灰，扬入河，清除叶的反动影响，涤荡叶遗留的污泥浊水，把语文教学的阵地夺回来，让毛泽东思想的伟大红旗在文教阵地上高高地飘扬!”例证如铁，文气似镰，跟报刊上的长篇大论不差多少；看来还放了一马，没跟哪个黑线人物联系在一起。

报刊上的大批判文章，自《论〈海瑞罢官〉》起，我父亲一篇也没放过。读过之后常跟我们说，莫非自己真个老了，语感已经迟钝。每篇文章都揭出了这么多的问题，既尖锐又现实，自己怎么一个也看不出来呢?都引经据典，言之凿凿，叫局外人没法怀疑，甚至不敢怀疑。如今大字报写到他自己头上来了，虽然批的不过是片言只语，却都是自己嘴上常说的，笔下常写的，赖是赖不掉的。要是明后天被拉去开会批斗呢？看来得准备个检讨提纲，辩白是不行的，只能表个态。父亲独自坐在屋里好几天不作声。至美听说赶来了，大家想不出用什么话来劝慰父亲，闷了个把星期，父亲的提纲好像还没写得，他叫永和陪着出去走走；先到中央美术学院，专门去看大字报。父亲这才开了眼界，大字报满院满墙，哪位教授不摊上十张八张的，还附有漫画像。拐到文化部，连楼道走廊里也贴满了，大院子里还搭起了芦席棚。父亲终于不再那么紧张了，偶尔有说有笑了。谁知道开不开批斗会呢？部里，社里，属于他名下的大字报还是有；零零星星大多挑他修改课文的失误，也有光打雷不下雨的。每个人至少得写几张大字报是有定额的，说不定只是凑数而已。

我得调转笔头，把跳过的五年中值得一提的事，作些简略的交代。

人教社那时有件新鲜事，让编辑带着自己编写的课本到学校里去试教。办法大概是大家想出来的，有没有写成条文，我不知道；只知道父亲是当作一回事干的，花了不少时间和精力。接洽了不满十个中学和小学，有城里的，有郊区农村的。每个学校挑一两个班，每个班只试教一门课。请学校的教师一同备课，参加听课，最后一同作总结；用教学的实践，印证课本是否适用，还得作哪些改进。教学方法亦然。两者齐步并进，才有希望摆脱几千年来灌输式教育的束缚。用眼下的说法，只要切切实实地做下去，学校的教师和出版社肯定是“双赢”，成绩是可以触摸到的，合作会非常愉快。

人教社当时每周有业务学习，常安排我父亲作讲。他屡次提醒中语室，必须提高挑选课文的眼力，不能“拉在篮里就是菜”。课文大多选自新出版的报刊；初选总是不相宜的多，逐步淘汰，比沙里淘金还难；常常初选是一大摞，最后却一篇也不剩。我父亲觉得光讲原则还不能解决问题，在业务学习时，常常根据实例，细细分析这一篇为什么选得好，那一篇为什么不能用。先是刊登那些篇文章的报刊听说了，邀我父亲去他们那里再讲一回。后来有些报刊送来了他们自己的材料，有已经发表，读者反应不错的；有特意采访，而结果没法刊用的。我父亲只要挤得出时间，一律允诺。他在开国之初就说过，抓文风得抓《人民日报》和中央人民广播电台，用眼下的话说是两大“新闻媒体”，一个人人都要读，一个人人都要听。要是报刊电台，如今得加上电视台，文风都准确而生动，语文课受到的压力可能会减轻许多；编语文课本选择课文，也有了比较广阔的余地。

一九六二年夏天，中华职业教育社的王艮仲、孙起孟两位先生，邀集了十多位搞语文教育的熟人，说要创办一个业余的语文学习讲座，学员是以在职干部和中小学教员为主，目的是介绍自学的方法，提供学习材料，有计划地帮助他们提高语文水平，为做好自身的业务所必须达到的语文水平。我父亲赞成他们对教学目的的设想，相信他们举办业余学校的经验，愿意跟他们在一起，给急于想做好工作的有志者补上这一缺憾。讲座开头打算招收五百名学员，到一九六六年被迫停办，正式报名的达八千六百多。直接听讲的一千五百人，其余的即使身在北京，也只好阅读编印成册的讲义，每一讲都录了音，传送到各地，由分校播放。

我父亲为讲座出了哪些主意，我就说不清楚了；只记得他每次作讲之前，都要跟文叔先生、泗原先生、志公兄等各位认真准备；作讲时，晓风兄必跟去代写黑板。四年间在讲座上讲过课的有三十多位。据父亲回忆，当时讲的内容大体分三项：一是选读一些文章，有现代的，有古代的；有文学作品，也有非文学作品。二是评改一些文章，有报刊上的，有学员的习作。三是结合前两项，传授一些学习语文的基础知识和基本技能，同时讲一些必须坚持的态度。学员虽然分散在不同的岗位上，却编成了班，编成了组，听讲前组织预习，听课后组织讨论，写了习作相互商量评改；还推出代表，把学员们的意见带到代表大会上，跟讲课的人和办学的人一同商讨教学方面的问题。学校的工作人员极少，有什么紧迫的事，如寄发刊物，布置会场，部分代表就自愿来帮忙。处处表现出自己要学，跟被分数逼迫着学就是不一样。我父亲在一九八〇年，还写了一篇《纪念"语文学习讲座"》，在回忆中寄托他深深的眷恋。

父亲不是说过，要自费旅行么？一九六二年九月下旬试行了一回，由我陪着，专为看锡剧《孟丽君》试演，到南京去住了十来天。《孟丽君》是出老戏，江南的地方戏几乎都有这个剧目。至诚那个锡剧团说要推陈出新，改作上下两本，指定至诚参加唱辞说白的修改。主角由两位台柱担任，上本王兰英，下本姚澄。还请我父亲做修改脚本的指导，放至诚回家，好就近讨教。仍是大跃进的余风，边改边排，定于国庆节前后上演。父亲说，许多长段的唱辞还需推敲。他们说那就先试演两场，广泛听取领导和各方面的意见，细琢细磨一回，扩大宣传，再正式公演。父亲兴致极高，我只得请了事假陪他走这一遭。剧团是豁出去了，花本钱制备了全新的行头，演员穿戴上就更来了劲。上下两本各演两场。四个夜晚演下来，我吟成了一句诗，"全城争说《孟丽君》"，正想补上前头三句，却被当头一盆冷水，冲得无影无踪。不知为了什么，北京来电话，叫马上停演。在杯盘草草的别宴上，大家喝闷酒。等火车渡过长江，父亲才问我是否喝多了。这哪儿能呢？我把买火车票花了多少钱，招待所结账花了多少钱，报了个大数。父亲说这一回总算自己花了钱，没有特殊化。我说汽车费，他们就不肯收；还有统战部那桌饭，是辞也辞不掉的。父亲叹了口气说，真叫人动弹不得了。我说，能做到不出格，就不算特殊化。

三级跳，左脚右脚只准各踮地一次。我早已犯规，却还有件事非交代不可。一九六三年十二月五日，父亲和我都填表申请加入中国民主促进会，介绍人是民进的秘书长徐伯昕先生。第二年一月五日，父子俩头一次参加组织生活，就是小组学习会。民进的成员，以出版界的从业人员和中小学教师为主，许多会员是我父亲的熟人。主席周建人先生在商务就是老朋友；伯昕先生是生活书店的创建者之一，解放前就跟我父亲常打交道。他们两位由于统战工作的需要，劝说我父亲加入民进，父亲就答应了。至于我呢？一九五五年父亲和我报名去南京视察，伯昕先生一同去了，到后来，参观团的成员一个个提前回京，只剩下伯昕先生和我两个，在南京多留了几天，把总结写完。这一回去福建视察，伯昕先生和我父亲在人代大会上作书面视察报告，也是他和我两个起的稿。他跟我说："一个人没有个组织不好，就跟你父亲一同参加民进吧。"语重心长，爱屋及乌。我于是双手接过了要我填写的入会申请表。

七十七

读者诸君请注意，从这儿起，我补叙完毕，又顺着时间迈大步，没甚要紧的事就一步跨过。一九六七年九月廿一上午，我父亲仍由永和陪着去浴室洗澡，在浴缸里泡了一会儿，觉得胸口有一种难以描摹的不舒服，从前有过，这一回特甚；匆匆穿好衣服，这种感觉暂时停止。他让永和扶着，缓步走回家里，在床上一躺，只觉得背部腹部都特痛，额角都是豆大的汗珠。永和打电话唤我回家。我以为父亲是中暑，给他喝了十滴水，不管用，冷敷，更不管用。父亲只是呻吟，午饭晚饭都没吃。为什么不去医院呢？那时有几个部门已经"砸烂"，"城市老爷卫生部"也首当其冲。各大医院的高干门诊，高干病房，我父亲也认为属于特殊化的，都已取消。不破不立，破是破了，可不知道叫我们怎么办才好。父亲困倦已极，这一夜梦魂迷离，不知所云。第二天，胸口背部仍作痛，眼睛也睁不开，病情倒不见加重。伯祥先生晓先先生并未约定，恰好先后来看他，都主张服神曲加姜片；我们急忙去买了来，煎得了让父亲喝下。这一夜竟睡了十个小时，他说不曾断过梦，吃力之极。

满子到这时候才想起，七条口有个地段门诊部；雇了辆三轮，几乎全家出动，拥着父亲去就诊。那位医生还真有点儿本事。他一听心脏就说可能是心绞痛，得赶紧送大医院；还再三叮咛，病人一动也不能动。一听说心绞痛，我们就知道厉害了：梅兰芳病愈刚要出院，突然犯了心绞痛，不就没抢救回来么？我们于是兵分两路，一路把父亲护送回家，轻轻地扶上了三轮，还嘱咐尽量慢慢儿蹬。我和永和骑车先去协和医院打听，因为怕北京医院的病房会使父亲想起母亲来。协和医院改成了反帝医院，挂号都得吃过晚饭就去排明天的。我们认定了反帝，当夜，永和去挂着了明天的号。廿四日早上，满子和我又雇了辆三轮，陪父亲去反帝门诊部就诊。医生听了陈述，量了血压，血压过低。他叫我父亲勿再走动，让护士用轮椅推到心电图室。医生看了心电图，说是急性前壁心肌梗塞，必须住院，必须有人陪，一刻也不能断人。我去办了住院手续，护士把父亲推进病房。

我不能设想，建筑如此富丽堂皇的协和医院，那时已改名反帝，会有这样简陋的不见天日的地下病室。电灯是有的，而且老开着。九张病床，九个床头柜，九条长凳，居然还留下了床间小道。有个年轻的病友是室长，他来看了挂在我父亲床头的病历，嘀咕说："叶圣陶，这名字见过。对了对了，在语文课上读过老先生的文章。怎么啦？成了走资派啦？"我说目前还不是，也不是黑帮。他说这就好，问明天吃些什么；原来他是为同室病友服务的。我谢了他，说病人吃的不多，家里到时候会送来的。他说医院的伙食是差点儿劲，老年人吃不惯。我说医生吩咐，日夜得有人陪。他说："那怕什么的。四条长凳拼起来，你尽管睡。一屋子总有人醒着的，轮流听着点儿就是。"我说只是打扰各位了。

至美他们也知道心绞痛的厉害，得到消息马上赶来了。父亲服用了硝酸甘油，胸痛已止住，还没有力气睁开眼睛，气喘倒平复多了。他们说医院肯收，眼下就够不错的了；只是病室的条件，对治疗心绞痛可不相宜。我说跟护士长谈过了，医院也难。造反派冲进病房来揪走资派，他们挡不住。我说了父亲是民主人士，轮不着当走资派。她说帽子可多着呢，反动权威，漏网右派也不得了。不如地下室隐僻些；大家配合，用心护理老人家就是了。护士长通情达理，说要换病房也可以，得有证明，证明老先生什么也不沾。这证明叫谁去开呢？护士长也说不清楚。至美他们听了也一筹莫展，都匆匆赶回机关去开批斗会了。第二天，晓风兄听说了到医院来探望。他跟我说，叶老不肯特殊化，这不是特殊化的问题，而是医疗需要有个安静的环境。医院说要证明，也是可以理解的，他去部里想想办法看。他说的“部”，依旧是教育部。第二天教育部派人来跟医院接头了，据说带来了教育部四个革命组织的证明书，说尚未发现叶某有何问题，可以让他住较好的病房。这张证明书据说还夹在我父亲的病历中。我父亲于是被护士扶上轮椅，推离了地下病室。他惭愧地向八位病友挥了挥手，曲里拐弯地被推进五号楼病房，二楼的210室。

五号楼的结构和陈设一律西式，跟地下室有天壤之别。病房在二楼三楼，大小共十来间，只有三间有病人：一位是瘸了腿的外国青年，还有一位中年人不知何许人，都没打过招呼。父亲住的210号是二楼的双人间，多一张床，正好让陪伴的人打盹。窗外秋风飒爽，绿树成荫。

进医院那天，满子打了个电报给至诚姚澄。他们总算向剧团里的革命组织请准了假，廿六夜里赶到北京。恰巧在病房搬停当的第二天早上，两人到医院去看父亲。足足五年没见面了，近两年又天天挂念，父亲却能忍住激动。过了一个星期，看父亲逐日见好，能交谈了，姚澄说还是早点回去的好。至诚多住了一个星期，父亲倒催他说“你也走吧”。至诚于是也走了。父亲用药不多，除了硝酸甘油，还有一种进口的白色小药片，叫什么香豆素，得按血液的黏稠度增减用量，因而每天必须抽血检验。父亲的病情平稳好转，得归功于医生诊断准确，用药小心；也得归功于父亲自己不急不躁，饮食便溺，都按医生吩咐行事；探病的亲友不少，都能注意配合。大约四十天之后，医生才许他偶尔下床，坐起来吃饭，渐渐许他自己如厕，或到窗前望一小会儿。父亲对我说，住这样的医院，真个是特殊化；所有的费用不能再让公家花了。我答应一定照办。十一月十二出院，我去住院处付账，出乎意料，一共不到九百块钱。我拿着账单，在走廊里碰到医生，叫我把账单给她看看。看了之后对我说：“住院费算两个人的，这可不行。你们家里人陪房，省了护士多少事，还比护士周到得多，怎么还能向你们要陪床费呢？”我说：“我们的确在空床上睡了。”她说：“你甭管，我去跟他们说。”拿着账单就去住院处了，回来还给我一叠钞票，说：“床位费五块钱一夜，他们说不过我，可硬要扣下一块。”这一来，我又省下了两百块钱。这位既负责任又好管闲事的女医生叫黄席珍；没想到过了十一个年头，我父亲大病又碰到了她。

父亲出院了，才知道心绞痛没有治愈的一说，谁得了都是终身的事，就看再犯不犯了。医生吩咐到了家里行动要适度，心态要平和，得继续服用硝酸甘油。硝酸甘油是诺贝尔发明的火药，不是什么贵重药品，可是奇怪，那时候医院的供应时断时续，药铺子里也经常缺货。写信求助于上海和天津的亲友，才知道外地亦然。至于心态，就更难说了。父亲出院来碰上一的第一件事，是我那念农大附中的女儿小沫，她自己报名参加第一批上山下乡，愿去黑龙江军垦农场。我说好，十年前我就打定主意要改换门庭，不支持子女继承父辈祖辈尽干笔墨的营生。大儿子三午念了师范，当了小学教员，精简下放的时候，被分配到密云水库林场当工人：父亲和我都寄予极大的希望。二儿子大奎去了黑龙江的泰康。那是“三年困难”时期，团中央在泰康围了一大块荒地作生产基地；又办了个农业中学，招收当地的小青年和在京干部的子女，我就让大奎报名去了。生产基地给团中央机关和直属单位送回来不少副食品。真是雪中送炭呀，其中也有大奎的一分劳动，使我当时颇有点儿自得。“三年困难”过去了，基地和学校先后停办，大奎却因为户口问题回不来了，好容易在泰康县印刷厂当了名临时工。两位老兄的健康状况都不太好，如今小沫又要去黑龙江，满子怎能不拖后腿呐。是父亲给她做的思想工作，说如今的年轻人就想过一种全新的生活，让小沫自己去闯一闯好；如果年轻五十几，他也会报名去的；叫满子想想是不是。满子还真想通了，给女儿打点起行装来。十二月八日清晨，帮女儿穿上才领到的厚厚实实的棉大衣，送她上了公共汽车；让永和把他姐姐送到北京站。

七十八

在小沫离家之前，我的名字就难得出现在父亲的日记中了。我去哪儿了呢？是社里的革命派勒令，让我住机关蹲“牛棚”。家里的主心骨本来是我，我蹲了“牛棚”，有些事，父亲就不能不操心了，还得遵医嘱保持心态平静。而那一阵子，使他不得不操心的事常常接二连三。我再来个三级跳，捡三件大的说：一九六九年一月十七，至美开刀割除乳腺癌；二月二日，在外语学校只念满了一个学期的永和去陕北延长插队；过了才两个月，我随团中央全体，去了在河南潢川的五七干校。后两件事，父亲在理智上完全接受，感情上是否毫无疙瘩，就难说了。我动身之前，社内的革命派放牛鬼蛇神三天假，叫回家收拾行李。第二天，我和满子带了孙女佳佳，陪父亲去动物园玩了半天。父亲在日记上说“兴亦颇好”。第三天记的是“至善以明日动身赴潢川，随身简单行李，包扎已齐备，余亦无甚惜别之意，唯嘱其常寄信来，详告学习与劳动之近况。”话分明是喝酒的时候说的，父亲特意不点明。他接着记：“至善以晨七点三刻离家到社中。全家诸人送之于门首。”那一天是一九六九年四月十五。

我去了潢川干校，有话要跟父亲和满子说，全靠写信；离家的前夜说定，每十天写一封。实测了两地邮程，往回一次只需六天，于是掐准了一星期写一封；最后缩短到三天一封，偶尔也有一天一封的，让此来彼往的信件在邮路上擦肩而过。有这许多话？就有这许多话要说。给父亲的信，每一封长达千把字。给满子的，照例只说我要些什么，好让她采购寄递；说别的都写在给父亲的信中了，我不再重复。满子也照此办理，看到父亲给我写信，她有话就让父亲附上两句，自己不另动笔。我完全理解她，她忙着呢，我和孩子们分散在南北东西走“五七大道”，她成了保障供应的驻京后勤部主任；逢年过节，不用说得各寄一大包糕饼糖食。寄给陕北插队青年的就有三份，一份是寄给小儿子永和的，一份寄给她二哥龙文兄的小儿子，一份寄给她表姐和祖璋先生的小儿子，一个个都是看着长大的，怎能不推己及人。她还成了父亲的联络员，常去探望一些多年不见面的老朋友。父亲亲自登门造访又何妨呢？当时却有许多考虑。多年不见了，不知对方怎么样了，有没有出什么问题；别贸然推进门去，弄得主客都手足无措。雁冰先生和我父亲就是这样，住得不算远，好几年不见面。直到一九七〇年一月三十，雁冰先生让保姆送了封信到八条，告知我父亲，德沚阿姨过世了。父亲跟着保姆去沈家致唁。第二天，雁冰先生乘了车来，接我父亲和满子一同送德沚阿姨上了八宝山。沈家的保姆也是个联络员，在菜场上跟满子相识的。

父亲那时已过七十五了，出门从未向公家要过车。隔天一次的学习其实不去也可以。父亲说林砺儒先生出不了门，身边又没有家里人，伴他说说话也好，因而不大缺席。三四个人的小组设在教育部宿舍林老家里，乘公交车中间得换一次车，两头都得拄着手杖走半条胡同，反正有的是时间，尽量放慢脚步；车子挤就再等一辆，水流心不竞嘛。表舅元善先生身子骨好，他仍是我们家的常客；伯祥先生就难得来了，我父亲去他家的次数多，公交车坐五个站头。在学部的几位先生怎么样，在中华的几位开明前辈怎么样，我在潢川大体知道，就因为父亲隔三差五的，不断地给我写信。

我又得跳了，如果能翻个筋斗云，那就更好了。为了理清子女和我走“五七大道”的头绪，我翻开第二十五卷的《家书酌抄》，从父亲一九六八年给小沫（才到军垦农场）的两封查起，到一九七三年给永和（才进飞机厂受过车工培训）的两封为止：前后搭着六个年头，共酌抄了一百三十二封，以写给我的为压倒多数。行文都像跟朋友聊天一个样，想着什么说什么，问到什么答什么。对我的子女，没有祖父的架子，没有一句训诫；对我，简直像面对面喝酒闲聊。许多话头本是我引起的，读者诸君看到那些关节，多数可以推想出来，我在给父亲的信上说了些什么。如果让我整理成为一问一答，看着就乏味多了。最可惜的是为了求“简洁”：“简”还犹可，这一“洁”，往往把父亲笔下流露出来的他的语气，有些是可以称作“神韵”的，被一股脑儿扔进洗衣机似的，漂得干干净净。这样的蠢事，我决不再干。读者诸君不是挂念着我的老父亲，希望知道一些他在那十年中的生活和思想吗？请翻开第二十五卷，读一读《家书酌抄》中那一百三十多封信吧。无遮无掩，原汁原味，我想会让各位得到一些满足的。

“我调回来了！”这一天清晨——一九七二年十二月三十清晨七点半，我提着铺盖跨进八条的院子，放大嗓门高声喊。“调回来”就是不用再去了，不用再去潢川干校了。从这一天起，就可以每日两回，陪父亲吃着酒闲聊天了。父亲也不用掐着指头等我的信了。他创建的家庭信息服务中心，过些天会让我接手的。父亲的服务，主动、细致又体贴。如买了大幅的全国地图和世界地图，及时给两个孩子各寄去一份，类似这样的事，我自问就不可能想到。阿波罗登月成功，只在《参考消息》上有；而那个时候，《参考消息》还不是随便可以订阅的，绝对禁止邮寄；父亲硬是一条也不落，全都抄下来寄了给我；他知道我从小就对天文学知识感兴趣。还有关于延安地区插队青年的几个文件，也复写了寄给我一份，给在福建的祖璋先生也寄了一份，因为祖璋先生的小儿子也在延长。给几个在各地插队的青年寄书寄期刊，更是他经常的事。看过的《文汇报》，他每三天卷成一卷寄给我，叫我看了再给永和寄去。他的服务中心不光发消息，还办理转递信息。给至诚和姚澄，父亲信也没有少写，只因为在那段时间内，他们夫妇的生活太不安定，信一封也没留下来。到了一九七六年，情况才有所好转。

一九七三年五月初，统战部组织民主人士去江南参观学习。父亲看日程表的头一站是南京，就打定了去的主意。他总觉得有许多话，关于编写脚本的，要跟至诚当面谈。第二站是上海，听说好几位老朋友的问题已经弄清楚，父亲想，这一回总可以见上一面了吧。第三站是杭州，这一勺西湖水，湖滨山脚下又添上了几座高楼，似乎无可留恋了。第四站南昌，抗战之初，父亲像流浪汉似的在街头踯躅了好些日子，没留下什么好印象；倒是压轴的井冈山，父亲早就想去了。统战部考虑得很周到，配了医生护士，还说老年人最好家里有个人陪。那还用说，父亲把我的名字报上了。我调回北京，其实社内并无工作。

这回参观学习，从离家到回家，历时四十八天，日程表上说的只是五个大站。南京是江苏省会，还去了扬州苏州两地，在南京只耽了四天半。至诚捧着他新编的脚本来，抽空跟父亲谈了三个晚上，剩下的只好待以后再说。到上海的那个夜晚，听说予同、子恺、巴金三位先生的问题已弄清楚，愈之、东莼和我父亲提出想去看看他们。一个星期后才得到回音，说予同先生家可以去；文艺界的情况太复杂，别的以后再说吧。客随主便，有什么可讨价还价的呢？予同先生夫妇都瘫痪了，并排两张床，躺在客厅里，有个女佣侍候着。父亲的日记上记着，“谈话尚好”，“坐约一刻许而归”。谈了些什么，父亲回旅馆时没有说，日记上也没有记，看得出来情绪是郁闷的。陈望道先生老态龙钟了，由儿子媳妇孙儿陪着，请几位老朋友在上海大厦吃了一顿饭。郭绍虞先生在家里修订《文学批评史》，老夫妇俩仍佳键，凑一个星期天，定要父亲和我去他们家吃午饭，好像有让几个女婿跟我们父子认识的意思。听我父亲谈起总角交游的闲情逸趣，绍虞先生总是接以“就是就是就是就是”，于是满屋子都是欢笑。

从接待的情形看，杭州好像比上海拘谨。住在离湖滨相当远，老年人步行没法到达的六通寺招待所。一个星期，两天去新安江，一天去绍兴；其余的日子，上下午几乎都有安排，车队出去转了两个来小时就回寺休息，把时间切得零零碎碎，想探望或邀约朋友，都很难办。好在我父亲没有这个要求，绍兴那一天安排得太紧，回寺已晚十点，连我都疲惫不堪。新安江真个不错，工程和景色都给人留下了深刻的印象。

到南昌的头两天，照例有省革委会领导作形势报告，这一位却用大半的时间，揭发林彪如何篡改了井冈山的革命历史。随团的医生已在紧张地查询各人身体有无不适，给年纪大的都做了心电图，说井冈山的海拔高。我父亲有心绞痛病史，成了重点保护对象。南昌到井冈山公路四百里，分两天走，日中还安排了午休，处处倍加小心。第二日下午登山，过黄洋界脚下，汽车队停下来，要步行上山。医生给我父亲做心电图，没做出什么来；可是大家劝说：山顶海拔一千三百米，还是不上去为好。父亲盛情难却，只好高山仰止，眼巴巴地看着大家上山，连导游那段指点形胜的精彩讲解，也没听见。好一会儿才见朋友们拄拐杖下坡来，有的还由年轻人扶着。唯独愈之先生体健身轻，有青年要扶他，他就拂袖而抢前几步。

井冈山的宾馆在茨坪，海拔八百米，住了三宿。第一宿，医生发觉我父亲脉搏有间歇，把南昌来的和驻宾馆的医生都请来了会诊，又做了心电图，商量了一阵，给我父亲吃了一片“心得安”，叫老人家别紧张。其实我父亲并未紧张。第二天早晨，医生又来检查，说没事了，叫老人家上午在宾馆歇着吧。上午的路线是大井、小井、朱砂冲等，父亲遵命都没有去。到了井冈山这一回，什么叫“井”，他老人家仍旧没有个形象的概念，亏得窗外苍松翠竹，云影鸟声，颇不寂寞。回南昌走原路，花了一天半，医生把所做的心电图交给了我，叫我带回北京，交给我父亲所属的医院，请他们归入病历。我愉快地接受了他交给的任务，说一定办到。

七十九

大儿子三午在家病休的日子多，患的是类风湿性关节炎。他跟朋友们学会了摄影，买了架旧莱卡，摄的人像还成个格局；又学会了全套洗印技术。我父亲给他买了台放大机，家庭信息服务中心于是增添了一项分发传递照片的业务。那是一九七〇年初夏，我在干校想起了已经半岁多的小孙女阿牛，在给父亲的信上提了一句。才过了十多天，父亲就给我寄来了四五张小孙女的照片，是三午的新作；有一张是小孙女跟我父亲的合影：她坐在车里，老人家并排坐在藤椅上。给这张照片，父亲题了首五绝，其实是自嘲。

初有儿孙日，无如此日闲。
阿牛闲似我，老幼共庭间。

这句“初有儿孙日”，初有儿，指“五·四”到“五·卅”那一段；初有孙，指抗战后期到建国之初那一段，父亲都忙得光阴似箭，日月如梭。如今到了七十六岁，成了四世同堂的老太爷了，倒跟牙牙学语的曾孙女坐在寂静的院子里。那时我在干校当看牛佬，早晚相亲的无过于牛。满子信上说兀真要做产了，叫我给孩子取个名字，我回说就叫“阿牛”。

一九七三年九月四日，父亲足成了一首五律，《老境》：

居然臻老境，差幸未颓唐：
把酒非谋醉，看书不厌忘；
睡酣云夜短，步缓任街长；
偶发园游兴，小休坐画廊。

父亲一定想到自己已经快虚岁八十了，身体不算健朗，居然也进入了老年的行列，可以自慰的是精神尚未萎靡不振。下面三联，列举了近几年的生活和情趣。父亲好喝酒是出了名的，如今已不想多喝，但是一天喝两顿还是照旧，每顿一个来小时，为的闲聊，有客人跟客人聊，没客人跟儿孙聊。书是天天读的，读了一本又一本，没有个范围。我也报不尽这许多，只说一本特例吧，是至美借来的，美国人写黑人斗争的原文本小说。他一边看一边查英汉辞典，有些词条常常查着了才觉察已经查过几遍了。睡觉睡得酣，上街得慢慢儿走。偶尔想游园，只要有人陪伴就成；说不定在哪个馆子里用了午饭才回家。

十月二十五，按阴历算是我父亲的生日。他想不让亲友们知道，这怎么办得到呢？伯祥先生就瞒不过。伯祥先生领头，聚集了同乡老友和开明旧人，大多夫妇一同参加，中午在王府大街康乐餐馆祝寿，共两席。廿七日，又由愈之先生、东莼先生做东，请雁冰、图南、次生、雪峰、叔湘、唐弢、朴初、克家诸位先生作陪，在前门外丰泽园祝寿。我父亲道过谢，说自己只是八十初度。大家说明年整寿，何妨再聚一回。于是又添上了第二年十月十九的香山之游。这是后话。且说在寿宴上，朴初先生集宋代陈后山句相赠：

江山满目开新卷，大放酒肠须盏干。

莫欺九尺须眉白，百围已试雪霜寒。

“集句”是借用前人的诗句，组织成自己的诗，说自己想说的话；得当境洽情，押韵合辙。

朴初先生这首祝寿诗七绝，好像着重在后两句。“九尺须眉白”眉毛白，唇髭白，是我父亲的面貌特征。“九尺”如果指身材，比“堂堂七尺”还高了两尺。是艺术夸张。“莫欺”一般是“别瞧不起”的意思。须眉如此之白，可见早已跟寒冷的霜雪作过较量了。“百围”的“围”，可能就是杜甫《古柏行》中，吟诵诸葛孔明庙前的古柏，“苍皮溜雨四十围”的那个“围”。往前推，第二句是劝我父亲放开酒量，必须干杯。头一句，从祝诗的套路说，该是句好话。那时“批林批孔批周公”，到处闹得乌烟瘴气，新鲜事层出不穷。叫我父亲等着瞧吧：不是不报，时辰未到。朴初先生当初是否这样立意，我父亲读了是否这样理会，如今都无法考证了。我只能想象得之，请读者诸君切勿轻信。过了一个星期，父亲也集陈后山句，作了首七绝酬谢朴初先生：

胸中历历着千年，脱手新诗万口传。

能事向来非促迫，龙蛇起伏笔无前。

句句说到了点子上。奇怪的是两位诗友都集的陈后山，还是可以看出他们的不同风格。

为什么我会把“新卷”想到了“批林批孔”上去呢，因为一个月以后，我父亲看到了朴初先生的一首七绝：

儒表法里以治人，儒表道里以为己。

三家并行墨家绝，摩顶放踵曾有几？

诗只有四句，却动摇了四人帮杜撰的所谓“儒法斗争”的理论基础：反动统治者一向是儒法道三家并用的。墨家却退出了历史舞台。讲兼爱，愿意摩顶放踵以利天下的人，后来还有几个呢？我父亲立刻作了首七古，好似给朴初先生这首七绝添个注。

表里三家儒法道，治人为己用焉殊。

深钦斯语精且赅，察古观史探骊珠。

所谓贤君并名宦，自来孰不出此途。

墨家为人役于人，封建统治安用诸？

争鸣当时诚英杰，祖龙定鼎墨家绝。

诗中说的“争鸣”，是战国时代的百家争鸣。从秦始皇统一天下算起，墨家绝了两千多年了。“为人民服务”的口号，比“摩顶放踵以利天下”响亮多了。况且我们有久经考验的中国共产党，横行一时的四人帮不是终于垮台了吗？

我父亲跟平伯先生通信，是一九七四年多起来的。先是谈种牵牛花，后来谈到《兰亭序》，谈到《清真词》。平伯先生在十二月廿八的信中，对赏析周美成的《兰陵王·柳》作了小结，笔头一转说：“人事倥偬，将改岁发新，黎旦烛下作此书，忆及佩弦在杭第一师范所作新诗耳。”就这一小段话，我父亲读了，怎能不逗起对已逝世二十六年的挚友的眷念。一九二一年除夕子夜，在一师的宿舍里，听佩弦先生对着摇曳的烛光，吟诵他才赋得的辞岁新诗，都历历在目；从相识到永别，总共也只二十七年，又何其短，如今只能用诗词来抒发胸臆了。就用《兰陵王》吧：字数多，便于叙事；仄声韵，句子中用的仄声字多，短句多，念起来自有一种迫促的感觉。调子选定了，几乎寝食不安，时时想到《兰陵王》。一个星期才完成初稿，马上寄给平伯先生看，请他帮着琢磨推敲，信札来往不能悉记，最后面谈定稿，已是二月二日。如今抄在下面：

猛悲切，怀往纷纭电掣。西湖路，曾见恳招，击桨联床共曦月。相逢屡间阔。常惜、深谈易歇。明灯坐，杯劝互殷，君辄沉沉醉凝睫。　离愁自堪豁。便讲舍多勤，瀛海遥涉。鸿鱼犹与传书札。乍八表尘坌，万流腾涌，蓉城重复謦欬接，是何等欢悦。　凄绝，怕言说。记同访江楼，凭眺天末。今生到此成长别。念抉病修稿，拒粮题帖。斯人先谢，世运转，未暂瞥。

填完了《兰陵王》，父亲写了一段跋，说明前因后果：“一九七四年岁尽前四日，平伯兄惠书言：‘瞬将改岁发新，黎旦烛下作此书，忆及佩弦在杭第一师范所作新诗耳。’佩弦之逝已二十余年，览此悲逾邻笛，顿然念之不可遏，必欲托之于辞以志永怀，连宵损眠，勉成此阕。复与平伯兄反复商讨，屡承启发，始获定稿。伤逝之同悲，论文之深谊，于此交错，良可记也。”

平伯先生非常赞赏这阕《兰陵王》，说“此篇用美成四声，参考近人《周调订律》，用力至劬。”又说：“清真只赋情艳，衡以今谊，犹病凡俗。此则笃念心交，事连宗国，尽柔刚之美，与《兰陵王》之声情清越者相应……”大概熟识佩弦先生的各位老朋友，没有一个不说这阕《兰陵王》好的。伯祥先生读了也说好，却提了个意见，说开头的“猛悲切”固然生辣，似乎过于突兀；其实很容易办，把后头的跋搬到前头去当作序，就不会叫人吓一跳了。我父亲颠倒过来念了一遍，说确实这样好。

读者诸君如果记性好，能记得我在前头讲过的，佩弦先生和我父亲的交往，一定能理解“西湖路，曾见悬招……”说的是我父亲受邀去杭州一师当教员。“讲舍多勤，瀛海遥涉”，说的是佩弦先生到清华大学教书，去欧洲游学。最好当然是不厌其烦，逐一加上注，随时提个醒。可是也有难处，像平伯先生激赏的那句“君辄沉沉醉凝睫”，“君”指的佩弦先生，“辄”是“经常”，都容易解决；“沉沉醉凝睫”是个什么状态呢？恐怕只有跟佩弦先生喝过酒的才能描摹了。

八十

至美手术过后，身子一直不太好。那时国际国内的斗争十分激烈，长篇大论天天有，电台的工作哪能不加倍紧张。至美得不到应有的休息，家里又常常只剩下她孤身一人。永和记得有好几回，他陪爷爷在午前，去复兴门电台对门等着姑姑出来，就在附近的小馆子里吃点儿什么。小馆子不是说话的所在，只能让至美稍感放松而已。有一回父亲说，至美在电台工作已十多年，从未请过事假，是不是用陪他去外地的名义，向领导请个假试试；如果获准，他就带着我和至美，作一回自费旅行。至美去说了，居然请准了四个星期的假。父亲要去青岛看樱花。我给绘定了一张皆大欢喜的旅游路线图：乘火车到青岛，再乘海轮到上海；从杭州到苏州一段，改乘内河轮船。这两段水路好似美妙的间奏曲，既节省了旅费，又平添了多少罗曼蒂克。虽说是自费旅行，还得依赖公家。教育部办公室给我父亲准备了路条，致青岛、上海、杭州、苏州、南京五地革委会办公室的介绍信；还分别跟他们通了电话，记下了对方的姓名和电话号码，一并交给了我。五月四日动身，六月一日归来。第二天，父亲在复姚韵漪阿姨（杨贤江先生的夫人、我母亲的挚友）的信中说：“来信言蛰居既久，即思出外活动。我同有此感，乃于五月初离京南游，独行为家中人所不许，至善至美兄妹二人乃请假陪行……先到青岛，尚及观樱花碧桃海棠之迟开者。继之乘海轮到上海，访问亲友，他则再寻旧时居沪踪迹。于是到杭州。几处名胜，皆往一观，而以植物园与花圃最感兴趣。自杭到苏乘内河轮船。所乘为日班，历时十一小时又半，江南水乡风味又获重温。苏州留七日，为期最长。时则三儿至诚亦请假来同游。而媳妇姚澄则请假一周，伴我人在南京游观。昨日午间自南京航空归来，较之乘火车大为爽快。旅中身体尚好，亦不觉疲惫，堪以告慰。”

假如叫我写这段游记摘要，我是表达不出父亲当时那种满心喜欢的。本想抄了下来，我就省一把力，跳过去算了，可是不成，有几件事似乎得补充交代。五日下午到青岛，交际处处长来接，把我们安排在海滨疗养院的一所小洋房里。不是避暑季节，疗养院好像没有别的人，饮食由厨房按时送来，饭钱跟房钱一并算。参观水族馆和啤酒厂等有人来导游，小汽车没收钱。父亲有我们陪着，就在附近看花观海，既自在又从容。到上海的海轮是我国自建的，去年十二月下旬首次正式开航，没有头等舱，我们买了三张二等舱的票，票价十二元九角。政委和船长都是转业海军，见了我父亲，定要他搬进带书房和浴室的“备用室”，原是备给首长用的。父亲只好从命，说已经特殊了，票价非补不可。于是补了六元二角。第二天上午，航程已过半，政委带我们去驾驶楼，眺望了碧波粼粼的大海，观看了雷达等仪器的使用表演，又去机房看了柴油发动机。

下午五点半，轮船在提篮桥码头靠岸，乘客纷纷下船，却不见汽车来接。政委着急了，打电话去市革委会交际处问，回说小汽车已经到达码头。我让至美照看好父亲，一个人跟着乘客流挤到码头大门口，望见有个年轻女干部，踮起脚跟向人丛里张望。我迎上去问她是否来接人。她一见我，如释重负似的说：“是叶老吧？您的两个孩子呢？”我说：“我就是孩子之一。父亲还在船上等着哩。”这时候政委也到了，他跟看大门的警察说了一声，小汽车开到了舷梯旁边。父亲在道别时紧紧地握了政委的手，感谢他热忱关照。在上海，我们亲友多，旧时踪迹多，因而活动也多，说了哪几件好呢？我只得索性从略了。从杭州到苏州走的运河，是抗日战争初起时经过的，三十八年过去，跟回忆对不上号了，没寻着什么旧时踪迹。不特殊化，费用自理，在上海和杭州也基本上做到。在苏州却行不大通，到码头来接的交际处处长是熟人，把我们仍旧安排在南林别墅，宿费每人每日仅三元；当晚设宴招待也没推辞掉；出门游散，倒只好偷偷地踅到街口上，去乘公共汽车了。

父亲这一回到苏州，好像有意给我们子女三个，指点他少年时的前尘影事。所到各处，我在前面讲父亲的学生生活时，记得都已提过。青石弄的旧屋跟南林别墅仅一墙之隔，父亲提都没提。新中国建国之初，他就把房和地交了公，交给了苏州市人民政府，这一回是居民委员会找上门来了，问当时交公有无保留，听口气是住在那儿的三户人家发生了纠纷。父亲有点儿不耐烦，叫我去回答绝无保留；交公的当时没提到这个问题，可以去市革委会查档案。后来没听说下文。“文革”后，有一阵子发回私有房产；又说原房主不愿收回，政府可以代管。父亲在这所“故居”中只住了不足两年，却付出了十来年的牵挂和烦恼，我们子女知道得最清楚。至诚的挚友陆文夫兄当上了作协的副主席，我们就跟他商量，把青石弄这所屋子交给了苏州市作协，父亲出面立了字据，还交代文夫兄说：“派什么用场都可以，就是不要空关着，布置成故居。”文夫兄真是个能干人，他请走了原住户，进行了彻底翻修，拨给了《苏州杂志》社使用。这是父亲的身后事了，他如果来得及知道，肯定会说“得其所哉！”

八十一

子恺先生于一九七五年九月十五与世长辞。十月十日，我父亲作了一首七律《追念子恺》，中间四句是缅怀昔日交游。

故交又复一人逝，潇洒风神永忆渠。
漫画初探招共酌，新篇细校得先娱。
深杯剪烛沙坪坝，野店投诗遵义庐。
十载所希归怅恨，再谋一面原终虚。

“漫画初探”其实是跟振铎先生、愈之先生等几个朋友，一同到子恺先生在江湾的寓所，为他的第一本画集选稿，客厅里墙壁门窗，挂满了那时尚在初创阶段的一张张漫画。“酌”是“斟酌”的意思，那一天并未备酒。“新篇细校”，父亲在后来为《丰子恺文集》作的序中说：“在三十年代，子恺兄为普及音乐绘画等艺术知识写了不少文章，编了好几本书，使一代的知识青年，包括我在内，受到了这些方面很好的启蒙。他的那些文章大多发表在《中学生》上，而我是《中学生》的编辑，是那些文章的第一读者。”第五句，父亲自注：“君寓重庆沙坪坝，余曾往访，饮酒至深夜，共饮者尚有贺昌群兄。今子恺、昌群俱逝矣。”第六句也有自注：“一九四二年自川经黔之桂时，君寓遵义，未及往访，仅寄与一诗。”按时间的次序，第五句为一九四四年九月十二事，应居后；第六句的日期为五月十二。如果要查，都在第二十卷《西行日记》（下）。“十载所希”，希的就是“再谋一面”前头才表过，不多说了。

贺昌群先生是一九七三年十月一日过世的。父亲十天之前去探望他，回来说昌群先生形貌益憔悴，两腿肿胀，语音细微几不可辨。眠食都不好，尿中带血；自己还不知道患的是膀胱癌。父亲想过了国庆再去探望，叫我从大抽屉里取出一幅立轴，挂在客厅里。立轴正是昌群先生写的一首记事七律，说的沙坪坝那天，同在子恺先生家晤叙的情景。

幽居且喜故人回，误尽儒冠百事哀。
不觉流年添白发，最难肝胆映深杯。
江天小舍风灯乱，雨夜丛林篝火摧。
此别醉谈愁论后，何时襟抱得重开。

前后才三年，两位老朋友都过去了。

有的老朋友，父亲早就知道他们不在世上了。金仲华先生，他碍着谁了呢？只有自缢这一条路可走了吗？十月三十，仲华先生的妹子端苓和妹夫刘火子突然来探望我父亲，疑疑惑惑了近十年的传闻才算得到证实。端苓姐说“上海方面”已于四年前作出结论，说仲华先生自缢是由于他不理解这一场“文化大革命”。这个所谓的“结论”，倒是让人很难理解的；想来不只用过一回吧。父亲特地问起年已九十又五的金老太太，端苓姐说尚健在，近年居老家桐乡。老舍先生，谁都说是好人，竟自沉于太平湖，十年来有没有个“结论”也不知道。一九八三年八月下旬，父亲为题《老舍评传》填了首《台城路》，直抒了他对老舍先生作品的赞誉，以及他跟老舍先生交游的惬心，最后竟“呵天何意!”定要老天爷给个说法。

八条的院子里有两棵垂丝海棠，北京人唤作“西府海棠”，就是《红楼梦》中说的“女儿棠”，花树也有灵性，“文革”初期没人照料，海棠逐渐枯萎；后来人逐个回来了，他才恢复了精神。每年四月中旬，父亲就掐着日子盼两棵海棠开花；为的选定一天，让满子略备酒菜，请伯祥、颉刚、元善、平伯四位先生同来赏花。都是八十上下的人了，虽然都长住北京，聚会一次也不容易。看他们须眉皆白，说古论今，常因耳朵背而相互接错了茬。满屋子欢声笑语，倒冷落了窗外那两棵已经绿肥红瘦的女儿棠。一九七五年，父亲特别性急，把日子订在了四月十九。没想到这一年春寒料峭，到了那天，只向南的枝头绽开了三五嘟噜。父亲懊恼也来不及了，伯祥先生已经由六姐汉华搀着，进院子来了；接着来的是平伯、元善两位先生；颉刚先生由夫人伴同，最后到。大家都抬头看花，不知瞅没瞅见那几簇躲在碧绿丛中的嫩红。三午拿出相机来特地给祖父辈摄影；作品中有一幅，后来题作《五老图》。

五老数伯祥先生年纪最大，已八十又五。留下了这幅《五老图》，他跟颉刚先生都没再来八条。颉刚先生常有病，常住院出院，父亲掐不准日子去探望他。伯祥先生患老年性气喘和白内障，不是住医院治得了的；老人家也不肯住。父亲平均每个月去看他一回，出门前先打电话联系。十二月九日去过一回，十六日晚接到六姐电话，说她父亲想念得厉害，盼望我父亲去看他老人家。第二天上午，父亲由满子陪着去了；两位老人家闲谈到十一点。天下起微雨，满子借了把雨伞，搀扶着父亲告别出来，伯祥先生还在窗口上喊：“路上滑，慢点走。”廿九日，满子去还伞，半天才回来，说伯祥先生进了首都医院，暂时安排在大病房里；医生说是肺炎，心力减弱，脉搏过速。我下午赶去探视，医生正量血压，伯祥先生直瞪着眼睛只是喘气。润华兄告诉我：医生说如果心力恢复，还不至于危险；已注射过强心剂了。我回家如实告诉了父亲，说等明天他们家里来了电话再说吧。没想到一整天没等着电话，打去也没人接。父亲说明天非亲自去医院不可，没人陪伴，他就一个人去。除夕一早，汉华姐来电话了，满子接的，说她父亲已于昨夜逝世，托我父亲转告几位熟朋友。不想父亲在卧室里已听到声音，蹬蹬蹬出来，走到电话跟前，抢过话筒又不知怎么说好，把话筒仍塞在满子手里，呆呆地等她打完了电话，才长长地叹了口气。

八十二

逝者如斯，过了除夕就是元旦，父亲接着记一九七六年的日记；日复一日，转眼又到了除夕。父亲记完了又一年的日记，添了句结束语：“今年为变化极大之一年，而结果则举国欢畅，此可记也。”这个“可记”，当然是永志不忘的意思。一九九三年初冬，《新文学史料》为第二年纪念我父亲百岁诞辰索稿，我记起了父亲特地添上的结束语，记起了这是“变化极大”，“而结果则举国欢畅”的一年，于是把父亲这一年的日记全部抄了下来，以《一九七六年日记》为题，让他们连载了四期；第二年又作为《北游日记·片断之七》编进了第二十三卷；如今写《父亲长长的一生》已是第三个回合了。何不抱拳拱手，向读者们道个歉，说句“欲知后事，二十三卷分解”，一个虎跳豁了过去，不就结啦。过细一想可不成，读者所以看《父亲长长的一生》，目的之一，就是想知道在这变化极大的一年中，我父亲是怎么过的。即使平淡无奇，也还是想知道，只要真实就成。如今我依此原则，试作父亲这一年日记的简明摘要。而开头一段，得先把伯祥先生的丧事交代完毕。

一月三日，“平伯书来，言其闻伯翁逝世，欲往小雅宝而家人尼之，乃写一挽联令其女送去，辞至凄怆。”四日，“清华之子和汉华之子偕来，携来伯翁悼念会上之答谢辞稿子，嘱余过目。余为提若干意见，俾自去修改。”六日，“到建国门哲学社会科学部……盖为伯翁之治丧委员会开会。……历一小时有余。叔湘偕余往访平伯，坐半小时许。平伯尚觉腿软，其他似已无甚病象。”七日，“晨八点，偕至善满子同载，过元善寓，与共往八宝山礼堂。王家诸人先到，而吊客则我人最先。……候至九点过，入礼堂举行追悼会。林修德主持，何其芳致悼词，王润华致答辞。于是至后面陈遗体之室，未入室而闻家属之哭声。于伯翁之遗体绕行一周，从此永别矣。”

一月九日，“晨听广播，恐惧其发生之事竟尔发生，周总理于昨日九时五十七分逝世，终年七十八岁。发讣告者为中共中央、人大常委、国务院。讣告中谓‘周恩来同志是中国共产党的优秀党员，是中国人民伟大的无产阶级革命家，是人民的忠诚战士，是党和国家久经考验的卓越的领导人。’又云：‘周恩来同志忠于党，忠于人民，为贯彻毛主席的无产阶级革命路线，争取中国人民解放事业和共产主义事业的胜利，英勇斗争，鞠躬尽瘁……作出了不可磨灭的贡献，建立了不朽的功绩，受到全党全军全国人民的衷心爱戴和尊敬。’”十日，“晨间接到通知，令于下午往北京医院与周总理之遗体告别。……下午四时，乘车往北京医院，部中派一同志来陪往。到者列单行入遗体室，于周总理灵床旁绕行；其夫人邓颖超居侧，与吊者握手。余瞻遗容尚能忍住，及与邓握手，不禁泣下。”

一月十二日，“周总理遗体于昨日傍晚护送往八宝山火化。下午志成来，言胡愈老于送往之途中，见两旁皆站满数排之人，静肃无声。此皆自动送葬，非由招致，人心之向往感动，于此可知。又闻三午言，天安门人民英雄纪念碑前摆满花圈，无数人自佩黑纱，自备白纸花，在碑前致哀。……上午将所作挽诗书于宣纸，寄于治丧委员会。”十三日，“闻知十一日周总理遗体火化之后，骨灰自八宝山送来天安门旁劳动人民文化宫，已十二点光景。沿途两旁久候之人肃然观灵车经过，然后散归。”“又闻前日数百人守候于八宝山火葬场，要求一瞻遗容。主其事者允之，然后火化。”“夜间劳动人民文化宫已关闭，而门前桥之南堍，立满致哀之人，哭泣之声相应。”十四日，“三午小沫永和皆至天安门广场，归来言英雄纪念碑前之花圈益多，劳动人民文化宫哀乐闻于外，入而致吊者络绎。至善晚归，从他人处抄得朴初所作挽诗，五言十韵，颇有深致。其中有错字，待他日校正时再录之。”朴初先生的挽诗，后来就录在这一天日记的旁页：“大星落中天，四海波澒洞。终断一线望，永成千载痛。艰难尽瘁身，忧勤减龄梦。相业史谁俦，丹心日许共。无私功自高，不矜威益重。大鹏自风抟，蓬雀徒目送。我惭驽骀姿，期效铅刀用。长思教诲恩，恒居唯自讼。非敢哭其私，直为天下恸。”

一月十五日，“周总理追悼会于下午三点在人民大会堂举行。……会场设在大会堂北门内之大厅中……先坐于大厅旁休息，既而鱼贯入会场。及三点，大会开始，王洪文副主席宣布开会，奏哀乐共致默哀如仪。继之，邓小平副总理致悼词，历叙周总理毕生之重要斗争与功绩，并言我人宜如何学习周总理，化悲痛为力量，益坚奋斗。至此会毕，到会者循序在正中周总理相片与骨灰盒前徐徐经过，然后出会场。到家时将四点。至善亦参加追悼会……彼列入团中央之行列……五点以后方到家。兀真小沫各于其厂中参加追悼会。此盖统一之布置，各厂咸于下午三点开会。”廿二日，“下午张纪元来，谈及朴初悼周总理之诗于闻耗之日三点即完稿，可谓迅速之极。纪元又谓见其诗者咸谓‘无私功自高，不矜威益重’两句最好，唯周总理足以当之。”

四月四日，“今日为清明节。前此数日即有广大群众往天安门广场献花圈，而中心主题不在纪念革命英雄而集中于怀念周总理。又有大书之标语口号，以及新体旧体之诗。花圈大者七米八，取义于周总理之生年七十八岁。三午周涌小夏皆曾往观。至今日则广场满是花圈与大小字幅，人众拥挤，水泄不通。松柏树上无不挂满，各个电灯杆亦然，总之超过周总理初逝之时。有一青年自称工农兵学员，破指书大幅血书，口呼怀念周总理之语，群众则举而升起之，为之拍照。至诚和李业文来信，言南京与常州近日之情形亦类此。群众所以如此，盖有激而然，此中亦难免有坏人兴风作浪。而群众所激者为何，则余所不欲书，亦余所不甚明晓者也。”

四月五日，“传言昨日天安门前有打伤或打死人之事，今日则有焚烧汽车拘捕人众之事。此种情形，开国以来初见。”七日，“夜间听联播节目，中央发布两项决议。一、以华国峰任中共中央第一副主席及国务院总理。二、撤销邓小平党内外一切职务，但仍保留其党籍，以观后效。此外新闻报道则叙述天安门之纷扰为反革命政治事件，首都民兵警察如何起而与反动家伙奋斗，广大群众如何热烈拥护之情形。”八日，“今日各厂与其他单位在城内游行，表示拥护党中央的二决议，并祝镇压反革命政治事件之胜利。开国以来，未之有也。”十日，“今日《人民日报》发表社论，题为《伟大的胜利》，言中央所作两项决议为反击右倾翻案风之伟大胜利。各省市皆于昨日举行集会游行，祝此胜利，并皆发出致毛主席与党中央之电文，表示衷心拥护。”十三日，“昨得通知，嘱今日下午往政协礼堂开会。……登三楼。三点开始，刘有发宣读两项决议，继之讲话。然后到会者相继发言，意同语句同，唯次序不尽同，所谓‘表态发言’，殆亦只能如此耳。近日各方面皆开如此之会，而我人所参加者，乃‘爱国人士’之集会也。”

七月七日，“晨听广播，突闻朱德委员长逝世之讣告。年九十岁，时间为昨日下午三时一分。最近尚于报纸上见朱会见外宾之照片，神态极好，而不数日遽传噩耗，殆以年岁较大，经不得轻微疾病之侵袭欤。四六年朱六十岁，中共驻上海办事处为此在马斯南路举行祝寿会，到者极多。开宴时饮烟台运沪之酒（其时烟台在中共手中），此酒极好，而又为解放区来者，余饮之过多，沉醉自午后至夜间始醒。此事永不能忘，而已越三十年，而朱老逝世矣。”八日，“午后四点，至善陪余往北京医院，向朱老的遗体告别。形容仍丰满，不如周总理之瘦削。在周围绕行一周，与以康克清为首之朱老家属一一握手而出。”十一日，“今日举行朱德委员长之追悼会，而未有通知来嘱往参加，殆是通知名单与前日有所不同之故。”十三日，“上午张纪元来访，携来朴初托带之《朱委员长挽诗》。其诗恳切而音节响亮，颇不错。”

七月廿八，“今晨三点四十分许，余方醒来，觉卧床震动，似闻隆隆声，知为地震。全家皆惊起，共趋中庭。同居各家亦无不起趋于庭。有人言见有光露于空际。震动不知历若干秒。于是大家不敢复睡。余先则立于庭中，既乃坐于廊下，直到天明。老田之妻……出去一周归来言：我八条胡同以地震死二人。一为老妇人，屋塌受压，去砖瓦视之，已死。一为心脏病患者，突然受惊而死。……我寓后院东侧与人家相隔之墙亦塌其上半截。零星损坏亦有数处。……亲友来电话询问者亦不少，且有来话多次者，皆言得传说消息，将再有较重之震动。……但下午及夜间降雨皆极大，院中积水成渠，小孩则为水戏。前有预测言廿八日有大雨，今证其准确。大人则不免愁烦，深感其甚于抗战时期之‘逃警报’，彼时尚有‘解除警报’可企，而今则不知何时乃得解除也。”廿九日，“昨之地震甚为严重，中央发出之慰问电中云：‘唐山丰南一带发生强烈地震，并波及天津市北京市，使人民的生命财产遭受很大损失，尤其是唐山遭到的破坏和损失极其严重。’此电末了作结处引用毛主席语‘下定决心，不怕牺牲，排除万难，去争取胜利！’亦为历次地震后发出之慰问电所未用……地震之时间为三时四十二分。据测定为 7.5 级，震中在北纬 39.4 度，东经 118.1 度。”

七月三十，“屡有传言，近日内尚有较大之震须共警惕。……至善下午出前门往视其姑母，则知我妹与其同院之数家皆于天安门前历史博物馆西侧搭棚而居，已过二宵。……居民委员会来言务必勿宿屋中，院中须搭棚。下午乃搭棚于中庭……东西横三长索，于其中段铺数层塑料布，可以避雨，临时卧榻设其下。余则搭一行军床于中间东侧玻窗下，如有警，三两步即可到中庭。”卅一日，“与永和出外观看，出八条，走一段大街，折入六条，经南板桥而归。胡同中之帐篷床铺皆在中间，大街上则靠两旁。如此景象，非目睹则难以想象。……至善往天安门前找姑母，请彼来我家暂居，彼欣然同意，由修甥陪来。我妹数日不敢饮水，未得入睡，未得洗濯，来我家自可较舒适。”

八月三日，“昨日开始写答复外地来问安否之信，两日共写十一封……总之来信必复。”四日，“据传今后六级以上之震不致复发生。下午街道传达，日内将普遍检查房屋，房屋无问题者，即可回居室内。又言所有京中损坏之房屋，将于国庆以前修好。今夜回居余之室中。自廿八日清早离此床，盖七日矣。”五日，“闻知此次巨震，唐山死亡七十五万人，天津死亡十一万人。北京死亡殆不至如此之多，尚未闻其估计数。”十五日，“下午三时许，与至善出门，乘电车至前门下，沿路两旁皆帐篷，电车只能徐徐而行。下车向北，自东南角至天安门广场。则见有邮局与银行之帐篷，书店服装店之帐篷，方在进行其业务。又见出售方出笼之馒头者，推车停于路侧。各个帐篷已编号，如门牌然。帐篷或颇扎实，或极简陋，篷中器物亦多少优劣不一。亦有置煤炉于帐篷侧烹煮者，靠躺塌而看书者，床上有方昼寝者。沿帐篷之界线装临时自来水管，取水洗濯者络绎不绝。帐篷悉在纪念碑之南松树丛中。闻劳动人民文化宫与中山公园亦容纳许多帐篷，而文化宫则居外国人。确否不可知。观眺有顷，乘二路十三路汽车而归。”

八月十八日，“今日广播与报载，十六日廿二时六分，四川省松潘平武一带发生地震，为 7.2 级，震中在北纬 37.2 度，东经 104.1 度。四川成都市与甘肃武都地区均有强烈震感。唯‘地震部门对这次地震曾作了预报，四川省委在事前采取了防震措施，因而损失很小。……’”十二日，“今日《参考消息》载瑞典来访之代表人员报道，彼等于本月初到成都，四日即得我方通知，测知距成都北一百至二百公里地区将发生强震，其期最可能在本月十七日前后，彼等于十一日离开成都往桂林广州，而强震果然于十六之夜发生。……记得六六年邢台地震之后，周总理即发出指示，务须于十年之内能作到先期预报。今于四川此次之震，可谓已如周总理之所期也。……永和闻其友人言，近来同时有十个省或市有地震警讯。大地忽然特别不安定，不知何也。”

八月廿二日，“今日工人来修我寓房屋，先修东边与邻居分隔之墙。我寓属于机关房屋，由房修公司派工人修之。一般居家之房屋则居民委员会组织修理，解放军与学生及各家劳动力协同修之。昨今两次外出，见沿路修屋者纷纷。”廿七日：“来修筑房屋之人有二人来与我闲谈，其中一系队长，为苏州人，毕业于苏州工专。工作服上标‘冶建’二字，为冶金部之建筑队伍。彼辈在甘肃河西走廊及山西太原工作多年……调来支援北京房建公司。修理房屋以今日毕事。”

九月九日，“毛主席于今晨零点十分逝世，巨星陨落，非止我国，举世将永远再念。先是周涌来告，下午四点有重要广播。届时收听，乃闻此耗。广播者为中共中央、人大常委会、国务院、中央军委告全党全军全国各族人民书。书中历叙毛主席之勋业，影响及于全世界，极为得要。后半分数段，举示国人今后之前进事业，皆以‘我们一定要继承毛主席的遗志’发端，殊为恳切得体。入夜再听广播，则有治丧委员会之名单，以及追悼办法：十一至十七日，党政各界与各方代表到人民大会堂悼念，瞻仰遗容；十八日下午三点在天安门广场开追悼大会，全国从电视与广播中收看收听之。”

九月十一日，“今日开始，各方面往人民大会堂吊唁，并瞻仰毛主席遗容。……广播中重复播《告全党全军全国各族人民书》，并播各省市自治区之党委会革委会，对中央表示决心继承毛主席遗志的电文，以及各国最高领导人与党政机关之唁电。”十四日，“下午四点过，部中车来，即偕永和往人大会堂。长安街靠近天安门之处，只有公用车辆行驶，徒步者与骑车者不得通过，以是安静而空阔，唯有站岗之民兵按等距离站立。永和不能陪入大会堂，由服务员扶余上台阶，签名，到休息室等候。觉甚凉，盖开冷气机降温也。饮料为姜糖汤，并备大衣与到场者披上。陆续来者……皆默坐等候。及有人来招呼，余遂与等候之人徐步入大厅，成双行，走近毛主席遗体。怅惘之甚，未能伫立瞻仰。记于一九四九年三月间初次见到，今日为最后一见矣。”十七日，“明日天安门前追悼大会将有一百万人参加。”十八日，“下午三点，在室内看电视播送之追悼大会实况。……全部时间三十分钟。与余同观者，满子，三午，永和，周涌之母，兀真之侄女五人而已。至善在社中，兀真在天安门前，佳佳在彼校中，阿牛在街道委员会某会之所。追悼会之实况，以广播及电视播送及于全国，实为举国参加追悼也。”

十月八日，“临睡听到可惊消息，今暂不记之。”九日，“今日广播并报载中共中央于昨日所作之两个决定。其一为建立毛主席纪念堂于首都北京，俟建立之后，安放毛主席遗体之水晶棺移入堂内，俾广大人民群众瞻仰遗容。其二为尽速出版《毛泽东选集》之第五卷，并陆续出版以后各卷，同时筹备出版《毛泽东全集》。……”十日，“今日两报一刊发表联合社论，题目《亿万人民之共同心愿》，论昨日发表之中央两项决定。末后号召全国须学习毛主席‘三要三不要’之教导，与一切违反此教导之言论和行动作坚决的斗争。又言‘历史经验证明，要搞垮我们的党是不容易的。任何……搞修正主义、搞分裂、搞阴谋诡计的人是注定要失败的。’又言‘领导我们事业的核心力量是中国共产党。我们要最紧密地团结在以华国锋同志为首的党中央周围，维护党的团结和统一，加强组织性和纪律性……争取社会主义革命和社会主义建设的更大胜利，进一步巩固我国的无产阶级专政。’此末后之言词可觇最近局势矣。”

十月十四日，“今日《参考消息》载外国记者之电讯，言我外交部人员告知彼等，华国锋被推选为党的主席与军委之主席。此事已在各机关传达，街道上亦已有热烈拥护此推选之大字标语，特未见诸报端耳。大约须待有适当机会正式公布也。”十八日，“下午至善往听团中央负责人传达华国锋讲话之要点，党员已先听之，今日则告知党外人员。要点即宣布王洪文张春桥江青姚文元‘四人帮’之种种反动行为，又有彼辈之爪牙迟群谢静宜，现皆扣留，隔离审查。余八日所记之可惊消息，即指此事。连日报上所载各方面之群众表示要与违反毛主席‘三要三不要’原则之言论与行动作坚决斗争，要与篡改毛主席指示者作坚决斗争，即指此事。实际上已通国皆知，唯未见于报上耳。据各方面消息，凡闻此者无不称此举之英断，诚为大快人心之举。至其具体恶行，闻之亦多，余惮于记之。总之，此‘四人帮’之野心与恶行，盖不下于林彪也。”

十月二十日，“上午部中来电话，云下午听传达，两点时以汽车来接。届时车至，即驰往北郊人教社印刷厂。至则人已挤满大会堂，皆教部及所属单位之人，余仅望见张志公陈守勤沈同豫数人而已。台上坐五人，中有二人穿军服。询知派到教部者四人，乃因此次事件而予以军管。中坐军服者先发言说开会之旨，继之则旁坐之二人据文件徐徐念诵。前一文件即昨日至善抄回来者，故余尚能听明白，但中坐者之插话则虽有助听器亦不甚了了……次之传达中央第十六号文件，则余听明者不多，唯记得断言王张江姚'四人帮'为党内资产阶级，此外则交代政策，凡受其欺骗听其指使者'改了就好'等意思。此二件皆念诵两遍。散会已五点过。至善亦必将听见此十六号文件，余未听明之处，彼可以为余述之。"

十月廿一日，"至善回来，言今日开始群众游行，游行将连续三天。星期日则在天安门开百万人之大会，且将通过人造卫星，将当日之大会实况播送到全世界。此举使举世周知，大有意义。"廿三日，"今日上午，至善参加社中之队伍上街游行，到天安门。今日为游行庆祝之第三天，累计三日游行人数，当有四五百万矣，此亦前所未有者也。而夜八点后，部中来电话，询可否参加明日天安门之百万人大会。此自当参加。唯须中午先到部中，午后乃与部中人同往天安门……"廿四日，"部中之车于十二点来接。以为时间尚早，往观林老，坐约二十分钟而出。车以一点开行，余与段洛夫姚力同乘。先至中山公园，坐围廊之栏杆上休息。天宇晴明，人含笑容。继至观礼台之休息室，遇朴初，共闲谈。彼言向不喝酒，近乃喝酒，效余喝白兰地。余云知其喝酒之因。候至两点五十分，始登观礼台。余不登此台盖十年矣。弥望广场，红旗如林，人众整队，殊为伟观。三点开会。先奏国歌与《东方红》。继之，吴德讲话。又继之，工人、农民、军队、红卫兵之代表各一人发言，至四点二十分毕。散出颇迟缓，余到家已过五点。"

十一月十三日，"午后至美请假来看余，携有上海抄来之上海九十月之际'四人帮'党羽阴谋造反之按日记录。至美为余择要诵之。原上海市委之人几乎无不陷入，其凶狠者之言词，可恶可恨之极。"十二月廿一日，"下午，郭霞同志送来中央所发《王洪文、张春桥、江青、姚文元反党集团罪证》（材料之一）嘱看，言后日当来取回。此件至善已曾带回来一宵，余约略观之。此云须'家喻户晓，人人明白'，故部中必送来阅看。”廿九日，“郭霞同志来电话，言明日上午批斗迟群，邀往参观。迟群前为科教组之负责人，又为清华大学的书记，系江青之爪牙。去年恢复教育部，迟群并无名义，而操纵部中之事，派其手下人窥伺诸事，极为群众所愤恨。……余曾向郭霞及晓风说过，欲一观批斗会，故郭霞今日来通知也。”卅一日，“晨起极早。七点半，部中车来，乘之出城接董纯才，到政协礼堂。会场在三楼礼堂，榜书‘愤怒声讨王张江姚四人帮，批斗反党分子迟群大会’。八点半开会，主持者云将反党分子迟群押上来，二民兵挟迟群而入，令站于会场之东北隅。于是诸人相继揭发其罪行，指斥其言论行动，询以何故说此，何故作彼，令老实作答。迟之答言余听之不清，且往往为怒斥声打断，大概为抵赖与避重就轻耳。如此场面，在余为初见。会至十一点半散……夜餐时全家围坐小饮辞岁。今年为变化极大之一年，而结果则举国欢畅，此可记也。”

可记的一年到此结束。回头读了一遍，心中大喜：在不知不觉之中，竟把日记编成了纪事本末体，少只少给每一事件加上个标题了。要是让父亲看见，老人家会怎样说呢？

八十三

写成了纪事本末体原是无意的，在摘录日记之前我只通体想了想，这一年有哪几件非摘不可的大事，其余一律从略。如十月六日，有一句没录，“余思往苏州南京小游，以二三周为度；由兀真为伴，已与至善满子说起。”父亲又想作自费旅行了。为什么没去成呢？两天后，八日又有一段没录：“今日令兀真往购软席卧铺票，拟以十日动身到南京。入夜兀真来电话，言票已无有。余言既不得票，只好不去。”为什么不能推迟两三天去呢？可见这时候，父亲已约略听到那“可惊消息”了；老人家推想在一两个星期内，软席卧铺票是不可能买到了。这一拖，直拖到第二年五月三日，父亲才由满子兀真两个陪伴南行。那天下午四点半，父亲彻底摈除特殊化，出了家门就让满子兀真搀扶着，硬是乘公共汽车到北京站。上了火车，父亲才发现自己并未摆脱特殊，整节软卧车厢只有三位乘客，就是他和儿媳孙媳。

四日午前火车到达南京，来接的只至诚夫妇两个。他们已在新街口北，父亲常住的福昌饭店开了两个房间：大的一间两张床，由至诚陪父亲住；小的一间三张床，姚澄夜间如果没有任务，可以留宿。非常窝逸，就跟住家一个样，离锡剧团又近。兆言厂里举行社会主义劳动竞赛，晚上才到饭店，跟他爷爷说了不少话。南京的古迹名胜，父亲太熟了。满子兀真想去哪儿，他就跟饭店要辆小汽车一起去；到了目的地，找个静僻的所在独自吃茶，让至诚带着她们到处玩儿。在南京耽了四个整天，居然没惊动省市领导，避开了许多应酬。乘火车到无锡，有至诚的挚友，县锡剧团的编剧薛明在站上迎接。一行人在无锡耽了五天，所有活动已由薛明安排停当，除了惠山鼋头渚，还参观了前洲公社、梅州公社，都是农村办工业的先驱。无锡市革委会的副主任到旅馆来看过我父亲，说忙得不可开交，一天三班倒；除招待看了场电影，没有其他举动。

五月十四，薛明伴我父亲满子兀真和至诚到苏州，被交际处接到了南林宾馆，仍安排在住惯的小洋房里。“别墅”改为“宾馆”；由于在小洋房群西边，新建了一座五层大楼，主要招待华侨和外宾。几处园林和虎丘、东山，满子兀真都到了，多半由至诚在苏州的朋友陪往。父亲这一次回乡，唯一的奢望是去甪直看看，果然得到了满足。老人家在五月十六的日记上记着：“由吴县供应一小汽轮，泊于南门，晨将八点起锚往甪直。……宝带桥、黄天荡、金鸡湖、吴淞江，旧时惯经之水程，仿佛记之。蟹簖渔舍，亦依然如昔。驶行不足三小时而抵甪直。……镇上人聚观来客，桥头街上拥挤。保圣寺天王殿重建，陈列吴县出土文物。陈列罗汉之堂在其后，不作佛殿形式，云是江小鹣所设计。罗汉本在两旁，今居正中。观玩形相姿态，恍如旧交。……当时之学生来恳切招呼者，有许倬、殷之盘、宋志诚、皇甫仲墀，又有叶德美以卧病致书相候。此辈皆七十以上人，唯一个为六十八岁。舟将返航，镇之领导人及旧时学生皆殷勤送至埠头，或登轮小坐，其情深可感。”回京后，父亲作了一首七律《重到甪直》：

五十五年复此程，淞波卅六一轮轻。
应真古塑重经眼，同学诸生尚记名。
斗鸭池看残迹在，眠牛泾忆并肩行。
“再来”“再来”沸盈耳，无限殷勤送别情。

父亲自己已作注的共四句。开头一联“五十五年”句，注的“自甪直迁回苏城在一九二二年”；“淞波卅六”句，注的“苏城用直间水程三十六里”。第三联两句也有注，第五句注的是：“陆鲁望祠已毁，斗鸭池涸而通水阁之二石桥尚存。”第六句注的是：“曩与妻晨晚到校返寓，常循眠牛泾。”

十九日晨，父亲与至诚由薛明陪同，乘汽车前往江阴。满子兀真则乘火车去上海探望亲友；父亲叫她们至迟于一星期后，到南京相会。父亲的一路直驰江阴，住县招待所，午后参观华西大队。大队书记吴仁宝在县里开会，留下话说要好好接待，这个任务就落在他儿子身上。全队因生产发展，共同富裕，千余社员住进了新屋，平均人占二十六平方米。有教育楼一座，五层，自托儿所至高中全不收费。田不足千亩，都已平整，只留下一小块“教育地”，保存原来高低不平的旧貌，用来教育后人。排灌渠道在路面下，新设喷灌机械。为移风易俗，骨灰堂已落成，周围将广植花木，辟为公园。在大队之接待站进晚餐，吃大馄饨，说是此是接待亲友的习惯。第二天晨，薛明回无锡，由至诚的熟人安排游览。晚餐由县里招待，颇丰盛。住了一宿，又由他们驱车送到常州，乘火车回南京。父亲在日记中说：“至诚与江阴人极熟，吴仁宝同志又特别吩咐，故余得如此优待。据实言之，此即所谓‘特殊化’。而余时欲自由行动，不打扰人家，亦不受人家拘牵，终为不能实现之空想耳。”

父亲回到南京，跟至诚仍住进了福昌饭店，就没有下楼，帮助至诚改编《军粮渡》脚本。父亲每晚九点就寝；至诚还在灯下誊写稿子，至十二点方睡。到第三天上，忽然陈良先生踱进来了。他是江苏省统战组的负责人，为看文件求安静，在对门开了个房间。当时只寒暄了几句，别的什么也没有说。父亲想，也许改变作风了吧？可是到底没躲过，乘火车离南京前的第三天晚上，为我父亲方便，宴会就设在福昌的顶楼上，还邀了至诚夫妇和兆言，满子兀真已从上海赶到：一家三代六口人，加上统战组的三位作陪，满满一圆桌。

满子趁还有两天的空当，随士秋姐乘小汽轮去大厂镇，代父亲看望了晓先夫人丁师母。晓先先生在“文革”中受了极大刺激，以致精神失常。士秋姐把两位老人接到南京，可是已经晚了，一年半前，晓先先生去世。父亲立即给士秋姐写信致唁。“文革”之初，晓先先生薪水被扣发，存款被冻结，每月只发二三十元生活费。对牛鬼蛇神的这种惩罚性措施，是当时各机关“群众专政组”的土政策，有宽有严，波及面却不小。晓先先生的生活费想来是最起码的。那个年月要子女接济，等于祸害了子女。丁师母对这一点倒是想通的：跟满子通融不犯什么法。满子答应每月给她二十元。她可硬气，说清楚是借的，等存款解了冻立刻归还；后来真个按说的做了，几百块钱一次送还，还有感激存在心里。听说我父亲带着满子一同到了南京，丁师母定要再见一面。满子说还是她去看老人家吧，于是跟着士秋姐去大厂镇，最后一次吃了丁师母拿手的，特地为她做的红烧肉。

六月二日，吃过午饭，我和小沫周涌凭南京来的电报，买了站台票进站去接。火车误点八十分钟，三点才到。父亲仍由满子兀真搀扶着下车，先慢慢走。十一件行李，搬下车就不容易，由我们三个来接的又是背又是提，出了站口，三午已经雇了辆出租车在等着了。这回旅行，恐怕只有一头一尾，没沾着一点儿特殊化。

八十四

离家一个月，书桌上堆着一大摞报刊，一大摞信件，等待父亲翻阅处理。老人家把来信浏览了一遍，按缓急轻重理出个先后，好排着次序回复。有好几封是求写字的，暂且放在一旁。又把报刊翻了一遍，如有必须看的文章，也挑出来放在一旁，等有了空闲再慢慢儿读。每回旅行回来，这两三天的工夫是非花不可的，要不，就跟离家之前接不上茬了。可是两三天下来，老人家感到视力又大不如前了。才看了一会儿，报刊上的字就模糊成一片了，眼球还觉得发胀。写信的时候，左眼自动闭拢；笔尖是否落到了纸上，只能靠右手三个指头的触觉来分辨；使劲睁大了双目一同看，纸上的字出现了叠影。父亲年轻的时候，哪儿想到过眼睛会跟自己闹别扭呢？抗战中到了乐山，晚上用油盏照明，看书才戴上了老花镜；后来大抵每十年换一副，增加五十度。这副四百度的还是“文革”前买的，该换一副新的了。我找遍了东城西城的眼镜铺，说四百度以上的老花镜没有现成的，得验目配光，镜片得按验得的度数现磨。这等于说，我父亲视力衰退的程度已超越了常轨。

父亲到这时候才想起，近年来眼睛的确用得过了头：大部头的翻译小说，又看了好几部。几家熟识的出版社，又把征求意见本送给他看。尤其是人文社鲁编室的，所谓工农兵编写的鲁迅单行本注释，注的颇繁，小五号字排得密密麻麻，父亲接连看了五六册。（老人家作了声明，各篇的所谓“题解”不看。又，这套单行本未见出版。）求写字的越来越多，大多不相识；父亲有求必应，反正那时作了诗词无处发表，因而没想到顾惜自己的眼睛。那首纪念佩弦先生的《兰陵王》，就不知写了多少遍，写一遍就是工揩二百四十九字，不带上下款。有一位缠之不休的年轻人，对联、条幅、册页，楷书、篆字，随意点戏。有一回寄来一叠稍有点儿发黄的旧纸，木版水印的红格子，格子比如今常用的稿纸稍小些；又开列了若干古文的篇名，要我父亲挨次用小楷誊录在格子纸上。父亲看了他的信说，天下哪有这样使唤人的，对我们大发脾气；结果还是抄满了两页，给他寄了去；说不定在信上作了讨饶的暗示，说字写得不好，无奈已经视茫茫了。

往者不可谏，眼下最要紧的是向医生请教，弄明白眼睛出了什么毛病，视力还能不能恢复。首都医院眼科的中西医合作颇为别致，诊断用进口仪器，说我父亲眼压增高，患的是青光眼；左眼视网膜微血管出血；先减压止血，待淤血全部吸收，再验了光去眼镜铺配一副合适的眼镜。处方开中药，治效不外于降压止血明目，有白药、三七，草决明、石决明，石斛夜光丸、杞菊地黄丸等。医生叮嘱说，目前得让眼睛休息；什么都不看是办不到的，尽可能少看。父亲心里着急，忍不住问：戴上验目配光的眼镜，看书总不会有叠影了吧？写字总可以看清楚笔尖落在何处了吧？不作绝对的肯定，似乎是医生的行规，回答说总会有所改善吧。而结果也确乎如此。新配的老花镜是戴上了，无奈左眼成像模糊歪斜，仍旧不肯跟右眼合作，只得索性把它闭上，看些什么写些什么，只能让右眼偏劳；而且戴上了老花镜，仍旧得加上放大镜。

不看不写是办不到的。在“抓纲治国”的号召下，各行各业都争分夺秒，要把在浩劫中丢失的十年追回来。父亲哪儿肯无所作为呢？八月下旬，《人民教育》准备在十月复刊，要我父亲作稿。老人家想起十四年前在福建说过，“教是为了不要教”，意思没表达清楚，于是写了首五古《自力二十二韵》，说教学工作其实跟教幼儿学步一个样。古体诗不能让谁都看得懂，父亲似乎不大满意。年底前，武汉师院中文系创办《中学语文》，来信要我父亲题词。老人家却写了一篇句句着实的大实话寄去：

> 我想，教任何功课，最终目的都在于达到不需要教。假如学生进入这样一种境界：能够自己去探索，自己去辨析，自己去历练，从而获得正确的知识和熟练的能力，岂不是就不要教了吗？而学生所以要学要练，就为要进入这样的境界。
>
> 给指点，给讲说，却随时准备少指点，少讲说，最后做到不指点，不讲说。这好比牵着手走，却随时准备放手。我想，在这上头，教者可以下好多工夫。
>
> 我的想法是否得当，请广大语文老师指正。

这一段不足两百字的说明文，要言不烦，清澈委婉。读者诸君不妨从第八卷中，把《自力二十二韵》找出来比一比，意思基本上相同，为凑成五个字一句，用了些冷僻的字，好些句子的组织也离口语远了些；诘屈聱牙的，字数还多出了二十来个，真有点儿不上算。记得一九五九年八月，我父亲发表过一首五古，《语文教学二十韵》，提纲挈领，阐述了阅读教学和写作教学的目的和方法。可惜他当时没想到再写一篇简短的说明文，广泛征求语文教师的认同。

在我的印象中，语文报刊一时间如雨后春笋，有复刊的，有创刊的，而后者大大超过了前者。有各省市出版社办的，有各大中学校办的，有以哪一家语文教学研究会的名义办的，也有什么都不挂靠，自己想办就办的。出版语文报刊得有稿子，这倒还好办，还得找个语文界的前辈来捧个场，于是都想到了我父亲，写信，打电话，还有不远千里从外地赶来的。我父亲以视力极度衰退为由，说今非昔比，实在心有余而力不足：“非不为也，是不能也。”我就接过这样的一个约稿电话，代父亲作了婉谢。对方问：“叶老还能说话吗？”我回答说：“说是能说的，只是听不清楚，带了助听器也不管用。”对方说：“我们登门问候，随便谈几句就行。”不等我辨出滋味来，电话就挂断了。对方还真个来了，两个人，见了面先称赞我父亲身体棒：年纪这样大了，想不到还这样健朗。寒暄过两句就言归正传，一个采访，一个记录。问了记了不到二十分钟，说：“叶老别累着了，今天就这样吧。请叶老注意休息，活上一百岁。”“活上一百岁”虽然没有凭证，总是一句好话。父亲每回听到，总是淡淡地回答："且看吧。"

那两位到来之前，我就挺懊悔，不该在电话上透露了我父亲还能说话这一信息。心里懊悔还不敢说，怕老人家生气；明知不会冲着我来，可是把空气搞得挺紧张的，算个什么呢？事情可没有了，他们的采访稿第二天就寄到了，字写得龙飞凤舞，说是请叶老过目。我对父亲说，"别费眼力了，让我念吧。"没想到处处是疙瘩，越念越念不下去，最后只好说，"让我先理清楚了再念吧。"我按着提问，像写答卷似的重写了一遍；用粗铅笔把字抄得桂圆般大，让父亲看。父亲改定了，我才誊在稿纸上给他们寄去。在那段日子里，父亲偶尔到哪个学校去谈语文教学，在哪个语文教学座谈会上发了言，总有记录稿要他过目。听我念了，父亲稍作改动的占半数，其余的都得像那篇采访稿似的得全盘推倒重来。碰到这样的次品，我总觉得父亲有点冤。老人家读书写字已经这样困难，为什么不依不饶地，硬要他朦胧着双眼，透过双重镜片，读那些不想读的记录，改那些不愿改的稿子呢？

附带记一笔，一九七七年八月底，我陪父亲又作了一次自费旅行，避到承德去休闲了一个星期。同行的有叔湘先生夫妇俩和他们的女婿郦达夫兄，唐弢先生夫妇俩，还有谢刚主先生。组成旅行团的创意和联络是叔湘先生，总务工作自然落到达夫兄身上。住的是文津阁。原来藏在那里的《钦定四库全书》早已搬走，楼上剩下一排排大书架，空关着；楼下界隔成若干间，作为招待所。避暑山庄的水面，大小好像跟颐和园相仿；湖边的每一景点，据说都是按照江南的某处布置的，却并非翻版，依稀仿佛，像缩写本。引人注目的，倒是在山庄东北和北方的所谓八大庙。八大庙当时存七座，六座尚完整，都在连绵的山岭高处。早晨傍晚衬着明净的蓝天，映着斜射的阳光，这几座金碧辉煌的喇嘛寺庙，真有点儿庄严肃穆。谁要是望见了，不走近去是决不甘心的。我们作了计划，每天游一座庙，花半天的力气，余下半天彻底休息。谁知汽车只能停在山脚下，抬头一看，石阶又高又多。上不上去呢？父亲算了算说，犯心脏病已是十年前的事了，看来不妨，慢点儿走就是。大家说唐弢先生去年前年接连两次因心绞痛住院，还是小心为上，在山脚下随意遛跶吧。唐弢先生一口答应，就坐在汽车里打盹。父亲右手拄着拐棍，左臂由我扶着，一二三四，数满十步歇口气。好容易转到庙门口，站定了回头一看，唐弢先生拄着拐棍走到半山腰了。我对他大声喊："慢慢走，我们等你。"他站住了，左手拈着个小药瓶向我们挥了挥，示意我们只管朝上走，他随身带着急救药呐。我们父子俩看他一步一个脚印似的走了上来，站定了喘了一小会儿气。大家都笑着说："世上无难事，只要肯登攀。"

八十五

那一年十月廿三，伯昕先生和志成先生两个约定了来看我父亲。我记不起他们上一回一同造访是哪一年了，分明有公事。果不其然，他们说民进跟其他民主党派一个样，停止活动已十年有余。明年春天，五届全国人大和五届全国政协将同时召开，代表和委员的人选，要各党派跟各方面共同协商。两位都说十年来变化极大，却大家不见面，对会员们的情况，他们也知之甚少，只好从访问调查做起。我父亲知之更少，按理说只能做被调查的对象。他们倒说是来汇报的，脸上还带着歉意的笑。我父亲看着听着，总觉得有些儿异样；后来才知道他们已经跟统战部商量过了，要把我父亲安排进民进中央的领导班子。

各级人大、政协，包括各党派、团体，看来大致一个样，开会作准备的第一要务是起草"报告"；逢到"换届"，得添一项，就是协商与会的人员和会后的领导班子。我没有看过《会议筹备须知》这一类小册子，只是由经验得之。两个"五届"都是"十年浩劫"之后的头一次大会，非同小可，在协商名单方面，自然得多花些工夫。二十四年前，协商第二届全国政协委员的时候，我父亲说他已由江苏省推举为全国人大代表，不必再在政协占个名额了，这个意见被采纳了。这一回我父亲的姓名又出现在两个推荐名单上，老人家又提出了同样请求。伯昕先生来劝说了：列上名单，正因为目前有这样的需要；请叶老勉为其难，无非多开几个会。我父亲一向怕开会，伯昕先生早就知道。老人家说："开会去坐坐也难，人家看见我出席了，其实我看也没看清楚，听也没听清楚：眼镜不管用，助听器也不管用，在大庭广众中只听得一片嗡嗡，要把这小匣子凑到你嘴边，才能听清你说的话，在会场上比不用还糟。"伯昕先生说："周建老新买了个日本货，听说很得用。下回见着他问问。再说，开会也不一定都去。有什么重要报告，我会托志成、纪元来跟叶老转达的。"说到了这个分儿上，我父亲也不好再说什么了。

一九七七年岁余转眼过去，新年不同于春节，来客不多。二日上午，晓风兄来跟我父亲闲谈，他自干校回来，年年如此。我父亲已经掐准了，见了面就要托他起个稿子，还说清楚只是偶或相烦，并非经常。稿子中要说的，他老人家近日来已经跟好几位朋友谈过，都说四人帮逃不脱党纪的处分，这是肯定的。把他们永远开除出党固然大快人心，可是他们还犯着国法呐，还得组织人民法庭予以公审，按罪行的轻重分别判以徒刑或死刑。晓风兄听我父亲说完，要求再说一遍，好让他用笔记下一些来。老人家说还得自己再考虑考虑，写下几条来，过几天给他寄去，烦他排比贯串，写成个发言稿。十一日上午，晓风兄把稿子送了来，写得条理清楚，语言顺达，我父亲大为满意。在那天的日记上挂了一笔："询其费时若干，云止二小时，且尚应付其他杂事。此子心敏手快，视前益进，真可慰也。"三月二日，在人大江苏组的小组会上，我父亲根据晓风兄整理的稿子作了发言。

五届人大一次会议二月廿六开幕，三月五日闭幕。政协委员列席人大会议的整个过程，因而会议提前两天开幕，推后两天闭幕。在两个会议的预备会上，我父亲都被推举为主席团成员。三月三日，新华社的摄影记者约我和父亲，在人民大会堂东门内大厅拍了张照片，发给了各报社，说明是一同参加政协的叶某父子俩；好像没说父亲属民进组，儿子属新闻出版组。在照片上，我作搀扶父亲状。后来两会分别投票选举，我父亲成了人大常委，又成了政协常委。在会场上，尤其在政协的会场上，我父亲见到了好几位多年不见的老熟人。巴金先生，五年前父亲在上海受四人帮爪牙的阻挠，没能见上一面，这一回在休息室里碰见了，想不到已经满头白发。可是看得出来，难以忍受的长期折磨并没把他的精神压垮。一时说不成连串的话，是由于兴奋过了头，他眉间嘴边，仍带着坦诚的微笑。父亲去年送给巴金先生的诗的开头说："诵君文，莫记篇；交不浅，五十年。平时未必常晤叙，十年契阔心怅然。""十年"是个成数，一九六六年后，巴金先生就没有到过北京，多少契阔的老朋友还在怅望着他呐。等大会闭了幕，他搬到前门饭店住了一个星期，由小林陪着，一家挨一家登门造访。看望我父亲是十日上午，他捧着一小坛二十年陈的绍兴，诚心诚意为送酒来的。说了十来分钟话，在走廊上迎着阳光摄了张纪念照，巴金先生就告辞了。他作好计划，一个上午还得赶两家。

姚雪垠先生送来了才出厂的《李自成》第二卷。父亲和我在付排前读过原稿，新书到手，就寄给了至诚。在信上父亲跟他说，这第二卷中的某某几段，颇适合改编为京剧或地方戏，要他挑定一段，向团里提出建议，如果能通过，就请求让他到北京来编。这是年初的话，居然成为事实。至诚挑选的是红娘子劫牢救出李信，一同投奔李自成一段，就取名《红娘子》。等到两会闭幕，至诚就回家来了，还带来了一个薛明。他仍在给无锡县锡剧团编戏，也挑选了一段，取名《射虎口》，是个类似《三打祝家庄》的故事。他想跟着至诚，一同去见见《李自成》的作者。至诚的戏共六场，看提纲安排得大体可以；薛明的也还可以，却有个基本缺点，锡剧是旦角当行，演武打戏非但难以发挥，观众还可能不接受。三月廿四下午，我领着他们两个去请教雪垠先生。推进门去，有位胖子正讲得眉飞色舞，经雪垠先生介绍，才知道是电影名编剧李准先生。我介绍了至诚和薛明，幸而没打断李准先生的兴致，他接着说他的剧本，就是后来崔巍主演的那一部。虽然前半部没听见，我们三个已十分满足，雪垠先生也满脸堆笑。等到李准先生告辞走了，我先简要地跟雪垠先生说了至诚他们造访的意图；接着说时间已经不早，改日再让他们来征求意见吧。四月五日，至诚已写完第一场，薛明还没动手，动身回南方去了。他走之前去见了雪垠先生没有呢？我不知下文，也忘了打听。那时候还不知道，改编而不先征得作者同意，是个侵犯了知识产权的问题。

四月十日，新华社打电话来，说要请我父亲给国内记者训练班讲一次文风。我自作主张，代父亲答应了。父亲常说文风问题得从《人民日报》抓起，如今新华社找上门来，他怎能拒绝呢？电话挂断，我跟父亲说了。父亲说应该答应；讲之前总得作些准备，又得好几夜睡不稳；十多年没讲课了，两三个小时，不知还能不能讲下来；讲过还不算完，还得送记录稿来要求校阅……老人家是实话实说，他手上正有一篇记录稿：只因为在一次座谈会上作了三十分钟的即席发言，谈的也是文风；改了两天实在改不下去，只好另起炉灶。这样的苦恼别人不知道，我是清清楚楚的，包括老人家的健康情况。听我说已经答应，父亲并没责怪我。去新华社作讲是廿一日下午。前一天晚上喝酒，父亲跟我和至诚商量该说些什么。上午写提纲，列了不相连贯的八个小题目，十一点才写毕。下午两点半，新华社领导乘车来接，我们兄弟俩一同跟了去，准三点开讲，还好，听讲的才一百来人。中间休息了一刻钟，五点半讲毕，吃了一顿丰盛的晚餐。席间，主人向我父亲把提纲要了去。

后续的校阅任务自五月初开始，先是对外部发往国外的一篇稿子，主要报道我父亲跟青年记者谈了一次话，讲了些什么。父亲看了叫我修改一遍，得注意三条原则：他说过的话，稿子中没提的，不用补充；稿子中提到了，而记得脱头落襻的，需加以补足；起稿者顺手添加进去的一些套话空话，一律删掉。我改完了，父亲仔细看了一遍，又作了几处改动，叫我打电话让他们来取。又过了十天，新华社才把讲话的记录稿送来，说准备在内部通讯上发表。稿子整理得不错，不用多改动，叫我喜出望外。动笔的似乎是同乡，听得清我父亲的口音；又有我父亲自己写的提纲作依据，所以能有如此的成绩。父亲听我这样说，叫我再看一遍，他手头正忙，就不看了。我凭回忆，改正了几处小错。不想我掉以轻心，竟放过了常识方面的一处大错。在后边，我会向读者诸君作坦白交代的。

八十六

谁料得到，一块黄豆大小的胆结石几乎夺走了我父亲的生命。胆囊结石其实是常见病，患者自己不一定感觉到，即使发作了需要剖腹，也不算大手术。可是我父亲耽搁太久了，等到透视，只观察到胆囊周围一片模糊。医生不得不打开肚子来看了，当场决定下一刀该如何下手。怎么会耽搁成这样呢？由于病发正在旅途中，由于我父亲一向不肯给别人添麻烦。而且在这一点上，我又早已养成了跟父亲相同的习惯。结果呢？结果却给不知多少人，平添了数不清的麻烦。

五月底，统战部组织人大政协的在京常委去四川参观，年纪特大的可以带陪同。名单上有我父亲，也有我。我并非常委，分明要我照料父亲的旅途生活。父亲有我陪伴，自然愿意去。“文革”前的最后一次参观，去四川看了规模宏大的三线建设；在“十年浩劫”中，听说去过的地方无一幸免，都遭到了怎样怎样的破坏，老人家放心不下，有机会自然得去看看。五月廿七午前登车。参观团二十来人，几乎都相熟。随行的工作人员，包括医生和记者，数目相当。共挂了两节软卧车厢，宽舒之极；每间二人，父亲和我被安排在一间里，下午，老人家感到腹痛，在肚脐右上方，而且越来越痛。他只对我说稍有点儿不舒服，还不许我声张，免得惊动大家。老人家躺了一会儿，说痛已渐渐减轻，大致不妨事，勉强喝了一点儿稀的就回房解衣而睡了。前几天给《文艺报》赶了篇约稿，又帮至诚改了两场戏，显然累了，躺下就着。早上五点醒来，说肚子不觉得痛了，不再当作一回事。

为照顾老年人，参观日程安排得很宽松，休息的时候多。父亲每一处都去了，总见得勉强，打不起精神来。他有个自己量体温的习惯，这一天腋下老在 36.5 上下，比平日高出了半度，老人家以为是感冒的前兆，叫我冲银翘解毒冲剂给他喝，不管用。省里的医生带了心电图机来，给几位老年人作了检查，说都没有问题。在省会成都和西北各县转悠了十来天，六月十二晨登上火车，当晚到重庆。参观的安排跟在成都相仿，父亲也都去了。六月廿一离开重庆，在朝天门码头上的轮船；那一百几十级石阶，是由两位随行人员左右架着走下去的。父亲依旧贪看沿途江景，可受不住江风，总是在栏杆边站了一小会儿就躲进舱内。二十二日午睡起来，船已过宜昌。两日来，父亲的体温比平日高出一度有余。老人家说不能再秘而不宣了，我才把随团的女医生请进了舱。她先给注射了庆大霉素和柴胡针剂，再问有什么不舒服。我父亲说他多年的习惯，每天大便两次，前天上船以后还未便过，所以胃胀腹痛。医生给了两片“果导”，交代在入睡前吞服。半夜后三点，父亲叫我扶他上厕所，果然排出了一些，第二天又注射庆大霉素。下午三点，轮船靠上了汉口码头，老人家才下床，撑着雨伞下船，直奔指定的汽车，四十分钟后到达武昌东湖边一座讲究的宾馆。那是六月二十三日。

武昌医院的医生在宾馆等着了，从我父亲的耳朵上取了血样回去化验，一会儿就打电话来说，白血球增加不多，意思说身体各部分并无发炎的征兆。随团医生听了我父亲的胸部，说不像是肺炎；为了证实，要我父亲去医院透视。老人家说觉得很累，免了吧。第二天夜里吃了消化药和藿香正气丸，肚子里稍觉松动，睡得颇好。在六月二十五的日记上，父亲只写了两行字：“晨起时量体温，36.2，希望从此退净，不再反复。

如厕，虽未甚畅，而排出一部分，亦较可自慰。”以后中断了一百一十七天，在日记本上画了条波形曲线，下一行是：“以下病后补记。另有两册病院中之简记，大部为兀真所书，小部系至美补充。”如今我把《病后补记》抄录在下面：

“六月廿五下午登京汉车，余上车即卧。六月廿六下午到京，到家即卧。夜间痛大作，无法忍受，六月廿七日入首都医院，自此住院一百有馀日。无时无家属在旁陪侍。每日上午至美轮班，下午则兀真。至于夜间，在前段则为两人为一班，至善至诚永和兆言薛明五人每夜两人值班。及兆言薛明南归，则至善至诚永和轮流值班。

“七月七日动手术，自胆中取出一颗结石，大如黄豆。此后复有咯血之灾，一日而止。来访者不能全记，友情可感。

“十月九日自首都医院回家。回家后仍如在医院然，大部分时间休卧，一切生活琐事皆由他人代为料理。舒适胜于在医院中。来访者虽不多，皆极殷切。平伯来，佩弦夫人陈竹隐特从清华来，尤可感。书信颇积，无法一一回复，只得缓日再说。

“以上十月二十日补记。以后日记，拟取最简单之方式，聊云不废此事而已。”

这段“补记”简单得可以，叫我不得不作些注解，添几句说明。病院中的“简记”两本是学生用的练习本，没规定的格式，记病情记治疗，也记别的琐事。字迹潦草，都用的钢笔，薛明也偶尔记上了一两句。他的《射虎口》写得了，来北京听听我父亲的意见；看我父亲如此狼狈地回家来，第二天上午，由急救车接进了医院，就自告奋勇参加夜间值班，好赶着和我谈他的戏。兆言是至诚去信唤来的，正好凑他在准备高考；两人南归的时候，我父亲已出了危险期。永和是我打电话去汉中唤回来的。满子没参加值班，她得在家里作好后勤，回答探问的电话，接待登门探问的诸亲友好。首都医院就是曾改名反帝的协和医院。

进院的第一天，父亲眼球已经发黄，体温超过三十九度。医生的注意点集中在肝和胆上，透视所得前边已说过，知道病发已有些日子了；白血球并不明显增多，说是老年人生理反应已趋迟钝。用了冰袋，注射了两种抗生素，没能使体温降下来。医院通知人大常委会办公室和教育部办公室，两方面都来了领导人，听了汇报，指示全力抢救。各科的专家们，还有几位从别的医院请来的，又进行了会诊，会诊的结果我在前边也已说过。开刀是外科的事，外科专家，北京医院的副院长吴蔚然答应亲自主刀。我父亲已周身发黄，经过几天高烧，筋疲力尽，思路仍旧清晰。吴蔚然医生跟我父亲耐心地说了治疗方案，老人家全部同意。第二个轮到我了，护士长按惯例送来了家属同意手术的志愿书。其实只要签个名就得，我不知道为什么添上了一句话，写完一看，十二个字错了六个，只好涂上六个墨团重写。这是句什么话呢？当晚就想不起来了。真个是“此情可待成追忆，只是当时已惘然”了。

七月七日上午动的手术，取出胆石一小块，在前边也已说过。父亲八点过送进手术室，半身麻醉，十一点半才送回病房。神志清醒，处于兴奋状态。伤口痛，血压过低，输血，注射了止痛针，服用了安眠药方能入睡。后来听说：手术中曾因血压突然下降而进行过抢救。又听说：胆囊肿胀已经穿孔，胆汁自孔内泄出，使周围的肝脏局部发炎，甚至糜烂；胆囊粘连在肝脏上，无法割除。取出胆石后，把胆囊内清理干净，扎住胆管，不让它再担当贮存和调节胆汁的功能，让它逐渐纤维化而留在体内；肝脏的修复，靠注射抗生素和提高患者的再生本能。我听到的已尽在于此，记录未必准确，只能大致表明这次手术的意向，请读者诸君切勿当作医案看待。肝脏受损太甚，使我父亲食欲全无，每顿喝不下两匙汤，维持体温还远远不够，哪儿谈得到再生本能的提高呢？医生采用了鼻饲的办法，把一根又细又软的硅胶管，一头从鼻孔塞到喉咙口，让患者一口咽进胃里。老人家很配合，一次成功，还说并不觉得有根管子留在食道里。鼻孔外边的那半段硅胶管，在小电泵带动的两个偏心轮之间穿过，接到盛营养液的瓶子里。电门一开，两个偏心轮相对转动，就源源不断地通过硅胶管，把营养液缓缓压进患者的胃里。这日本玩意儿，设计思想还真有点儿巧妙。

营养液想来是营养师按医生的意向配制的，不外乎牛奶鸡蛋，牛肉汁鸡汤，淀粉糖类，水果蔬菜汁，加上各种维生素矿物质。医生还嫌不够，把医院里剩着的几剂 Vivonex 用上了。这是美国的新产品，供宇航员使用的，是经过各种消化酶处理过的营养液，国内的市面上还没有供应。卫生部请准了外汇，直接向美国的公司购买，约定班次，让晓风兄和兀真去飞机场取货，至少取过两回吧。Vivonex 冷冻包装，密封在一个特制的冰盒里，捧到医院就送进冷藏库；我没见过，不知一盒有多少剂。这样的特殊化真有点儿过了头。这句话，当时确曾在我脑袋里闪过，现在又觉得非记下来不可。如此而已，岂有他哉。

鼻饲用的那根日本硅胶管有个最大的优点，它又细又软，插在喉咙和食道里，毫不妨碍食物在口腔中咀嚼和通过喉头下咽；只要小电泵开着，患者即使睡着了，营养液的输送一秒也不中断。连续灌输了一个星期，父亲的精神见长，食欲也稍稍开了，每顿能吃一小块饼干或蛋糕，后来可以坐在床上由兀真喂小半碗面片了。这届高考出的语文试题有点儿新意，老人家听我说了挺兴奋，说待出了院，要写篇小文章叫一声好。医生们经过会诊，说外科的任务可以算结束了，以后的着重点是恢复，是疗养，把我父亲交给了内科。病房不需搬动，主治医生换成了十年前就结识的黄席珍。那是八月廿一。

黄医生来查房，征求我父亲对治疗和护理的意见。老人家说都很满意，只有一个要求，是否可以不再喷雾，喉咙口呛得不太舒服。黄医生说，喷雾就为给喉咙口一点儿刺激，引起咳嗽，把留在气管里的痰吐出来。她叫我父亲张大嘴，检查了一遍又说："没问题，喉咙口也没多少痰，还是咳出来的好，积多了可能引起肺炎。过些日子下了床，就不用喷雾了，再忍耐一两个星期吧。我扶您下床走两步试试。"老人家一手扶着她，一手扶着至美，两脚才落地就嚷嚷不成，脚底下好像踩着棉花。什么都得从头学起，试了几天，居然能移步了，一直到月底，身体好像已恢复正常，能够到窗口坐一会儿了，只是没有精神看书。大家说再过半个月就可以回家了。

九月四日晚上，轮着永和值班。政协发来《叶塞尼亚》的电影票，我去看了。没看到一半，银幕旁边映出一条通知："叶至善委员速去医院。"我立刻出了会场，骑上车就直奔病房。那间病房里只留着两个护士，和永和一同在换沾满鲜血的被单；险情似已过去，医生们都在会议室商量下一步该怎么办。父亲脸色刷白，奄奄一息，闭着眼睛；显然失血过多，可能还把自己吓着了。这时我才知道，父亲入睡前例行喷雾，才咳出少许痰，忽大呛几声，连连喷出大口的血，鲜红的血点子直喷到脚后的粉墙上。医生们全赶来了，护士推来了临危急救的小药柜，又是止血，又是止呛，又是维持血压，又是预防感染。至诚和兀真也赶来了；

跟值班医生护士一同守到天明。病因是呛破了气管。夜里还咳过两次，痰中还带血。总的趋势是往好处发展。四天以后不再见血，饮食也逐渐增加。父亲遭了这一大挫折，脾气越发急躁，好在医生护士都像家里人一个样，知道防范和化解。

十月九日上午回家，父亲的生活，应该说是一家人的生活，逐渐恢复正常。如果不是旅途耽搁，很可能就没有这次大病，也许能自然践约“活上一百岁”，不用跟许多老人那样，挨过偃蹇的植物人的阶段。可是也用不着懊恼，父亲自己已于十一年前填过一首《蝶恋花》，下半阕说：“七十馀年似电火。往事思量，倘许重来过。想入非非宁复可？明年花岂去年朵。”往事是没法重来过的；即使重来，也满不是当事人所巴望的那么回事。

八十七

在两册《病后简记》中，至美和兀真记下了每一位到医院探望我父亲的友好和领导。只出现过一次的比较多，其中有一位王泗原先生。医院规定探病时间是一周三个下午，其实执行并不严格。他是个规矩人，改成了天天按时来八条。常常他到，我才值了夜班回来，喝了碗稀饭刚要躺下。他总是问：昨晚睡得可稳，体温如何，胃口是否开了些，没有咳嗽吧……每天如此。听我说都不错，我答一句他接一声“这就好”，也不喝口茶，满意地走了。打个电话问一声不一个样吗？我不能这样失礼，没跟他作过建议。父亲听我说了，下了个评语：“真是个古人！”

父亲在新华社国内记者训练班上讲话的记录稿，虽然发表在他们的内部刊物上，老人家尚在病中，就有好几种语文报刊转载了。有的征求过我父亲的同意。我想既然社会上有这样的需要，就替父亲点了头，父亲都是知道的。到了第二年春上，刘国正先生送来印件让我父亲过目，说要在《中学语文教学》上发表。父亲一看大发其火，他不明白自己怎么会出这样的大错：在《写文章的人要做杂家》的小题目中，竟把现代所说的“杂家”——知识面广博的人，跟战国时代的“杂家”——混杂各家思想的那个哲学流派等同起来了。在讲的时候说溜了嘴，是可以肯定的，看记录稿的时候怎么会漏掉的呢？父亲想，一定是记录稿送来的时候，他已经躺在病床上动弹不得了。父亲没看过记录稿是事实，可是经过并非如此。我在前边交代过：我们动身去四川之前，记录稿已经送来，父亲因手头正忙，听我说大致可以，就说自己不再看了。接下来老人家一场大病，险情迭出，把我这段回忆冲刷得一干二净，反而顺着父亲的误记，编出了许多我确未看过的旁证：在高中的国文课上我就知道，战国时代所谓的“十家”中有个“杂家”，还把集大成的杂家经典《吕氏春秋》硬读过几段，内容驳杂离奇，行文却有严整的体例……不管怎么说，父亲是决不会鼓励人们去做那样的“杂家”的。要是我看了，怎么会看不出来呢！可悲的是我确实看过，确实没看出来。证据极其简单，就是一个多月前偶尔发现的，那个收到记录稿的日期。那个日期像一只蜘蛛，把早已扯成断丝的记忆一一连缀起来，织成了一张于事无补而徒乱吾心的破网。

父亲病后，泗原先生经常来陪他老人家闲聊，话题投机，长短合适。这一天泗原先生来，父亲把由于自己偶尔疏忽造成的大错，原原本本跟他说了。又说：“文责自负”，其实是作者推卸责任的借口；讲错了话，对听讲的人负了什么责！记录稿发表在内部刊物上，又有这许多报刊转载，读者成千上万，怎么能向他们负责！熟悉我父亲脾气的都知道，他老人家动了肝火是很不好办的，顺着他决不能讨好，对着干，说不定会闹成怎样。幸好这一回说到这里，老人家话头转了向，说为了国正先生又要转载这篇东西，他要从头到尾仔细修改一遍，后边附上声明，向所有先前读过记录稿的读者，认错道歉。可是病后还不能集中思想咬文嚼字，想请泗原先生代他完成修改的工作。

泗原先生愉快的接受了委托，才过了一天，就把改得的稿子誊得清清楚楚送来了。我父亲看了，满意自不待说：通篇依旧是老人家讲话的口气。关于“杂家”的那一处常识性错误，先说明这个名词是借用的，《汉书·艺文志》中就有了，古时把诸子分成十家，杂家是较可观的九家之一；说到这里，用一个“我说”截住，不再说古代的“杂家”。“我说，我们要做个杂家。唯其杂，才能从各方面运用我们的知识，做好报道，写好文章。”父亲向读者认错道歉的按语，过一天也写得了，说这篇讲话记录，请他极亲密极钦佩的一位朋友修改了一遍，改得比他自己修改还要满意。泗原先生看了，要我父亲把这些话删去。我父亲说：“这是我的心里话，又没明说这位朋友是谁，怕什么呢?”泗原先生说，人教社中语室的同事一看就知道。老人家回答说：“我就是要他们知道。”这篇后头带按语的经过校正的记录稿，以《端正文风》为题，发表在一九七九年《中学语文教学》第二期上。

泗原先生在他的《古语文例释》的《自序》中说：一九七一年七月，他从教育部凤阳干校回京后，经常来看我父亲，经常谈起他往日研究古籍所得的琐屑。“圣陶先生说可以写出来……不在乎发表，自己没事时看看，给朋友看看，也是好的。”几乎每次见面都要说一遍，他受了感动，不得不写了，先用钢笔写在白报纸上，积成一二十则才送给我父亲看。老人家读了，常常不待下次见面，先写信夸奖。一九七七年夏，我父亲南游归来，说起看书费劲。泗原先生特地买了毛笔、墨和毛边纸，用大字抄录。一九七八年秋末，他看我父亲从医院回来衰弱如此，不再送稿子让老人家看了，每次见面口述三五则，直到全部完稿，在《自序》中他还说：“圣陶先生同朋友谈及我这随笔，高兴地说是由他发起的。有些条目是在谈话间他提出要我写的。”

泗原先生说的，我都亲眼见过，包括父亲如何提出条目要他写。有一回谈到学费，我父亲说：“孔夫子也是收学费的。《论语·述而》有记载，说只要交十条肉干，他就教。我看老夫子也太小气了。”泗原先生说，这是后来的人把《论语》上的这句话注错了，把“束脩”误解成了“束脯”。朱熹把错的肯定了下来，大多数人就不再怀疑。我父亲听完了他讲的，就说这是个很好的条目，把它写下来。我古书读得极少，当时没听清楚，看了泗原先生写的稿子，才知道“修”是修饰，“脩”是脡脯，可是古籍中又常常假借“脩”字作“修”字用。《论语》记孔子说的话：“自行束脩以上，吾未尝无诲焉。”中间那个“脩”就是“修”，修饰的意思。那时的男子到十五岁才把头发束成髻，说不定还得举行个仪式。孔子说过，“吾十有五而志于学”，推己及人，以为年过十五的小子都如此，所以他们来请求教诲，他从不拒绝。泗原先生先举出各种例证，从各方面指出，把“束脩”解释成十条一束的肉干为什么错，而后详述他作如此解释的根据是什么。共用了近四千字。

这部《古语文例说》，我父亲可以说从头关心到底，按惯例该写一篇像模像样的序言，可是力不从心了，结果应泗原先生的要求，写了封面题签，规规矩矩五个大字，像小学生写在习字本上的。上海古籍出版社接受了这部别开生面的，而且是很实用的学术著作，请泗原先生亲自看了两遍校样，耽搁到一九八八年八月才见书。我父亲过世已经半年多了，泗原先生没法向老人家亲自交卷，送了一本给我。看印在封面左上角的提要："本书是作者研治古代文献四十余年的心得结晶，为阅读古书提供了发现疑难、解决疑难的方法。"写提要的编辑先生是颇有眼力的。

八十八

傅彬然先生是我们动身去四川参观的前一天过世的，到了成都才接到讣告，我父亲只好打了个唁电。记得那年年初，我陪父亲去医院探望彬然先生。他一直处在亢奋状态，脸涨红了，不肯躺在病床上。据医生说也是一种老年性痴呆。见了我父亲，他一再重复，"我没有问题"，好像说他的身体没有问题，又像说他的历史没有问题。后来他闹着非出院不可，出来了几天又住了进去。看来是没希望了，父亲惘然地说。彬然先生过世将近一年，云彬先生也去了。他是典型的老年性痴呆，似乎把以前的一切都忘却了，呆呆地坐在一边不说话。宋师母身子单薄，先过世，他好像无动于衷。五届全国政协开会，他受子女撺掇，由外孙陪同报了到，住进了友谊宾馆。我去问候他，他对我笑笑，可见得是认得我的，却想不出一句要说的话来。在这之前，父亲由我陪着，去探望过云彬先生。这是最后一次见面了，两位老人家还对饮了一杯啤酒。云彬先生终于想出一句话来了："圣翁，你今年几岁？"父亲回答说"八十二"。才过了一会儿，他又问了："圣翁，你今年几岁？"过了好一会儿，他才换了一句话："眉毛白，髭须白。"对我父亲微笑着，念童谣似的，断断续续说了三遍。啤酒不再冒泡，已经喝干。父亲站起身来，告辞了当年谈笑风生的云少爷。

"文革"早期受到过冲击的，颇有几位后来得了老年痴呆症，讣告上也写着"因病医治无效"。这句话用在这儿可太不公平。要不是医护人员精心料理有效，老人家哪能直挺挺地躺在病床上维持好几个年头呢？受过极大冲击的，有的一息尚存，神志还非常清晰。冯雪峰先生就是这样。我父亲听说他割除肺癌回家了，特地去探望。雪峰先生瘦得落了形，没力气说话了，声音发沙，轻得难以分辨，说了不多几句话。最后一句，“不要再来看我了”，我父亲不但听清了，过后说起还老泪盈眶。大约两个月后，有朋友打电话通知我，雪峰先生过世了，又叫我暂时别告诉我父亲，免得老人家伤心。他不知道我父亲已经跟雪峰先生诀别过了，已经在等候追悼会的通知了。

通知等了个把月才到。那天上午，我陪父亲去了，到的人站满了一礼堂。一切都行礼如仪，大家都不走散，等着听念悼词。那时候开追悼会，悼词是非念不可的，尤其是对受过迫害的。静了五分钟场，人民文学出版社的韦君宜站出来说：“追悼会到此结束。”大家才诧异而散。父亲问了愈之先生，才知道雪峰先生的问题确已解决，还没批下来，悼词还不好写。果不其然，一九七九年十一月十七，又开了一次有悼词的冯雪峰同志的追悼会，会场上首供着雪峰先生的骨灰盒。盒上的字是开会前两天，雪峰先生的子女请我父亲写的。写这样恭恭正正的小字，我父亲是极其用心的，照着送来的字条，居然一个字没写错。记得在“拨乱反正”的那两年中，去八宝山的次数特别多，除了送别正常老死病死的，还要追悼在“十年浩劫”中因为受到迫害而去世的。从礼堂出来，愈之先生跟我父亲握别时常说：“下回来八宝山接着谈吧。”父亲也不以为忤。

那天参加了云彬先生追悼会回来，坐在车上，为那篇才听过的悼词生闷气。我说，祭文历来有两种：一种像《祭石曼卿文》，念起来叮叮当当，一连串的好话，祭谁都用得上，换个名字就得；一种像《祭十二郎文》，没有真情实感是写不出来的。悼词恐怕也如此。起草的人很可能跟死者并不相识，只能公式化概念化。老人家听了说，这倒是个谈文风的好题目；回到家里就叫我把《古文观止》找出来。老人家这一回下笔还算快，过了一个多星期就写得了，叫我看一遍，有什么意见尽管提，还问我发表在哪里好。我提不出什么意见，说这一篇近于阅读笔记，就给了《读书》吧，他们每一期都送来的。父亲就把这篇《祭文·悼词》，寄给了主编冯亦代先生。

《祭文·悼词》发表后，受到好几位朋友的认同，上海有人传话来说，黄裳先生看了说：“姜还是老的辣。”父亲颇有些儿自得。近两年来受报刊的邀约，老人家写过不少提倡改变文风的短文，老调子唱得自己也烦了，却像应景文章似的，没引起多少人注意。他可能想到有效的提倡，莫过于自己参与。长篇大论老人家没力气写了，跟《文汇报》约好，大约每星期供给他们一篇短文，主要是关于教育方面的，起了个栏名叫《晴窗随笔》；还偶尔写些短文，应景的，却不是落套的，不用一句空话和套话，交给《北京日报》发表；有关文学创作的，仍旧交给《文艺报》。

产生轰动效应的是一九八二年十一月发表的《我呼吁》。《中国青年》刊登了一篇《来自中学生的呼声》，反映片面追求高考升学率的，要我父亲这位老教育家发表意见。"五·四"后不久，陈衡哲先生带头呼吁过"救救孩子"，真是个老问题了，是得向老教育家请教。可是叫我父亲怎么说呢？害处，仍旧是那么些；形势，可严重多了，是千军万马过独木桥：大家都是看得见的。分明是个系统工程，非综合治理不可。我父亲还不习惯作这样科学的概括，只得向各方各面发出不同的恳切呼吁：各级教育行政当局，包括教育部的领导、教育局的领导，以及大学和小学的校长和教员，都呼吁到了。最贴肉的当然是中学的校长和教员，分别写了两大段。又向学生的家长作了呼吁；还呼吁报刊和出版社的编辑也看看这篇调查摘要，请他们在工作中切勿掉以轻心。《我呼吁》发表后，有关单位开了座谈会，请我父亲参加。教育行政当局重申了反对片面追求高考升学率的种种决定，问我父亲有什么要说的。我父亲回答说，想到的在《我呼吁》中都说了；总之要摆正教育思想，改进教学方法；要想方设法切实减轻学生的负担，使他们高高兴兴快快活活地得到全面发展，成为能独立思考的，有丰富的想象力的，建设社会主义的有用的人。

八十九

粉碎了"四人帮"之后，人民文学出版社计划重印一批"五·四"前后的著作，选题中有我父亲的《倪焕之》。父亲说，目前年轻人写的小说，不论思想、技巧、语言，都高出他当年许多倍；要印就该印他们的作品，不必再炒冷饭了。约稿的编辑说不然，"四人帮"扼杀百花齐放，是必须揭露批判的。揭露批判可以开会，可以写文章；而重印一批二十年代三十年代的作品，也是必不可少的，好让大家看看老前辈们当年的苦心孤诣，"四人帮"如此诋毁污蔑到底是何居心。老人家终于被说服了，根据他说的重版理由，加上了自己对《倪焕之》的一些零星看法，写了篇不满七百字的后记，附在一九七八年版的《倪焕之》后边。

就在这一年，上海教育出版社跟叔湘先生和我父亲商量，要重印他们两个和佩弦先生合编的《开明文言读本》。开明的这部读本计划出六册，只出了头三册，后三册的课文怎样选怎样编，当初已有大致的设想。叔湘先生主张不再补了，还得把前三册中不怎么合适的几篇课文删去，合成一册出版。我父亲完全同意。叔湘先生集中精力，把本是他写的，而且用力最多的《导言》，校订了一遍；最后给这本经过改编的《文言读本》写了篇《前言》。剩下的工作全归我父亲了，就是把《前言》认真地读一遍，署上自己的姓名。见书以后，我父亲买了不少册，分送给嚷嚷要读文言的年轻人，让他们有路可循，别不求甚解。这样买书送人，老人家不止三回五回。叔湘先生主编的《现代汉语八百词》出版，我父亲就买了四五十册，连我的孩子们也人手一册。

中少社创建时出版了《叶圣陶童话选》，那十篇童话在发排之前，父亲都请张中行先生修改过，还请北方口音极标准的小学老师朗读过，务必做到念起来顺口，听起来入耳。父亲说孩子正在学说话的阶段，给他们读的书，都会影响他们将来的语言习惯，非特别注意不可。我从干校才回来那阵子，没有正经的工作可做，就在父亲的童话中挑出我从小喜欢的几篇，陆续修改了出来。老人家定下规矩，还要亲自检查：只许理顺语言，不得改动他当年幼稚的想法，不准拔高。有几篇，经父亲同意，交给少年儿童刊物发表。一九七九年，中少社要再版《叶圣陶童话选》，我已经有条件了，把篇数增加一倍。插图除了仍用黄永玉先生的，增加了许敦谷、丰子恺两位先生的旧作，华君武先生的新作。还加上一页彩色插页，印的君武先生的一幅漫画，稻草人和我父亲的半身合影。书名则改成了《〈稻草人〉和其他童话》。

一九八〇年十月，《叶圣陶语文教育论集》出版。《编者的话》以中央教育科学研究所署名，说“负责编辑工作的是蒋仲仁、杜草甬两同志”。两位先生都是我父亲在人教社的老同事，信得过的。又说“编入本书的文章，文字都经过作者校改”；“在编辑过程中，得到王泗原同志、叶至善同志的帮助”。仲仁先生他们要编这样一部书，以至于如何编法，都跟我父亲详细谈过，得到了我父亲的认可。这四十五万字的稿子，他老人家没有力气逐篇校改了，主要拜托给了泗原先生。我真个只做了些跑个腿、传句话之类的工作。

我父亲这本论集，收进了有关语文教育的论说一百多篇，时间的跨度超过了一个甲子。叔湘先生抓住了这一点，在替论集写《序》的时候先设问："按说这本集子里的文章大部分是解放以前写的，为什么现在还没有过时呢？"紧接着自己回答，"这是因为现在有很多问题表面上是新问题，骨子里还是老问题，所以这些文章绝大部分仍然富有现实意义。"论集所收的一百多篇文章题目有大有小，篇幅有长有短，谈的问题各不相同，连主要的读者是谁，也各有差别。看叔湘先生是如何概括的！他说："通观圣陶先生的语文教育思想，最重要的有两点。其一是关于语文学科的性质：语文是工具，是人生日用不可缺少的工具。其二是关于语文教育的任务：教语文是帮助学生养成使用语言的良好习惯。过去语文教学的成绩不好，主要是由于对这两点认识不清。"真个要言不烦，精辟之极。紧接着又自问自答："语言文字本来只是一种工具……这样一个简单的事实，为什么很多教语文的人和学语文的人会认识不清呢？是因为有传统的看法作梗。"接着从我父亲在一九四二年写的《认识国文教学》中摘引了一段话，说明那些传统看法如何根深蒂固，为害有多大。接下去又扼要阐述了我父亲所指出的旧式语文教学的三大弊病，最后归结到他老人家的基本教育思想："教"都是为了达到用不着"教"。叔湘先生的《序》写得极其扎实，绝非空泛的赞扬。

一九八三年一月，上海文艺出版社的《中国现代作家论创作丛书》添了我父亲的一本。书的开头有两篇"说明"。《出版说明》由出版社署名，说这套丛书"分别聘请评论工作者或作家的亲友负责编选并撰写编后记"。又说"本书由欧阳文彬同志编选，丁玲同志写序。叶至善、商金林同志在本书编选、校订过程中，做了大量工作，在此一并致谢"。文彬兄是我和父亲在开明时的同事。前头说过，父亲终于点头，让四十则《文艺谈》收进本书，是我替她做了工作，别的记不起来了。金林兄那时到处跑图书馆查找材料，赶编他的《叶圣陶年谱》，顺便帮了文彬兄不少忙。另一篇《我的说明》是我父亲写的，千把字只交代了一件事——接受本书约稿的经过。那位受出版社委托，特地登门约稿的朋友是谁呢？记得好像是范泉先生。最后那句叮咛青年读者的话是有所为而发的。因为当时又有人嚷嚷，中学生连文章也不会写，其原因就在于文言文读得太少。

丁玲阿姨在《序》中说，她不喜欢谈文艺理论。正好，我父亲写的都是随笔和杂感，算不上正经的理论；挤进“谈创作丛书”，他老人家有点儿不太好意思。文彬兄选编，谈写作的约占三分之二，谈阅读的约占三分之一。从她写的《代编后》看，她更喜欢谈阅读的部分。我认同，而且跟她一个样，每看一篇，所讲的作品如果是我熟悉的，就先回忆一下曾经有些什么印象；如果十分生疏，先认真读一遍，而后再读我父亲的指点。看老人家讲的，我是否已经体会到了，哪一些还差得远，漏掉了些什么，有些甚至错了：于是隔些日子重温一遍。收进“论创作”中的文篇，文彬兄在选编的过程中又重温了多少遍。她把层层叠叠的体会归纳成她的编后记，却舍不得放弃更加概括更加醒目的标题：《打开文艺宝库的钥匙》。她打破成规，就这样写上了，加个破折号，注上《代编后》。

“文革”后期，父亲把一九四五年年底到第二年二月初旬，从重庆回上海的日记抄在一个练习本上，供伯祥先生消闲。姜德明兄不知怎么知道有这么个手抄本，一定要借去看，还一定要发表。我父亲拖到一九八〇年十二月初才答应，以《东归江行日记》为题，写了篇“题记”。德明兄拿去，发表在第二年的头两期《大地》上。《大地》是以文人为主要对象的期刊，那时这样的期刊还不多，好多朋友看了我父亲的日记都说好，老人家自然高兴。德明兄为人作嫁，又先后代《人民文学》和《收获》约稿，也要我父亲的旧日记。那段时间，至诚恰好在家里，父子三个就翻阅日记本，挑选内容方面和文字格调不尽相同的片断。最后选定出自一九四九年年初，父亲母亲离开上海，转道香港到北平的一段，取名《北上日记》；一九六一年七月底边到九月下旬，父亲参加文化参观访问团，去内蒙自治区的一段，取名《内蒙日记》。两段日记由至诚抄录下来，父亲作了校订，都写了“题记”，六月上半月，先后向德明兄交卷。德明兄又说，有个花城出版社，要把我父亲整理好的三段日记集在一起出版，老人家想必同意。他已代约曹辛之先生在绘制封面，只是少个书名。我父亲说：“就叫《日记三抄》吧。‘抄’字在这里，过去一向用‘金’字旁。现在简化了，得用‘提手’旁。”一九八二年年初，《日记三抄》的样书寄到了，薄薄的本子，辛之先生绘的封面以淡雅胜，老人家很中意。那一年冬季，又有《蓉桂之旅》——一九四二年那趟从成都去桂林的往返日记，发表在《新文学史料》上，我父亲也写了“小记”。

九十

七十年代后期，金林兄就常来看我。他在各个图书馆尘封的旧报刊堆里找材料，发现了些什么，就像见着矿脉露了头，兴冲冲地跑来了，像是炫耀，又像是报喜。有时候还真个解开了在我心中藏了半个多世纪的疑团。如一九二五年十二月六日的青云路惨案，我那时没满八岁，分明记得有这么回事，却连到底发生在哪一年都说不清楚。是金林兄找来了我父亲在当晚写的报道——《“同胞”的枪弹》；是父亲听我念了他自己写的报道，才陆续回忆起了当时的若干细节。要不，在前头，我不可能把这件惨案交代得这样有头有尾的。这是后话。由于金林兄发掘不止，我和至诚知道，父亲有许多散文没编进集子，因而后来的选家和评论工作者选来选去，评来评去，总是《藕与莼菜》《没有秋虫的地方》那些篇目；后来出了本《小记十篇》，又尽在这十篇中打主意。兄弟俩都认为这种现象不太好，应该改变，跟父亲说了。他老人家说情形确乎如此。我和至诚又说，商金林找来了这许多没收进过集子的短文，内容各式各样，编两本集子也绰绰有余，我们很想试一试。

个把月来，兄弟俩跟父亲喝酒的时候老这样磨。老人家终于被说动了，说那时候年纪轻，好发表，跟现在的青年一个样。思想当然不成熟，但是要什么样才算成熟，其实也说不清。从前人年纪大了，自己花钱刻了部文集，又自谦为“少作”。既然是“少作”，是不成熟的，为什么又要刻了印出来呢？老人家说他怕的是语言太不成熟。如今语言已经有了约定俗成的规范标准。早年写文章反对写文言文，用的却是半文不白的语言，还夹杂着当初那些蹩脚译文的语法和词汇，夹杂着家乡的许多土话，是苏州人就免不了搀进些苏州话。这样的文字，他自己读着也感到别扭。……兄弟俩早知道他老人家必定又是这一套，就说我们已经想好了，选定了用哪些篇，让至诚用大字抄下来，请老人家自己修改一遍，能对付目治就成；定要达到念起来顺口，听起来入耳，就太吃力了。老人家同意就这么办。家里又成了个手工业作坊，分工并不如说的那样明细。文篇按年份编排，从分量看得分成甲乙两集，正好以一九四九年九月底作为界线。写得越早的改动越多，尽可能只理顺文字而不变动意思。在“甲集”中，几乎各篇都注明了改动的日期。父亲那时集中精神，一天也至多只能改完一篇。四川人民出版社的编辑登门约稿，见我们父子三个正忙着，就说定了《叶圣陶散文甲集》让他们出版；一九八一年年底交稿，一九八三年春季见书。“乙集”中的各篇几乎用不着改动，一九八四年五月完工，交给了范用先生。三联的工作效率固然高，《叶圣陶散文乙集》年底就见书了。那时候，父亲他老人家已经八十九岁了。

上个世纪八十年代中期，各省市的教育出版社，掀起了一个争相出版个人全集的高潮。一九八六年十月，我父亲九十二岁生日的前几天，江苏教育出版社的吴为公、缪咏禾两位先生来看我父亲。他们说到了两件事，一件是找到了乔森兄，已约定《朱自清全集》由他们社出版。这可替我父亲搬掉了压在心上的一块石头。一九四八年八月，佩弦先生病逝，浦江清、吴晗、俞平伯等几位先生跟我父亲商量好，紧跟在《闻一多全集》之后，仍由开明出版《朱自清全集》。一九五二年春天，才商定收入全集的遗著二十六种。可是这时候，图书市场发生了巨大的变化，广大读者如饥似渴地吸收新思潮。政治小册子是非读不可的，那是生活和工作的指南；学理论，有大厚本的《干部必读》；文艺作品，也非看苏联来的、解放区来的不可。几家私营大出版业都门可罗雀了，虽然知道是暂时现象，这“暂时”可真有点儿难熬。两百来万字的一部全集，印出来堆在哪儿呢，更要命的是没有资金可供周转了。开明于是跟全集的编委们商量：“全集”以后再说，先选出十二种，编一部称作“文集”的简编作个交代。我父亲很不情愿地，代《朱自清全集》编委会拟了一篇《题记》——《朱自清文集》的《题记》。老人家没想垂暮之年，会有人代他还了这笔三十四年前许下的虚愿；只可惜迟了八个月出版，没能让他老人家看上一眼。

为公和咏禾两位说的第二件事，就是约我父亲的集子。老人家说自己比佩弦先生差远了，在学问上没下过工夫，不配出大部头的个人的集子。两位避开了顶牛，说他们想请我和至美至诚当主编，因为看了才出版的甲乙两集散文，知道兄妹三个是足以胜任的。对这两集散文的选编，老人家确实比较满意，就说："那么你们商量吧。我听不清楚，坐在这里也是打瞌睆。失陪了。"至诚把老人家扶进了卧室，约稿重新开始。在书名上就碰上了疙瘩：叫"全集"好呢还是叫"文集"好？"全"，分明是做不到的；自古以来，也没有哪本"全集"真个没有佚文的。叫"文集"，是不是还打算出本"画集"？一时决定不了，暂且放下。后来请教泗原先生，他说叫《叶圣陶集》就好，古来的个人集子都是这样取名的。集子中的诗词和用文言文写的稿子，泗原先生答应都帮我们看一遍。五个人当时接着在内容方面大致作了个估计。文学方面共十卷：小说三卷、儿童文学一卷、散文三卷、诗歌一卷、谈创作一卷、谈鉴赏一卷。还有教育、语文教育、文字语言改革、编辑出版；加上日记、书信，十卷一定打不住，小一半的稿件还得请金林兄帮忙寻找，只得编到后头再说。争取每年编出四卷来付排，五年六年或许可以完成。

最后也谈到了稿酬，我和至美至诚都没提出意见，反正出版社按的是出版管理局定的标准。这笔稿费怎么个用法，倒是非请老人家点头不可的。一九七九年年底，出版工作者协会成立，我父亲写了四首七绝祝贺。后来陈翰伯先生提议创办出版者之家，我听了，回家就跟父亲说了，老人家非常赞同。版协请老人家写块招牌，他提起笔来，写了"出版者之家"五个字。我跟至美至诚说，《叶圣陶集》的稿费，就全部送给出版者之家吧。他们都同意，我才跟父亲说了。父亲当然同意，还说，"我们一家，连你们的母亲在内，就是个出版者之家"。出版者之家拖了好几年，才在三联新建的大楼顶层挂牌开张。《叶圣陶集》逐年的稿费，由民进中央的财务科保管着，一共攒了二十好几万，过了我父亲的百岁诞辰，等收齐了最后一笔，才一并送去。这又是后话了。

为公、咏禾先生完成了约稿任务，回南京去了。我们三个就动起手来。父亲看着我们抄写编排，不但帮不上忙，连说个话的人也没有了。有一回摸进我房里，坐在我右手边让客人坐的那把椅子上。我放下手中的笔，习惯性地站了起来。老人家忙说："你写，你写。我只随便坐坐。"耽了会儿，叹了口气，又唠叨说："没有一篇像样的东西，抄它干什么。"我又放下了笔说："可不能这样说，我念一篇短的你听听。"我念的是《一个朋友》，念完了问老人家："怎么样？是廿六岁写的呢！"老人家说："倒还有点意思。"我说："跟至诚在成都写的《看戏》一样活泼，而意义要深刻多了。”父亲浸润在回忆中，不再说什么了。

《叶圣陶集》的头四卷发稿及时，调度得当，四册精装四册平装，居然赶在一九八七年十月，老人家过最后一个生日之前出齐了。为公、咏禾两位先生又特地赶来祝寿，把新出的书捧到老人家手边。老人家脱下手套，挨本抚摩了一遍，没立时翻开来看，微笑着嘀咕了一句："等我死后再出也来得及嘛!"老人家也不想一想，我们子女三个都是六十出头奔七十的人了，不得不见缝插针地干。至诚就没能干完，一九九二年九月廿三，他过早地离开了我们。

九十一

上个世纪八十年代中期，各地还掀起了修建故居和纪念馆的高潮。在父亲的朋友中有子恺先生的缘缘堂，雁冰先生的茅盾故居。一九八六年四月我接到吴县统战部詹一先部长的电话，说他特地从苏州赶来向叶圣陶副主席汇报，要在当年甪直五高的旧址上，布置一个教学改革纪念室。我说父亲一直住在医院里，怕不大方便。他说跟我汇报也一样，叫我等着，他马上就来。

詹部长五十来岁，一个人来的，捧着两罐碧螺春；没带随从，这就很少见了。他说，如今的甪直小学就是当年的五高，早就搬进了北边的新校舍，房子和地皮让镇上的印刷厂占了。印刷厂如今造了新厂房，等他们一搬走，就改建成纪念室。陈列的展品还得一件一件征集，真个白地起乌云，还谈不到如何布置的设想。我说，我以为纪念室就设在甪直小学里；如果另立门户，恐怕还得称“纪念馆”。他说那就再好没有了，他们本是这个想法。我说还有个问题，宾若先生带头在五高提倡教学改革，是六十多年前的事了，实物是一件没有了，文字资料只零零星星的一点儿，也许就是我父亲早年写的那几篇文章了，凑不成一个教学改革纪念馆的。纪念馆要尽量突出教学改革，否则就没有了特点；可是这方面的展品收集不到多少，还不能把这四个字挂在招牌上。我请他们再考虑考虑，并答应过一个星期去甪直看看，跟他们统战部中管文史资料的工作人员交换些看法。詹部长说这样好，要我多出主意。

我带了罐碧螺春去医院，让兀真给老人家沏了杯家乡来的新茶。父亲听我讲了只是皱眉头，说一定要办，也等他闭上了眼睛再说。我说他们正好碰上这么个机会，又有房子又有地，只怕错过，所以立刻赶到北京来商量。我们推出不管，他们也会办起来的！要是办得还可以，就万事大吉；如果木已成舟，看着却处处不是那么回事，那就晚了。父亲问我："已经商量好了?"我说："八字还没有一撇呐。过一个星期我去甪直看看情况再说。"这一个星期中，我的心思都花在了纪念馆上。

到了苏州，詹部长带我乘汽车去的甪直，路过的桥有几座还在赶修，花了两个钟头就到了。街上的人都跟詹部长挺熟，原来他当过甪直的书记。印刷厂在保圣寺西墙外，已经搬走。留下的房屋有鸳鸯厅，当年作为教师的卧室和休息室的；有四面厅，当年作为图书室博物室的；还有一座楼梯咯吱作响的女子楼。这三处还不用大修，靠北墙一溜七间教室，被糟蹋得破败不堪，得推倒重建，作展览室用。我说一定要照原样修复，使展览室本身也成为一件展品，让参观者看看，民国初年的小学课堂是个什么样子。后头是一大片空场，"五·四"中甪直的头一次爱国演讲会，可能就在这儿开的。三棵古银杏还是又高又大，却像六十年来一点儿没长似的。顺便去看了看我幼年时代住过的怀仁堂。在河岸边，我找着了那条青石，每天傍晚都要站在上面，望着父亲母亲在夕阳下，穿过眠牛泾归来。

第二天在吴县招待所，詹部长带了两三位年轻人来看我，商量展览室的布置方案。我先说了父亲他老人家的基本态度，切勿突出他个人。我说我仔细想了想，觉得甪直给予我父亲的，比我父亲给予甪直的多得多。他自已说过，他对基础教育发生兴趣，而且终身以之，是到了甪直开始的，是跟吴宾若王伯祥等几位先生，一同搞教育改革试验开始的。这是一。第二，我父亲到了甪直，才真个接触到了农民，觉察农村破产已不可逆转。所以他早期写的那些揭露现实的小说散文，有一半是揭露乡村教育的。那些所谓的学务委员，来到穷乡僻壤，天高皇帝远，就他说了算。乡村教师那点养不活家的薪水，还经常被他们无理克扣。另一半诉说农民在苦难中越陷越深，写了好几位农妇，还有农家的孩子。都是白描式的，题材和笔调在当时都是新的。我父亲要是不到甪直来，恐怕还以为所有的农村依旧是诗词中的世外桃源哩。还有第三，是大家都知道的：我父亲在报刊上发表文章，是从甪直开的头；参加文学研究会做发起人，也在这个时候。甪直是个水乡，邮政可办得不错，只要不是狂风暴雨，邮差天天按时把书刊信件送到，消息不算闭塞。那时候的年轻人盛行通信交朋友，我父亲在甪直也如此，有好几位直到近几年才过世。我说我只是理出了一个头绪，大家看吧，展览室是不是就这样布置。

大家没提出什么意见，只说展品征集不易。我说我回去尽可能找，可是不能存奢望。经过屡次搬迁，尤其是八年抗战，早年的东西几乎全散失了。相片和写件，还能找出一些来，复制过后马上还给我，别处还要用。我跟他们说，可以去找伯祥先生的小儿子王湜华，他们家兄弟姐妹多，也许能凑一些。再去找北大的教员商金林，他近年来为了编《叶圣陶年谱》，颇翻了些旧报刊，找到什么就复印了下来；有的可以做展品，布置的时候可以请他出些主意。有些展品得就近在苏州征集。护龙街上旧书店多，可以请他们找。还有些当年的生活用具，如美孚灯吧，一般人家就可能找到。要是有富丽堂皇的白铜吊灯，教师休息室中央最好挂上一盏。院子里多种些草花，玉簪、萱花、书带草、爬山虎，种一次可以管好几些年；牵牛、茑萝、凤仙、鸡冠，得年年种。可以跟小学里的劳动课结合起来；我父亲那时候就是这样做的，还是有生命的展品哩。展品征集得差不多了，按布置的次序编个脚本，连每件展品的说明词都拟得了，才可以动手布置。

记得我后来又去过苏州两三回。吴县统战部管文史资料的邹志一兄来北京的回数更多，他要找各方面的人士帮忙，又要跟我“汇报工作”。展品收集得差不离了，说明词经过反复修改，可以通过了。纪念馆的匾额，请赵朴老写的，准备刻在水磨青砖上。如今想想也觉得不可思议：怎么才半年多，已经可以请城里美术工艺厂派人到甪直，制作展览的隔扇了？志一兄信上叫我考虑，开幕的那天，得邀请哪几位教育界和文学界的知名人士。正在这时候，记得是十一月初，我在报纸上看到一条不太显眼的新闻，说各地的故居和纪念馆搞得太多太滥，国务院通知，今后必须申请登记，获得批准后方得建立。甪直的纪念馆申报了没有呢？还未听说过。我带上报纸，乘火车赶到苏州问詹部长。詹部长说尚未见过这个通知。我说：“现在看见了，我们得先办手续，等批准了，纪念馆才可以正式开张。”詹部长说：“有这样严重吗？”我说：“要真个碰上了，推出来当作典型批评，那可不好办了。”他说“我们可没有拆滥污”，要我去用直看看。纪念馆前后两座大门已经砌好。赵朴老书写的馆额已刻上青砖，纹丝密缝地嵌在门楣上了。所有的房屋，粉刷油漆都已完工。二十来个人在制作隔扇。有些部位需用照片，老照片实在找不着，他们用彩墨画替代，不让展览中断，真还动了不少脑筋。写的美术字也大体不错。詹部长也许觉得我这个人太死心眼儿了，最后还是答应暂时不搞那个颇有点儿招摇的开幕式。

父亲在过世前留下十分简要的遗言。一九八四年二月十二，老人家添上了最后一条："如有医学院校需要，把尸体赠与。如果火化，骨灰不要捡回。"我们子女看了都没提出异议，可是对于骨灰，事到临头都下不了这个决心，这个狠心。母亲过世，祖母过世，他老人家在处理丧葬的过程中，尽情宣泄了自己的部分悲痛；怎么没替我们子女考虑考虑，到了那个时候同样需要宣泄呢？后来，那个时候终于到了。老人家的骨灰，终于捡进了一个丝织品的口袋，装进了一个木雕的骨灰匣，挨着编号，存放在八宝山灵堂里的架子上，可是我们总觉得事情还没有了结。我正在想，詹部长来辞行了。他是代表吴县，来北京参加我父亲的遗体告别式的。

一见詹部长，我就想起了纪念馆后边的那一大块空地，想起了缩在空地西北角的陆龟蒙墓，把父亲的骨灰盒埋在那儿，不是挺合适吗？我这么想就这么说了。詹部长说再好没有了，他回去就办。我说要一切从简："挖一个浅坑，砌一个穴，把骨灰盒放进去，盖上块水泥板，堆个土堆，紧贴土堆砌一圈齐腰高的石块，再在前头竖一块碑。跟陆龟蒙的墓一模一样，正好作个伴。"詹部长连连说不可，这样草率，用直人是不会安心的；叫我尽管放心，他知道怎么办，说完就兴冲冲地告辞了。望着他的背影，我倒傻了。我忽发奇想，为的是安心，结果恐怕要闹得不太安心了。编《叶圣陶集》和建纪念馆，老人家尽管不怎么情愿，都还是点了头的。可是父亲的遗言已经让某报发表了，我们还要给老人家造墓，而且大造其墓，岂不成了孽子？

詹部长回苏州不久，就寄来了工程设计图，比我的设想不知气派了多少倍，全部用花岗石砌，坟墓砌在墓台上，墓台至少比八条的院子大。背后有短墙，朴老书写的墓碑嵌在短墙上，三面有石栏。我回信说：用直人觉得可以安心，就照图纸画的办吧。当年十二月八日，我们去到用直，把父亲的骨灰安放在墓穴里。那一天，省里和北京的有关单位都有领导者，有关团体都有知名人士，到甪直参加了仪式，等于同时给纪念馆开了张。甪直人可以安心了吧。詹部长和志一兄他们费了多少力气多少精神，我心里最清楚：一年多来，他们没喘过一口气。

父亲的身后事留到后头再说，先补说老人家的几件生前事。一九八二年年初，有朋友说叶圣老八十八岁了，要给他做“米寿”，正好同时纪念他从事教育工作七十年，被老人家知道亲自挡住了。可是信息已经泄露了出去，有些报刊已经组织了稿子。二月廿四，《文汇报》上刊出的徐铸成先生《怀叶圣老》，看来就是催逼出来的：开头交代文章为何而写，结尾说“祝叶老健康长寿，至少再活二十年……”中间略述两位老人家数十年间的交往。字数最多的有两段：一段记的是一九四九年从香港乘船北上途中的趣闻，一段记我父亲在一次民主人士座谈会上的发言。铸成先生是这样写的：“三月初，辗转到了解放不久的北平。一天，周恩来副主席邀约我们和在北平的民主人士座谈对今后的希望。我分明记得叶先生讲的几句使举座吃惊的话，大意是：‘我已年老，脑筋迟钝了，希望勿勉强我改信唯物主义。’事实证明，以后他一直是努力学习马列主义和毛主席著作的。他既不是那种‘面从，退有后言’的人，也不‘遇事三分左’，还没有想通，先附和、表态。他心里想什么，就说什么，是真正愿意和党肝胆相照的。”

当时我读了铸成先生“分明记得”的，使举座吃惊的话的大意，心里也很吃惊，我从未见过父亲在这种场合上发这样的狂言。铸成先生的吃惊是可以想象的，他不得不记下来。记了下来，又觉得不大妥当，所以加上“事实证明”的这一串话。我怀疑，这次会我父亲是否被邀请了，因为他那时还没参加党派，而无党派的领袖，大家公认是郭老沫若和张老奚若。铸成先生参加了不假，因为他有记者的身份。二月廿六，晓风兄赶来找我，说在《文汇报》上说我父亲拒绝唯物主义，影响不好。他写了篇稿子，要他们更正。我说文章已经登出来了，就不好办了。他说有，是亲眼所见，亲耳所闻。你偏说无，这个“无”只能凭推理，是拿不出凭证来的。晓风兄的文章是寄去了，没被采用。父亲在那天的日记中说：“余昨见此文，以为不必辩。大概余从未道及‘唯物主义’‘唯心主义’之名。在大庭广众之中作如是表态，决不类余之习性，与我相知者自能知之。今晓风好意，既已写成稿子，亦不便劝使勿发也。”

九十二

一九八三年一月五日，我父亲收到了巴金先生寄赠的新作，第二天就写信致谢。信上说："巴金兄惠鉴：昨日收到寄赠的《真话集》，签名处说明写于病床，观此手迹，遥念不已。七八年夏秋间，我以割胆石卧床三个多月，以后起身，履地，举步，都像幼儿似的重新学习，渐渐恢复原有能力。此中亦有趣味，不觉得如何难堪。您用牵引法治疗，须卧床六周，想亦不以为甚烦恼。见病床上能题字，且能撰发言稿，殊感心慰。书此伸谢，并请痊安。"

巴金先生从书架上取书，摔了一跤，折了腿骨，躺在病床上作牵引。我父亲说了句"遥念不已"，就说四年以前，自己病后的体会，"此中亦有趣味"，推己及人，"想亦不以为烦恼"，来宽慰须卧床六周的巴金先生。父亲自那年剖胆后出院，恢复了生活规律，又注意保养，渐渐能写些短文了。因为怕失眠，诗词是难得作了。曾跟平伯先生自嘲说："偶尔来了诗思，就把它扼杀在萌芽状态。"那些年，不相识的求墨宝的人特多。老人家却连"出门不认货"也做不到了，只好口述了一通《敬致嘱我写字的同志》书，陈说自己视力极度衰退，手眼不相协调的苦衷，油印了两百来份，谁来求字就回他一份。

前后五年多，父亲的身体一般说来还算健康。白眉毛白髭须，人们见了都说叶圣老越发精神了。老人家自己心里有数，不是非出席不可的会，就提前请个假；即使参加，也只好中途退场。视觉和听觉都越来越模糊，容易犯困。老人家自己说，通向外界的两个窗口，在渐渐地关上了。听广播吧，播音员好像都伤风了，齆着鼻子；书籍报刊，只能叫孙辈念给他听。一九八二年年底，国务院机关事务管理局说，要给我父亲安排一个生活秘书。老人家说把兀真调来就好。兀真原是一家街道计算机厂的职工，陪老人家住院得按章请假。国管局两个月后就办成了，从此省了许多啰嗦，第一件事就是有人替老人家读报了。酒还是一天两顿，逐渐增加到每顿一小杯白兰地，又逐渐减到半小杯，最后不胜酒力，竟止酒了。老人家说自己从六岁喝起，喝了八十多年，如今要算总账了，劝我也别喝。我说我是抗战后期在成都喝开的头，少喝了四十来年，再喝它二十年也不为多。

父亲有点儿小毛小病，总是自己吃点儿家备的常用药。老人家只怕去了医院，让医生留住，不放回家。一九八四年三月十四，父亲觉得特别困倦，体温稍高于平日；自以为给一本教师们交流经验的集子写序，用了五天心思，累着了；服用了感冒冲剂和“抗感”。第二天是老舍先生的八十五岁诞辰纪念会，老人家一定要去，由兀真陪着去了。回来说在会上谁说了话，说了些什么话，他都没弄清楚。兀真说她老望见爷爷抹眼泪。以后的三天，老人家低烧依旧。兀真怕又耽搁了，去国管局作了汇报。国管局从北京医院请了位医生来出诊。为什么换了医院呢？因为首都医院的病房在修整，可见他们已作了让我父亲住院的准备。打了一个星期的抗生素，医生发现老人家气管里有痰声，怕要转为肺炎，于是非住院检查不可了，廿七日住的院。第二天，“体检总结”就出来了。主要诊断属于冠心病的三项，属于胆囊的两项，属于五官科的三项，还怀疑有轻度糖尿病，没提到肺炎。北京医院的副院长，就是当年给我父亲剖胆取出结石的吴蔚然医生。等排除了肺炎，老人家体温恢复了正常，吴院长把注意力集中在了那个已成为废物的胆囊上。

吴院长边跟各科医生做进一步检查，边跟我父亲做思想动员。他说“体检总结”反映的是身体的实际状况。如关于冠心病的三项，反映的还是十六年前那一场病的老疤。十六年来没有添上新的伤痕，说明老人家的健康情况相当可以。七年前的那次手术，因为病已经耽搁了，不能把胆囊割除。造影透视结果，胆囊是纤维化了。可是为什么造影之前吃了那两个油煎鸡蛋，胆囊还会发痛呢？总之是个隐患，不如割除了一劳永逸。如今不是抢救，尽可以把身体养好了再动刀，问老人家可有这样的勇气。吴院长这些话是分好几次说的，入情入理，叫人听着一点儿不紧张。父亲回答说：“请诸位医生研究，我同意再开一次刀。”吴院长大概已听说我父亲戒酒了。他说：“等割除了胆囊回府，酒可以照旧喝。喝一小杯白兰地开开胃，没有什么坏处。”

那个时代还没兴手机，信息传递不知怎的也如此之快。除了跟父亲有关机关团体的领导人，文化界和出版界也纷纷传开了：叶圣老今年整九十，胆子竟这么大。有送花的，有到医院探问的。医院为保护老人家的健康，把他搬到了外科病房；并贴出告示，谢绝探访。巴金先生在上海也听说了，打长途让泰昌兄送来了鲜花。我打长途通知了至诚，说我们在北京的都已同意做手术。至诚于父亲手术的前一天赶到，在机场上发现尿血；到医院跟父亲见了一面，没说尿血的事。出院来，就让永和设法，带他去别家医院看门诊。医生说是肾功能出了问题，待检查。尿中的血倒是渐渐减少了。于是跟他商量，病得回去医，不仅有个医疗关系问题，还因为南京的名医，姚澄没有哪个不认识的。但是不要立刻打回票，等父亲手术过后的第三天走，好让大家放心。飞机票可以让永和先去买好。

父亲在手术前的几天得到了真正的休息，除了听兀真念王昆仑写的谈《红楼梦》，别的什么也没干。老人家说："我的确不紧张，并非故意表示勇敢。"四月十七日上午，父亲的手术很顺利；纤维化的胆囊像只烤干的白薯。回到病房，房门上贴着无菌的标志，原来已经做了彻底消毒，连家里人也不让进了，只能在房门口看看，说几句话。至诚就是这样跟父亲告的别，只说江苏作协来长途催他回去开会。直到四月三十，姚澄来长途说至诚决定五月二日动手术，我立刻赶乘火车去南京。兀真才把这件事的原委跟她爷爷说清楚。至诚的手术还算顺利，割除了肿胀发紫的左肾。医生说留下的右肾也不十分健康。我七日中午回的北京，一下火车就去医院看父亲。父亲听我说了至诚的开刀经过，反应很平静。也许我们家的人身上切开个口子，取出个什么来，也太稀松平常了。就在父亲这一回住院之前，我也在北京医院割除了胆囊，主刀的也是吴院长。

父亲手术后的头三天，家里人不能进病房侍候，可没有什么不放心的。吴院长几乎老守在病床边上，老人家稍有动静，他就知道该做什么了：帮老人家翻身或解溲，叫老人家闭上眼睛养神。如今没有什么可忧虑的了。老人家闭上眼睛，却管自考虑想作的诗；等到能下床走动了，用铅笔歪歪扭扭地写下了四首七绝，赞颂他眼中所见的吴院长。老人家叫兀真把他的新作送给平伯先生，请他推敲，说好改定后还要他写成横幅，裱得像模像样的送给吴院长。平伯先生又来了劲儿，赶到医院来跟我父亲敲定了几个字。商量书写用的纸张和款式，又花了不少工夫，那是出院以后的事了，总之都没让吴院长知道。出院的前一天，吴院长送来一瓶法国的斧头牌白兰地，亲自开了瓶，在最小的试杯中倒了小半杯，说老人家吃得太少，用餐前喝一口试试。白兰地真个香，老人家好久没喝了，喝着觉得有点儿冲，好像对厌食并无立竿见影的疗效。

这一回出院是五月十日，父亲兴致甚好，先是忙送给吴院长的那帧横幅，后来孙辈在院里栽月季，他忙着看。日子很容易消磨。没想到才二十天，老人家因急性肠胃病，又住院将近半个月。从此常来常往，十一月中旬，又因体温突然增高住院检查，到月底边才放回来。第二年一月十一，家里人发现老人家皮肤发黄，知道肝病又犯了，好说歹说劝老人家住进了医院。这一回可住长了，一年半多点儿才回家。中间经历了肝昏迷，可怕极了。发高烧，灌了好几服羚羊角粉也降不下来；尽闭着眼睛说胡话，像在作最后挣扎，却没有一点儿力气。医院已经向有关机关发出了病危通知。真个绝处逢生，老人家竟被抢救回来了，病愈后跟我们说：那些天噩梦不断，摆也摆不掉，摔也摔不脱，好像没有地缝可钻，自己也不记得嚷嚷了些什么。医生们定要让老人家彻底恢复了健康，才许出院。

平伯先生自选的《俞平伯旧体诗抄》编成了，到医院来探望我父亲，定要老朋友给作篇序。我父亲一口应承，问："你要我写些什么？"平伯先生只说了一条：他后来写旧体诗实是由他的新体诗过渡的，写作的手法有些仍沿着他以前写新体诗的路子。老人家把这句话一字不动地写进了序的第三段，又在前头加上了一个"他说"，似乎表示只是照录，并未理解。这篇序才千把字，老人家索性放弃目治，只用口述，让兀真一句一句记下来。完篇后，再进行口改，让兀真念一句，改一句，老人家觉着累了就放下；花了八九天才完成。大病之后，逻辑思维能恢复成这样，真是够可以的了。

住院住得太久，不能不使老人家焦躁厌烦。这两年多来，多少老朋友在北京医院过世了，伯昕先生、建人先生、愈之先生，当年一同在出版总署工作的，先后都听说病危了，就在同一座医院里，竟不能见最后一面。看来高干病房的制度是不值得羡慕的，让这么些老年的长病号集中在一起，心理环境大可忧虑。父亲对我们说，如今是常来常往了，住院的日子比在家里还多了。这次出了院，叫我们别见他咳一声嗽就往医院送，终会有回不去的一天。又说，不往医院送，又有什么办法呢？托尔斯泰就比较通达，他说家里人也并不相信送进了医院，定能让病人起死回生，但是总抱着一线希望，于是把责任连同希望，都托付给了医院，心理上的负担就减轻了许多。如果病人也抱着希望，或许能减轻些病痛。托翁的这些话是在《战争与和平》中说的，在娜塔莎走进医院的时候。老人家最后读这部巨著，是在“文革”中期；把四大厚本拆开，分钉成了二十几本小本子。后来让我带到了干校，先是偷偷地读，后来被人发现了，偷偷地借去读，不知传到了谁的手里。我才读了一遍，记不清托翁曾说了这段话。

老人家的大脑经受了好些天高烧的摧残，神志都昏迷了，怎么偏偏记住了托翁的这样一段旁白呢？老人家替平伯先生作序的事，被医生发觉了。他们可能觉悟了，医院尽管什么都很周到，总不如早一点把老人家放回家；出院的条件看看具备了，就这么决定了。那天是一九八六年七月二十四。也许出院确实早了些，老人家的精神总是提不起来。第二年一月九日，因重伤风又住进了医院，找补了近三个月，四月四日出院。院子里的两棵女儿棠，发亮的嫩叶丛中，已经长出了赤豆大小的蓓蕾。老人家其实没看见，在树下站了一小会儿，作赏花状。

九十三

老人家回了家，来探望的人自然多了些，好在双方都有度。客人以表达了悬念之情为度，老人家以表达了感谢之意为度，大约十分钟就够了。老人家长期住院，居然养成了这样的习惯，所以客人虽多，还不觉得累。四月十七，叔湘先生才从香港回京，就来探望我父亲。他去香港为了接受中文大学授予的荣誉文学博士学位，因而谈起港台学者对大陆上文字改革的许多误解和偏见。老人家闻所未闻，硬把叔湘先生留住了，听他谈了一个半小时，丝毫没有倦意。

那些天老刮风，是风催大了，又催开了海棠的骨朵。五老会自伯祥先生过世，颉刚先生又常病，十一年前就成了三老会；不久，颉刚先生过世了；去年，我的表舅元善先生也过世了。剩下的二老，平伯先生是不喝酒的，我父亲又喝不下酒了。喝不喝酒倒无所谓，听说平伯先生怕风，不想出门，五老会总之彻底风流云散了。冰心阿姨要来看海棠，是五年前就约下的。五个春天，老人家都在医院中度过的，这回再不践约，更待何时？我托在民进中央工作的朋友跟吴青姐约好，到时候如此这般；

暂时还不能说，两位老人家要是知道了，准会在三天之前就兴奋得睡不着觉的。

风老刮个不停，海棠转眼就要“绿肥红瘦”了。廿二日早上，居然天从人愿，风停住了。我们稍稍地作各方面准备，还不让老人家知道。直到老人家午睡醒来，给他个喜出望外，说冰心阿姨三点钟来看海棠。老人家以为是才来的电话，走出卧室一看，玻璃杯擦得锃亮，茶叶都放好了，齐齐崭崭摆在茶几上。他才放下了心，站在廊沿上就等三点钟了。冰心阿姨近几年腿脚不利索，难得出门，走动得扶着助行器；这一回有女儿女婿外孙三个陪着。正三点，听得大门外汽车到了，我们扶着父亲迎到二门口。两位老人家握住手，相看了好一会儿，都说想不到大家身体都还好，于是站在海棠花下拍摄了好些照片。冰心阿姨十分羡慕我们家的院子。我们请老人家屋里坐。老人家说海棠花开得这样好，何不在院子里坐些时候。我们搬出椅子来，扶两位老人家坐定，于是又拍摄照片。父亲的耳朵背得厉害，冰心阿姨凑在他耳朵边上高声说话，他还得把手拢在耳朵背后听；摄在照片上，好像两个老小孩在说悄悄话。

太阳渐渐西坠，院子里有些凉。我们请两位老人家进屋去再谈。两家人聚在一起谈家常，客厅里充满了笑声。冰心阿姨说她是头一回来我们家，定要看看我父亲的卧室；于是由我扶着，走进了西首的耳房。父亲的卧室陈设很简单，靠窗一张床一张书桌，床边是一个书柜一个书架，对面是两个有抽屉的柜子，还有两把椅子一个茶几。书桌上空荡荡的，没有书也没有笔。我解释说，父亲视力极度衰退，看书写字，都不能够了，我们知道他很寂寞。墙上没挂字画，只挂了五幅大照片，两幅是我父亲的，一幅是我祖母的，还有两幅是我母亲的，我特地说明，其中一张是新婚那一年冬天摄的。冰心阿姨也许觉得气氛有点儿凝重，笑着对我说：“那时还没有你呐。”我也笑了，“那是当然。”我说。回到客厅，冰心阿姨说不能再坐了，时候已经不早。父亲要我把新开的郁金香剪下三朵，请冰心阿姨带回去。我们扶着父亲送到二门口。两位老人家一再相互叮咛：“千万保重!”

四月廿六，清华大学坐在荷塘北岸的朱自清先生像举行揭幕典礼。接到了请柬，我问父亲去不去。老人家说：只要不刮风下雨，一定去；又说好些年没见着朱师母了，挂念得很。那一天又天从人愿，只是有点儿凉。老人家起得特别早，如厕、洗漱、早餐、再洗漱，这一程序是不可更改的，都加快了节奏。兀真帮他穿得严严实实的。我和至诚扶他上了汽车，直奔清华。会场才开始布置。老人家也太性急了，我和至诚扶着他找到了休息室，等开门的钥匙。门终于开了。主人客人陆续来了，都跟我父亲握手，说老人家精神还这样旺，定能活一百岁。朱师母也来了，有乔森兄扶着。老太太已双目失明，握住了我父亲的手抚摸了半天。我父亲睁大眼睛看，没看清老太太的眼珠已蒙上了白翳。两位老人似乎都有许多话要说，却怯场似的，尽重复那几句极其平常的问候。

会场布置在荷塘的右侧，到的人很多，显得有些局促。人们把朱师母和我父亲让到了前排的座位上，叔湘先生和师母已经坐在那儿了。朱先生的石像坐在荷塘北岸，蒙着红绸。我和至诚挤在后头，没听清主持人和几位来宾说了些什么。讲话完毕，红绸落下来了，望见朱先生悠闲地坐着，面对还没长荷叶的荷塘。人们都涌上去想看个清楚。等人们散了，我和至诚扶着父亲沿着塘边的小路，好容易走到石像跟前。满湖反映着仲春的太阳光，石像的轮廓线条都显得有点儿模糊。应该在月夜里来这儿瞻仰的，我想。父亲却说："总算看见了。"在回家的路上，父亲问我们见了平伯先生没有。我们说没见着，也许没有来。回家打电话问，知道平伯先生是去了的，到得荷塘边上，会已经散了。老人家这才放心。

五月下旬，有位名画家的年轻秘书来看我父亲，说画师出国访问去了，临行前吩咐定要代他介绍一位女气功师给我父亲治病。说女气功师神极了，他的腿肿就是她给治好的，简直立时见效。这就盛情难却了，只好答应在廿五日傍晚，让这位秘书带来试试。女气功师来了先作自我介绍，说她从小练功，是祖上传下来的，她恪守清规，保持童贞；接着说她自己的许多诊例，任何疑难杂症，她都功到病除；又取出一叠照片给我们看，都是她给某某知名人士发功的照片；最后问我父亲哪儿不舒服。我父亲说：他那只已经瞎了的左眼，这些日子又有点儿发胀。女气功师就发起功来，对正我父亲的左眼"扑扑扑扑"喷气，问我父亲有没有感觉。我父亲的左眼虽然看不见，感觉还是有的，连连回答说"有"。那位年轻秘书在一旁咔咔地拍照。照拍得了，功也发完了，女气功师说：睡一晚上，明儿准见好；又说别瞧那位老画师还国内国外到处奔波，他本元虚，过不了立秋；叶老比他壮实多了，保证能活一百岁。这句话可说豁了边。“多言必失”，慎哉！慎哉！

五月中，民进将召开全国代表会议，父亲口述了一封给全体代表的信。老人家说，他被推举为中央委员会的主席，几年来视力听力越来越衰退，已不能参加民进的活动，这是严重的失职，恳求代表会议免去他的职务，希望能得到各位代表的谅解。民进的这次代表会议住的是京西宾馆，六月初我就去了。事实摆在那里，对父亲的这个请求，没听说有哪位代表持异议的。我请示主席团，开会期间如果哪天天气还可以，我回家去把父亲接来，在会场上露个面，好让他有始有终，向代表们告个别。大家都说好，把这件任务交给我了。六月九日是全体大会，天气特别好。我清早起来，打电话通知兀真，让她给爷爷做好出门准备，一个小时后我到家去接。老人家由我和兀真扶持着，坐上了汽车，跟我说：“去告个别倒也好，省得许多人散了会来看我。可是叫我说些什么好呢？”我说只要问个好，感谢大家同意了自己的请求，就足够了。老人家还闭着眼睛，一路苦思冥想。

京西宾馆离八条实在远，汽车开到会场前，会已经开了。主持人在台上一宣布，就有许多人拥出来迎接。在一片掌声中，老人家被拥上了主席台，拥到正中间空着的那个座位上，他扶着桌子站着，等掌声渐渐停止，才坐下来。主持人拿着话筒说：“请叶圣老，我们的主席给我们讲话。”侧身把话筒交给了我父亲。老人家向大家问过好，表示了感谢，还加上了四五分钟临别赠言，中间背诵了两句古文。讲话中夹杂文言，不熟悉的人是很难听懂的；老人家一字一顿，背诵了两遍，场上的人，包括我，都瞠目相对。好像只有赵朴老听明白了，是《礼记·大学》的两句像绕口令一般的话：“有诸己而后求诸人，无诸己而后非诸人。”——要自己做得到，方可要求别人；要自己无问题，方可指摘别人：这是指道德品质方面说的，不包括智力和技能。老人家在临别赠言中提到这两句话，也许为的提倡“从我做起”吧。

我父亲讲完了，主持人说叶圣老语重心长，要大家认真学习，深刻理解。于是暂且休会。父亲不知握了多少次手，才挤出了会场，上了汽车，由兀真陪着回家。中午打电话问兀真，说老人家情绪还可以，身体也无问题。父亲加入民进，是“文革”前夕的事。一九八三年十一月，当选中央副主席；次年八月，主席周建老逝世，经各位副主席协商，我父亲暂时任代主席；在十二月的七届二中全会上，去掉了“代”字。这次全国代表会议，又加了“名誉”两个字。一直到逝世，老人家仍是全国政协的副主席，中央文史馆的馆长。

日子好像还能这样一天天过下去。我们一则以喜，一则以惧。老人家总是风前残烛了……可不，这就来了。阳历元旦还是好好的，老人家像孩子似的已经盼着春节了，还扳着指头数，多少顿年夜饭一家人没在一起吃了。就在一月廿五半夜以后，老人家被一口痰堵住了气管。医院派急救车接进了急救室。天已经蒙蒙亮了，痰终于被吸了出来，老人家气息极其微弱，出现了心力衰竭的征兆。“病危通知”又发出了，医生尽一切可能抢救，收效却甚微。有关机关的领导人，还有亲友，接连来医院探视，都不说话，脚步轻轻的。老人家闭着眼睛，大概没弄清楚客人是谁。监测器荧屏上的那条发亮的绿线，总算还在无力地跳动。老人家自进了病房，只喃喃地说过一句话：“这一回要死在这张床上了。”

九十四

过了二十天，一九八八年二月十六清晨，永和从医院里打电话跟我说：“爷爷快不行了。”我说了声“我马上来”，唤醒至诚，一同直奔医院。好像我这一去就能扭转乾坤似的，其实连荧光屏上那条纤细的绿线也左右不了。走过护士办公室，看见值班医生和护士长在抬着头，注视着与病房同步的监测器。走廊里，其他的病房都关着门，才使我想起明天是春节，长病号都放假回去过大年了。小沫也赶来了，至美也赶来了，连我和至诚，还有兀真和永和，六个人都站着，都不作声，看着荧光屏上指示脉搏的绿线，只有那条闪烁的绿线，维系着我们的希望。希望个什么呢？希望它永远跳动？恐怕不太可能了。希望它停止跳动？唉，我想到哪儿去了。

我们都不是佛教徒，却相信弘一法师，至少相信法师的半句话：长者在弥留之际，一家人要保持安定，好让长者宁静地归于寂灭。生物学不是也证明了，大脑在供氧中断之后，还能维持活动好几分钟……我还在胡思乱想，那条绿荧荧的细线，跳动幅度发生了变化：大跳一下之后，幅度逐渐减小；又一大跳……节奏先还匀称，后来逐渐减缓，越来越无力，最后成了一条永无止境的直线，像要把所有的一切都划去似的。那是七时二十六分。老人家睡着了，永远离开了我们。值班医生和护士长轻轻走进来看了看，什么都没动，关上监测器，又轻轻地走了。这是前两天谈妥的，他们一个小时以后再来收拾。我只觉得突然失去了依傍，茫茫然的，想不起这一个小时是怎么滑过去的。等几位护士来收拾过后，我们一同送老人家进了太平间。

中午，我倒了半茶杯花雕，至美和至诚开了瓶啤酒陪着我，一同谈老人家的遗言。第一条是要我们自费在《人民日报》上登个广告，“告知相识的人，说我跟他们永别了。”解放前，谁肯花钱，报纸就给登广告；可是也没见过这样的广告。我们愿意出钱，《人民日报》也不会收。肯定是行不通的。第二条，“补说三句，非但不要开追悼会，别的什么会也不要开。像我这样平凡的人，为我开无论什么会都是不适宜的。务望依我，更无他嘱”。我们说，开不开什么会，我们做子女的是做不了主的。老人家在这长长的一生中，参加过不知多少追悼会；在主持夏丏尊先生的和朱自清先生的追悼会上，老人家都说过：追悼死者是活着的人的事，为的寄托各人的哀思；对死者是不相干了，因为他已经死了，什么都不知道了。这个想法的本身就包含着极大的悲哀，老人家说的时候自己忍着眼泪，使许多在场的人流出了眼泪。第三条就是留不留骨灰的问题，前头才说过。这二、三两条，都不好办。好在任何举动都得留到春节以后，只巴望出现奇迹，船到桥洞自会直了。二十天来，大家都累了。过了大年初一，就要接待许多人，料理许多事，得抓紧时间休息一下。晚上的年夜饭照常吃。

消息还是传出去了，已经到了大年夜前的午后，不多几家报刊打电话来采访约稿。我们统一口径，先交代老人家心脏停跳的时辰，再说我们还没想到发表什么，等定下心来肯定会写的。稿子约谁写都可以，写些什么让作者考虑。有人还说约了稿子来，请我们过目。我们就回绝了。“文责自负”嘛，我们插一脚算个什么呢？

情绪这东西是没法强制的，吃年夜饭大家都打不起精神来，谁都说话，东一句西一句的，话题不能集中。到了《新闻联播》时间，就打开了电视：先是报道各大城市的节日气氛，突然变成了哀乐，“谁呀？”大家一愣。荧屏上映出的却是我们家老人家的相片。记得我当时一惊，只想到各家各户都在高高兴兴的吃团年饭，卒不及防，一定有人会噎住的，一定有人会跳起来的。老人家已经过去了，消息迟一两天发有什么不可以呢，何必赶在这大年夜。可不，吊唁的电话已经接连不断了，明天来的客人一定多于往年。要不要布置个灵堂呢？叫客人都向老人家的照片三鞠躬，我们排成一溜在右首站着？商量结果是不设。客人来了就陪着说会儿话，就像老人家赴会还没回来。

老人家不会回来了，我的《父亲长长的一生》该收场了。如果我父亲见到了我写的，会怎样说呢？先说我不该写。这是可以肯定的。看了千把字，老人家也许会说："用这样的笔调写父亲一生的行状，倒还没有见过。"要是真个这样说了，就倾向于认同了，等于夸奖我的想法还有点儿新意。表现在行动上，老人家就孜孜不倦地帮我修改：问我这儿要不要改，那儿该怎么改。《父亲长长的一生》长达三十多万字，够他老人家折腾的。如果最后说，"给个六十分还是可以的"，我就非常非常满足了，真个像小时候自己爬上了凳子，得到了"成功的喜悦"。已经写得够啰嗦的，还添上这段可有可无的空话，实在情不自禁。请读者诸君原谅。

二〇〇四年八月十四日

襟怀孺子牛——叶至善小传

叶小沫　叶永和

在叶至善先生留下的稿件里，有一份他为自己写的六百字的小传，全文是这样的：

叶至善，江苏苏州人，叶圣陶的长子，一九一八年四月二十四日生。学的农产制造，就是农产品加工；当过技术员、中学教员，业余时间帮他父亲编编写写。

一九四五年八月，他进开明书店正式当编辑，帮他父亲编《开明少年》，这是一种供初中学生阅读的期刊，此外还编一些青年读物和少年儿童读物。

一九五二年底，开明书店和青年出版社合并，他随同并入中国青年出版社，参加过《中学生》《旅行家》等期刊和一些书籍的编辑工作。

一九五六年，中国少年儿童出版社成立，他被任命为社长兼总编辑，后又改为任副社长兼总编辑；“文化大革命”后任副社长，因社会活动过多，一九八一年退至二线，但是没有放下编辑工作。

四十多年来，叶至善主要编辑少年儿童读物。他把自己的工作看作教育工作，认为当编辑等于当老师，因而要经常问问自己：想让孩子们知道的，自己是否弄明白了？想使孩子们受感动的，自己是否受到了感动？想使孩子们感兴趣的，自己是否感到了兴趣？想让孩子们做到的，自己是否也想做到？他说他所以喜欢编辑这个职业，因为可以发挥自己的创造，又可以随时学到新的东西。

叶至善认为，当编辑应该自己能写，否则不能体会作者的甘苦。四十多年来，他编的东西不少，写的东西也不少，而且都很杂。他自己出版过几本集子，有得过奖的，但是都不行销。

至善先生为自己写的这份小传，没有标明年代，算起来大概是在上个世纪的九十年代，那时候他从事编辑工作刚好四十多年。至于他为什么要用第三人称来写，是准备用在什么地方的，都不得而知。这份自传虽然不长，却能让我们了解至善先生的工作经历，了解他是怎样对待和看待自己所作的编辑工作的。在接下来的十多年里，至善先生几乎都在整理父亲叶圣陶先生的文字，他编辑了二十六卷本的《叶圣陶集》，写了四十三万字的传记《父亲长长的一生》，为后人研究叶圣陶先生留下了详实可靠的资料。这些，在这份小传里都还没有提到，却是不能漏掉的。

现在，我们就依着至善先生的这份小传，基本上选用至善先生自己和有关同志的文字，试着描述他的一生。

父亲的教育

一九一八年四月二十四日，至善先生出生在苏州城里一家私营的产科医院里，父亲圣陶先生崇尚真、善、美，给他取名至善，又取了个小名叫“小墨”，因为大家都说他长相像母亲胡墨林。至善先生出生时，父亲已经在甪直镇吴县第五高等小学当教员了。一年后全家搬到甪直，母亲也做了教员。他生长在一个幸福美满的家庭里，是这个家庭奠定了他一生所走的道路。

圣陶夫妇是怎样教育至善先生的，至善先生没有写过长篇的记述，但是无论是儿时的启蒙，青少年时期的指导，还是做了编辑后的支持，他们的许多做法他都记得非常清楚，大量地留在了他后来写的文章中，如今看着还是那么温馨和感人。我们试着按时间的顺序，摘录一些有关的文字。

在《关于〈文艺谈〉》这篇文章中，至善先生有过一段这样的记述：

一九二一年一月四日，文学研究会在北京中山公园来今雨轩开成立大会，到会二十一人。我父亲是十二个发起人之一，他没到会，躲在甪直一门心思作新诗。其中一首是受了我的触发，我认为是他最好的一首教育诗，题目是《成功的喜悦》：

儿欲爬上凳子，
玩弄桌上摆着的
　积木，摇鼓，小锡船，耍孩儿。
他右膝支着凳面，耸身屡屡，
　可是力量不济，
　不能成就他的尝试。

老太太看见了，
　把他抱起来，让他坐上凳子。
　伊的动作十分轻易。
但是，这使他十分失意，
　啼声乍发，身子一溜，
　两脚又站在地。

为什么哭泣？
　要发展你独创的天才？
　要锻炼你奋发的潜力？
　要祈求你意志的自由？
　要享受你成功的喜悦？

他不作什么说明，
　只是继续他的尝试。
忽然身子一耸，两脚离地，
　他又坐上了凳子。
玩具在他的手里，
笑容浮在他的两颐。

诗中的“儿”就是我，那时才两岁九个月，要爬上凳子，不是件容易的事。老太太可能是我的祖母，也可能是我祖母的母亲。新诗当时还在草创阶段，父亲用了不少文言字眼，技巧也不成熟，这都不用我说。第三节有两个词得作个注：“天才”相当于“本能”；前边的“独创”只是自个儿去闯的意思，并非夸我有什么过人的才干。父亲母亲都说，我从小又憨又笨，脾气又犟。老太太为了满足我的心愿，把我抱上凳子，我却放声大哭，身子一扭，溜下了凳子。这股犟劲儿，引起了父亲的思索，就是第三节的一连五句提问。“为什么哭泣?”我当时没作说明，直到如今也想不明白。紧接着的四个问题更不是一个不满三岁的孩子所能回答的。父亲显然不是问我，而是他自己在思索。思索的结果如何，问题本身已经表达明白了：应该让孩子发展自己去闯的本能，应该让孩子锻炼奋发的潜力，不要阻挠孩子祈求意志的自由，不要剥夺孩子成功的喜悦。我知道，父亲是不主张把我抱上凳子的。

在儿子身上发生的这样一件小事，引起了圣陶先生的思考。像所有做父母的一样，他在思考应该如何教育自己的孩子，思考的结果他写进了自己的新诗里。在后来漫长的岁月里，他真的就是按照诗中所说的那样去做的。一首诗表明了圣陶先生在对待教育子女这件事上的态度。

至善先生还忘不了在他的儿时，父母给予他的浓浓亲情。在一篇以《教育》为题的文章中他这样写道：

我从小喜欢唱歌，还没认字，就学会了不少儿歌，是父亲母亲教的。他们当时都在小学里当教员。

有一只《种田牛》：一只种田牛，站在田横头，拉起犁头，咯吱咯吱走……“咯吱咯吱”是牛蹄子踩在水田里的声音。母亲唱着，父亲弯起腰，两个胳膊背在身后，拉住我的双手，按着拍子，一步一步朝前走。我这个犁头就一步一摆跟在后头，跟着唱。

今春北京一连下了几场雪，孩子们在院子里堆雪人玩儿。我想起五岁那年，苏州下了一场大雪。父亲拿了块木板，冒着纷飞的雪花，从院子里取一大堆雪回屋，堆成了一个雪弥陀佛，露着个大肚子，咧着一张嘴，比寺院里那个面对山门坐着的还乐。父亲带着我一同唱起来：

雪花堆个雪弥陀，
坦着肚皮地上坐。
你在那里想什么?

为何向我笑呵呵？
我来对你唱个诺：
“南无阿弥陀佛！”

我从小喜欢听故事。父亲在他的小说《地动》中挂了一笔，说我才三十来个月就尝到了听故事的滋味；从此没完没了地缠着父亲讲故事，成了我每天晚上的功课。小说中的那个明儿，其实就是我，是母亲告诉我的。有一天正听着父亲讲故事，地忽然震动起来，故事被打断了。第二天晚上，我照例摇着父亲的膝盖，央他“再讲一个”。父亲说：“我就讲地动。”……

在这篇名为《教育》的文章里，通篇都是至善先生对儿时的美好回忆，文中从没有出现过“教育”这两个字。在至善先生的眼睛里，玩，也是一种教育，而且是一种更重要的教育。他从小就对什么都感兴趣，他养蚕、喂金鱼；看胡同里的铁匠铺、木匠铺、烧饼铺的师傅练手艺……在一篇短文里，他还写了父亲是如何鼓励他玩的。

初中的时候，先是父亲花十来块钱，买了架很起码的天文望远镜，带着我一起玩。我说有了望远镜，月亮上的山都看得清清楚楚；可是近处的东西还是看不见，最好再买一架显微镜。父亲被我说动了，看看陈列在洋行的玻璃柜里，标价都好几百，父亲就托朋友觅一架便宜些的。父亲付清了钱，待朋友一走，就要我做张片子给他瞧瞧。记得头一次观察的是大葱的表皮细胞。

圣陶先生没有为儿女的学习着急过，也从不逼着他们一定要考个好成绩。孩子们在这个家里，似乎一切都有规矩，一切又都顺其自然。圣陶夫妇究竟要把儿女培养成什么样的人呢，至善先生在《父亲的希望》这篇文章中专门说到过这件事儿：

为了把父亲的散文编成集子，又读了一遍他的《做了父亲》。这篇文章是一九三〇年写的……是跟有儿女的读者谈谈他做了父亲的心情。我算了算，父亲那年三十六岁，三个儿女，我十二，妹妹八岁，弟弟四岁。

……

在那篇文章的最后一节，父亲才说到对我们儿女的希望。“对于儿女也有我的希望。”“一句话而已，希望他们胜似我。”这两句话本来可以并作一句，父亲不但分成了两句，还特地分作两段写。我读着，好像听到了他当时斩钉截铁的口气。

为什么希望儿女胜似自己？我父亲说，他希望社会进步，而社会是一个一个的人构成的。“如果后代无异于前代，那就是站在老地方没有前进，徒然送去了一代的时光，已属不妙。或者更甚一点，竟然‘一代不如一代’，试问人间社会经得起几回这样的七折八扣呢？”话是对有儿女的读者说的，他希望所有做父母的跟他一个样，为了社会的进步，都希望自己的儿女胜过自己。

我父亲希望我在哪些方面胜过他自己呢？第一是身体。他认为自己的身体完全不行，爬上杭州葛岭那样的山就会喘气，提十斤重的东西走一两里路，胳膊就得酸几天。因而他希望我们儿女有强壮的身体。第二是心灵。他认为自己的心灵完全不行，人家问一句话，会一时答不上来；事物当前会十分茫然，不知怎样处置或判断。因而希望我们儿女有明澈的心灵。第三是职业。……父亲不希望儿女承继他的职业。他说：“说到职业，现在干的是笔墨的事，要说那干系之大，当然可以戴上文化或教育的高帽子，于是仿佛觉得并非无聊。但是能够像工人农人一样，拿出一件供人家切实应用的东西来么？自家使用了人家生产的切实有用的东西，岂非也成了可羞的剥削阶级？文化和教育的高帽子只能掩饰丑脸，聊自解嘲而已，别无意义。这样想时，更菲薄自己，达于极点。”他希望我们子女不要像他那样专干笔墨的事，至少要能站在人前宣告：“凭我们的劳动，生产了切实应用的东西，这里就是！”

……

受了父亲的鼓励和诱导，我非常羡慕工人农人的劳动。所以念完中学之后，我学的是农产制造，用现在的话来说，就是农产品加工。学农产品制造是我自己的选择，父亲当然非常支持，还特地到学校去看同学们怎样实验怎样实习。梦想真有那么一天，能看到我站在人前作他所盼望的庄严宣告。我当时是认真学的，毕业之后还认真干过。如果是现在，我会一直干下去的，也许能有所发明有所创造，拿出一两件新鲜的东西来供人家使用。可那是抗战时期，在国民党统治的“大后方”，农产品成了囤积居奇的筹码，哪儿谈得上正经的加工。我碰了几次壁，结果走上了父亲走过的路，先是当教员，后来当编辑，编编写写四十多年，跟父亲一样，尽干了笔墨的事，从未生产出一件可供别人切实有用的东西来。

在这里，至善先生写出了父亲对他们几个儿女的希望，也写出了他的人生道路的改变。他受父亲的鼓励和诱导，曾经想做一个能生产出供别人切实有用的东西来的人，为此他学习了农产制造，但是最终还是走上了父亲走过的路，当了编辑。他说这虽然不是他的本意，但也没有什么可后悔的，因为编辑这行总得有人干，认真干起来也挺有滋味。

实际那时候，专干笔墨的事的圣陶先生，虽不想让儿女也干这个行当，但是认为学好语文，对于表达自己和了解他人都是十分必要的，因此一直都很认真很耐心地辅导孩子们的习作。一九四二年，至善先生三兄妹写的《花萼》出版了，至善先生写了一篇自序。在自序里他这样写道：

今年一年间，我们兄弟三个对于写作练习非常热心。这因为父亲肯给我们修改，我们在旁边看他修改是一种快乐。

吃罢晚饭，碗筷收拾过了，植物油灯移到了桌子的中央。父亲戴起老花眼镜，坐下来改我们的文章。我们各据桌子的一边，眼睛盯住了父亲手里的笔尖儿，你一句，我一句，互相指摘，争论。有时候，让父亲指出可笑的谬误，我们就尽情地笑起来。每改罢一段，父亲朗诵一遍，看语气是否顺适，我们就跟着他默诵。我们的原稿好像从乡间采回来的野花，蓬蓬松松的一大把，经过了父亲的选别跟修剪，插在瓶子里才像个样儿。

我们的原稿写得非常潦草，经父亲一改，圈掉的圈掉，添上的添上，连我们自己都不容易念下去。母亲可有这一份耐性，她替我们整理，誊写，像收拾我们脱下来的衣衫一样。誊写好了，少数投到杂志社去，多数收藏起来。

一九八二年，三联出版社把至善先生三兄妹写的《花萼》和《三叶》习作集合在一起重印，要至善先生在书的后面写几句话。至善先生又一次提到了父亲对他们的辅导。他说：

在《花萼》的“自序”里，我记下了当时我们三个围着桌子看父亲改我们的习作的情形。说是看父亲改，实际是商量着共同改。父亲一边看我们的习作一边问：这儿多了些什么？这儿少了些什么？能不能换一个比较恰当的词儿？把词儿调动一下，把句式改变一下，是不是稍好些？……遇到他看不明白的地方，还要问我们原本是怎么想的？究竟想清楚了没有？为什么表达不出来？怎样才能把要说的意思说明白？……这是多么严格的考试呀，同时也是生动活泼的训练，要求我们笔下写出来的，能毫不走样地表达自己的所感所思。

我们三个都乐意参加这样的训练，因而每个星期要交一篇习作给父亲。写什么由自己定，父亲从来不出题目。父亲一向主张即使是练习，也应该写自己的话，表达自己的真情实感。我们照父亲的主张做去，觉得可写的东西确实很多，用不着胡编，也用不着硬套，只要多多感受多多思索，生活中到处都是可写的东西，而且写出来决不会雷同；幼稚自然难免，但是多少总有些新意。

这两段文字，让很多人感受到了圣陶先生一家的温馨和美好，羡慕他们三个孩子的成长有这样好的氛围。朱自清先生曾经这样评价过圣陶先生一家：

圣陶兄是我的老朋友。我佩服他和夫人能够让至善兄弟三个长成在爱的氛围里，却不沉溺在爱的氛围里。他们不但看到自己的一家，还看到别的种种人；所以虽然年轻，已经多少认识了社会的大处和人生的深处。而又没有那玩世不恭，满不在乎的习气。

从这里还可以看出，至善先生少年时代就喜欢练习写作，父亲的指导更给了他切实的帮助，使他知道了该写什么和怎么写；他们兄妹三人围着桌子看父亲给他们改习作，也让他比较早的就知道了应该怎样选编和修改稿子；所有这些都为他最终走上编辑这条道路打下了坚实的基础。

在至善先生看来，父亲对自己的关心和教育，决不止在幼年时代和青少年时代，这样的关爱贯穿于他的一生。在他晚年写的短文《改诗》中，他这样写道：

一九七二年春天（在干校养牛），我学写古体诗，这是第一首；说实话，把草稿寄给父亲，就巴望父亲能帮我改一改。父亲还是老章法，跟一向看我的散文稿一个样，只提意见，要我动脑筋自己修改，用的仍旧是商量和鼓励的口气。后边还有两段，是回答我的提问。……看了父亲的批语，真是高兴极了，没想到头一次学做古体，就得到了父亲的称赞。……我把改稿从头到尾抄了一遍寄给父亲，把所以这样改动想法都写上了。……隔了一个星期，就得到父亲的回答。父亲说改的地方他都同意。……又说："草嫩如春韭"太直，似可以改成"春草如春韭"，古风用字可以不避重见，问我是否同意。最后又抄了一遍，加上了题目《黄堰夜牧》。

就在这篇短文的最后，至善先生把父亲给予他的这一切，比作了一刻也离不开的空气。他说：

常有人问我："你父亲是怎样关心你，教育你的？"我说我说不清楚。关心和教育往往是无形的，跟空气一样，大家无时无刻不在呼吸，可是谁也没有感觉到自己生活在空气的海洋中。琐碎的例子可以举出一些来，教我改诗也算一个。就说这个例子吧，父亲对我的关心和教育，也远远不止改几个字眼，改几句句子。

编辑生涯

至善先生说，他正式做编辑工作，是从一九四五年八月进开明书店开始的。

开明书店是一九二六年在中国上海建立的一个民营书店。创办人是章锡琛，主持编辑工作的是夏丏尊和叶圣陶。书店有一批得力的编辑，如王伯祥、周予同、宋云彬、傅彬然、徐调孚、顾均正等。他们在教育、科学、文学、艺术等方面，都团结了一批有名的作者。出版物以青少年读物为主，刊物有《中学生》《开明少年》等，也出版了许多新文学作品。开明书店因为作风严谨倾向进步，受到广大青少年读者的信任，也得到了教育界和文化界的赞誉。胡愈之在《纪念开明书店创建六十周年》中指出：在中国“从办杂志开始，靠几个知识分子办起来的书店，开明书店是第一家”；“开明书店是新民主主义革命中诞生的一个进步的书店。”在编辑出版工作、团结作家、联系读者方面，开明书店积累了不少经验。

至善先生在他写的《父亲长长的一生》中，纪录了他是怎样走进开明书店的：

《开明少年》月刊于一九四五年七月十五创刊，筹备工作始于四月中。那时我在中学教化学，课余正好当父亲的帮手。大到跟父亲一同制定每一期的选题，小到绘各个专栏的题花，我都放大了胆子干，好在有先前的《新少年》作蓝本。我还不肯亦步亦趋地跟着学，下定决心要在半年之内超过它。使内容更驳杂，文字更活泼，形式更新鲜，总之要尽可能符合我父亲对儿童教育的种种设想。父亲很满意的我的工作。在重庆的范老太公他们看到创刊号确实不同于市面上的少年刊物，在信上跟我父亲说，他们都知道他实在太忙，是否让我正式进了开明吧？母亲同意。父亲问我，我说这样最好，就把中学下一年的聘书退了。

《开明少年》是一本办给青少年看的综合性刊物，至善先生在另一篇文章里介绍说：

一九四五年四五月间，父亲和我筹备《开明少年》创刊，商量在这一份刊物上，应该让少年们读到些什么。当时定了好些栏目，如《望望世界》，讲国际时事；《任何人的科学》，讲科技常识；《时间前进吧》，讲人类在各方面如何取得进步；《人怎样变成巨人》，讲那些有益于人民的人的成长过程，如此等等。在文学方面的栏目有《书的缩影》，介绍古今中外的中篇和长篇小说；还有《诗人的心》，介绍古今中外的诗，当然包括我国古代的词。

一九四五年八月，长达八年的抗战终于胜利了，这之后至善先生协助父亲完成了一件大事。当时台湾收回了，不能让学校再延用由日本政府审定的课本，开明书店急着要编出一套教科书送往台湾。圣陶先生觉得，自己能尽点儿力气的就不该甩手不管，和朋友担负起国文的那三册。至善先生就跟着父亲忙了起来，负责其中一册国文课本的课文和三册国文课本的练习，工作量数他最大。他说：

我一上手就闭门造车，把借来的词典和参考资料全摊在床上，坐在床沿上写稿。晚上得把这些劳什子收拾起来，一一搬上书桌，方得把身子在床上摆平。到十八日才完成一半，寿康先生来催了，说先把这一半带去也好。于是父亲连夜改写，母亲连夜誊写，于次日交给了寿康先生，好让他第二天飞台北。到下月八日，我的五十课才全部完成，父亲看了把批语写在了日记上："虽颇草草，内容不坏。"晚上，爷儿俩在家里对饮，真有点儿自我陶醉。

由于全家人的投入，在不到一个月的时间里，圣陶父子就编成了收复台湾后第一学期用的五本教科书，使台湾儿童抛弃了使用五十年的殖民主义课本，用上了祖国为他们编的新教材。

一九四五年十二月，圣陶先生率领全家乘木船，从重庆随开明书店的复原大队回上海。从十二月二十五日起到一九四六年二月九日，他们在长江上整整漂泊了四十七天。一九四六年十月，开明书店迎来了它的二十周年纪念。在圣陶先生写的纪念文章中，记下了当时的艰难。他说：

去年八月间日本投降，我国赢得了胜利，我们兴奋极了。在战后建国的过程中，在推进文化的工作中，我们的力量虽然微薄，该可以尽其可能地贡献出来吧。不料美妙的希望禁不起无情的现实的打击，到现在才只有一年，已经证明去年我们想的未免太天真了，就在这一年间，出版业遇到了比抗战时期更甚的困难。物价激剧上涨，运输依然阻滞，由于生活资料非一般地贫乏，原该与日用品并列的书刊降到了奢侈品的地位。出版业虽然称为文化事业，但同时也是工商业中的一个部门，所有工商业都已奄奄一息，出版业岂能独居例外？因此，这一年间，我们出版的书刊不比往年多，我们书刊的畅销不比往年广，什么出版方针呀，编辑计划呀，想得好好的，只能暂时收藏起来，目前还是与抗战时期一样，只能勉力支撑。

在谈到这个时期的编辑工作时至善先生说：

抗战胜利后回到上海。那时候反内战，争民主，我父亲的社会活动多得不得了，《开明少年》就主要由我负责，每期定了稿，还要父亲看过之后才发排。因为我编写的讲自然科学的文章比较多，大家把我当成科普编辑；其实我什么都编，什么都写，连音乐美术也不例外。咱们希望孩子们全面发展，《开明少年》是综合性的，当然什么都不能少；要编好这样一种期刊，我自己也非来个全面发展不可。

这个时期，至善先生在编辑业务上确实得到了全面的发展，成了又能编又能写的多面手。除了编辑《开明少年》，他还和其他同志一起，为青少年们编辑《开明青年丛书》和《世界少年文学丛刊》等书刊。

一九四九年一月，为筹备成立新政协，圣陶夫妇应中国共产党的邀请乘船离开上海，取道香港，三月五日到烟台，后到北平。十月一日，圣陶先生参加了在北京举行的开国大典，见证了中华人民共和国成立。就在那一年的年底，开明书店的经理室做出了迁往北京的决定。

一九五〇年四月十四日，至善先生带着祖母、夫人满子和儿女，随着开明书店编辑部一起从上海来到北京。母亲和先期到达的妹妹至美来车站迎接，一家人都住进了东四八条一座四合院的北屋，那是政府分配给圣陶先生的住所。谁也没有料到，圣陶先生一家在这里一住就是六十多年，这儿竟成了叶家祖孙四代人的故居。

一九五一年三月，开明书店和青年出版社由出版总署撮合，开始准备合并。一九八九年，至善先生写了一篇《我编中学生的那些年》，纪录了当时他接手编辑《中学生》时的情景。他说：

在“开明”和“青年”商讨合并的过程中，双方都认为青少年刊物归团中央领导比较合适，决定在一九五一年底停办《开明少年》，恢复《中学生》，并把《中学生》的读者对象降到初中程度，以文化教学为主，由双方各派一名主编。经过协商，“开明”派的是我，“青年”派的是刘重。“开明”和“青年”是一九五三年三月合并的，《中学生》早了整整一个年头。

接着，我和刘重同志根据团中央批准的办刊方针，开始筹划，定栏目，约稿子。开明书店本是个同人书店，编辑部各人管一摊，习惯于自作主张。合并以后不能再这样自由主义，得诚心诚意接受党的领导，这一点，我在当时是很明确的。……团中央宣传部的许立群同志也抓得很紧。当时他住在中南海，刘重曾带我去他那儿，跟他一起修改头两期稿子。一九五二年三月，改版的《中学生》出刊了，记得印了十万册，大大超过了三十年代的最高纪录，后来印数一直保持在三十多万册。

至善先生还简单地回顾了他编《中学生》那些年的经历：

中国青年出版社成立之后，我曾几次离开《中学生》。一九五三年，我参加赴朝慰问团，离开了三个月。后来，我被调去帮子冈同志创刊《旅行家》；接着又碰上农村社会主义高潮，我被调去跟吴小武一起编写供初级社用的语文课本和算数课本，在这些日子里，《中学生》主要由刘重同志负责，名义我还挂着。一九五六年六月，中国少年儿童出版社成立，我被任命为社长兼总编辑。《中学生》划归了少儿社，刘重同志调去管文学组了，调来了燕生同志，跟我一同负责《中学生》。我又把燕生同志当成了“政委”。

上世纪五十年代，受到向“科学进军”口号的鼓舞，至善先生想方设法要使刊物能激发起青少年学习科学的热情，因此谈科学知识的文章在《中学生》中占的篇幅最多。一九五八年，在出版界开展的业务思想大批判中，他成了重点对象：

说（我）是脱离政治、脱离实际、脱离群众，鼓吹知识不但有用，而且有趣，完全是资产阶级的一套。我想想好像是这么回事儿，直懊悔自己没抓紧改造。可是要改造好一时也难，我没什么可做的了，只好咬文嚼字。接下来就是大跃进，就是三年困难，纸张变得十分匮乏，许多报刊相继停刊，《中学生》也宣告停刊了。后来《中学生》又复刊，又停刊，又复刊，跟我都没什么关系了。

在至善先生主持中国少儿出版社的编辑工作期间，除了主持主编《中学生》，还带领着社里的编辑们出版过不少优秀的少儿图书。如：低幼读物《小蝌蚪找妈妈》《小鲤鱼跳龙门》《神笔马良》《宝船》等；中高年级的读物《小黑马》《小兵张嘎》《小马倌和大皮靴叔叔》《宝葫芦的秘密》《大林和小林》《小布头奇遇记》等，还和同志们一起创办了我国最早的少儿科普杂志《我们爱科学》。在上世纪五六十年代，全国只有两家少儿出版社，这些优秀图书几乎就是当时孩子们的所有读物，是那个时代少年儿童的精神食粮。

至善先生不是那种只指挥不动手的领导，相反从审读来稿、制订选题，到最后修改定稿他都参与，重点的图书他都亲自修改润色。在经他手编辑出版的众多图书中，编《小布头奇遇记》的那段经历和收获最让他难忘。书是一九六二年出版的，在时隔二十三年之后的一九八五年，他特意写了一篇近一万字的《跟〈小布头奇遇记〉的奇遇》的文章，来回忆当时的那些细节，那些喜悦。

一九六一年，现在的著名儿童文学作家孙幼军，把他的被一家出版社退稿的第一部童话，投到了中国少年儿童出版社。他说自己不抱出版希望，只求编辑看一看，帮着提提意见。至善先生说：

我当时就把稿子接了过来。只要有空，我是很喜欢看作者自己投来的稿子的，要是能发现一本好稿子，发现一位新作者，我的喜悦真是难以言说。……稿子只十万字左右，誊写得很清楚，只花了一个下午和一个晚上，我就从头到尾看了一遍。……记得当时就给孙幼军同志回了信，告诉他我们决定接受他的稿子。

我看稿子的习惯，先很快地看一遍，目的在于尽快作出决定，稿子能否采用……如果决定采用，再看第二遍。这第二遍，我得逐字逐句仔细咬嚼，本着对读者负责的精神，作一些编辑职责之内的小修小补。孙幼军同志的语言简洁、浅显、生动、流畅，我估计如果念得好，幼儿园的孩子能够听懂；三四年级的小学生就可以自己看自己念了。为了验证我的估计，再看第二遍之前，我让女儿小沫先看一遍，她那时才念小学五年级。小沫拿起稿子就放不下了，几乎是一口气看完的。看她这样入迷，我还用得着问什么呢？只挑出两段来，让她念给我听。……听小沫念了这么两段，我心里就有了谱了，于是开始看第二遍。……每一句话，我得在心里默念两遍三遍，直到没有一点儿疙瘩了才肯放过。默念完一大段，我又翻到前边，再默念一遍两遍，看整段的语气是否连贯而且自然。

至善先生在这篇文章中，比较详细地写下了他选稿和改稿的过程。多年来，无论是编辑一本书，还是写一篇文章，他都是这样认真地咬文嚼字。他说，文字可以通过了，可他的编辑工作还没有做完：

下一步是找人画插图，我选定了沈培同志。沈培同志当时是《中国少年报》的美术编辑，连环画连载《小虎子》的作者……我和沈培同志有过一回非常默契的协作，因而我信得过他。……他说他看过了，的确很有意思，他很乐意给配上插图，而且已经为主角小布头画了四幅不同的肖像，问我那一幅好。我端详了一会儿，挑出了一幅来，他说他也认为这一幅好。我说且慢，让我带回家再让我女儿挑一下，她已经看过稿子，看她脑子里的小布头的形象跟哪一幅最接近。我回到家里让小沫一看，她挑的正是我选中的，也是沈培自己认为最满意的。作者、编辑、读者意见完全一致，这可是少有的。……

还有一点可以讲的，约沈培插图的时候，我已经把版面设计的原则考虑停当了。我选定了二十八开的开本，用新四号字排。二十八开比大三十二开只稍稍宽一点儿，看起来却大多了；用新四号字，因为是给低年级的小学生读的，字大一点儿好。有些插图可以“出版口”，“出版口”破坏了版面的长方形的框框，显得活泼一些。但是也不能让所有的插图都“出版口”，“出版口”的插图太多，会使整本书的版面显得零乱。少数插图甚至可以“出血”——就是故意把插图安排在边上或者角上，装订好以后切齐的时候，让插图被切去一条边或者相邻的两条边。我把这些想法一一跟沈培交代清楚，好让他在构思的时候充分利用这些条件。沈培的脾气有一点我摸得很熟，只要答应了的事，他决不马虎。

……最后沈培交稿了，抱了一大包插图……大概有一百七八十幅吧。……还说如果我认为那一幅不合适，尽管抽去不用，他决无意见。我说我一定照他说的办。又说插图有了，可是事情还没了，没有封面、封底和扉页，还是成不了书；我打算印几千本精装本，精装本还得前后都加环衬。我说我一向主张一本书应该是一件完整的艺术品，封面、封底、扉页、环衬，还得请他费心“一手落”。沈培问我有什么要求，记得我只提了一条，封面封底的底色要深，最好是黑的，因为书是给孩子们看的；而且这一本书，估计孩子们一定很喜欢看，如果底色是白的，在孩子们手里传来传去，要不了多久就会显得很脏。封面封底当然要美观，要能够吸引孩子们，可是还得起保护作用，两者都应该照顾到。沈培同意我的意见，所以《小布头奇遇记》的封面封底采用了黑色作底子。

接下来，至善先生是怎样设计安排版面的。他说，一百七八十幅插图，要一一安排妥帖，可不是一件容易的事儿。为了使插图不脱离文字，便利读者的阅读，文字得一段一段地数，图版的大小得一幅一幅计算。就这样数了一遍又一遍，算了一遍又一遍，大概花了一个多星期，才把整本书二百多面的版面画好，一百七十十张插图的尺寸标好。发稿之前，他写了一则既要让孩子们知道这本书的内容，还要尽可能的引起他们阅读兴趣的《内容提要》。为了和本文协调，他特意学了孙幼军同志的笔调：

这本书讲些什么？

有一个小朋友，名字叫苹苹。苹苹得到了一个小布娃娃，名字叫小布头。

小布娃娃干嘛要叫“小布头”呢？

这……你看就知道啦！

小布头想做一个勇敢的孩子，有一回，他从酱油瓶上跳下来……

干嘛要从酱油瓶上跳下来呢？

这……你看了也会知道的。

小布头从酱油瓶上跳下来，碰翻了苹苹的饭碗，把米饭粒撒了一地。苹苹可生气啦，她批评小布头不爱惜粮食。小布头也生气啦，他不接受苹苹的批评，从苹苹那儿逃了出来。

以后小布头遇到了许多奇奇怪怪的事儿，认识了许多新朋友，听他们讲了许多很有意思的故事。这些事儿，这些故事，书上都写得清清楚楚，明明白白。你快自己看吧！

小布头后来怎样了呢？

后来，小布头懂得了为什么要爱惜粮食的道理。他变成了一个真正勇敢的小布娃娃。当然喽，他又回到了苹苹身边。

当年这部稿子在至善先生手里反反复复地摆弄了多少遍，终于可以发排了。他说就像是把女儿装装扮扮地扶上花轿，要嫁出去了一样，他的兴奋不亚于作者孙幼军同志。前后忙活了不到半年，《小布头奇遇记》终于出版了。至善先生赶忙给孙幼军同志寄样书，给沈培同志送上几本，没忘了给女儿小沫带上一本。他还把书拿给了父亲，圣陶先生看后也说这部童话确实不错，特意为《小布头奇遇记》写了一篇评介，发表在了一九六二年《文艺报》的第九期上。文章指出这部童话好在哪儿，那些地方还可以斟酌，并且从写作方法和语言运用两个方面，阐述了他对儿童读物创作的设想。最后还没忘了夸奖沈培的那些充满童趣的插图。为此至善先生不无得意地说：

为《小布头奇遇记》，我们一家三代人都尽了力，这在出版史上不知有没有类似的先例。

至善先生估计的没错，《小布头奇遇记》出版之后一直受到好评，尤其是得到了小学生的欢迎，中央人民广播电台在《小喇叭》节目里做了连续广播，连幼儿园的孩子也很喜欢听。“文化大革命”中，《小布头奇遇记》跟所有的少年儿童读物一样受到了批判，最可怕的一条罪名是诬蔑贫下中农，因为书中有一段写到，一位贫下中农为了快要饿死的小女儿，跑到财主家去乞讨。“文化大革命”以后，《小布头奇遇记》终于得以重新出版，开本和版式都做了调整，至善先生虽然不再负责这些具体工作了，可还是时刻挂念着这个“嫁出去的女儿”。

一九八五年，至善先生在写这篇稿子的时候，遇到过一位三十来岁的年轻人，听说他是编少儿读物的，就兴冲冲地告诉他，说自己小时候看过一本很有趣儿的书，叫做《小布头奇遇记》。至善先生就用这件事做了《跟〈小布头奇遇记〉的奇遇》这篇文章的结尾，其中的欣慰与爱意真可谓不言而喻。

这里用这样长的篇幅说至善先生和《小布头奇遇记》，是因为在这篇文章中，他以一个编辑的身份，追溯了当年他从审稿、改稿、定稿，到插图、版式、开本、装帧，到和文字作者、美术作者合作的整个编辑过程，以及在这个过程中自己是如何思考，如何运作的。这样详尽的阐述，可以让我们比较全面地了解至善先生的编辑工作。后来，在一些同志在回忆至善先生的文章中，也都谈到或引用了这件事。这本书的作者孙幼军同志在文章中说：

不夸张地说，没有至善老师，就没有这本《小布头奇遇记》。在此后的四十五年中，我再没看见过像至善老师这样满腔热情地对待一个初学写作的人。

从一九六六年到一九七六年，至善先生和全国人民一样，经历了史无前例的“无产阶级文化大革命”。在那十年里，他关过牛棚，下过干校，过着和所有的知识分子一样的生活。一九七七年，他终于可以回到自己热爱的编辑岗位了，那份欣喜溢于言表。在一篇文章中他这样写道：

一九七七年是“四人帮”垮台之后的一年。在史无前例的十年中，我尝够了“闲愁最苦”的滋味。工作一恢复，就像久别的孩子猛扑到自己怀里来似的，当时的欣喜不是能用“欲狂”两个字形容得尽的。我想，从此我可以放手做我的编辑工作了，只要“不逾距”就得。回想先前老怕天会塌下来似的，自己觉得有点儿可笑。我一向没有远行千里的壮志，不是那不甘心“伏枥”的“老骥”；也不是“识途”的老马，说不出成套的经验来，还只好一边干一边学。如果能再干个一二十年，编出几本自己觉着还过得去的，别人看了还有点儿益处的书来，我就心满意足，向自己交代得过去了。

至善同志和同事们热情高涨，一起为孩子们编辑了我国第一套《少年百科丛书》二百种，在几乎没有什么科普读物的当时，受到了孩子们的普遍欢迎。还有同样受到孩子欢迎的大型《中国历史故事集》。自己也忙里偷闲地写了《诗人的心》《梦魇》和《竖鸡蛋和别的故事》等给孩子和青少年看的书。在《给自己立的规矩》这篇文章中至善先生说：

过去我想，咱们给孩子写东西，编东西，得给自己立三条规矩：第一条，要跟孩子们讲清楚的事儿，先问问自己是否弄清楚了；第二条，要让孩子们感兴趣的事儿，先问问自己是否感到了兴趣；第三条，要让孩子们感动的事儿，先问问自己是否被这件事感动了。近来觉得，除了这三条之外还得加一条，就是咱们要求孩子们做到的事儿，先问问自己是否也打算这样做。

至善先生当编辑，一年三百六十五天，天天坐在书桌旁看稿、改稿，这一辈子审阅了多少稿件，编发了多少作品，多得数也数不清。许多几乎不成样子，但还有些想法的稿子经他修改被挽救。不少差点被枪毙，很有特点的文艺形式被他肯定获得新生。他真诚对待每个迈入这个门槛的初学者，热情地鼓励他们，帮他们改稿，教他们入门。不少作者在他的帮助下成长了，出名了。他不善于演讲，却从不推辞在为编辑举办的讲座上讲课，认真地准备每一次讲稿。他还多次写文章和同道们谈心，坦诚地讲述自己在创作上的经验教训和成败得失，希望大家能从他的经历中有所借鉴和帮助。

至善先生有过许多创作打算，可是他总是把作者放在前面，自己的创作计划一拖再拖，抽不出一个完整的时间来写，就是已经出版的那不多的几本书，如《诗人的心》《梦魇》和他非常想写完的《一个编辑读红楼梦》等，也是他抓一点一滴的空余时间完成的。所有这一切大都不会被广大的读者所知，他从不以为然，觉得这是本分，这是责任，这是他应该和必须做的。不仅如此，他以为自己从中得到了数不清的乐趣和益处，做得津津有味乐此不疲。他说：

我喜欢编辑工作，这倒是真的。自己想想，大概有两个原因：一是可以满足我的创作欲，跟当工程师当艺术家没有什么两样；二是可以满足我的求知欲，随时能学到杂七杂八的诸多知识。因而我乐此不疲，从未见异思迁，尽管失败的懊恼多于成功的喜悦。

至善先生是一个善于思考，喜欢不断求新求变，喜欢不断总结提高的编辑。几十年的编辑实践，使他积累下许多非常实用的宝贵经验。比如：

编辑应当比作者高明，要自己会写能写。否则怎么能理解作者的创作意图，怎么有资格修改作者的稿件。刊物上要开辟一个新栏目，编辑自己先动手写一写，才能知道自己的设想是否行得通，难点在那里。刊物上缺少什么稿件，编辑要能马上写一篇补上去。

编辑会碰到各种各样的稿件，因此要做一个杂家，这主要要靠平时的积累。编什么，学什么，边编边学，不能等学好了再编，更不能因为自己没接触过，就拒绝看，拒绝编。他认为当编辑可以学到很多知识和本领，这也是他热爱这个工作的原因之一。

编辑看稿时不要有名家思想，不要先去看作者是谁，只看他的稿件是不是有独创性，可不可以用。要注意发现和帮助初学者，不要等人家出了名再去约稿。这样才能繁荣创作，壮大创作队伍。

编辑要有很强的记忆力，因为要凭记忆来审读稿件，但是如果发现了问题，决不能凭记忆修改稿件，记忆是靠不住的，必须找工具书来查对……

编辑身边常用的工具书必不可少，字典、辞典、地图、年表、各种手册，必要的时候还要跑资料室，碰到问题要知道在那些书里可以查得到……

编辑不可粗心大意，粗心大意就非出错误不可。历史上的朝代年代、地理上的大洲国家、数理上的各种单位等等都要特别注意，一看到数字就要引起警觉……

写文章之前要把思路理清楚，写的时候要把事情说明白，文章念下去要没有疙瘩，不要在文字方面给孩子造成不必要的障碍……

编辑要锻炼看稿的本领，既要迅速又要敏锐，不要漏掉好稿子，凡是有一点儿苗头的就要把它抓住……

当编辑改文章要特别认真，为什么这里非改不可，为什么要这样改不那样改，都要说得出个道理来。即使改一个字，改一个标点，也要能说出道理来……

当少儿读物的编辑应该懂一点儿教育学、心理学，这样才能了解不同年龄的孩子会对什么样的事情感兴趣，能接受什么程度的知识。才能提出有针对性的选题，写出适合他们看的稿子。

给少年儿童写科普，要特别注意启发。要用自己的笔把小读者探讨问题的积极性调动起来，引导他们去观察，去实践，去发现，去思考……

对于少年儿童来说，他们还处在学习语言的阶段，因此我们更要注意文字的纯洁，不要让他们沾染上一些不良的语言习惯……

对于自己热爱的编辑工作，至善先生曾经写过两首词，一首是一九七七年作的，用的是《贺新凉》的调子。

矻矻何为者？事雕虫，咬文嚼字，灯前窗下。烟蒂盈盘茶重沏，忽忽秋冬春夏。且不悔为人作嫁。彩笔苦无回春力，敢丹黄信手胡描画。千古事，费评价。

杞人自笑忧天塌。更何须、占风卜雨，担惊受怕。红紫万千迷人眼，细辨卉真葩假。再学习延安讲话。伏枥识途都无据，意拳拳尽力添砖瓦。翻旧调，寄骚雅。

这首词的前半阕，用不多的字让人们看到了一个编辑的剪影：咬文嚼字，窗前灯下。烟蒂盈盘茶重沏，忽忽秋冬春夏。后半阕写出了

“文革”结束后的欣喜：杞人自笑忧天塌。更何须、占风卜雨，担惊受怕。他觉得这回再也不用怕天会塌下来，可以意拳拳尽力添砖瓦了。词中还特意提到自己“且不悔为人作嫁”，为此他写过这样一段话：

……我们当编辑的和作家一样，服务的对象当然是广大读者；成功是共同的成功，失败是共同的失败。编辑和作者必须密切协作，目的都是为了让读者得到最大的实益。有人说，文章登出来后，作者又署名，又拿稿费，可谓名利双收；而编辑辛辛苦苦为人作嫁，却一无所得。如此说来，编辑似乎成了为作家作嫁衣的“贫女”，只好“拟托良媒益自伤”了。其实，这样的看法是不对的。首先，我们编辑的工作是为读者服务的，与作者打交道也是为了读者；即使帮助作者动点儿脑筋，出点儿主意，作点儿改动，也是为了更有利于读者的阅读。……如果一个作者的文章写得好，读者认可了，记住了他的名字，这又有什么不好。我们编辑作了一些文字工作，把他的文章发表出来，也完全是职责范围的事，用不着居功，更用不着气不忿。在这方面，其实根本不存在什么谁占了便宜谁吃了亏的问题；所以，我一向不太同意时下所说的当编辑是“为人作嫁”的说法。

一九九八年是至善先生的八十华诞。中国少年儿童出版社要为自己的老社长祝寿，感谢他对我国少年儿童出版事业作出的贡献，还建议为他出一本书作为纪念。至善先生说祝寿不敢当，出本集子他很愿意。于是花了一个半月，赶编了《我是编辑》这本书。书中收录了“文革”后二十多年来，他从事编编写写的有关文字，一百篇，三十万字。因为内容杂，形式杂，没法分门别类，就按写作或发表的先后排列。这几乎是他个人有关编辑经验的集大成，是作为编辑工作者的一本很好的教材。而至善先生的第二首写编辑的词《蝶恋花》，就发表在了《我是编辑》这本书的扉页上：

乐在其中无处躲。订史删诗，元是圣人做。神见添毫添足巨，点睛龙起点腮破。　　信手丹黄宁复可？难得心安，怎解眉间锁。句酌字斟还未妥，案头积稿又成垛。

至善先生在这首词里写出了他对编辑工作的热爱："乐在其中无处躲。"写出了他对编辑工作的敬畏："订史删诗，元是圣人做。"写出了他对编辑工作责任的认识："神见添豪添足叵，点睛龙起点腮破。"写出了他作编辑工作的态度："信手丹黄宁复可？"写出了他作编辑工作时的心境和状态："难得心安，怎解眉间锁。"也写出了他的编辑工作的繁重："句斟字酌还未妥，案头积稿又成垛。"人们常说诗言志，至善先生的这首词，短短的六十个字，没有豪言壮语，却沁满了他对编辑工作的无限热爱。

科普情结

二〇〇八年，中国科协为了纪念协会成立五十周年，在全国开展了"五个十"评选活动，其中之一是选出"十位传播科技的优秀人物"。十一月中旬，中国科协召开新闻发布会，向各大媒体公布了评选结果。他们分别是：袁隆平、钱学森、华罗庚、茅以升、叶至善、邓稼先、钱三强、竺可桢、李四光、王选。在这十位人物中，至善先生与其他九位不同。其他九位都是卓有功绩的科学家，只有他是少儿科普编辑和少儿科普作家。至善先生一生为"传播科技"默默地工作着，他的努力对传播科技起到了怎样的作用，产生了怎样的影响，实在没有办法得到答案，群众的这几百万张选票，却给出了最好的评价。

至善先生正式做编辑工作，是从一九四五年八月进开明书店开始的，那年他二十二岁，实际上这也是他从事科普工作的开始。当时父亲圣陶先生创办了供少年儿童阅读的刊物《开明少年》。《开明少年》是一本综合性的刊物，那时候抗战还没有胜利，在民不聊生的艰苦岁月，《开明少年》像朋友一样和孩子们谈民主谈科学，开辟了许多非常先进的栏目：《望望世界》《任何人的科学》《时间前进吧》《人是怎样变成巨人的》《诗人的心》……

当时，文学方面的、时事方面的、翻译方面的稿件都有作者，许多作者还是圣陶先生的好朋友，唯独科学方面的作者比较少，约稿比较难。而圣陶先生不主张用灌输的方法生硬地传授知识，要设法引起孩子的兴趣，让孩子们自己观察，自己动手，自己思考，自己去寻求答案。要能体现这样的编辑思想的科普编辑，在那个年代实在是太少了。于是兴趣广泛，喜欢自然科学的至善先生，就担负起了介绍科学知识栏目的组稿和撰稿工作。从这个时候开始，他就尝试着根据孩子的需要，时政的变化，世间的新闻，用各种形式向孩子介绍科学知识：天、地、生、数、理、化无所不包。

一九八六年，至善先生应上海少年儿童出版社之邀，出版了一本科普作品自选集《竖鸡蛋和别的故事》，这本书的序后记中他说：

给孩子们写科普文章，我打从一九四五年开了头，四十年来约摸写了一百来万字。我想借选编这本文集给自己结一下账，在科普创作方作个交代。没想到做起来并不容易。文章挑选出来了，非但内容杂，形式也杂，因而不好编排，还找不出什么规律性的东西来。文章大多为编辑期刊而写的，期刊缺少什么，我就写什么；期刊需要什么样的文章，我就写什么样的文章：哪儿能不杂呢？要使期刊编得活泼，杂一点儿原是非常必要的。从这些杂七咕隆咚的文章中挑选出若干篇来，凑在一块儿仍旧像本期刊，不像什么文集。最后想了个办法，先以形式分，把类似小品文的归在一起，算作第一部分；根本不像小品文的归在一起，算作第二部分。

至善先生用这段不长的文字，对他的科普创作作了一个大概的介绍，在半个多世纪的编辑生涯中，他编过《开明少年》《中学生》《我们爱科学》等好几种期刊，其中的科普栏目大都由他负责。他说做期刊编辑，总是处在非常紧张的状态之中，感觉要随时保持敏锐，要注意看报纸，注意听广播，注意新出版的书，总之，跟编辑期刊有关的信息，一点儿也不能漏掉。因此他写的科普小品大都跟时事结合的很紧，反映了当时的社会情况和政治热点。

一九四五年，在至善先生刚刚开始做《开明少年》的编辑的九月，就写了一篇《纪念“九一八”说起大豆》，文章中他说：

一九三一年九月十八日，日本军队强占了咱们辽宁的省城——沈阳。……不到四个月，辽宁、吉林、黑龙江三省相继陷敌，……日本为什么要强占咱们的东北？好些歌儿回答了这个问题。“那儿有森林煤矿，还有那漫山遍野的大豆高粱。”……

日本强占咱们东北，目的之一，就在夺取这些财富……

至善先生给孩子们算了一笔账，好让孩子们知道我国东北到底有多少财富，其中重点说到大豆。那时候东北每年大豆的产量占全国的十分之七，我国大豆的产量又占全世界十分之九，是出口货物中最多的一项，其中三分之一卖到日本去了。日本强占了东北，就不用再花钱买大豆了。接下来他向孩子们详细介绍了大豆的营养价值，大豆的产品：豆油、豆饼、豆腐、酱油、豆芽……最后还没忘了向孩子们介绍大豆的根瘤菌。这样的科普文章，应该更能激发起青少年们对日本侵略者的痛恨。

一九四六年，在海王星发现一百周年的九月，至善先生写了《海王星的发现》；一九四八年的五月九日，有一次日食，我国各地都可以看见，至善先生就在四月的那一期写了一篇《太阳金环食》，向孩子们介绍这种天文现象，教孩子们怎样观察日环食。逢到社会上发生流行病，至善先生一定会在刊物上向孩子们介绍有关的知识和预防的措施，关于霍乱、疟疾和鼠疫，他都写过相应的科普文章。

一九四八年的夏天，全国即将解放，国民党统治区的人民却处在黎明前的黑暗之中。至善先生在《开明少年》上发了一组有关“雷雨”的文章。他用一幅科学图画展示雷雨的形成，又写了一篇科学小品讲有关雷雨的知识，文中描写雷雨发生之前天空发生的急剧变化，和人在这时候的种种感觉，都来自于他的细心观察和感受。小品的结尾他写到：

在闷热的夏天，我们老希望来一阵雷雨，实际上，我们往往如愿以偿——这并非天意，因为闷热正是雷雨快要到来的先兆。

这个结尾一语双关，因为那时候国统区的政治空气非常沉闷，一场闪电雷霆的暴风雨就要到来了。

至善先生从为了编好《开明少年》开始写科普作品的努力，一直延续到建国后主编《中学生》和主管《我们爱科学》。他说：

> 那时候我是《中学生》的编辑。向"科学进军"口号的鼓舞了我，我想方设法在刊物上激发读者学习科学的热情，反复宣传科学知识不但是有用的，而且是有趣的。那个时候的《中学生》，谈科学知识的文章占的篇幅最多，内容非常广泛。

在这两本杂志中，至善先生自己动手写了许多篇科普小品。很多他认为有必要向孩子们介绍的知识，哪怕是看上去很抽象的、很枯燥、很难引起孩子们兴趣的，他也会想方设法写得很吸引人，比如：《风和雨的规律》《溶解和蒸发》《化学做了些什么》《算数能使你聪明起来》……在他的自选文集《科普杂拌儿》的后记中他说：

> 期刊不同于课本，要系统地介绍某一门科学是办不到的；只能把孩子引到各个学科的大门口，看一眼里面的世界是多么广阔、多么壮丽；让他们留下一些印象，将来好自己选择跨进哪一座大门。
>
> 可是我自己，哪一门科学我都没正经学过。因而不论写什么，都得结合书本的知识和生活经验，自己先弄清楚了方敢动笔。我特别注意孩子们的理解能力和阅读兴趣，尽可能写得让他们喜欢读，读得懂。我还尽可能避免采用老师讲课的方式，想方设法诱发他们同我一同思考。任何问题经过自己思考，方能得到更多的乐趣和较深的理解。
>
> 因而我尽可能用文艺的笔调来写科普文章，采用孩子们喜闻乐见的种种文艺形式。我还特别注重运用插图，尽可能把插图设计的既美观，又能说明问题。跟孩子们讲科技知识，一幅精心设计得既美观，又能说明问题的插图，效果往往胜过一大段冗长的文字。

在至善先生担任中国少年儿童出版社的社长兼总编期间，向孩子普及科学知识仍被他看成是非常重要和义不容辞的责任，那时候他一直坚持"尽可能"地运用孩子们喜闻乐见的文艺形式，出版过以科学童话、科学幻想、科学探险、科学家传记、科学小说、科学诗为题材的书，甚至连儿歌、快板、相声、魔术这些形式也都被他动员起来，为宣传科普服务。在《把儿歌也动员起来》这篇文章的开头，至善先生写了一首他小时候唱的儿歌《青蛙》：

青蛙变化甚奇，
初生淡水河里。
小小黑点如棋，
背后拖一尾。

未几四足生齐，
尾与体自分离。
换了一套新衣，
青青真美丽。

阁阁阁阁阁，
宜水又宜路。
头顶睁开双目，
闪闪光四瞩。

舌根连下颚，
取食可伸缩，
害虫好充口腹，
大功保护谷。

接下来他说：

我觉得这支儿歌很好，因为它扼要地把青蛙的生理特点和生活习性告诉了孩子们，而这些知识，正是孩子们应该知道的，而且能够理解的。还有个好处，孩子们唱了这支儿歌，会产生自己去观察青蛙的欲望。

这样切实的传授科学知识的儿歌，现在似乎很少听到。孩子们都喜欢唱歌，这是大家知道的。能不能把儿歌也动员起来，向孩子们进行观察自然、热爱科学的教育呢？我想是可以的。

至善先生又说：

我做编辑有个主张，要编哪个形式的东西，最好自己先写一写，试一试，尤其在搞什么新点子的时候。自己写过了，试过了，多少可以知道这个新点子搞得通搞不通，好处在哪儿，困难在哪儿。心里有了底，跟作者打交道的时候，就不至于瞎出主意，提出一些教人家无法办到的要求。

一九五六年，《中学生》在第二期上发表了一篇“物理学相声”，题目是《一对好伴侣》。这原是科普作家顾均正先生写来的一篇稿子，讲的是物理学上的作用力和反作用力。至善先生看过后认为，那里面有很多相声包袱的素材，就把它加工改写成了相声。用诙谐的相声来普及科学这是第一次，更是一种尝试，能不能被读者认同，还要接受实践的检验。为了承担责任，至善先生得到顾先生的同意后，在他的名字后面署上了自己的笔名。后来，科学相声这种文艺形式，引起了好几位少儿科普作家的创作兴趣，至善先生自己也意犹未尽，又写过几篇，大都发表在《中学生》和《我们爱科学》上。孩子们不仅喜欢看，还把它们作为脚本用于文艺演出。

抱着同样的目的，至善先生还写过几篇科学幻想小说。最早的《到人造月亮上去》，就借用科幻这种形式，向孩子们介绍了有关月球的知识，引发了无数孩子的登月梦。如今这个幻想已经成为现实，人类已经建立了规模宏大的太空空间站。

一九五六年，至善先生在《中学生》杂志上连载了他的科幻小说《失踪的哥哥》。故事说的是一个小学生不小心掉到了海里，被一艘渔船的捕鱼器吸入了冷冻库速冻了起来，直到十五年后才被人们发现。医学家和科学工作者在对他进行了认真的检查后，认为还有生命迹象，就一同努力把他救活了。于是这个十五年前的哥哥，在十五年后变成了弟弟。当时我国为孩子们写科幻小说的人还不多，这个讲了一定的科学道理的离奇故事，无疑引起了孩子们的极大兴趣，同时也受到了业内同行的好评。直到如今，科普界的专家们在论述我国的科幻创作史时，都会提到这篇科幻小说。一些少儿出版社的科普编辑也没有忘记《失踪的哥哥》，最近还在为孩子们再版。

对于科幻小说的创作，至善先生说：

> 我写所谓的科学幻想小说不过是尝试而已，不过为了取得一点儿直接的经验。但是我想，既然用了故事的体裁，知识就应该柔和在故事里边，不能故事管故事，知识管知识；不能一讲到科学知识仍旧跟上课一个样，作者忙不迭地自己登场，把故事中的人物挤在一旁，痛快淋漓的作一通科学演讲。

抱着这样的态度创作科幻小说，至善先生写出来的科幻作品取得了同行们的普遍认可。科普作家的郑严慧同志在提到《失踪的哥哥》这篇科幻小说的时候说，一九八七年九月的一天，她从广播中听到，有一处冷冻鱼库，从已经冷冻了十天的鱼块中发现，有一只海马仍旧有生命迹象，并且复苏过来。在一九八七年十月的《青年参考》上她又看到，美国的一位教授把一只狼狗冷冻了九个月，然后使它安然苏醒。她说，用这两件实事来说明至善先生三十年前创作这篇科幻作品的科学预见性的光彩，该是最有说服力的了。

其实至善先生实在是太忙了，他许多精彩的科学预见因此没能落于纸端。在人类的航天器刚刚成功发射的时候，至善先生就曾经想过可以写一篇收集太空垃圾的科幻小说。当时听他讲这个构思的人都觉得，宇宙如此之大，放多少航天器上去都微不足道，对他的这个构想感到匪夷所思。没想到，如今太空垃圾果真成为了航天工作者们的心头大患。当体积巨大的电视机刚刚进入百姓家的时候，至善先生就说，早晚有一天电视可以薄的像一幅画挂在墙上，这个想法也曾让许多人觉得不可思议，如今这也已经成为了现实。

在《失踪的哥哥》之后，至善先生还为孩子们写过和编辑出版过不少科学幻想小说。如：《割掉鼻子的大象》《没头脑和电脑的故事》《布克奇遇记》《大鲸牧场》等，这些优秀的科幻少儿读物，都受到了孩子们的热情欢迎，激发了他们无限的想象空间。

至善先生在科学与文学结合方面最有代表性，最具突破的创作，是一九八五年出版的一本写科学家生活的短篇小说集《梦魇》。书中分别写了达尔文、拉马克、布鲁诺、巴斯德和居里夫人五位科学家，在生活中遇到重大问题的那一刻，表现出来的思想活动和感情波澜。至善先生写这些短篇小说，不再以宣传科学知识为目的，而是想以自己的揣测和意愿，来反映科学家的科学素质和精神境界。在《梦魇》的后记《多余的话》里至善先生说，上世纪五十年代，他曾经为了完成约稿，写过几位科学家的小传，三五千字一篇，姓名籍贯、生卒年月、学历职位，像个流水账，又像履历表，自己很不满意。怎样走出这种困境呢？他写道：

我考察了好几位科学家，他们在一生中都碰到过一些很关键的问题，逼迫他们不得不自己作出抉择。抓住这样的时刻，探索他们的内心活动，或许能把他们的精神境界表现得丰满一些，读者们看了或许能留下一点儿粗略的印象。至于写出来会成个什么样子，那时并未理会，抓住某一特定时刻来表现人物的思想感情，大概近乎短篇小说，形式总是由内容来决定的嘛。

写法有了，题目也想了十来个，当时却没有动笔。那是五十年代后期，原因大家都知道，不必再去讲它了。等到写第一篇《梦魇》，跟设想的当初已经相隔二十来年了。

一九八〇年，至善先生写的小说《梦魇》在雨花的第八期上发表了。有关科学家达尔文的文章很多，但是专门描写在得知华莱士将要先于自己发表进化论之后，他的思想波动和抉择的文章还没有人写过。这时候这位既珍视自己的研究成果，又尊重别人的研究成果的科学家，内心会产生怎样的冲击，做出怎样的抉择呢？至善先生就是要挖掘这一刻科学家的内心活动，并由此表现出他的正直，他的光明磊落。他还把达尔文的这个艰难时刻，安排在了他的女儿去世不久，儿子又患上了猩红热这个感情极端脆弱的时候，借此把矛盾推向高潮，让情节更加引人。

在一九八〇年写了拉马克的《夕照》，一九八一年写了布鲁诺的《诀别》之后，一九八二年至善先生的第四篇小说《祈求》发表了。在《多余的话》里至善先生是这样介绍他创作《祈求》经过的：

这一篇虚构的成分极少，人物、背景、主要情节都是有据可查的。

一位来我国作学术访问的法国倪娃尔小姐接受我的嘱托，回国后热心地为我寻找巴斯德的生活照片，还为我向巴斯德研究院要来了几本精美的画册。从这些照片和画册上，我看到了巴斯德一生的科学活动，看到了他生活和工作过的地方；还认识了巴斯德的夫人，她是她丈夫的义务助手和当然护士；认识了小约瑟夫，他是世界上第一个接受狂犬病疫苗注射的英雄。这许多来自巴黎的直观材料，给我这个拘泥于真实的人提供了可以放心的依据。……

我读过两本巴斯德的文学传记，有一本说，为了募款筹建巴斯德研究院，巴黎的艺术家举行义演；音乐家古诺参加了，特地为巴斯德指挥演唱自己改编的《圣母颂》。我把这一情节作为《祈求》的结尾，还在小说的开头揣摩了他们夫妇俩作晚祈祷时候的心情。……

为了写这篇《祈求》，我查阅了好几本讲狂犬病的医学书，看了两篇描写狂犬病人如何痛苦的小说。我想既然写科学家，就得尽最大的可能弄清楚他的见解，他所研究的课题的来龙去脉，他取得成功所走过的道路。写作家，得读他的作品；写画家得看他的画；写音乐家，得听他的曲子；写科学家当然也不例外。……在这篇《祈求》中，巴斯德对防治狂犬病的研究非交代不可，不交代就没法让读者诸君理解他为什么犹豫了两年之久，才迈出跨进成功大门的最后一步。至于讲对了没有，讲明白了没有，这要看我的理解水平和表达水平了；这两者我都不敢自信，我只能说在这上头，我的确是花了功夫的。

一九八三年，至善先生的第五篇写居里夫人的短篇小说《权利》发表了。

中国青年出版社的编辑庄似旭同志，从一九八〇年看到至善先生的第一篇小说起就向他约稿，希望能多写几篇出个集子。至善先生答应第一步先写十篇，可是等了四年才完成五篇。本来他还打算写两三篇介绍我国古代科学家的，不但定了人物，连一些情节都想好了。可是他的事情太多，时间太紧，心思不能专一，只写了五篇就罢手了。

庄似旭同志只好迁就着用这五篇，编辑出版了以《梦魇》为名的小说集。一九八五年《梦魇》出版后颇受好评，还获得了包括全国科普作品一等奖等好几个大奖。不仅如此，在一九八七年三月六日出版的《青年参考》上有消息说：

“据悉，中国青年出版社出版的我国短篇小说集《梦魇》，已由联合国教科文组织审定为具有国际意义的好书。小说在联合国获此荣誉，在我国还是第一次。”

但是对于这样一条消息，无论是科普界、出版界，还是至善先生自己，都没有能够给予足够的重视。

至善先生在一篇文章中的一句话，可以看作是他对自己科普写作的总结：

给孩子们写科普文章，我是一九四五年开的头。一九八八年，才出版了一本自选集——《竖鸡蛋和别的故事》，以后就不再写科普文章了。

出于热爱

在至善先生的作品中，有两本薄薄的小集子，一本是一九八六年由中国少年儿童出版社出版的《诗人的心》，一本是一九九五年由开明出版社出版的《古诗词新唱》。别看这两本集子薄，可都是至善先生自己别出心裁的用心之作，就像园丁对待他花园里的花一样，虽然有些小花常常会被观花者忽视，但是园丁不会因为它们小而怠慢了它们，同样精心地侍弄，甚至会心生格外的怜爱。

至善先生写在《诗人的心》前面的“写者自白”中说，“诗人的心”原本是一九四五年他和圣陶先生一起筹办《开明少年》创刊时，给介绍诗的这个栏目起的栏题。他说：

把这一栏叫做《诗人的心》我们是有用意的。我们不相信光靠辞藻和技巧能写出什么好诗来。一首好诗，一定是诗人的感情的真实的流露，他对生活的感受实在太深刻了，因而不得不用精粹的语言把他的感受表达出来。所以我们想，把好诗介绍给少年们，除了注释和讲解，还得引导他们，跟他们一同揣摩诗人的心，这样才能使他们的鉴赏能力和精神境界有所提高。

这短短的五句话，说明了父子俩创办这个栏目的用意和宗旨。尤其是其中的“引导”二字，更表明了他们在这个栏目中所要扮演的，不过是“引导员”的角色。实际上这不是他们父子俩在这个栏目中独有的角色，他们一生都在做着把青少年“引导”到路口，送他们上路的“引导员”。在《开明少年》出刊的七十多期里，他们给少年朋友介绍的诗和词大约有三十首。

不过至善先生在一九八四年出的这本《诗人的心》，并不是《开明少年》中讲的那三十首诗的集结本，而是三十多年后，他重又拾起这个栏目，向少年们介绍起诗来，只是范围小了，只介绍我国的新诗。他在“写者自白”里说：

我曾经向几种少年报刊的编辑同志建议，请他们不要只顾介绍旧诗旧词，也要适当介绍“五四”以来的新诗，因为新诗反映了我国的新民主主义革命时代和社会主义建设时代，反映了在这一段伟大的历史时期中，我国人民的生活、斗争、思想、感情，这些都是现代少年应该了解的。……编辑同志都说我的想法很好。一定照我说的去做。可是隔了半年一年，在他们编的报刊上，还不见介绍新诗的文章出现。我等不及了，发了愿心自己来开个头。……我的本意是“抛砖引玉”，希望有更多的同志来给少年们介绍新诗，希望各种少年报刊除了介绍旧诗旧词，也经常介绍新诗。

至善先生把给少年们介绍新诗的文章寄给了中学生的刊物，让他感到欣慰的是这些文章都陆续发表了，据编辑们说，读者和老师都还欢迎。至善先生就从中选了三十篇编成了《诗人的心》。遗憾的是他提倡给少年们介绍新诗的号召，好像并没有得到什么人的响应；他自己的身体力行，最终也没能起到“抛砖引玉”的作用。

在这本小书的三十篇文章里，有十三篇介绍的是建国前的诗，其中有：刘大白、俞平伯、胡适、徐志摩、刘半农、郑振铎、闻一多、刘延陵、臧克家等大家的代表作。除了刘大白和俞平伯两位先生写的充满童趣的诗外，其余大多是反映旧社会劳苦大众的困苦生活；反映为了争取民主和解放，人们对黑暗旧社会发出的怒吼，和正在进行着的英勇不屈的斗争的诗。至善先生在这本书的后记里深情地说：

遗憾的是作者之中大约有十位已经成为古人了。他们为新诗开拓局面，冲锋陷阵，我们可不要忘记了他们的功绩。

在介绍臧克家先生的《老马》这首诗时，至善先生录下全诗：

总得叫大车装个够，
它横竖不说一句话，
背上的压力往肉里扣，
它把头沉重地垂下。

这刻不知道下刻的命，
它有泪只往心里咽，
眼里飘来鞭影，
它抬起头望望前面。

然后他这样写道：

这首诗写一匹拉大车的老马，一共两节，每节四行。

“总得叫大车装个够，它横竖不说一句话。”大车能装一千斤，如果只装八百不就亏了吗？……如果能装上一千二，那多值啊……老马横竖不会说话，它也从来不会叫唤：“哎呀，主人，您少装点儿吧，我实在受不了啦！”它不说话，重量可压在它的身上，系在车辕上的皮带越来越深地扣进它的肉里——它只是沉重地垂下它的脑袋。

老马已经老成这个样子了，说不定一个趔趄，它就此站不起来了。……可是谁也不同情它，谁也不怜惜它，它有眼泪只好往自己的心里咽。忽然眼睛里飘过皮鞭的影子，它抬起脑袋望望前面：又得迈步了，拉着沉重的大车——那扣进它的肉里的压力。

至善先生把他从诗中看到的画面写的如此具体深刻，一匹不堪重负的老马仿佛就站在读者面前，让人看着辛酸。接下来至善先生问：

对一匹拉车的老马，诗人怎么会给予这样深切的关注呢？咱们想一想就明白了。用牛马比作旧社会里受尽剥削受尽压迫的劳动者，在诗歌里是经常见到的。诗人可能看到了无数的出卖血汗的雇农和苦力，在脑海里汇成了这样一匹老马的形象。超过它所能负担若干倍的劳累，压得它精神都麻木了；虽然不知道下一刻还能不能活着，它还是使出最后的一点儿力气，托着扣进肉里的重负向前挣扎。这当然是处在最底层的一部分劳动者的形象，面对着沉重的剥削和压迫，他们是那样的驯服，简直不知道自己也有做人的权利。

在对这首诗作了详尽的解读后，至善先生又用了两百多字，向孩子介绍这首诗的韵脚的特别之处，还特别嘱咐孩子们，在朗诵这首诗的时候应该注意些什么。

在十七篇介绍建国后的诗中有：适夷、郭小川、卉放、李瑛、纪征民、刘倩倩等人的作品。这十七篇的内容牵扯的方面很广，大多是反映建国后人们的壮志豪情和美好生活的。与建国前的十三篇不同，除了很少几位大家熟悉的诗人，很多作者都不大为人所知。其中《你别问这是为了什么》这首诗的作者刘倩倩，竟是一位小学生。诗是这样写的：

妈妈给我两个蛋糕，
我悄悄地留下了一个。
你别问，这是为了什么？

爸爸给我穿上棉衣，
我一定不把它弄破。
你别问，这是为了什么？

哥哥给我一盒歌片，
我选出了最美丽的一页。
你别问，这是为了什么？

晚上，我把它们放在床头边，
让梦儿赶快飞出我的被窝。
你别问，这是为了什么？

我要把蛋糕送给她吃，
把棉衣给她去挡风雪，
在一块儿唱那最美丽的歌。

你想知道她是谁吗？
请你问一问安徒生爷爷——
她就是卖火柴的那位小姐姐。

在诗中，一个看过安徒生童话的中国孩子，一直惦记着那个卖火柴的小女孩。至善先生说：

小诗人读了安徒生爷爷的那篇童话，总也忘不了那位卖火柴的小姐姐：圣诞节的晚上，雪不停地下着，各家各户灯火通明，充满着欢乐，小姐姐却又冻又饿，独自徘徊在街头。没有人买她的火柴。在这个世界上，她再也找不到关心她的人了，唯一疼爱她的老奶奶已经去世，只能出现在她的幻觉里，靠着那火柴的微弱的光亮。她恳求奶奶带着她离开这个冰冷的世界……读到这儿小诗人一定忍不住流泪了。可是流泪有什么用呢？他想呀想呀，终于想出了这么一个好办法。

可卖火柴的小姐姐在哪儿呢？在安徒生爷爷写的童话里，要找着她除非在梦里。晚上，小诗人把蛋糕、棉衣、歌片都放在枕头边，让梦儿带着他飞出被窝，他挟起准备着的好东西，从亚洲的东头飞到欧洲的西头，去到北海岸边的那个小城，借着雪光，找到那位躲在墙角里的小姐姐。他要跟小姐姐分享饱暖，分享快乐，分享妈妈爸爸还有哥哥，一家人对她的爱抚。

至善先生在选诗的时候，不管什么流派，也不管作者是否有名，只要是少年们容易理解的，感兴趣的，读了能得到点儿好处的他就选。从上面提到的两首诗我们可以看出，至善先生是多么想教会少年朋友欣赏诗歌，朗读诗歌。态度是如此的诚恳，如此的真诚。他在“写者自白”中强调说：

一年多来，我已经给少年朋友们介绍了三十多首新诗。所谓介绍，主要是把我揣摩到的告诉给少年们；到底揣摩得对不对，我不敢自信，只不过作个样子，还得请少年朋友自己去揣摩。

上世纪九十年代初，至善先生开始了没有人约稿，是自己实在喜欢的创作——给古诗词配上外国名曲。前后配了百十来首，经过一再的筛选修订，编成了一本一百五十首的《古诗词新唱》。

至善先生没有专门学习过音乐，可他从小喜欢唱歌，喜欢听音乐，尤其是外国的民歌和名曲，更是熟记在心，兴起时便会脱口而出。至善先生平日里做什么事情都非常认真，对于自己热爱的音乐，他更是潜心自学，看了很多有关音乐的书籍，听了很多优秀的中外音乐作品。对于创作《古诗词新唱》的缘起，至善先生是这样说的：

六十多年前在中学里，我唱过弘一法师制作的许多歌，当然都是他出家以前的作品。如三重唱《春游》，歌词和曲子出于他一人之手，是名副其实的“自度曲”。如现在还常有人唱的“长亭外，古道边”，曲子是外国的，他给配上了情调相符的歌词，可以称作“倚声填词”。还有给古代的诗词，如李白的《春思》，配上外国曲子的，是“倚词配曲”还是“倚曲配词”无法考证了，总之都配得非常和谐。

因为喜欢唱弘一法师的作品，我很想学他的样，自己作一些歌自己来唱。我没学过作曲，又不会吟诗填词，作“自度曲”和“倚声填词”，我都无缘了。要学，只剩下一条路可以走，就是给古代的诗词配上现成的曲子，最好是经常听到的又容易上口的名曲。

至善先生又说：

古代的诗词本来是可以唱的。先是没有记谱法，没法把曲子记下来，只能口耳相传。后来记谱法是有了，却很不完善，又不能普及，主要仍旧靠口耳相传。年代隔得久了，曲子渐渐亡佚，诗词失去了音乐的依傍，只能吟诵，没法再唱，实在是非常可惜的事。配上现成的曲子，使某些古诗词能够唱，多少可以弥补一点儿缺憾吧。如果能像弘一法师配的那样和谐，我就心满意足了。

在《古诗词新唱》的前言里，至善先生还介绍了自己创作的方法，他说给一首词配上现成的曲子，先得选定配那支曲子。有时候凑巧诗或词多少句，曲子也是多少句。有的时候却不然，乐句多于诗句，他就采用重复的方法，重复某个短句，某个词语，或者某个单字。有的时候曲子比诗词短，就重复一遍，或者重复其中的某些乐句……凡此种种，至善先生都作了简单的介绍。

创作《古诗词新唱》，作者不但要熟悉中国的古代诗词，熟悉世界各国的名曲，还要使配出来歌词曲相融，恰到好处，这绝非是一件容易的事情。老朋友范用先生在得到至善先生的手写的歌谱时，写了一篇《忙里休闲，自得其乐》的文章，其中有一段说：

别以为做这件事很便当，词的字数跟曲的节数必须相当，合拍。《文心雕龙·乐府第七》有云："凡乐词曰诗，诗声曰歌，声来被辞，辞繁难节。"是说给词谱曲，词不宜多，多了得删节。给古诗词配曲，词不能删，配曲的难度更大。再说，词义跟曲调也得相投，起码大体可以。总之是要花些功夫的，不信，您试试看。以古诗词配名曲的乐趣大概就在于此。

范用老先生的话真是说到了点子上，甚至连至善先生为什么乐于做这件事，都说的准极了。因为跟在"不便当"后面的，正是至善先生追求的"乐趣"。对于事事都想尝试，事事都愿意做得有新意的至善先生来说，这的确是一种享受，是他的感情和词曲的交融。在给古诗词配新曲的那些日子里，他完全沉浸在其中，所获得的快乐是在其他写作中所没有的。

在看即将出版的书的校样时，每校一首至善先生都记下一些创作时的构想，集在一起以《校后琐记》为名附在了书的后头。这里不妨选两节录下来：

春夜喜雨　成都盆地到了春天几乎夜夜下雨，随风而来，润物无声，早晨看到花上叶上都挂满了水珠，才知道昨夜又下了一场连纤好雨。我体验过这样的喜悦，心想得给这首好诗配上一支名家的名曲，居然找到了德国作曲家门德尔松的《乘着歌声的翅膀》。

念奴娇　这首“大江东去”也太有名了。“乱石穿空，惊涛拍岸，卷起千堆雪”，有声有色有动态，何止如画，简直是彩色全景电影。结尾两句，我倒不嫌消极，只觉得稍有点儿落套。歌剧《唐豪瑟》演些什么，可以不去管它。瓦格纳这支歌不涉及剧情，只赞颂晚星光耀明澈，称它为幸福的天使。曲子的旋律悠慢低沉，颇合乎怀古的情调，因而给苏轼这首《赤壁怀古》配上了。

至善先生的这本《古诗词新唱》出版后，报纸和期刊上陆续登出了介绍的文章，都没有泛泛捧场，各有各的见地，说他做了一件有意义的工作。至善先生的老朋友楚庄先生写文章介绍这些歌的时候说：

也许是受二三十年代出现过的音乐现象的启发，叶至善同志早就尝试过“倚词配曲”，这是在对乐曲和诗词及其声、调、情、韵的理解的基础上进而使词、曲配合的再创作。至善同志以此为治学著文之余的副业，从中可见他在这方面的造诣。其成果未必都是绝唱，但却常见巧思，在时下流行的某些无病呻吟和有病呻吟的靓歌金曲困扰的人们中，可能会有知音。

正像楚庄先生说的那样，歌本的发行确实得到了许多人的欢迎，特别是中年以上的爱好唱歌的朋友。这让至善先生感到庆幸，因为他本来就是为唱歌爱好者编配的，唱的人越多他越高兴。

至善先生喜爱《红楼梦》，一生不知读过多少遍。他对书中的每个段落，每个人物，每个细节都非常熟悉，每每提起《红楼梦》都津津乐道，眉飞色舞。一九八五年他开始了《一个编辑读〈红楼梦〉》的写作，到一九八七年陆续写了六篇。至善先生在为《一个编辑读〈红楼梦〉》的题记中写道：

题目既平且直，这个编辑就是我，

为什么不用“我”，而要标明“编辑”

因为一则，编辑是我的职业，我已经干了四十年，打算还干下去。

编辑无非咬文嚼字，于是来了个二则，说明我读《红楼梦》，不过是咬文嚼字而已。

咬嚼似有所得，我居然也“欣然忘食”，陪父亲喝酒的时候跟父亲说，在办公室里跟朋友们说。他们听了都怂恿我写下来，可能因为他们也是编辑吧。

我踌躇了五六年才下决心动笔。所以踌躇不为别的。只怕没有这份闲功夫，现在知道闲功夫是等不来的，只有见缝插针——硬挤。

自知无甚高论，不过就文字论文字，多则一节一段，少至一个词儿一个标点，总之跳不出咬文嚼字的圈子。写下来不为别的，还是为当编辑练基本功。

父亲对我说过，“有了什么想法不妨写下来试试，如果写不清楚，表明你的想法不过是朦胧的印象。”那么，我就写下来试他一试吧。

一九九八年，至善先生的《我是编辑》即将出版，其中收入了他写的《一个编辑读〈红楼梦〉》中的六篇。他在这本书的跋中写道：

有一件事要说明的，集子中的《一编辑读〈红楼梦〉》，可以说的还有许许多多，自己也不知道写到哪儿才算了结。当时为了赶编父亲的集子，不得不暂且搁下。希望今后有时间有精力，再逐段细细往下写。

在一篇不满五百字的跋中，特别辟出一段记下了这件事，可见至善先生是多么渴望完成这项写作。可惜的是，在之后的十年中，他缺少的正是时间和精力，只在二〇〇〇年六月写了一篇《关键的第三回》，就忙得再也没能抽出时间来做这件他喜欢，他惦记的事儿了。

二〇〇四年十二月，至善先生完成了《叶圣陶集》的再版修订工作，写完了圣陶先生的传记《父亲长长的一生》。他如释重负，觉得终于可以有时间来做一些自己想做的事了。他第一件想要做的就是续写《一个编辑读〈红楼梦〉》。他决定先对以前写过的几篇进行修改，遗憾的是修改工作还没有做完他就住进了医院。那是二〇〇五年的一月三十一日，之后他再也没能走出医院的大门。对于他挚爱的《红楼梦》，最终只留下了：《大太监戴权》《栊翠庵品茶》《越发可厌的槛外人》《仆世仁夫妻俩》《尤二姐的悲剧》《薛宝钗点戏》《“道”和“笑道”》《关键的第三回》这八篇文字。

至善先生的第一篇文章《大太监戴权》大约四千字，我们就选其中讲曹雪芹是怎么用“咱们”这两个字的，来看看他是怎样咬文嚼字的。在写“咱们”之前，至善先生交代说，在《红楼梦》里：

> 这位大太监只露过一次面……总共才六百来字……在这六百来字中，戴权说的话不到十句。用人物自己的话来刻画人物，是曹雪芹最拿手的，这不到十句话，把大太监刻画得玲珑剔透，可以引出我一大篇话来。……

文章在引了戴权说的五句话，一百二十来字后，至善先生写道：

> 这段话有两个“咱们”，读的时候可不能轻易放过。在以北京语音为标准的普通话里，“咱们”的用法跟“我们”不同。说“咱们”，包括谈话的对方；而“我们”只代表说话的一方。“你知道，咱们都是老相与”，这个“咱们”不仅包括说话的戴权和戴权所说的襄阳侯的兄弟老三，也包括听话的贾珍。“咱们都是老相与”跟在“你知道”后头，成了补足“你知道”的短语，等于说我跟老三是什么情分，你贾珍不是不知道，我

为什么要看着他爷爷的分上，你贾珍也不能不知道，何况是“现拿了”银子上门“来求我”的，就“胡乱应了”。“应了”前头加上个“胡乱”，语气之间显得在他戴权这还不是小事一桩。

……

接下来又是个“咱们”：“既是咱们的孩子要捐……”看，贾蓉明明是贾珍的孩子，这会子成了戴权和贾珍俩人共有的孩子了。在这儿说“既是你求我”固然不相宜，得要避开这个“求”字；说“既是你的孩子要捐”，脸面上就过得去了。戴权真厉害，偏要把“你”换成了“咱们”，看贴得多紧呀，他跟贾珍跳过了“老相与”这个档次，两个人简直成了一个人了——“你贾珍的孩子就是我戴权的孩子”。为自己的孩子哪有不尽心的呢？于是催贾珍“快写个履历来”。

……

干校家书

在说到至善先生的作品时，有一本在他去世后，由他的子女整理出版的《干校家书》不得不提。这本书收录了在“文革”中，至善先生在共青团中央潢川“五七干校”时和父亲圣陶先生的通信。第一封信是一九六九年五月二日父亲写给至善先生的，最后一封是一九七二年十二月二十一日至善先生写给父亲的。在三年又八个月的时间里，两个人留下了近七十万字的四百六十六封信，几乎每隔三四天就写一封。

至善先生的孩子们在为这本书写的说明《我们为什么要整理出版这本〈家书〉》中说：

爸爸一辈子陪伴在爷爷身边，除了几次暂短的分别，几乎没有离开过他。……在干校这三年多的时间，是爸爸离开爷爷最长的一段时间。……互相保留下来的通信，应该是最多的一次了，整理下来竟有近七十万字。可见爷儿俩彼此都珍惜这些信件，把它们当宝贝一样收藏起来，才使我们有机会看到他们父子间的倾心交谈，体会到他们那种非同一般的父子之情。

孩子们还说：

翻看这些家信，我们仿佛又回到了“文化大革命”那个特殊的年代，爷爷留守京城的日子，爸爸潢川干校的生活，我们下乡插队的岁月；大到全球，全国，北京，小到东四八条的家，兄弟姐妹，亲朋好友，同事同学中发生的事情，信中写到人和事，又一幕幕重现在眼前。

对于家书的出版，他们不无顾虑：

我们不知道读者看了这些信以后，是不是依然会像以前那样看待爷爷和爸爸，依然对他们父子两个有着一些热爱和尊重。而作为他们后代的我们，却的的确确从这些信里更多了些对他们的了解，对他们的理解和对他们的热爱。尤其是他们父子间的亲情和对我们这些晚辈的关爱，以及他们以他们的仁爱之心所面对一切人和一切事的态度，更让我们不知用什么样的言辞才能恰如其分地给以赞颂。又一想，信既然摆在了读者面前，一切就让读者自己去感觉吧。我们整理出版这本家书，本不是为着听人们说些赞美之词，只是想让人们知道，在文化大革命的年代里，有一家人是这样思考和生活的；而它或许能从一个侧面记录和反映那一段的历史。这大概是我们整理出版这些家信的最最原始的初衷。

至善先生去干校，最放心不下的就是父亲。平日里他陪父亲喝酒聊天、帮父亲接客待客、为父亲出谋划策、给父亲排忧解难、甚至帮父亲执笔，已经是父亲身边一个无可替代和不可或缺的人了。他去了干校，已经七十多岁的老父亲难免会感到孤独和寂寞。于是他就靠写信来慰藉父亲，在一篇文章中至善先生写道：

我在干校那些年，四个孩子都去农村接受再教育了，家里只剩下父亲和我的妻子满子两个，父亲的寂寞可想而知。我扣定日子写信，先是每星期发一封，渐渐缩到每三天一封。给父亲的信总是很长，拣他喜欢知道的新鲜事儿写，就跟在家时陪他喝酒闲聊一个样。

也许是出于照顾，至善先生在干校时被分到了养牛组，这里的劳动比较轻一些。他安心地做了三年多的“牛倌”，对牛有了感情。信中常常把自己的养牛生活写给父亲，有声有色，栩栩如生，读了如见其人，如见其牛。圣陶先生对他在信中的详述的养牛工作很满意，鼓励他要不断摸索，养出经验和成果。

父子俩在来往的信中频繁地探讨“养牛经”，在《干校家书》中，养牛的话题占了相当大的比重。至善先生在信中谈到自己的劳动情况时说：

每天五时一刻起床，顾不得洗脸，第一件事就是把牛牵出牛棚，免得它们在棚里多拉粪。晚上九点半给牛把了尿屎，一条条牵进棚去，然后洗脸洗手洗脚上床，大概已经十点半了。

现在是早晨五点开始用牛，七点半歇工，九点半又上工，十一点半休息。下午两点半上工，到六点半歇工。这样一来，养牛的工作跟着紧张起来，早晨三点就得开始喂牛。我自愿担负早晨喂牛的工作。现在是两点三刻起床，三点喂牛，给牛吃铡好的草和泡好的豆饼。五点牛上工，可以再睡一会儿，其实也睡不着了。早饭以后，清理牛场上的尿粪，切豆饼，洗刷牛槽，下午可以睡个午觉，以后就铡草，挑水，泡好晚上喂的和第二天早上喂的豆饼，在槽里放好草，为第二天早晨做好准备。

对于一个六十多岁的人来说，这样的生活真是有些艰苦。可是至善先生不以为苦，或者说以苦为乐。他在一封信中说：

能走上毛主席指示的五七大道，心里应该高兴愉快，不应该老想什么苦不苦。

至善先生在给父亲的信中，对自己养牛的种种细节，做了非常具体地描述：

现在是晚上十一点钟，给十五条水牛把尿把完了才完事；早上是五点钟，再把它们牵出来把屎把尿，早、晚是轮流的。水牛一泡尿少说有一脸盆，要是不及时拉它们出来，牛棚里就成了尿池子了。这些辛苦，不放牛是体会不到的。……这两天晚上给牛把屎把尿也冷得够呛。两个人值班，给十五头牛把屎把尿，得花一个小时，但是我很乐意，从没有抱怨过。

圣陶先生认为把牛一条一条地牵出来，像照顾小孩一样把屎把尿太过繁琐，应该改进。至善先生接受了父亲的意见，在实践了一段时间后，他在信中对父亲说：

我们做了一些实验，简化了一些工作，如给牛把屎把尿，去年夜里十一点一次，第二天清早五点又搞一次，弄得人起早贪黑，牛也不胜其烦，得不到很好的休息，真是人困牛乏。现在经过试验，水牛晚上九点过把一次，到明晨六点再把，也不会出什么大问题……

从至善先生在给父亲的信中谈到他对牛鼻叉的改进，可以看出他那种干什么就研究什么的精神：

这半个多月来，我一直在琢磨改革牛鼻叉这个问题。这一带的牛鼻子，是用树杈穿住的，树杈小了，很容易滑出来，并且很容易使牛的鼻孔愈撑愈大。牛戴了这样一个大叉子，吃草也不方便。另有一种是沟形的，也用树杈来做，这种鼻钩看起来比鼻叉好些，我做了一些给牛换上了，但是还不理想。还有一种像个木槌，槌头塞在牛鼻孔里，不伤鼻孔，可是牛一定不好受。也有人试用过铁环的，铁环比较利落，但农民不同意用，说是会把牛鼻子磨破，并且太重。……前两天我用粗铁丝做了一个环，套上两层塑料管，给一条牛装上了，问用牛的人有什么意见，用牛的人说可以，一拉牛绳，牛的反映很灵敏。但是我观察的结果，环拖在鼻子下面，吃草不方便，于是又想用塑料线把环挂在两个牛角上，这样一改，似乎比较理想了，外观也很漂亮。

信中至善先生还为父亲画了几张不同牛鼻叉的示意图。有关“牛鼻叉”的改进，父子俩在信中讨论了多次，圣陶先生在一封信中写道：

我还在想，别国用于劳动的牛是否也穿牛鼻子？我又想，马的力量不算不大，跑起来也很快，何以从来不给马穿鼻子，而只用辔头来控制？

至善先生爱牛，摸透了每一头牛的脾气，从地里把牛牵回来拴在槽子上时，他知道哪一条牛会欺负哪一条牛，一定会把它们隔开拴，让它们互不干扰，安心吃草。放牛的时候有些牛可以一起放，有些牛必须分开放；有的牛可以撒手由它自由自在地吃草，有的牛必须牵住了不放手，所有这些他都心中有数。

至善先生还细心学习有关养牛的知识，在他给父亲写的信中详细地讲述了怎样阉牛：

水牛要四岁以上才能阉，阉的时候也不捆绑，就把它的鼻子挂在门梁上，让它的脑袋仰得很高，挣扎比较困难，另用一条细绳拴住它的尾巴，拉向一边，免得尾巴老甩动，妨碍动手术。兽医用一壶冷水在它的腰椎骨上一浇，两手使劲在它的屁股上拍打两下，于是左手一把揪住它的阴囊根部，右手使劲拍打阴囊。这时候，前面的助手用一根竹棍不停地敲打它的角，使它脑子受到震动，分散它的注意力，兽医把牛的阴囊给打红了，立刻用小刀在阴囊上剐两道口子，牛的鼻子给挂得很高，头动不了，两条后腿还是能左右迈步挣扎，兽医就揪住它的阴囊不放，随着它向左跳向右跳，从阴囊的口子里剥出睾丸，揪出输精管、血管扔在一边。只一两分钟，就把两个睾丸都剥出来了。助手用纱带把阴囊根部扎紧，伤口涂菜油调的消炎粉和锅底的黑烟子消毒。阉一条牛，前后只消五分钟。牛阉好的第一天，要牵着它大圈溜达，不能停。牛大概很痛的，立刻没精打采，不大想吃草，第二天就可以放牧了，但是不能让它下水，怕伤口感染，还怕蚂蟥叮它的伤口。十天后就可以正常放牧了。

这段对水牛的阉割的描述不过四百多字，却写得详尽清楚，像是一篇说明文。所以可以如此，除了至善先生对自己的这份工作很负责之外，还源于他对什么事情都感兴趣，都会细心观察和体会，更得益于他那绝好的文字功底。这里不妨再选一段他向父亲讲述母牛产小牛的经过：

母牛生小牛很快，不到半个小时，生的时候是站着的，小牛啪嗒一声掉在地上，先是像死的一样，大约过了两分钟，就动起来了，半个小时就能站起来，有中等狼犬那样大，母牛年轻体壮，小牛生下来比那条老母牛生的健壮。我们只担心母牛没有乳汁。我挤了一下，四个乳头都能滋出乳汁来。小牛站起来就要吃奶，这母牛却不让小牛吃，两条后腿老左右迈步，或者用膝关节弹小牛，甚至回过头来用角顶小牛。为了不让它顶小牛，我们把它的鼻子拴在树上，挂得比较高，不许它动乱，还用两个人分别搔它的头部和屁股，小牛这才吃上了乳汁，真比服侍一个产妇还困难。我这两天就专门在照料这对“妇婴”。

圣陶先生看了儿子的信，回信说：

你详述阉牛和养小牛的情况，我看了非常满意，要这样叙述，才能使没有看见的人如亲眼看见一样。

至善先生喜欢牛，用心养，养得也好。为此他很是感到自豪：

我们现在又增添了牛，水牛有了十四条，黄牛有了六条，加上一条毛驴，共二十一条。赶出去放的时候一大队，真有点儿壮观。附近的农民看了很羡慕，一是羡慕我们牛多，二是羡慕我们牛壮。据兽医说，全农场的牛，就是我们连的牛膘情最好。他还说，像我们这样起早摸黑，打着电筒放牛，是从来没有过的事。还有用短草碎料（把稻草铡短，黄豆磨碎）喂牛，这里过去也是没有的。

后来，至善先生在谈到他写给父亲的那些信的时候说：

在信里，我经常讲到牛：讲它们的生活习性，讲各条牛的脾气；讲它们怎样用舌头把草卷进嘴里，哪些草吃，哪些草不吃；讲渚鹭和八哥为什么喜欢和它们做伴；讲吸它们血的牛虻和蚂蟥；讲牛病了，怎么给它们打针吃药；讲母牛生产了，怎么接生，怎么帮小牛犊吃奶……父亲看了我写的觉得挺有意思，知道我和牛成了知心朋友。

一九七二年春天，至善先生在放牛之余学写古体诗。他把草稿寄给父亲，巴望父亲能帮他改一改。父亲在提了几条具体的意见之后说，这首诗不错，在于写出了真情实感，全无做作。至善先生看了父亲的批语高兴极了，没想到自己头一回学作古体就得到了父亲的称赞。他顺父亲的提示对诗做了修改，父子俩再一次讨论后促成了一首《黄堰夜牧》。

春耕不失时，犁耙不休歇。登垄望牛归，牛归日之夕。曳犁踯躅行，汝其饥且渴。饮汝柳树塘，食汝黄堰侧。黄堰草初长，萋萋不盈尺。春草如春韭，焉足供大嚼。俄顷新月落，四野向昏黑。但闻龁草声，札札何自得。

在养牛的日子里，至善先生还作了一副对联：

得失塞翁马　襟怀孺子牛

以此来表达他的胸襟和情怀。他把对联寄给父亲，父亲很欣赏对联的内容和构思。时隔五年后，在他八十三岁生日的时候，特地用篆字写成条幅，并提款：

至善撰此联寄怀，语我已久请为书之。今日为一九七七年十月二十八余之生日也。圣陶。

后来，至善先生自己又书写此联，并具款：

文革其间在干校放牛，作于牛棚中，先父戏称之为“牛马联”。

至善先生就这样完全彻底、认真负责地养了三年多的牛。一九七二年的十二月十日，他在给父亲的信中说：

十天以后，大概要做回京的准备了，喂牛的工作，可以说今天结束。

除了上面说到的至善父子有关养牛的话题，在至善先生在干校这三年多的时间里，国内国外都发生了不少大事，国外的如阿波罗在月球登陆，柬埔寨政变，中日邦交关系变化……国内的清理阶级队伍，尼克松来访，林彪事件，清查“五一六”反革命集团，“一打三反”运动等等。所有这些，在这本父子的通信集里面都有所反映。

一九六九年六月十六日，圣陶先生在给儿子至善的信中写道：

中央有个通知，共七条，大意是少做一些形式的事，包括“请示”“汇报”，开会时过多地读语录，报刊上过多地印毛主席像，以及各单位竞铸毛主席像章等项。……对于这些事，我一直在想，总不会老这样下去的，总得有个机缘。到了现在，大概中央认为机缘到了。……我真是极其拥护。

这段话既记载了当时盛行一时的“早请示、晚汇报”的史实，反映了圣陶先生对“文革”中形左实右那一套做法的态度。

再告诉你书店卖书的事。在尼克松来京其间，书店里陈列出《红楼》《水浒》之类的书。买客看到很高兴，抢着买了，到收银柜上去付钱。谁知收银柜上说这些书是不卖的，你就交在这儿吧。大概也引起些口舌。消息也真灵通，外国记者对此事报道了，苏修也广播了，就在以后的一两天内。于是周总理知道了，叫吴德去处理此事，书店就吃了吴德的一顿“排头”。钟季华说的好，书店里订出这个“卖而不卖”的办法的时候，她早就提出异议。认为这不是“老实人干老实事”。

从这些身历其境的现场记录中人们可以看到，在文化大革命其间，老百姓有过一段怎样的经历。正因为圣陶父子的通信，是纯粹意义上的家书，写的时候完全无意发表出来让外人看的，它才更加具有历史见证的价值。

朱正先生在看过整部书后，以《家书可征国史》为题写了一篇文章。文章中说：

就在上面摘引的点滴材料中，人们可以对这一段历史有更具体更深刻的了解。家书可征国史，这部通信集就是一个显例。

《干校家书》的责任编辑张秀平同志，在她写的后记《留住那个“特殊”年代的真实史料》里说：

历史是人民创造的，历史又是由后人来评价的。《家书》中的父子俩，以独特的眼光和善良的心态，毫无雕琢，秉笔直书了“特殊年代”里的干校生活、北京政治、社会和文化及他们周围的人物悲欢、世态炎凉。《家书》既可以让我们更具体、更深刻地了解这一段历史，也可以作为这一段国史的旁证。

二〇〇八年，《干校家书》出版了，在当年的北京图书订货会上，十位不同行业的图书专家在经过鉴别后认为，《干校家书》是二〇〇八年最值得阅读的好书之一。

回报父亲

八十年代过后，至善先生的社会活动越来越多了，有的同事开玩笑说他要“投笔从政”了，他说：

我可舍不得放下手中的笔。中国少年儿童出版社的工作五年前我就交了班，但是有空还得去跑跑，交流些信息，帮着出些主意，每年还审读几部稿子，写几篇序言或者评介，偶尔编发一两部稿子……我只能帮点儿小忙，大忙实在帮不了了，因为我想把我父亲的著作全部整理一下，字数估计在一千万以上，需要花许多的时间和精力。

实际上在这之前，至善先生已经开始在做父亲圣陶先生的文字整理工作了。

“文化大革命”过后，出版社相继恢复了业务。有一些出版社要出版圣陶先生的书。那个时候老先生已经八十多岁了，视力和听力越来越差。根据不同出版社的不同要求，选编圣陶先生集子的工作，就落到了至善先生身上。一九七九年，由中国少年儿童出版社出版的《稻草人和其他的童话》是至善先生编的，编者署名可是圣陶先生。从此以后，凡署名圣陶先生的自选集，都由他代编，连里面的序跋或者前言后记，也都由他替圣陶先生写。当然，每一篇他都要和父亲商量，每一篇都要经过父亲的审读。

一九八一年，至善先生和弟弟至诚合编了《叶圣陶散文甲集》，在此后的二十几年的时间里，至善先生编辑父亲的各种图书，粗粗算来就有五十多本。每编辑一本，他都要重新阅读和校订每一篇文章，都要根据读者对象认认真真地写序跋或者是前言后记。比如：在《叶圣陶短篇小说集》的前言里，至善先生对他选入书中的三十八篇小说，逐篇作了介绍。某一篇是在什么情况下写的，写的什么事情，什么人，和他在读这篇小说时引起的回忆和思考。这给读者阅读和理解圣陶的小说，提供了珍贵资料。

又比如：在《叶圣陶童话故事集》的前言里，至善先生说：

集子编成了，可是我心里总感到不踏实。父亲的童话都是六十年前的旧作，生长在新社会的孩子读这些写旧时代的童话，隔膜恐怕是难免的，我于是在每篇后边附上了几句话，有的谈我所知道的父亲在写作当时的想法，有的谈我小时候的读后感……

至善先生写的前言生动亲切，让人能深切地感受到他对孩子们的热爱，认真和负责。

至善先生的父亲叶圣陶先生，是我国新文化运动的开拓者，是现代著名的作家、教育家、出版家、政治活动家。早年当小学教师，并参加新潮社和文学研究会，从事新文学创作。一九二三年开始从事出版编辑工作，主编和编辑过《文学周报》《小说月报》《中学生》《国文月刊》《笔阵》等。著有小说《隔膜》《线下》《倪焕之》，散文集《脚步集》《西川集》，童话《稻草人》《古代英雄的石像》等，并编辑过几十种课本，写过十几本语文教育论著。

一九八六年，圣陶先生家乡的江苏教育出版社，准备为圣陶先生出版一套文集，于是至善先生和妹妹至美、弟弟至诚，开始了编辑二十五卷本的《叶圣陶集》这个大工程。说是兄妹三人共同合作，主要的工作都落在了长期和父亲生活在一起的至善先生身上。第一版的前四卷是一九八七年出版的。十月，江苏教育出版社和中国民主促进会召开了新书的新闻发布会和首发式，首都各大报都发了专稿。

《叶圣陶集》共七百多万字。每年出版四五卷，发稿一百五十多万字，是两三个编辑一年的工作量。每一卷书稿都有半尺来高，七八斤重，收集、誊写、编辑、校对、写后记，都是至善先生独自完成的。其中的日记和书信更是费事，从圣陶先生留下来的原始材料中选出来，大概都是四取其一，然后全部由至善先生誊抄出来。

一九九四年，二十五卷本的《叶圣陶集》终于出齐了，为此前后花去了至善先生八年的时间。《叶圣陶集》每一卷的后面，至善先生都写了编后记，对这一卷的内容作了简洁和必要的介绍，他的编辑意图和编辑思想也都在其中。

在《叶圣陶集》编后总记中至善先生写道：

一九八六年，江苏教育出版社吴为公、缪咏禾两位同志特地到北京找我们，约我们编父亲的“全集”。我们贸贸然答应了，没想到这件工作对我们来说是多么艰巨；当时只觉得“全集”这个“全”字得考虑考虑，真正做到“全”，一定办不到，再说，似乎也无此必要。……征得江苏教育出版社的同意，我们照泗原先生说的办，定名为《叶圣陶集》。

名称定下来了，我们问自己，编这部《叶圣陶集》要达到什么目的。父亲生于一八九四年，到一九八六年，已经跨越了九十三个年头。他从事写作的年代特别长，收集到的发表在报刊上的文章，最早的一篇写于一九一一年，而保存下来的日记，是从一九一〇开始的。他一生的工作主要在文学创作方面、基础教育方面、语言文字方面、编辑出版方面，而主要工具就是手中的笔。因而他留下的文字特别多，有纪录工作的，有提出主张的，有反映生活的，有抒发感情的；时代跨度长，涉及方面广，形式多种多样。我们应该把父亲的文字尽可能收集起来加以梳理，分门别类编成若干卷，给阅读目的各不相同的读者，尤其是各个方面的研究者，提供他们需要的，近于完整又便于检索的材料。……

现在是最后冲刺了，大家鼓足干劲，一定要赶在我们父亲百岁诞辰之前，把这二十五卷的《叶圣陶集》出齐。第一至四卷是一九七八年出版的，正赶上我们父亲的最后一个生日，父亲最不愿意重编他的文字，我们把四本崭新的书送到他的手里，他抚摸着，还是满意地微笑了，只嘀咕了一句："等我死后再出也来得及嘛。"他没有想一想，我们子女三个那时已是六十好几奔七十的人了。至诚就没能干完，一九九二年，他过早地离开了我们。

《叶圣陶集》这套书的责任编辑缪咏禾先生，在至善先生去世后写了一篇《和至善先生编〈叶圣陶集〉》的回忆文章，文章中说：

每一卷原稿到我手里，展示之下总使我十分惊讶和感动，因为这样的原稿是我从来没有见过的。

一部分原稿是印刷品的剪贴，那就是常说的"剪刀加糨糊"。还有很多一部分是手抄的，原文如果有繁体字、异体字，一个个都改成了规范的简体字。每一页上都用红笔密密麻麻标了字体。……

最叫人惊讶的是，原稿每一段文字的右侧，至善先生都用铅笔标上了阿拉伯数字……仔细琢磨才知道，这是这段文字排成铅字后，将占版面的行数……原稿最后一页如果写的是"450"，就表示这本书排下来是四百五十页，结果往往一点也不差。这就是说，这部书排出来是多少页，他都计算好了。

我做了五十多年编辑，编过的稿子少说也有五六百种……像这样加工仔细的，仅此一见。问了其他同行，也没有一个看见过这样的原稿。作为责任编辑，简直没有什么要做的事了。……

圣陶先生自己说，他的职业是编辑，他不单是慧眼识别了巴金、冰心这样的一代巨匠，而且他还不惮劳苦地为作者修改病句，改错字，甚至为了让排字工人看得清楚，亲自将原稿誊清缮写。在至善先生交来的原稿中透露的，正是这种处处为别人着想的精神。这样的原稿不是一二百页，而是一万五千页，一二米高。我一直想，这部原稿值得陈列在"出版工作者之家"里面，出版工作者看到了，是会有所感触的。

咏禾先生细致的描述，为我们留下了至善先生编辑工作的一段剪影。身为编辑的至善先生知道其中的甘苦，就是在当作者的时候也会为责任编辑着想，规矩地道地按照发稿的要求交付稿件。不止是咏禾先生有这样的感叹，凡是和至善先生合作，为他作过责任编辑的同志，都会有这样的体会。

著者和编辑的精诚合作，厚重的史料，精美的编排，《叶圣陶集》获得了那一年的“国家图书奖”。

令江苏教育出版社没有想到的是，《叶圣陶集》从一九八七年出版到一九九四年出齐，前后长达八年，发行和征订都成了出版物的“烂尾工程”。读者买了前几卷，不知道下几卷什么时候出版。出版社的仓库里，有些卷还有一二百册，有些卷一本也没有了，国内外读者要求买全套本，已经没有办法配齐了。

二〇〇一年，江苏教育出版社决定重新出版《叶圣陶集》，能不能找来当年纸型重印呢？不行。就在这几年里，出版印刷的手段发生了天翻地覆的变化，经历了从铅与火到光与影的历史性转换。这个过程快如暴风骤雨无可逆转。《叶圣陶集》要想再印，就要用电脑重新录入，重新排版。

当咏禾先生把社里准备重新再版《叶圣陶集》这个消息告诉至善先生的时候，他听出电话另一头的至善先生相当高兴，可是又觉得这太麻烦了。他告诉至善先生不用担心，电脑排版不太费事，速度也快，还可以趁此做些必要的修订。哪天排好哪天开印，一次出齐。至善先生在《〈叶圣陶集〉两个版本的说明》中写道：

如此难得的机会，我怎肯等闲放过：马上说，就让我从头到尾通读一遍。这七百几十万字，读一遍可是件大工程……他（指咏禾先生）再三叮咛，叫我量力而行，别把身体搞垮了。我再三感谢他关心，可是心里想，我还能做多少年呢？放下话筒，我立刻找出第一卷从头读起。

修订工作从二〇〇一年的三月开始，持续到了二〇〇二年的四月。在此期间，至善先生对每一卷都进行了必要的修订和补充，对第一版每卷后面的编后记，有的做了修改，有的干脆重新写过。发稿的时间虽然紧迫，但是至善先生依然要做到精益求精和与众不同。他为新版《叶圣陶集》的封面设计和装帧，多次和咏禾先生磋商。《叶圣陶集》二十六卷本共用照片一百多幅。为了让读者能了解和照片相关的内容，至善先生为每幅照片都写了说明，短的几十字，长的近两百字。如果别的不算，光就照片说明这一项，他就写了一万多字。下面不妨选录一节：

给角直小学的祝辞

这次到角直，“感觉特别亲切”，作者说的绝非虚话。是在这儿作了教育改革的试验，他才奠定了终身服务于教育的志趣；是在这儿接触到了真正的种田人，他才有可能及时在作品中反映农村的凋敝和农民的困苦；也是在这儿，在这个偏僻的水乡，借助于书报和信函，他热衷地参与了鼓吹民主和科学的五四运动。

二〇〇二年下半年，至善先生终于向出版社交齐了修订好的二十五卷本。年末他开始了第二十六卷，圣陶先生传略的写作。

第二版增加一卷传略和索引的主意是江苏教育出版社出的。他们认为个人的多卷集一般都有作者的传略，都有集内所收作品的索引。《叶圣陶集》的第一版没有这两者，不能不说是缺陷，这次重印一定要补上。咏禾先生把做《集名和篇名索引》的任务担了下来，写作者的传略的重担就落在了至善先生身上。这一年至善先生已经八十六岁了，他的身体极端虚弱，体力严重透支，但是正向他在《父亲长长的一生》前言中说那样：

可是时不我待，传记等着发排，我只好再贾馀勇，投入对我来说肯定是规模空前，而且必然绝后的一次大练笔了。

对至善先生最后这些日子的工作，他的孩子有过这样一段纪录：

在最后的那四年里，爸爸在修订准备再版的《叶圣陶集》二十五卷本，和写第二十六卷爷爷的传记的时候，他的身体已经累垮了，常常是写的时候全神贯注，浑身的疼痛都忘了，连呼吸都变得舒缓而平稳。可是一放下笔，他就累得连脱鞋的劲儿都没有了，一头倒在了床上，大口地喘着气，把速效救心丸放进嘴里……

那时候只有爸爸最清楚自己的身体状况，因此老是担心这本传记写了一半自己就倒下了。不仅如此，爸爸还担心和他合作的老搭档，这部书的责任编辑缪咏禾先生也会出什么意外。他不止一次地对我说，我们两个人中间，不管谁有了麻烦，这套书都出不成了。尽管天天陪伴在爸爸身边，尽管他的苦和累我都看在眼里，尽管眼见着他一天比一天虚弱，心里也老是为他捏着一把汗，可是我总不相信爸爸会倒下，就像不相信一棵粗壮的大树会轰然倒下一样。……

爸爸由一个心愿、一份责任、一种精神支撑着，到底是以每天一千多字的速度，写完了三十四万字的《父亲长长的一生》。这是他有生以来写的最大的一本书。这对一个已经八十七岁身体虚弱的老人来讲谈何容易，全家人都为之长长地舒了一口气。爸爸可没因此松劲，他顾不上喘口气，马上着手改他几年前写的《一个编辑读〈红楼梦〉》，还想把他已经想好的另外几篇写下来。他还和我说过他想写的好多文章，关于《牡丹亭》、关于鲁迅……他虽然知道自己体力不济了，可是他不愿意相信自己写作的生命真的会就此结束。他老在想，应该还会有一些时间留给自己吧，至少还有个三年五年，让我写写那些我想写的东西吧。

当了六十多年的编辑，爸爸一直抱定了：做编辑先读者作者后自己，做儿子先父亲后自己的宗旨，不悔地津津有味地埋头干着他以为是值得和必须做的事，直到这会儿他才开始觉得，应该留下一点时间给自己了，可是这回真的就来不急了。让爸爸都没有料到是，为写爷爷的传记他没日没夜地干，竟耗尽了他所有的精力，这棵不愿意倒下的大树终于倒下了。

爸爸把《叶圣陶集》的第二十六卷，他写的爷爷的三十四万字的传记——《父亲长长的一生》交给编辑部之后，就倒在了病床上。这次再版，又花去了他四年多的时间。新版的书他是在医院的病床上看到的，此后不到半年，父亲就过世了。

对于至善先生写的《父亲长长的一生》，责任编辑咏禾先生专门写了一篇评价，在文章中他说：

这本书江苏教育出版社还出版了单行本，二〇〇四年十二月初版就行销一时，受到读书界的重视。《出版史料》陆续转载了其中的十来节文章，《中国新闻出版报》、《中国青年报》、《北京青年报》都曾发表评介文章。二〇〇七年四月第二次印刷，并获得江苏省优秀图书一等奖。

这本书是至善先生晚年创作的一个高峰。该书的主要价值是，它叙写了上个世纪中一个中国文化人的心路历程和道德风貌，展示了传主叶圣陶和国家、社会、事业、家庭等众多人际间的丰富关联和互动，书中叙写的种种人和事，既是对历史的记述，又对今天精神文明建设具有极大的传承意义。……

本书作者叶至善，是叶圣陶的长子，出生以后就和叶圣陶生活在一起。小时候在父亲关注下学步，青年时和父亲一起编书，解放后和父亲一起活跃在文化、出版界，每天晚上陪父亲喝酒聊天，有这样朝夕相处的浸染，其记述的真实性当然不必说了，更重要的是，丰沛的父子深情，却纯化凝聚成淡淡的白描，不事雕琢，绝无夸饰，读来却倍觉醇厚。在传记文学中，这样的笔调最是难能可贵的，读来叫人不肯释卷。

至善先生过世后，在有关方面为他写的生平中有这样一段话：

作为我国著名教育家，文学家，出版家叶圣陶的儿子，叶至善同志的一生几乎都在用笔墨，用语言，用实践在编写，在解读，在传承父亲叶圣陶的教育思想，编辑思想和文艺思想。他不仅花了十多年的时间编辑和修订了《叶圣陶集》，为后人研究叶圣陶留下了翔实可靠的资料，还编辑和撰写了大量有关叶圣陶先生的书籍和文章。

民进结缘

圣陶先生父子是在一九六二年正式加入中国民主促进会的。在这之后，至善先生曾经担任过民进中央的常委、副主席和名誉副主席等职。他对自己在民进所作的工作几乎没有留下什么文字，我们只能通过民进老同志的回忆文章了解其中的一二了。

长期和至善先生在一起工作的陈益群同志，在《深深怀念叶至善先生》的写文章说：

勤奋笔耕一生的至善先生积劳成疾，最后终于累倒了，永远离我们而去了。民进痛失了一位德高望重的好领导，我痛失了一位博学谦逊、常能得到教益的好师长。留给我们的是无限的悲痛、无限的思念。……

叶老父子在一九六二年由徐伯昕同志介绍，正式履行了加入民进的手续。其实他们同民进组织有着深远的历史渊源，早在一九四六年就参加了上海北站举行的群众集会和“六二三”大游行，声讨笔伐，共同参与“反独裁争民主”的斗争。民进的领导层很多是文化出版界人士，都是叶老父子熟识且经常交往的。

至善先生后来担任民进中央常委、副主席等领导职务，他倡导民进工作要踏踏实实，从实际出发，多办实事。在他的推动下，民进中央举办了数期出版讲座，培训了一批社会急需的编辑出版人才；他多次和中学语文教师座谈，提倡叶老的“教是为了达到不需要教”的理念，探索改革写作教学；他积极参政议政，为出版事业和教育事业的发展建言献策。民进中央的一些重要文件，常送请这位“老编辑”把关，他都细致地用铅笔密密麻麻进行修改。民进中央筹办开明出版社，请他主持出版社工作，他运用丰富的出版编辑经验，把握正确的出版方向，抓住“出什么和不出什么”的关键，鲜明地提出“一不亏心，二不亏本”的出版原则，使开明出版社从无到有，稳步发展，并连续数年获得统战系统优秀出版社的称号。

同样是民进老同志的毛启邠在悼念文章《至善兄您走好》中写道：

至善兄长期担任民进中央的领导工作，当了七、八、九届副主席，又是第二至五届全国政协委员，六至九届常委。他积极参政议政，建言献策。在他的关心指导下，民进中央曾在政协大会上做了“出版工作要切实为读者服务”的发言，就出版工作要多出好书，不出坏书提出建议，产生了广泛的影响。一九八八民进中央筹办开明出版社时，他出任社务委员会主任，以后又任出版社名誉社长，他提出“一不亏心，二不亏本”的出版原则，继承了老开明书店的传统精神，可以说是开明出版社的奠基人。至善先生淡泊名利，不事逢迎，最讨厌官迷心窍追名逐利之人，反对政治活动搞形式主义那一套，有时还为参加一些不必要开的会议而苦恼，觉得实在是浪费时间。

我与至善兄论交近半个世纪，昔日在民进工作期间，与他时有会晤，每逢民进开历次大会，我起草好的文件，往往由他作最后润饰。他是语文专家，多半是尽量顺着思路改，保留原文，作适当删节和调整。经过他的精心修改，文章读起来就顺口流畅多了。

二〇〇八年，为了纪念至善先生，开明出版社出版了纪念集《得失塞翁马　襟怀孺子牛》。他们特意请当时在任的民进中央主席许嘉璐同志为书写序，嘉璐同志欣然提笔，深情地写下了《静静的追思》一文。文中回忆说：

记得他在一九八八年民进代表会议上当选副主席后作了简短致辞，说：谢谢大家对我的信任。我希望我的当选是因为我自己在民进工作的情况，大家认为我称职，而不要有任何别的原因。“不要因为我父亲的缘故”；“我尽心不尽心，称职不称职，要在以后的工作中看。”他从来是不讲话则已，讲就讲真话、实话。那天，他依然不用稿子，慢声细语，但是上面这番话，在代表们听来却铿锵有力，掷地有声，自然博得了全场的热烈鼓掌。十年了，当时的情景犹如发生于昨日……

他如叶老一样，是个朴实得不能再朴实的人。衣着朴实，生活朴实，文章朴实，说话朴实——站在他面前，再远离奢华的人也会怀疑，自己是不是有些浮躁了。……

在他担任副主席期间，确实是尽了心尽了职的。所有工作会议和其他需他到场的活动他从不缺席，会上有意见就直言，无则沉默；讲话直白无饰，却让人感到一种莫名的踏实，透亮，意味深长。……

民进的有些会议，特别是较大型的会，是要住在开会的地方的，但对老先生们并不这样要求。俗话说“七十不留宿，八十不留餐”么。而至善老总是和大家同起居，除了关心会务，也是为了能和大家，特别是和他的同龄同好者多聚聚，多聊聊。用餐时是他广泛接触朋友的最佳时间。他和张志公先生、楚老和机关里的一些老同志总会自动坐在一起，开一瓶他们中不知哪位带来的酒，边聊边饮。他们有说不完的话，最健谈的是楚老，其次是志公先生，而至善老却较寡言，总是兴味盎然地听着。他们那一桌是“全开放型”的，除他们几位是固定成员，其他座位则是“流水席”——凡能喝一口的，都愿意来此坐一坐，以便听一听长者们酒后说出的“真经”。我也是常凑过去抿上一两口的人之一。我的酒量也就止于一两口，但是志公先生“认定”我能喝，楚老也总在一旁鼓动，所以我总不敢侍坐终席。听前辈们“海聊”文化、教育、出版、历史、诗词、音乐、文坛掌故、民进的和自己的往事……扯到哪儿算哪儿，确实是一种享受。……

至善先生所住的平房年久失修，取暖不足。一冬天他都必须身着厚厚的毛衣和羽绒服伏案工作，足不出屋。为了重编《叶圣陶集》、写《父亲长长的一生》，他就这样日复一日，冬复一冬地和阳光、和新鲜空气远离了，不能不说这是他身体迅速坏下去，特别是导致骨质疏松的原因之一。但是多年了，他从未和人说起，更没有向谁提出过任何要求。后来知道此事的同仁们极为感慨：五十年代，叶圣陶一家把苏州的房子都无偿地捐献给了国家，现在至善老住着已经破旧的公房，困难重重，却始终以“厚着身，不出门”来克服！后来经民进中央的努力，在有关部门的支持下，住房问题终于解决了，但至善老此时已经因多处骨折和多种并发症住进了医院。我们去看望他时，有意大声祝贺他：出院后就可以住进新居了，阳光充足，室内暖和……他还是以一贯的天真的笑容回答我们，双唇微动，似乎在说：谢谢！但我们心里不免自责：晚了，晚了好几年！如果他的居住条件早点改善，也许还可以为后人多留下一些精神遗产。……

二〇〇六年三月四日，至善先生在北京逝世。有关方面为他写了生平介绍，开头是这样写的：

著名的出版家、编辑家、作家，中国共产党的亲密朋友，中国人民政治协商会议第二三四五六七八九界全国委员会委员，第六七八九届全国委员会常务委员，中国民主促进会中央委员会名誉副主席，中国科普作家协会名誉理事长，中国出版工作者学会顾问，中国少年儿童出版总社编审叶至善同志，因病于二〇〇六年三月四日在北京逝世，享年八十八岁。

二〇一〇年十月

编后记

《叶至善集》的传记卷，收入作者写父亲叶圣陶的传记《父亲长长的一生》，全书四十万字。

一九八六年，江苏教育出版社约作者和妹妹至美、弟弟至诚一起编辑《叶圣陶集》。《叶圣陶集》共二十五卷，前后花了八年时间，到一九九四年出齐。二〇〇一年，由于种种原因，江苏教育出版社要重新出版这套书，同时提出，个人的多卷集，一般都有作者的传略和索引，第一版里没有，希望这次可以补上。于是作者花了两年的时间，对第一版的二十五卷本做了认真的调整和修订。在二〇〇二年底，开始写父亲的传记《父亲长长的一生》，二〇〇四年八月十四日，大作终于收笔，前后大约用了两年的时间。二〇〇四年十一月，二十六卷《叶圣陶集》出版，同时出版的还有《父亲长长的一生》的单行本。这时候作者已经累得躺在了医院的病床上，他是在病床上看到这本书的。二〇〇六年三月四日作者去世，享年八十八岁。

作者的一生是为读者的一生，也是为父亲的一生。他是叶圣陶先生的长子，出生以后就一直和父亲生活在一起，朝夕相处、终身相伴、父子情深，使得他对父亲的做人、做事、作文都有着真切的了解，也使得他可以用深情的笔墨，来描述父亲那长长的一生。实际上，作者一生都在用笔墨、用语言、用实践在编写、在解读、在传承父亲叶圣陶先生的教育思想、编辑思想和文艺思想，编辑和撰写了大量有关叶圣陶先生的书籍和文章，为后人研究叶圣陶留下了详实可靠的资料。

和作者两度合作，鼎力支持作者完成《叶圣陶集》的责任编辑缪咏禾先生，在谈到《父亲长长的一生》的文化价值和传承意义时说：这本书是至善先生晚年创作的一个高峰。它的主要价值是，叙写了上个世纪一个中国文化人的心路历程和道德风貌，展示了传主叶圣陶和国家、社会、事业、家庭等众多人际间的丰富关联和互动，书中叙写的种种人和事，既是对历史的记述，又对今天的精神文明建设具有极大的传承意义。

二〇一四年六月八日